장애와 유전자 정치

GENETIC POLITICS: From Eugenics to Genome
by Anne Kerr and Tom Shakespeare

그린비 장애학 컬렉션 • 12

장애와 유전자 정치

우생학에서 인간게놈프로젝트까지

앤 커·톰 셰익스피어 지음
김도현 옮김

그린비

| 일러두기 |

1 이 책은 Anne Kerr·Tom Shakespeare, *Genetic Politics: From Eugenics to Genome*, New Clarion Press, 2002를 완역한 것이다.

2 주석은 모두 각주이며, 참고문헌의 출처를 제외한 모든 주석은 옮긴이의 것이다.

3 인용문에서 [ ]의 내용은 원저자의 것이며, 인용문이 아닌 본문에서 [ ]의 내용은 맥락적 이해를 돕기 위해 옮긴이가 삽입한 것이다.

4 장애와 관련한 용어들은 낙인과 비하를 피하기 위해 변화된 것이 많으나, 역사성을 살릴 필요가 있는 표현은 과거의 것을 그대로 사용했다. 예컨대 'mental retardation'과 'feeble-mindedness'는 '지적장애'로 순화하지 않고 각각 '정신지체'와 '정신박약' 그대로 옮겼다.

5 단행본·정기간행물의 제목에는 겹낫표(『 』)를, 논문·단편·법 등의 제목에는 낫표(「 」)를 사용했다.

6 외국어 고유명사는 2002년에 국립국어원에서 펴낸 외래어표기법을 따라 표기했다.

감사의 말

앤 커·톰 셰익스피어

우리는 이 프로젝트를 최종적으로 완수할 수 있도록 우리의 능력을 믿고 기다려 준 뉴 클라리온 프레스 출판사의 크리스 베상Chris Bessant에게 감사드리고 싶다. 또한 유전학, 장애, 사회라는 주제에 관하여 지속적으로 논의를 함께한 사라 커닝햄-벌리Sarah Cunningham-Burley, 닉 왓슨Nick Watson, 빌 앨버트Bill Albert, 아그네스 플레처Agnes Fletcher, 그리고 정책·윤리·생명과학Policy, Ethics and Life Sciences, PEALS 프로젝트의 모든 분들에게도 깊이 감사드린다. 브라이언 우즈Brian Woods가 보여 준 애정과 지원은 특별히 언급되어야 할 것이다. 마이클 왕-바Michael Whong-Barr는 이 책의 초고를 읽고 논평해 주었으며, 그의 도움에 진심으로 감사드린다. 이 책에 들어간 삽화를 그려 준 수지 바티Suzy Varty에게도 감사의 마음을 전한다. 이 책에서 우리가 의지하고 있는 많은 학자들, 특히 에이드리엔 애쉬Adrienne Asch, 마이클 버레이Michael Burleigh, 앵거스 클라크Angus Clarke, 루스 허버드Ruth Hubbard, 다니엘 케블레스Daniel J. Kevles, 레이나 랩Rayna Rapp, 바바라 카츠 로스먼Barbara Katz Rothman, 도로시 넬킨Dorothy Nelkin, 애비 리프먼Abby Lippman, 다이앤 폴Diane B. Paul과 다이앤 힐러리Diane Hilary, 스티븐 로즈Steven Rose의 작업에도 감사를 표하고 싶다. 그들의 저작은 우생학, 유전학, 사회에 대한 우리의 이해에 커다란 영향을 미쳤다. 그것의 단 몇 분의 일만큼이라도 이 책이 사회적 영향력을 지닐 수 있다면 성공적이라 할 것이다. 앤은 또한 저술 기간 동안 웰컴트러스트[1] 의료사 프로그램Wellcome Trust History of Medicine Programme이 제공해 준 재정적 지원에 대해서도 감사드린다.

---

[1] 웰컴트러스트는 인간 및 동물 보건의 증진을 위한 연구에 자금을 제공하고 있는 영국 최대 규모의 비정부 학술기금 재단이다.

우생세, 능력주의를 넘어서기를 원한다면

신영전(한양대 의대/보건대학원 교수)

참회

추천사에 앞서 내가 써야 할 것은 참회문이다. 유대인과 슬라브족, 집시, 동성애자, 정치범 등 수많은 민간인과 전쟁포로를 학살한 홀로코스트의 비극은 잘 알려진 바이지만, 장애나 질병을 이유로 강제 단종, 격리, 안락사 등의 피해를 입은 이의 수는 헤아릴 수 없다. 심지어 나치 정권은 야뇨증, 구진□□, 어두운 안색, 간호사를 성가시게 한다는 이유만으로 어린아이들을 안락사시키기도 했으며, 독일군이 점령했던 폴란드 지역 결핵 박멸 프로그램에서는 엽총을 지닌 의사들이 차량 조수석에 타고 시골 지역을 돌아다니면서 결핵에 걸린 것처럼 보이는 농부들을 쏘아 죽이기까지 했다.

　이러한 비극의 기획, 지지, 집행자들은 나치 특무대만이 아니라 평범한 시민, 관료들이었고, 특히 의사들이었다. 안락사 대상 4000명 중 3000명을 구해 낸 의사 발터 크로이츠Walter Creutz 같은 소수의 저항이 없었던 것은 아니지만, 대다수의 의사들은 이러한 비극에 무관심하거나 무지했으며, 상황에 순응했다. 무엇보다 많은 유명 의사들이 강요가 아닌 자기 신념에 의해 이러한 일들에 참여했다. 이들은 내 전공분야인 의학, 공중보건학의 선배이자 내가 배운 의학교과서에 등장하는 유명인들이기도 하다. 그렇기에 의사, 공중보건 전공자로서 선배들이 저지른 참혹한 과오들에 대해 먼저 머리 숙여 참회하고자 한다.

우생학과 그 옹호자들

이 비극들을 뒷받침한 핵심 논리가 우생학이었다. 우생학은 당시 최고의 첨단 과학이었기에 많은 영향력 있는 인물 및 기관들이 이를 지지했다. 영국과 미국 등 여러 나라의 의사협회, 의학저널 『랜싯』*The Lancet* 등 많은 유명 학술지, 막스 플랑크 연구소, 록펠러재단 등 유명 조직과 기관들이 우생학, 우생학적 단종 또는 안락사 등을 지지했다.

정치가 윈스턴 처칠Winston Churchill, 과학자 알렉산더 그레이엄 벨Alexander Graham Bell, 통계학의 대가 로널드 피셔Ronald Aylmer Fisher 등 우생학에 동조한 유명인들은 헤아릴 수 없을 만큼 많다. 우생학은 맑스주의자, 페이비언주의자, 페미니스트 사이에서도 예외 없이 폭넓은 지지를 받았다. 생물학자 에른스트 헤켈Ernst Haeckel, 사회의학자 알프레트 그로트잔Alfred Grotjahn, 문학가 조지 버나드 쇼George Bernard Shaw, 사회개혁가 시드니 웨브Sidney Webb와 비어트리스 웨브Beatrice Potter Webb, 미국의 페미니스트 산아제한 운동가 마거릿 생어Margaret Sanger 그리고 자신도 농과 맹을 지니고 있었던 저명한 운동가 헬렌 켈러Helen Keller의 이름도 그 속에 등장한다. 복지국가의 상징인 북유럽 국가 역시 20세기 중반까지 강제 단종 등 우생학적 정책들을 시행했다. 한국 사회도 예외가 아니었다. 1933년 윤치호를 필두로 당시 다수의 유명 인사와 의학·과학자들은 조선우생협회를 설립하여 활동했고, 그 조직의 설립과 운영에 핵심적인 역할을 한 의사 이갑수는 해방 후 초대 보건부 차관, 의과대학장 등 사회 주요 인사로 활동했다.

그러나 우리를 더욱 당혹하게 하는 사실이 있다. 우리가 무슨 수를 써서라도 '질병'과 '차이'를 제거하려는 유전학적 충동을 가지고 있다면, 장애인이 없는 세상이 더 좋은 세상이라고 생각한다면, 장애란 피하는 것이 최선인 비극이라고 생각한다면, 산전 유전자 진단을 당연한 것으로 여긴다면, 어떤 의미에서 우리 역시 우생론자이고 적어도 우생세優生世의 자기장하에서 살아가고 있는 셈이다.

우생학은 현재 진행형

이 책은 장애와 우생학의 과거 역사만을 다루지 않는다. 개혁 우생학reform eugenics, 신유전학, 행동게놈학 등으로 이름을 바꾸어 여전히 작동하고 있는 지금의 역사도 다룬다. 우생학은 현재 진행형이다.

물론 현대 서구 사회의 유전학적 실천(신유전학/신우생학)이 개인과 그 가족에게 충분한 정보에 근거한 선택informed choice의 기회를 보장하고 있고, 일탈된 것으로 간주되는 사회적·인종적 집단이 아니라 질병에 초점을 맞추고 있다면서 과거의 우생학과 구별하려는 주장이 존재한다. 그러나 나는 저자들과 마찬가지로 이러한 수사적 책략에 회의적이다. 신유전학은 과거의 우생학과 본질적으로 친화성을 가질 뿐만 아니라 집단 광기로의 발화 가능성을 여전히 내재하고 있기 때문이다. 오히려 신유전학은 과거보다 더욱 범주류적인 힘을 일상적으로 발휘하고 있다. 미국의 사회학자 트로이 더스터Troy Duster가 이 '신우생학'에 대한 적절한 비유를 찾아냈다. '뒷문으로 이루어지는 우생학'back door eugenics이 그것이다.

과학, 특히 유전학의 발달에 따라 우생학은 새로운 국면을 맞이하고 있다. 유전학의 임상 적용 확대에 따라 1960년대 양수 천자amniocentesis를 통한 산전 검사가 시작된 이래 인간게놈프로젝트, 유전자 재조합술, 배아 연구, 유전자 치료, 신약 개발, 유전학적 선별 검사의 확대 등이 영리화와 결합함으로써 폭발적인 성장을 보이고 있다. 여기에 장애와 질병뿐만 아니라 일상적인 삶의 현상들을 유전자로 환원하여 설명하는 이른바 '유전화'geneticization 현상은 과장된 은유의 형태로 전환되어 하나의 중심 문화로 자리 잡고 있다. 유전화는 질병과 장애를 비극이자 개인의 책임으로 환원하고, 사회 불의에 대한 수동적 태도, 지속되는 사회문제들에 대한 무관심, 현상 유지에 대한 변명과 핑계를 조장할 뿐만 아니라 무엇보다 지배 권력의 책임이나 사회구조의 변화 필요성을 은폐한다.

이 중에서 산전 검사를 통한 낙태는 매우 민감한 이슈다. 이는 여성의 자기결정권이라는 문제를 내포하기 때문이다. 그러나 저자들은 다음과 같은 주장으로 정면 돌파한다. 우선 저자들은 산전 유전자 검사가 장애인이나 차이를 지닌 사람들에 대한 편견을, 그리고 결함을 지닌 아이를 임신한 여성들을 대상으로 임신중절에 대한 압력을 증가시키는 데 기여한다고 주장한다. 저자들은 임신중절 자체에 반대하지 않는다. 다만, 임신중절이 장애 문제에 대한 어떤 바람직한 해결책으로서 제시되는 것에는 커다란 민감성이 필요하다고 본다.

또한 저자들은 '아는 것이 힘'이라는 담론이 팽배해 있는 시기에, 유전자 정보에 대해 '모르는 것이 지혜일 수 있음'을 이야기한다. 아동기 유전자 검사는 '모를 권리'를 앗아가 버리고 일생을 불안 속에 살아가게 만든다. 무엇보다 유전학적 신기술은 선택이 불가능한 딜레마들을 만들어 모든 임신을 이전보다 더 위험스럽고 어려운 일로 만들어 버렸다.

작금을 우생세라 불러도 좋을 만큼, 현재 세계는 적자생존의 이념 하에 각자도생이 생존원리로 자리 잡고 있다. 우리를 둘러싼 경쟁, 우열 나누기, 능력주의의 근간을 떠받치고 있는 것이 우생학이며, 신유전학은 그것의 다른 이름일 뿐이다. 그러한 신유전학/신우생학의 가장 큰 피해 집단이 장애인들이다. 저자들은 많은 장애인들에게 있어 손상은 엄연한 삶의 일부이지 비극이 아니라 말한다. 산전 유전자 검사와 이에 근거한 낙태는, 장애란 비극이자 제거해야 할 대상이라는 암묵적인 인식에 기반을 두고 있다. 이러한 이유로 일본의 장애인 협회는 산전 검사에 반대하는 성명을 내기도 했다. 하지만 우리나라는 아직 이런 단계로까지는 나아가지 못하고 있는 것 같다.

장애학이 아니라 존재학, 교양서가 아니라 투쟁지침서

이 책의 저자들은 반과학론자들이 아니다. 더욱이 장애인과 그 가족이 치러 내야 하는 고통과 염원에 무심하지 않다. 저자 중 한 사람인 톰 세익스피어는 유전 경향을 갖는 연골무형성증^{achondroplasia}으로 인해 왜소증을 지닌 '장애인' 당사자이자, 장애운동가다. 그래서 그의 주장은 풍부한 자기 경험을 담고 있으며, 구체적이며 적극적이다.

저자들이 주목하는 것은 과학과 기술은 중립적인 것이 아니라 정치·경제·문화적 영향하에 있다는 사실이다. 누가 무엇을 장애나 질병으로 규정할 것인가부터, 장애나 질병을 가진 이들에 대한 사회적 이미지를 어떻게 만들어 가고 이들에게 어떤 권리와 얼마만큼의 예산을 배분할 것인가를 결정하는 것 등이 지극히 정치적 과정이라는 것이다. 특히 저자들은 신유전학이 실제로는 거의 존재하지 않는 '자율성', '선택'이라는 신자유주의적 이데올로기에 편승해 발전해 가고 있다고 주장한다. 또한 대자본-거대과학-정치권력의 상호 이해와 이를 위한 담합이 현재의 유전학, 생명공학, 의·과학에 대한 투자와 공식적 권위를 부여하고 있음을, 그럼으로써 장애인, 질환자, 소수인종, 이주민들이 제도적, 문화적으로 얼마나 소외되고 있는지를 이야기한다.

민간 영리 기업인 디코드 제네틱스^{deCode Genetics}가 전체 인구에 대한 건강, 유전자, 가계도 정보를 통합하는 전국적 데이터베이스를 구축하도록 허락한 아이슬란드 정부와, 바이오산업을 차세대 먹거리로 홍보하고 그것이 야기할 사회적 패악도 무시한 채 과학적 근거도 부족한 영리 유전자 검사를 허용하는 지금의 한국 정부 등이 보여 주고 있는 것처럼, 거대과학과 대자본의 컨소시엄에 국가권력이 결합하여 새로운 '철의 삼각' 구조를 만들어 내고 있다. 여기에 유전학의 발전을 자기 존재의 근거로 삼고 있는 대부분의 생명윤리학자들도 가세하는 형국이며, 각종 윤리위원회는 점차 기업에 면죄부를 주는 조직으로 변질되고 있다. 이에 비해 전문적 지식 체계에서 밀려나 있는 시민들은 갈수록 왜소해지고 시민단체들은 논의의 장에서 배제되거나 예외적인 극소수 의견으로 처리된다. 견고한 철의 삼각 속에서 청년 시민 활동가와 조직이 만들어져 성장하기란 더욱 어려워지고 있다. 상황과 미래의 전망이 실로 암울하다.

그러나 이 책의 저자들은 희망의 끈을 놓지 않고 이러한 철의 삼각, 사각, 오각 구조에 맞설 근거와 방법을 제시한다. 우선 저자들은 그 희망을 신유전학에 대한 대중적 회의가 증가하고 있는 현상에서 찾는다. 또한 대중이 유전학에 관해 무지하거나 불합리하다고 여기는 것은 오만할 뿐만 아니라 지나치게 단순한 인식이라고 지적한다. 이와 함께 저자들은 신유전학에 대해 지구적이고 지역적인 수준 양쪽에서 민주적 수단을 통한 모니터링과 통제가 이루어져야 함을 역설한다.

이쯤에서 다시 명토 박아 두자. 사람은 기본적으로 불완전하게 태어난다. 생물학자 네이선 렌츠Nathan H. Lents의 말대로, 인체에는 딱히 할 일 없이 존재하는 뼈들이 수없이 많고, 망막은 거꾸로 달려 있으며, 우리 유전체의 내용물 중 대부분은 쓸모가 없는 것이다. 혹시 미래 지구상에 완전한 존재가 살아남는다면, 그것은 인간이 아닐 것이다. 그런 면에서 우생론은 궁극적으로 인간 스스로를 부정하는 자기파멸적 논리 체계다. 따라서 취약성, 개방성, 유한성 같은 신체의 구성적 특징을 '퇴치해야 할 위험'이 아니라 '공동체의 근본 토대'로 간주해야 한다는 로베르토 에스포지토Roberto Esposito의 주장은, 인간을 자기파멸로 인도하는 작금의 우생세에서의 마지막 희망 구호다.

따라서 반우생학적 실천은 작은 싸움이 아니라 큰 싸움이며, 인류를 포함한 모든 존재의 온존을 위한 이 시대의 마지막 싸움이다. 그렇기에 이 책은 장애학 책이 아니라 존재학 책이며, 우생세와 능력주의를 넘어서기를 원하는 이들의 필독서임과 동시에, 교양서가 아니라 투쟁지침서다. 이런 멋지고 중요한 책을 집필, 번역, 출간해 준 이들에게 감사드린다. 이 책의 일독을 권한다.

차례

1장 _ 서론

우리는 인류 역사의 전환점에 놓여 있다. 우리의 뒤에는 전례 없는 기술 발전에 의해, 그러나 또한 인간이 저지른 야만과 전쟁의 악몽에 의해 특징지어졌던 20세기가 있었다. 과학이 이제는 공공선을 위해, 즉 질병의 영향을 감소시키고, 수명을 연장하고, 기근과 전 지구적 빈곤을 포함한 사회문제의 해결책을 제공하기 위해 이용될 것이라는 약속이 이루어지면서 우리 앞에는 '유전자의 세기'가 펼쳐지고 있다. 유전학 분야에 있어서 20세기 전반에 그렇게 많은 나라들에서 도대체 무엇이 잘못되었던 것인지를 살펴보기에, 그리고 현재 우리가 그런 과오 중 어떤 것을 반복하고 있거나 혹은 미래에 발생할 문제를 키우고 있는 것은 아닌지를 질문하기에 지금이 적절한 때인 것 같다.

이 책은 인류유전학의 사회적 맥락에 대한 총론을 제공한다. 앞의 여섯 개 장에서 우리는 우생학 정책을 통해 인간의 재생산을 통제하고자 시도했던 20세기의 역사를 검토하고, 7장~11장에서는 인간게놈학human genomics[1]의 성장과 그 영향을 살펴볼 것이다. 게놈학은 흔히 유전 암호genetic code라고 불리는, 게놈의 염기서열과 그 특징을 밝혀내는 작업을 포함하고 있다. 진단 검사^{diagnostic test}나 훨씬 더 대규모의 선별 검사^{screening} 프로그램을 통해 질병과 연관된 유전자를 발견하는 작업이 가장 중요하지만,[2] 유전병에 대한 유전자 치료 및 약물 치료의 발전 또한 그와 마찬가지로 중요성을 갖는다. 우리는 이러한 발전뿐만 아니라 그에 따른 사회적 결과, 그리고 그런 발전이 수반하는 유전학, 장애, 질병에 대한 문화적 이해 및 표상을 고찰할 것이다. 책의 전반부는 이 분야의 신참자들을 위해 기존의 이차 문헌들을 요약한 내용이 주를 이룬다. 그리고 후반부에서는 오늘날의 상황에 대한 우리 자신의 분석을 전개하고 있다.

'유전자 정치'는 급속히 변화하고 있는 광대한 분야를 포괄한다. 이는 곧 이 책에서 다루게 될 내용이 선택적일 수밖에 없음을 의미한다. 처음부터 우리는 인간 이외의 존재를 다루는 유전학과 농업생명공학 분야는 고려 사항에서 제외했다. 안락사에 대한 현대적 논쟁과 같은, 생명윤리 분야에서의 비유전학적인 딜레마들도 논의하지 않았다.

---

1) '게놈'([독]genom, [영]genome)은 독일 함부르크대학교의 식물학자이자 유전학자인 한스 빙클러(Hans Winkler)가 1920년 'gene'(유전자)과 'chromosome'(염색체)을 합성해 창안한 용어다. 일반적으로 한 생명체가 지닌 모든 유전 정보의 집합체를 뜻하며 '유전체'로 번역하기도 한다. 게놈학은 이러한 게놈을 단위로 실험 구상과 정보 처리를 수행하는 학문으로, 특히 인간게놈학은 1990년 미국에서부터 추진된 인간게놈프로젝트에 의해 본격적으로 형성되었다고 할 수 있다.

2) 산전 검사는 어떤 유전학적 이상의 위험성이 존재하는지를 일차적으로 가려내기 위해 광범위한 산모를 대상으로 실시하는 선별 검사와, 선별 검사에서 태아에게 일정 확률 이상의 위험성이 있는 것으로 판단될 경우 그 이상의 존재 여부를 확정하기 위해 실시하는 진단 검사로 구분할 수 있다. 양수 검사 외에 별다른 산전 검사 기술이 존재하지 않았던 1960년대까지는 이런 구분이 의미가 없었지만, 현재는 혈청 검사나 초음파 검사 같은 비침습적 검사는 선별 검사로서, 양수 검사나 융모막 융모 생검 같은 침습적(invasive) 유전자 검사는 진단 검사로서 실시된다.

그리고 이 책의 초점은 주로 영국에 맞춰져 있다. 물론 여러 지점에서 미국과 여타 유럽 국가들에 대해서도 논의가 이루어지기는 하지만 말이다. 우리는 유전학의 발전이 장애인에게 미치는 영향에 특히 관심을 갖고 있으며, 그것이 소수 민족이나 선주민에게 미치는 영향에 대해서는 초점을 덜 맞추고 있다. 그러한 공동체들이 직면하고 있는 가장 긴급한 우려들 중 일부는 고려하고자 노력했지만 말이다. 우리가 장애와 유전학에 중점을 둔다는 것은 우리의 관심이 엄밀한 의미에서의 유전학을 넘어, 임신 시 이루어지는 염색체 이상이나 발달장애에 대한 선별 검사에까지 미친다는 것을 의미한다. 이 책 전반에 걸쳐, 특히 우생학의 역사를 다루고 있는 전반부에서, 우리는 독자들에게 좀 더 심층적인 분석을 위한 여타 자료의 출처를 안내하기 위해 노력했다.

앞으로 우리가 논의할 내용은 불가피하게 우리 자신의 삶의 이력 및 정치관에 의해 특징지어진다. 앤은 학부에서 과학을 전공했다. 이후 과학기술학science and technology studies, STS을 공부했으며, 특히 유전학의 사회적·역사적 차원과 과학에 대한 페미니즘적 분석에 관심을 갖고 있다. 톰은 사회과학자이며, 그의 이전 작업은 주로 장애학 분야에서 이루어졌다. 최근에는 생명윤리와 대중의 과학 이해public understanding of science, PUS에 관심을 두고 있다. 우리는 둘 다 자녀를 둔 부모이며, 톰과 그의 가족은 성장에 제한을 초래하는 유전병인 연골무형성증[3]을 지니고 있다.

---

3) 연골이 장골로 바뀌는 과정에 문제가 있어 뼈의 성장이 이루어지지 않는 질병으로, 유전 또는 돌연변이에 의해 발생한다. 이 질병을 지닌 사람은 키가 보통 140cm를 넘지 않는 저신장장애를 갖게 된다.

의료과학 일반, 특히 유전학에 대한 우리의 접근법은 지식 및 기술을 형성해 내는 문화적 가치와 사회적 관계에 대한 급진적 비평에 기반을 두고 있다. 물론 우리 둘 중 어느 쪽도 '반과학적인' 입장을 갖고 있지 않으며, 유전자나 장애 같은 것은 존재하지 않는다는 주장을 펼치지도 않는다. 그러나 우리는 지식과 기술은 중립적인 것이 아니라는 관점을 취한다. 유전병에 대한 연구와 그 질병을 통제하기 위해 개발된 검사 및 치료법은 질환, 장애, 일탈에 대한 일련의 가치들을 반영하고 있다. 이러한 가치들은 그냥 무시되어서는 안 되며 탐구와 논의의 대상이 되어야 한다. 유전학적 실천은 또한 과학자와 의사에서부터 국영 기업과 영리 회사에 이르기까지 수많은 강력한 이익집단들과 관련되어 있다. 어떤 유전학 기술이 개발되고 그 기술이 어떻게 규제되는가를 결정하는 데 이런 이익집단들이 관여하는 방식 또한 주의 깊은 탐색과 비평이 요구되는 지점이라고 할 수 있다. 재생산이라는 영역에서 우리는 여성의 선택권을 지지하지만 동시에 장애권disability rights의 관점도 지지한다. 즉, 대다수의 손상은 어떤 생명을 살아갈 가치가 없는 것으로 만들지 않으며, 유전학은 장애라는 문제의 주된 해결책이 아니다. 우리는 특히 유전 정보에 근거한 차별의 가능성에 대해 우려하고 있으며, 유전학의 연구와 적용은 이윤이 아니라 인간을 위해 발전되어야만 한다고 믿는다. 우리는 또한 유전학과 관련된 정책 및 윤리적 논쟁에서 대중적 의견 수렴과 시민 참여가 이루어질 수 있는 보다 나은 메커니즘을 깨닫게 되기를 열망한다.

이런 이슈들을 본격적으로 살펴보기에 앞서 우생학과 관련해 몇 마디 해두고 싶다. 그것은 상당히 복잡한 개념이다. 다이앤 폴이 적었던 것처럼, "우생학은 끔찍한 함의를 지닌, 그러나 정확히 규정할 수 없는 의미를 지닌 단어다".[4] 20세기 전반기에 퍼져 있던 인구 개량의 사상을 기술하기 위해, 또는 미국, 독일, 스칸디나비아 국가들에서 이루어진 단종수술과 안락사의 실행을 기술하기 위해 그 용어를 사용하는 것에 대해서는 거의 이견이 존재하지 않는다. 그렇지만 '우생학'이라는 단어가 정확히 무엇을 의미하는지와 관련해서는, 특히나 현대의 유전학적 실천에 그 단어를 적용할 수 있는가와 관련해서는 다소간 불명확함이 존재한다. 부분적으로 이는 '우생학'이라는 꼬리표의 수사적이고 전략적인 사용이 널리 퍼져 있기 때문이라고 할 수 있다.

현대의 인류유전학 정책과 실천에 반대하는 논평가들과 비평가들은 때때로 '우생학'이라는 용어를 비난의 용도로 사용한다. 이 용어가 이런 식으로 사용될 때 그들은 제2차 세계대전 전까지의 시기에 이루어진 우생학의 오용에 대한, 특히 극단적인 형태의 나치 안락사 정책에 대한 일반화된 혐오감에 의지한다. 비평가들은 때때로 한발 더 나아가, 유전학자들에게 파시스트나 나치라는 꼬리표를 붙였다. 장애운동 내의 급진주의자들은 '나치의 우생학은 안 돼!'와 같은 슬로건에 의지했으며, 유전학을 '절멸 정책' 또는 '장애인을 겨냥한 수색 섬멸 작전'이라고 불렀다.[5] 많은 비평가들에게 있어 현대 유전학이 지닌 차

---

4) Diane B. Paul, "Eugenic Anxieties, Social Realities and Political Choices", *Social Research* 59(3), 1992, p. 665.
5) Tom Shakespeare, "Losing the Plot? Medical and Activist Discourses of Contemporary Genetics and Disability", *Sociology of Health and Illness* 21(5), 1999, pp. 669~688.

이점이란 그것이 좀 더 세련되어지고, 인구 개량이나 인종위생학racial hygiene 정책을 보다 효과적으로 추진할 수 있게 되었다는 것뿐이다. 아서 카플란Arthur L. Caplan은 "사람들은 1890년의 앨라배마주, 1939년의 독일, 혹은 1970년의 남아프리카공화국에서 게놈에 기초한 유전 정보의 활용이 사회정책이라는 측면에서 무엇을 의미했는가를 생각하면 몸서리를 치게 됩니다"라고 쓰고 있다.[6] 비록 카플란 자신은 현대의 유전학적 실천에는 별반 문제가 없다고 여기겠지만, 많은 비평가들은 그가 인용하고 있는 부정의의 사례와 21세기로의 전환기에 유전학적 중재가 지니게 된 새로운 권력 사이에 어떤 연속성이 존재한다고 주장할 것이다.

카플란의 글에서 인용한 내용은 유전학 분야의 전문가들과 그들의 협력자들이 '나쁜 과학' 혹은 '인권 유린'을 식별하기 위하여, 그리고 과거의 오용 혹은 중국 같은 비서구 국가들의 비인간적인 정책과 그들 자신의 작업 사이에 거리를 두기 위하여 '우생학'이라는 용어를 사용해 왔던 방식을 조명해 준다. 그들은 현대 서구 사회의 유전학적 실천은 개인과 그 가족에게 충분한 정보에 근거한 선택의 기회를 보장하고 있고, 일탈된 것으로 간주되는 사회적·인종적 집단이 아니라 질병에 초점을 맞추고 있다며 그러한 유전학적 실천과 과거의 우생학을 구별한다.

그러나 이 책의 논의 속에서 분명히 드러나겠지만, 우리는 이러한

---

6) Arthur L. Caplan, "Handle with Care: Race, Class, Genetics", eds. Timothy F. Murphy and Marc A. Lappé, *Justice and the Human Genome Project*, Berkeley: University of California Press, 1994, p. 41.

수사적 책략에 대해 회의적이다. 질병은 용인될 수 있는 행동과 신체적·정신적 기질에 대한 사회적 태도에 따라 정의되기 때문에, 질병과 사회적 일탈 사이에 명확한 경계를 설정하는 것은 불가능하다. 그리고 사회적 일탈은 의료화되는 경향이 있다. 또한 과거의 우생학 정책에 존재했던 우선 사항들과 현대의 유전학적 선별 검사 정책에서 나타나는 우선 사항들 중 어떤 것은 명확히 구별하기 어렵다. 대개 선별 검사 정책에서는 유전병을 지닌 채 태어나는 사람들의 수를 줄이는 데 강조점이 주어지기 때문이다. 앵거스 클라크는 많은 정책 문서들이 의례적으로 우생학과 절연하는 척 이야기한 후, 뒤이어 위험스럽게도 과거의 우생학적 가치들과 멀리 떨어져 있지 않는 듯 보이는 중재를 제안한다고 지적한다.[7] 조 레너건Jo Lenaghan은 "인권적 접근법에 대한 약속은 제공되는 서비스의 성격은 바꾸지 않은 채, 말하는 이와 유전학의 끔찍한 '우생학적' 오용 사이에 (겉치레로) 거리를 두는 데 사용될 수도 있다"고 말한다.[8] 이에 대한 하나의 예는 1991년 발간된 왕립의사협회Royal College of Physicians의 보고서 『NHS에서의 유전학적 서비스에 대한 구매자 지침』Purchasers' Guidelines on Genetic Services in the NHS[9]이다. 그와 같은 많은 문서들은 현대의 유전학과 산부인과의 중재가 지닌 성격

---

7) Angus Clarke, "Is Non-Directive Genetic Counselling Possible?", *The Lancet* 338, 1991, pp. 998~1000.

8) Jo Lenaghan, *Brave New NHS?: The Impact of the New Genetics on the Health Service*, London: Institute for Public Policy Research, 1998, p. 48.

9) NHS는 'National Health Service'(국민보건서비스)의 약자로, 영국에서 1946년부터 시작된 전 국민을 대상으로 한 준(準)무상 보건의료 서비스 제도다. 우리나라의 국민건강보험과는 달리 서비스를 제공받는 데 있어 보험료의 갹출을 따지지 않으며, 처음에는 무상으로 출발했으나 이후 재정상의 이유로 소액의 일부 자부담제를 채택했다.

내지 목적을 회피하거나, 충분한 정보에 근거한 동의informed consent라는 베일 뒤에 다른 의도를 숨긴다.

그 가면은 때때로 어떤 개인이 이러한 서비스의 개발들 중 일부가 지니고 있는 다른 동기를 암시하는 언급을 할 때 벗겨지곤 한다. 예컨대 재생산 기술의 개척자인 로버트 에드워즈Robert G. Edwards 교수는 유럽 인간 생식 및 발생학회European Society of Human Reproduction and Embryology의 1999년도 연례 총회에서 경솔하게도 다음과 같이 선언했다. "머지않아 유전병이라는 무거운 짐을 짊어진 아이를 낳는 것은 부모의 죄가 될 것이다. 우리는 우리 아이들의 질을 고려해야만 하는 세계에 진입하고 있다."[10] 공개 석상에서 이처럼 노골적으로 이야기하는 의사나 연구자들은 거의 없지만, 전문가들이 지닌 우생학적 태도에 대해서는 재생산 여부를 선택해야 했던 부모들이 전해 주는 많은 일화들이 존재한다. 앤 커와 그녀의 에든버러대학교 동료들에 의해 수행된 연구 같은 여러 연구들은 과학자들과 의사들이 대개 암묵적인 우생학적 가치관을 견지하고 있음을 보여 준다. 그들이 장애를 지닌 생명은 살 가치가 없다고 주장할 때, 또는 유전적으로 결함을 지닌 아기들의 출산을 예방하는 것은 사회적 책임이라고 주장할 때 그 가치관이 드러난다.[11] 게다가 선별 검사에 대한 문헌들은 대개 신기술을 비용-편익

---

10) Lois Rogers, "Having Disabled Babies Will Be 'Sin'", Says Scientist", *The Sunday Times*, 4 July, 1999.

11) Anne Kerr, Sarah Cunningham-Burley and Amanda Amos, "Eugenics and the New Human Genetics in Britain: Examining Contemporary Professionals' Accounts", *Science, Technology and Human Values* 23(2), 1998, pp. 175~198.

본의 견지에서 평가한다. 예컨대 다운증후군Down's syndrome을 지닌 태아의 임신중절당 소요된 다운증후군 선별 검사 프로그램의 비용을 다운증후군을 지닌 누군가를 일평생 돌보는 비용과 비교하는 것이다.[12]

우생학은 과거의 유물로 치부될 수 없으며, 현재의 유전의학과 단순하게 동일시될 수도 없다. 그러나 좀 더 절묘한 정의를 제시하는 것이 가능할까? 우생학eugenics이라는 단어 자체는 찰스 다윈Charles Darwin의 사촌인 프랜시스 골턴Francis Galton이 1883년에 처음 사용했으며, '좋은 태생'well-born을 의미한다.[13] 골턴은 그 단어를 "더 나은 육종育種을 통해 인간의 생식질生殖質, germ plasm[14]을 개량하는 과학"으로 정의했다. 그러므로 우생학은 대략 '유전적 개량'으로 정의될 수 있다. 그리고 이 정의는 전반적인 산부인과 서비스 및 소아과 서비스에 더해, 아마도 유전의학 전체를 포함할 수 있을 것이다. 그러나 이는 우생학의 정의를 과도하게 확대하고, 소위 유전적 결함자들에 대한 강압적 정책과 그들의 제거에 대한 우리의 우려를 제대로 드러내지 못한다. 따라서

---

12) Nicholas J. Wald et al., "Antenatal Maternal Serum Screening for Down's Syndrome: Results of a Demonstration Project", *British Medical Journal* 305, 1992, pp. 391~394.

13) 'eugenics'는 그리스어에 어원을 두고 있는데, 그리스어에서 'eu'는 '좋은'(well)을 뜻하고 'gene'은 '발생'(genesis)을 뜻하기 때문에, 단어 그 자체로는 '좋은 태생에 관한 학문'을 의미한다고 할 수 있다.

14) 독일의 진화생물학자이자 현대 유전학의 창시자라고도 할 수 있는 아우구스트 바이스만(August Weismann)이 처음 사용한 개념이다. 바이스만이 말한 생식질은 정자 및 난자와 같은 생식세포(germ cell)의 구성 요소로서 한 생명체가 다음 세대로 전달하는 유전 물질을 뜻하며, 일반적으로 생물의 몸을 이루고 있는 체세포(somatic cell)와는 독립적인 것으로 생각되었다. 현대 유전학의 관점에서 보자면 당시에는 아직 밝혀지지 않았던 DNA를 표현했던 것이라 할 수 있다. 이에 따라 지금은 생식질이라는 용어가 초기 배발생(early embryogenesis)에서 생식세포의 분화에 중요한 역할을 담당하는 세포질 부분을 지칭하는 데 사용되고 있다.

그 단어의 적용 범위를 유전의 영역에 개입하려는 시도들로 한정하는 것이 필요할 듯하다.

철학자 조너선 글로버Jonathan Glover는 일정한 합의가 존재한다고 볼 수 있는, 두 가지 핵심적인 정의상의 한도를 강조한다. 첫째, "우리가 그 단어를 실제로 논란의 여지가 많은 경우들에 적용될 수 있도록 유지하기를 원한다면, 우리는 어떤 정책이 인구의 구성에 영향을 미치려는 목적을 지니고 있는 경우에 한해서만 그것을 우생학적이라고 규정할 수 있다".[15] 둘째, 글로버는 자신의 저작들 중 또 다른 곳에서, 문제가 되는 것은 '유전적 개량'이 아니라 이런 개량이 어떤 수단에 의해 성취되는가라고 한층 더 구체적으로 명시하는데, 이때 그는 우리 사회가 지닌 어떤 통상적인 견해를 표명한다고 볼 수 있다.

심신의 이상을 제거하기 위하여 우생학 정책을 사용하는 것에 반대하는 이들은 거의 없을 것이다. 그런 정책들이 반대할 만한 추가적인 특징을 지니고 있지 않다면 말이다. 대부분의 사람들은 강제적 수단의 사용에 반대하며, 낙태에 반대하는 이들이라면 선별 검사 프로그램에도 반대할 것이다. 그러나 여타의 도덕적 반대 이유를 지니고 있는 이들을 논외로 한다면, 사람들은 질병에 맞서기 위한 우생학 정책의 사용에는 반대하지 않는다.[16]

---

15) Jonathan Glover, "Eugenics and Human Rights", ed. Justine Burley, *The Genetic Revolution and Human Rights*, Oxford: Oxford University Press, 1999, p. 116.
16) Jonathan Glover, *What Sort of People Should There Be?*, Harmondsworth: Penguin, 1984, p. 31.

이는 다니엘 케블레스가 『우생학이라는 이름 아래』*In the Name of Eugenics: Genetics and the Uses of Human Heredity*에서 취하고 있는 관점이기도 하다. 이 책에서 그는 국가의 후원 아래 이루어졌던 과거의 강압적 정책과는 대조적으로, 현대의 유전학 혁명에서 강조점은 재생산의 자유와 장애인의 공민권에 놓여 있기 때문에 그것이 우생학에 활용될 가능성은 높지 않다고 주장한다.

우리가 우생학은 비난받아 마땅한 것이라는 생각을 유지하고자 할 경우, 이러한 주장은 다음 세대의 유전적 건강을 개량하기 위한 인구 정책과 어떤 강제적 수단의 결합을 우생학에 대한 정의의 핵심으로 파악할 수 있음을 시사한다. 그와 같은 결합에 존재하는 비인간적인 측면은 개인의 욕구가 더 큰 공익을 위해 희생되어야 한다는 암시에 놓여 있다고 할 수 있다.

그렇지만 이런 접근법에는 여전히 여러 문제들이 존재한다. 첫째, 우리가 이 책 전반부에서 설명하게 될 것처럼, 우생학의 역사적 실천은 강압적 정책뿐만 아니라 '인종위생학'을 증진하려는 자발적인 조치들을 포함했다. 그리고 그것은 또한 '네거티브 우생학'negative eugenics ── '유전적으로 부적합한' 자를 덜 재생산하는 것 ── 뿐만 아니라 '포지티브 우생학'positive eugenics ── '유전적으로 건강한' 자를 더 재생산하는 것 ── 을 포함했다.[17] 폴은 영국우생학교육협회British

---

17) 국내 문헌에서는 'positive/negative eugenics'가 대개 '적극적/소극적 우생학'이나 '긍정적/부정적 우생학'으로 옮겨져 왔다. 그러나 이와 같은 역어는 여기서 'positive/negative'가 지니고 있는 '증대·양산(+)/감소·제거(-)'의 의미를 제대로 전달하지 못할 뿐만 아니라 오히려 혼동을 야기하는 측면도 존재한다. 즉, '적극적/소극적 우생학'이라고 옮기는 경우

Eugenics Education Society를 인용하고 있는데, 그 협회는 미국적인 우생학 모델처럼 법률이나 강압적 정책보다는 '교육, 설득, 권유'의 전술을 채택했다.[18]

둘째, 이런 접근법은 어떤 정책이 인구 수준에서 변화를 일으키도록 만들어졌는지 아닌지에 초점을 맞춘다. 즉 일정한 목적을 지닌 동인動因을 상정한다. 대다수의 현대적인 유전학적 서비스들은 이러한 명시적인 의도를 갖고 만들어지지는 않으며, 커플들에게 재생산 선택권을 제공하기 위해 만들어진다. 그렇지만 이처럼 표면상으로는 비우생학적인 정책이나 서비스가 결과적으로 인구 구성에서 변화를 초래할 수도 있다. 이것이 바로 트로이 더스터가 '뒷문으로 이루어지는 우생학'이라고 불렀던 것이다.[19] 철학자 필립 키처Philip Kitcher는 재생산 선택권이 더해진 자발적 선별 검사 프로그램에 대한 현대 서구 사회의 접근을 '소비자 우생학'consumer eugenics이라고 부르면서, 그것에 좀 더 긍정적인 해석을 부여하고자 한다.[20] 아서 카플란은 한발 더 나아간다.

'positive eugenics'와는 달리 'negative eugenics'가 어떤 적극적인 조치를 수반하지 않는다는 오해를 줄 수 있으며, '긍정적/부정적 우생학'으로 옮기는 경우 'negative eugenics'가 부정적이고 나쁜 것임에 반해 'positive eugenics'는 긍정적이고 용인될 만한 것이라는 느낌을 주게 된다. 선거에서 자주 쓰이는 'positive/negative strategy'가 '적극적/소극적 전략'이나 '긍정적/부정적 전략'이라고 옮겨지기보다는 그냥 '포지티브/네거티브 전략'으로 통용되는 것도 이런 맥락과 무관치 않을 것이다. 따라서 이 책에서는 음차라는 한계는 있지만 '포지티브/네거티브 우생학'이라는 역어를 사용하기로 한다. 이러한 번역어의 문제에 대해서는 김호연, 『우생학, 유전자 정치의 역사: 영국, 미국, 독일을 중심으로』, 아침이슬, 2009, 273쪽, 후주 33)을 참조하라.

18) Paul, "Eugenic Anxieties, Social Realities and Political Choices", p. 669.

19) Troy Duster, *Backdoor to Eugenics*, New York: Routledge, 1990.

20) Philip Kitcher, *The Lives to Come: The Genetic Revolution and Human Possibilities*, New York: Simon and Schuster, 1996.

그는 기능을 회복시키거나 장애를 교정하기 위해서만이 아니라, 통상적인 인간의 능력을 넘어서기 위해 개인들이 자발적으로 자식의 능력을 향상시킬 수 있도록 하는 것까지를 포함하여 우생학을 폭넓게 옹호한다. 이러한 가치관은 과거의 우생학과 많은 공통점을 지닌다.

셋째, 우리가 8장에서 논하게 될 것처럼, 사람들의 자율성을 약화시키는 강력한 사회적·문화적 힘들이 존재하며, 그런 힘들은 출산 전의 시나리오에서 개인과 가족들이 충분한 정보에 근거한 선택권을 행사하는 것을 가로막는다. 최근의 연구들은 비지시적 상담non-directive counselling이라는 개념이 근거 없는 사회적 통념임을 드러내 주었다. 부모의 자율성이라는 개념이 현대 생명윤리와 의학의 지배적 가치이기는 하지만, 그 어떤 개인도 벗어날 수 없는 일정한 사회적·문화적 맥락들, 그리고 현대 사회에서 권한을 박탈당했거나 빈곤한 처지에 있는 사람들에게 영향을 미치는 압력들을 고려한다면, 우리는 그러한 자율성이 많은 경우 환상에 불과한 것이라고 생각한다. 이런 현실은 과거 우생학에서의 강압적 정책과 현대 유전학에서의 소위 자유로운 선택 사이에 존재하는 경계를 모호하게 한다.

이런 이유들 때문에 우리는 주로 재생산에서의 중재를 통한 유전병의 제거가 강조되는, 그러나 이러한 제거가 이루어지는 수단은 다양할 수 있는 어떤 느슨한 개념으로 우생학을 사고하는 것이 최선이라고 생각한다. 대단히 공공연하고 문제가 많은 우생학의 형태들에서는 대규모의 인구 선별 검사가 이루어지고, 강압적 정책이 수반되며, 논란의 여지가 많은 '질병'이나 이상의 범주까지도 그 대상이 된다. 그러나 우생학은 또한 개인의 선택을 가장하여 우리에게 다가올 수도 있으며, 그것은 질병의 제거뿐만 아니라 '유전학적 증강[향상]'genetic enhancement도 포함할 수 있다.

소수이기는 해도 산부인과 의사들과 유전학자들 중 일부는 장애인의 출산을 예방하는 것이 사회에 주는 이득과 관련하여 명시적인 우생학적 관점을 견지하고 있다. 그러나 우리는 그러한 개인들에게 집중하는 것보다는 전체로서의 유전학 시스템을, 그리고 유전학적 선별 검사가 장애 문제에 대한 하나의 해결책이 되도록 하는 사회적 관계들과 문화적 가치들을 검토하고 이에 도전하는 것이 중요하다고 생각한다. 따라서 우리는 우생학이 현재 널리 퍼져 있는 재생산 구조의 발현적 속성emergent property이라고 주장한다. 비유하자면 이는 뇌와 의식 간의 관계와 비슷하다. 의식이 뇌의 어느 부분에서 발현하는지 말하는 것은 불가능하다. 의식에 대한 단 하나의 기원이나 원인은 존재하지 않는다. 그러나 의심할 여지 없이, 대단히 복잡한 인간 뇌의 여러 요소들의 결합이 의식을 하나의 결과물로 생산해 낸다.[21] 그러므로 우리는 다양한 유전학 관련 정책들, 실천들, 전문가들뿐만 아니라, 임상유전학이 존재하는 사회적 맥락이 우생학적인 결과를 만들어 낼 수 있다고 주장한다. 우리는 조너선 글로버에 동의하지 않으며, 무슨 수를 써서라도 질병과 차이를 제거하려는 유전학적 충동에는 심각한 도덕적·사회적 문제들이 존재한다고 주장한다. 우리는 장애인이 없어진다고 이 세상이 더 나은 곳이 될 것이라 생각하지 않는다. 그리고 장애가 피하는 게 최선인 비극이라고도 생각하지 않는다. 우리는 아서 카플란에게도 동

---

21) John R. Searle, *The Mystery of Consciousness*, London: Granta, 1997.

의하지 않으며, 개인들의 능력을 그들이 지닌 통상적인 재능의 범위를 능가할 정도로 향상시키기 위해 비치료적인 목적에서 유전학을 사용하는 것에 반대한다.

그렇지만 현대 게놈학에 대한 우리의 우려는 재생산이라는 영역을 넘어선다. 유전병이 재생산에서의 중재를 통해 제거될 것 같지는 않다. 이는 현대 게놈학이 또한 유전질환을 지닌 사람들에게 활용될 수 있는, 더 향상되고 더 빈번한 감시 기술에 집중하고 있음을 의미한다. 비록 그런 전망이 아직 실현되지는 않았지만, 유전의학과 유전자 치료가 더 발전하는 것 역시 충분히 가능한 일이다. 우리는 왜 이에 대해 우려해야만 하는가? 유전학 연구 및 서비스가 발전하고 있는 상업적 맥락이 공급의 불평등과 관련하여, 특히 유전의학을 이용할 형편이 되지 않는 '유전적 최하층 계급'genetic underclass과 관련하여 많은 우려를 불러일으키고 있기 때문이다. 새로운 감시 방식들은 또한 사람들의 생활양식과 행동에 대한 부적절한 수준의 통제를 실행하기 위해 사용될지도 모른다. 이러한 감시가 자기 자신에 대해 자발적으로 이루어진다고 해서, 그것이 사람들의 자유를 침해할 리 없다고 말할 수는 없다.

이 책의 결론 장에서 우리는 신우생학의 가능성을 약화시킬 수 있는 방식들에 집중하면서, 유전학과 사회에 대한 대안적 에토스의 개요를 서술할 것이다. 그 이전의 장들에서는 우선 우생학의 역사적 경험을 상세히 기록하고, 임상유전학의 현대적 접근법과 그것이 작동하는 사회적 맥락을 살펴볼 것이다. 우리는 영국과 미국에서 이루어진 우생학의 탄생에서 시작하여 나치와 스칸디나비아 국가들에서의 우생학을 고찰하는 것으로 나아간다. 그다음에 전후기에 이루어진 유전의학의 재구성을 20세기 말엽 현대 게놈학의 등장까지 추적하면서, 케블레스가 개혁 우생학이라고 적절히 불렀던 것을 살펴보는 일에 착수한다. 이 책의 후반부에서 우리는 이와 같은 발전의 함의를 문화, 유전자 선택, 그러한 발전의 광범위한 사회적 결과라는 측면에서 고찰하며, 게놈학의 규제에 대해서도 고찰할 것이다.

2장 _ 우생학의 등장: 영국과 미국

인간의 유전에 대한 통제는 오랜 역사를 지니고 있다. '부전자전'이라
는 생각과 장애에 대한 낙인 및 두려움은 말 그대로 고래古來의 것이다.
마빈 로젠Marvin Rosen과 그의 동료들이 『정신지체의 역사』*The History of
Mental Retardation*에서 언급한 것처럼, 유아 살해와 장애 아동 안락사의
관행은 고대 로마 때부터 존재해 왔다고 알려져 있다. 19세기에 새로
운 인도주의 정신이 등장하고 나서야 '정신지체인'을 위한 주립병원과
학교가 설립되었다. 그러나 이런 시설들의 목적은 점차 소위 일탈자들
을 보호하는 것에서 일탈자들로부터 사회를 보호하는 것으로 이동해
갔다. 이것이 우생학의 출발점이었는데, 프랜시스 골턴은 우생학을 두
가지 유형으로 분류했다. 소위 좋은 혈통의 재생산을 촉진하는 데 초
점을 맞추는 '포지티브' 우생학과 정신적·도덕적으로 부적합한 종자
의 재생산을 막는 데 초점을 맞추는 '네거티브' 우생학으로 말이다.

우생학은 20세기로의 전환기에 광범위한 전문직 중산 계급으로
부터 숭배자들을 이끌어 냈다. 과학계와 의학계 종사자들이 그 중심에
있었다. 유전학자들은 특별히 언급해 둘 만한데, 왜냐하면 유전학이라

는 신생 분야는 여러 면에서 우생학적 관심에 의해 동기부여가 이루어졌을 뿐만 아니라, 이론과 '증거'라는 형식으로 우생학에 과학적 힘을 실어 주었기 때문이다. 비록 이러한 점은 시간이 흐름에 따라 점점 더 불분명하게 되었지만, 몇몇 중요한 유전학 기술 및 이론은 우생학에 그 기원을 두고 있다. 요컨대 유전학과 우생학은 쉽게 구분될 수 없다. 사실 초기 우생학의 역사를 확인하는 것은 과학과 기술이 지닌 심대한 사회적 측면 ── 너무나 흔히 경시되고 있는 ── 을 예증하는 최선의 방법들 중 하나라고 할 수 있다.

이 장은 초기 우생학의 사회적·정치적 배경을 살펴보는 것에서 시작한다. 이어서 유전학의 태동과 우생학의 관련성을, 그리고 좀 더 광범위한 과학계 및 의학계와 우생학의 관계를 고찰하는 것으로 나아간다. 우리는 우생학이 어떻게 과학 및 의학의 테마와 형식을 형성해 냈는지에 초점을 맞출 것이다. 그다음 우리는 우생학의 활성화가 이루어지는 과정에서 의사들과 과학자들이 선봉에 섰던 대중운동을 고찰하는 것으로 초점을 넓힌다. 또한 우생학을 대중화하기 위한 다양한 전략들과 더불어, 미국의 악명 높은 단종수술 프로그램과 미국 및 영국에서 이루어진 '정신적 결함자'[1]의 시설 수용 institutionalization에서 그런 전략이 어떻게 실행되었는지 논의될 것이다.

---

1) '정신적 결함'(mental defect, mental deficiency)과 '정신적 결함자'(the mentally defective, mental defective)라는 용어는 국내 문헌에서 흔히 '지적장애(인)'의 옛 표현으로 인식되어 '정신박약(자)'이나 '정신지체(인)'로 옮겨지는 경우가 많다. 그러나 좀 더 정확히 말하자면 이 표현은 그 대상에 있어 3장 각주 6)에서 설명하고 있는 학습적 장애(인)와 가장 가깝다고 할 수 있다. 그리고 아주 드물게는 정신질환(자)까지를 포함하여, 신체적 장애(인)와 대비되는 정신적 장애(인) 전체를 지칭하는 경우도 있었다.

사회적 혼란: 초기 우생학의 배경

20세기로의 전환기는 영국과 미국 양쪽 다 상당한 사회적 혼란의 시기였다. 자본주의의 성장은 그와 더불어 산업의 불안을 야기했고 도시 빈민가를 만들어 냈다. 영국에서는 국가적 효율성의 약화와 인구 퇴보에 대한 우려가 증가하고 있었다. 점증하는 도시 빈민의 수와 보어전쟁Boer War(1899~1902)[2]을 위해 모집된 신병들의 열악한 신체 조건은 특히 국민 체위physique의 저하에 대한 우려를 자극했다. 중산 계급의 출산율 감소와 하층 계급의 억제되지 않은 '부적자'the unfit 재생산에 대한 우려 또한 존재했다. 이에 대응하여 중산 계급은 통제와 규제를 확대했고, 공정한 과학 전문가들이 사회를 관리해 주기를 기대했다.

또한 이 시기에는 복지 영역에서 국가 책임으로의 방향 전환과 자선단체들의 성장이 있었다. 영국에서는 「대도시 구빈법」Metropolitan Poor Act(1867)과 「백치법」Idiots Act(1886)이 사회적으로나 정신적으로 부적합하다고 여겨진 사람들, 소위 치우, 백치,[3] 광인, 정신박약자라고

---

2) 19세기 후반 영국은 남아프리카에서 케이프 식민지(Cape Colony)를 기지로 소위 종단정책을 추구하며 세력을 확대했는데, 그 북방에는 네덜란드계 백인인 보어인이 1852년과 1854년에 각각 건설한 트란스발공화국과 오렌지자유국이 자리 잡고 있었다. 그러다가 1867년 트란스발에서 금광이, 오렌지강변에서 다이아몬드 광산이 발견되자 이에 대한 이권을 둘러싸고 영국인과 보어인 사이에 갈등과 분쟁이 계속되었으며, 1899년 10월 마침내 전면전이 시작되었다. 초기에는 영국이 두 나라의 주력군을 제압하고 합병을 선언했지만, 이후 보어연합군은 게릴라전을 통해 영국군을 잇달아 격퇴시키고 영토의 대부분을 수복했으며 영국령 식민지까지 넘보게 되었다. 그러나 장기간의 전쟁은 결국 50만에 가까운 대규모 병력을 투입한 영국의 승리로 귀결되어 1902년 5월 베레니킹 평화조약(Treaty of Vereeniging)이 맺어졌고, 트란스발공화국과 오렌지자유국은 영국의 식민지가 되었다.
3) 과거에는 지적장애를 그 정도가 약한 것부터 심한 순으로 '우둔'(愚鈍, moron), '치우'(痴愚, imbecile), '백치'(白痴, idiot)라는 용어로 불렀다.

불렸던 사람들에 대한 대규모 시설 수용의 시작을 알렸다. 실제로 소두증, 뇌전증,[4] (현재는 다운증후군이라고 불리는) '몽고증'Mongolism을 포함한 광범위한 정신적·신체적 장애와 이상이 하나의 집단으로 분류되었다. 시력이나 청력이 안 좋은 사람들과 심지어 왼손잡이까지도 진단의 대상이 되곤 했다. 시설 수용은 이런 집단들이 지역사회에서는 가능하지 않은 특별한 치료를 필요로 한다고 여겨졌기 때문에 지지되었다. 매슈 톰슨Mathew Thomson이 『정신적 결함이라는 문제』*The Problem of Mental Deficiency: Eugenics, Democracy, and Social Policy in Britain c.1870-1959*에서 주장했던 것처럼, 정신적 결함은 하나의 사회문제가 되었다.

정신박약에 대한 유전설이 설득력을 얻었던 것처럼, 범죄성에 유전적 기반이 존재한다는 이해도 마찬가지로 사회적 영향력을 획득했다. 미국에서는 정신병원이나 교도소 같은 시설들이 확대되었는데, 입소자들의 치료에 대한 전망이 회의적이었기 때문에 그 비용에 대한 우려 또한 늘어났다. 인간은 더 이상 '그 자신의 운명에 대한 주인'으로 간주되는 것이 아니라, 환경에 영향을 받기 쉬운 것으로, 특히 유전에 영향을 받는 존재로 여겨졌다.

이 시기 동안 과학자들 또한 전문화하기 시작했으며, 과학이 대학에서 제도화되었다. 생물학자들은 물리학에 종사하는 그들의 동료들 옆에 나란히 설 수 있을 만큼 자기들의 지위를 확고히 하기를 열망했으며, 그러한 지위를 추구하며 '어려운' 실험 기법과 기계론적 설명을

---

4) 우리나라에서 과거 간질로 불렸던 질환을 말한다. 간질이라는 용어에 부여되어 있던 낙인과 사회적 편견이 심해 뇌전증으로 변경되었다.

채택했다. 의학 또한 과학적 접근법을 발전시켰으며 의사들의 지위도 높아져 갔다. 그에 따라 새로운 전문직 중산 계급이 출현하고 있었다.

초기 유전학, 과학, 의학

이 시기의 '신생물학' 또한 새로운 의미에서의 유전자 결정론에 기여했다. 신생물학은 현미경을 이용한 세포 연구 및 초기의 통계학과 관련되어 있었다. (획득형질이 유전된다는 라마르크주의Lamarckism의 주장을 대체한) 아우구스트 바이스만의 생식질 이론germ plasm theory[5] 우성 및 열성 유전자의 측면에서 그레고르 멘델Gregor Mendel의 이론이 재해석된 것, 휘호 더프리스Hugo De Vries의 돌연변이설은 이전의 환경 결정론을 약화시켰다. 하워드 케이Howard L. Kaye가 『현대 생물학의 사회적 의미』[6]에서 논했던 것처럼, 유전자의 불변성이 강조됨에 따라 사회 변화에 대한 새로운 비관론이 일었다.

---

5) 라마르크주의는 프랑스의 박물학자이자 진화론자인 장 바티스트 라마르크(Jean-Baptiste Lamarck)가 1809년 출간한 『동물 철학』(Philosophie Zoologique)[이정희 옮김, 지만지고전천줄, 2009]에서 체계화한 진화론을 말한다. 동물이 환경의 변화에 적응하면서 자주 사용하는 기관은 더 발달하고 그렇지 않은 기관은 점차 퇴화한다는 용불용설(用不用說), 그리고 이런 변이가 다음 세대로 전이된다는 획득형질의 유전을 그 핵심으로 한다. 생식질 이론은 바이스만이 1893년에 제시했으며(1장 각주 14) 참조) 흔히 생식질 연속설이라고 불린다. 생식세포는 초기 발생 단계부터 체세포에서 분리되어 있기 때문에 생식질을 통해서만 유전 물질이 다음 세대로 전달된다는 내용이다. 이 이론에 따르면, 환경이나 경험을 통해 발생한 체세포의 변화는 생식세포에 반영되지 않기 때문에 생물이 후천적으로 획득한 형질은 유전될 수 없으며, 생식세포에서 일어난 변이만이 다음 세대에 전달된다.
6) [국역본] 하워드 L. 케이, 『현대 생물학의 사회적 의미』, 생물학의 역사와 철학 연구모임 옮김, 뿌리와이파리, 2008.

초기 유전학의 두 갈래가 동시에 발전했다. 생물측정학biometry[7])과 멘델주의Mendelianism가 바로 그것이다. 프랜시스 골턴이 지지했던 생물측정학은 유전에서 일련의 작은 단계들이 지닌 중요성을 강조했다. 윌리엄 베이트슨William Bateson이 지지했던 멘델주의는 유전에서 나타나는 불연속적인 형질을 강조했다. 초기 유전학의 이 두 갈래는 양쪽 모두 다양한 방식으로 우생학과 연결되었다. 생물측정학자들과 멘델주의자들은 백색증, 알코올중독, 정신이상, 결핵, 정신적 결함, 범죄성의 유전에 대해 연구했다. 골턴과 그의 계승자인 칼 피어슨Karl Pearson 은 1907년 런던대학교에 우생학연구소Eugenics Laboratory[8])를 설립했다. 여기서 그들은 우생학을 하나의 과학으로 확립하고자 노력했다. 그들의 연구는 인구의 정신적·신체적 형질에 대한 광범위한 연구를 포함했다. 생물측정학자들이 예측을 행하는 근본적 이유는 사회 통제 및 계획된 인구 개량이라는 그들의 목적과 직접적으로 결부되어 있었다. 찰스 대븐포트Charles B. Davenport는 나중에 멘델주의 쪽으로 '전향'하긴 했지만 생물측정학에서 출발했는데, 그는 미국에 우생학기록보관소 Eugenics Record Office를 설립하고 수많은 형질과 질병의 유전에 대해 광범위한 연구를 수행했다. 멘델주의자들 또한 우생학적 관심에 의해 동기부여가 이루어졌다. 예를 들어 도널드 매켄지Donald MacKenzie는 베이

---

7) 생물학적 특징이나 생물이 나타내는 여러 가지 현상들을 통계학적으로 분석하고 연구하는 학문 분야로 19세기 말부터 발전했다. 생물통계학(biostatistics)이라고도 한다.
8) 이 연구소의 정식 명칭은 '골턴국가우생학연구소'(Galton Laboratory for National Eugenics) 였으며, 제1차 세계대전 이전까지는 개인들의 후원금으로 운영되었으나 종전 후에는 정부 지원을 받는 연구소로 발전했다.

트슨이 인종 개량 프로그램을 혐오스러운 것으로 여기기는 했지만, 그가 유전학의 견지에서 계급의 차이를 바라보았다고 언급한다.[9]

좀 더 기이한 몇몇 주장들 때문에 우생학자들이 종종 조롱의 대상이 되기는 하지만, 그들은 유전 연구에 몇 가지 중요한 기여를 했다. 골턴과 피어슨은 상관계수를 개발했을 뿐만 아니라 정규분포를 나타내는 '종형 곡선'bell curve 또한 개발했는데, 양쪽 다 통계학에서 중요한 도구가 되고 있다. 찰스 로젠버그Charles E. Rosenberg는 『다른 신들은 없다』No Other Gods: On Science and American Social Thought에서 찰스 대븐포트와 그의 아내 거트루드 대븐포트Gertrude C. Davenport가 최초로 인간의 형질(피부색)에 다인자 유전polygenic inheritance[10]을 적용하고, 눈의 색깔을 복수의 대안적 유전자의 측면에서 설명했다는 것을 언급한다.[11]

이 시기에는 다른 의학 연구들 —— 이후 유전학 연구의 규범 내로 통합된 —— 도 우생학을 뒷받침했다. 아치볼드 가로드Archibald Garrod의 저작 『선천성 대사이상』Inborn Errors of Metabolism(1908)은 유전학자들에게 멘델의 법칙이 식물뿐만 아니라 인간에게도 적용될 수 있다는 확신을 주었으며,[12] 광범위하게 존재하는 좀 더 흔한 형질에도 적용 가능한

---

9) Donald MacKenzie, "Eugenics in Britain", Social Studies of Science 6, 1976, pp. 499~532.
10) 표현되는 한 가지 형질에 두 개 이상의 유전자들이 관여하는 유전을 말하는데, 인간의 경우에는 피부색과 신장이 다인자 유전의 대표적인 예라고 할 수 있다.
11) Charles E. Rosenberg, No Other Gods: On Science and American Social Thought, Baltimore, MD: Johns Hopkins University Press, 1997.
12) 가로드는 '선천성 대사이상'이라는 질병 개념을 처음 제안한 학자다. 그는 페닐알라닌과 티로신의 분해 과정에 결함이 생겨 알캅톤이 소변으로 나오게 되는 알캅톤뇨증(alkaptonuria)이 유전됨을 발견한 후, 1902년 이를 최초의 선천성 대사이상으로 발표했다.

지에 대한 관심을 자극했다. 1930년대의 개체군 유전학[집단 유전학] population genetics에서 제시되었던 생물측정학과 멘델주의의 궁극적 해결책이 흔히 유전학과 우생학 사이의 단절을 나타내는 것으로 받아들여지기는 하지만, 그런 궁극적 해결책 또한 우생학과 연결될 수 있다. 케블레스는 우생학의 주요 주창자 중 한 명인 로널드 피셔가 뒤늦게 우생학과 거리를 두고자 노력하긴 했지만, 확실히 그가 과학을 인구 개량에 사용하려는 관심에 의해 동기부여가 이루어졌음을 보여 준다. 피셔가 1914년 「한 우생학자의 몇 가지 희망」Some hopes of a eugenicist이라는 에세이에 썼던 내용이 입증하는 것처럼 말이다.

그렇지만 유전학과 우생학 간의 관련성은 주요 과학자들이 지녔던 동기라는 측면에 한정되지 않는다. 미국유전학회American Genetics Association, AGA 같은 유전학자들의 전문직 협회들과 록펠러재단을 포함한 자금 제공 단체들도 우생학을 지원했다. 우생학은 또한 새로운 세대의 과학자들에게 영감을 불어넣었는데, 특히 미국의 경우가 그랬다. 다이앤 폴이 언급한 것처럼, 1914년에는 미국 44개 대학에 우생학 과정이 존재했는데 1928년이 되자 그 수는 376개로 늘어났다.[13] 이 시기에는 (사회과학자들을 포함하여) 다른 많은 분야의 과학자들 또한 우생학을 지원했다. 우생학은 심리학이라는 신생 분야와 직접적으로 관련되어 있었다. 예를 들어 (IQ 검사의 선구인) 비네검사Binet test는 심

---

13) Hamilton Cravens, *The Triumph of Evolution: American Scientists and the Heredity-Environment Controversy, 1900-1941*, Philadelphia: University of Pennsylvania Press, 1978, p. 3; Diane B. Paul, *Controlling Human Heredity: 1865 to the Present*, New York: Humanity Books, 1998, p. 10에서 언급됨.

리학자들이 전문가로 인정받고자 노력하고 있었던 때인 1910년 미국에 도입되었다. 이는 정신적 능력에 대한 유전주의적 관점을, 특히 지능에서의 인종적·계급적 차이에 대한 이론을 강화하는 데 큰 역할을 했다. 로이 로Roy A. Lowe는 또한 영국에서 20세기 초의 많은 심리학자, 학교 의사, 교육자들이 도시 빈민은 위험하다는 생각에 실제로 사로잡힌 채 우생학을 받아들였다고 쓰고 있다. IQ 검사는 정신박약 학생을 식별하기 위해 사용되었으며, 검사를 받은 후 그런 학생들은 1913년의 「정신적 결함법」Mental Deficiency Act에서 인가된 대로 특수학교로 보내졌다. 교육위원회Board of Education의 위원들 또한 왕립위원회Royal Commission[14]에 단종수술을 검토해 달라고 요구하는 데 앞장섰다. 로가 상세히 기록하고 있는 것처럼, 1929년에 전국교사노조의 집행부는 "지금이야말로 정신적 결함자들 사이에서의 재생산이라는 총체적 문제에 대한 과학적 조사가 이루어져야 할 때다"라는 진술을 담은 결의안을 승인하기까지 했다.[15]

톰슨은 의학계 내에서의 유전학에 대한 전반적인 무관심과 질병에의 환경론적 설명에 대한 선호에도 불구하고, 의학 전문 저널 『랜싯』과 왕립의사협회 양쪽 다 우생학적 단종수술에 대한 지지 성명을 채택했음을 언급한다. 린지 패럴Lyndsay A. Farrall이 주장했던 것처럼, 실제로 네거티브 우생학을 앞장서서 요구했던 것은 바로 '의사들'이었다.[16]

---

14) 법률 개정이나 도입 시 조사, 검토, 권고 등의 권한을 행사하는 영국 정부의 자문위원회다.
15) Roy A. Lowe, "Eugenicists, Doctors, and the Quest for National Efficiency: An Educational Crusade, 1900-1939", *History of Education* 8(4), 1979, p. 304.
16) Lyndsay A. Farrall, "The Origins and Growth of the English Eugenics Movement,

톰슨은 또한 이 시점에 정신과 의사들이 늘어나는 정신질환자들을 치료하는 데 있어서의 실패를 설명하기 위한 노력의 일환으로 유전주의적 이론을 채택했다고 주장한다. 안과나 외과 의사 같은 의료 전문가

1865-1925", PhD thesis, University of Indiana, 1970.

17) 에스파냐, 포르투갈, 이탈리아 남부 및 북아프리카의 일부 등 지중해 주변 지대에 널리 분포하는 인종으로, 전형적 지중해인, 대서양 지중해인, 이라노-아프간의 아인종(亞人種)으로 나눌 수 있다. 전형적 지중해인은 대서양 지중해인과 이라노-아프간에서 파생했다는 설이 유력한데, 진화 과정에서 체격의 유약화가 나타나 성년 남자의 평균 신장이 164cm 내외로 작은 편이다.

들 또한 유전적 결함 보유자라고 여겨지는 사람들에 대한 단종수술을 합법화하자는 우생학 운동의 제안에 끌렸다. 미국에서는 몇몇 손꼽히는 내과 의사들 또한 단종법sterilization act이 통과되는 데 중요한 역할을 했다. 실제로 의료 전문가들이 없었다면, 아래에서 논의하게 될 단종수술의 광범위한 실행은 가능할 수 없었을 것이다.

그렇지만 확실한 것은 우생학이 통일된 이데올로기나 과학은 아니었다는 (그리고 아니라는) 것이다. 패럴이 이 시기에 대해 다음과 같이 언급한 것처럼 말이다. "생물학계조차도 '진화'나 '자연선택'이나 '유전'에 대해 단일한 이해를 갖고 있지는 않았다. […] 그런데 어떻게 '우생학'에 대한 글을 썼던 그처럼 광범위한 집단이 우생학이 무엇을 의미하는가에 대한 동일한 이해를 지닐 것이라 기대할 수 있겠는가?"[18] 그러나 이러한 논리적 비일관성이 우생학의 대중적 인기에는 아무런 장벽도 되지 않았다.

우생학 운동과 대중적 지지

최초의 우생학 운동 조직인 영국우생학교육협회는 1907년에 설립되었다. 회원들은 처음 10년 동안은 '교양 있는 비전문가'였지만, 골턴의 영향을 받아 두 번째 시기에는 전문직 중산 계급으로 전환되었다. 이 시기에는 의사, 정신과 전문의, 학자들이 그 협회를 지배했으며, 여성

---

18) Ibid., p. 38.

들이 회원의 절반을 차지했다. 회원 수는 정점에 이르렀을 때에도 700여 명에 불과했지만, 그 협회는 회원들 중 학계 엘리트를 포함하고 있었으며 이러한 엘리트 집단에게 더 폭넓은 인기를 끌었다. 이와 관련해 케블레스는 다음과 같이 언급하고 있다.

1911년에 옥스퍼드대학교연합Oxford University Union은 거의 과반수가 참여한 투표를 통해 우생학적 원칙을 승인했다. 그리고 제1차 세계대전 전에 케임브리지대학교에서 개최된 한 우생학회의 학술대회는 수백 명의 사람들을 끌어모았는데, 여기에는 고위급 대학 임원, 노벨상 수상 과학자, 유력 교수들, 그리고 젊은 시절의 케인스John Maynard Keynes가 포함되어 있었다.[19]

골턴이 1904년에 강연한 바 있는 사회학회Sociological Society 또한 우생학이 지닌 과학의 아우라로 인해 이에 관심을 가졌다. 우생학의 또 다른 지지자들로는 헨리 해블록 엘리스Henry Havelock Ellis,[20] 조지 버나드 쇼,[21] 허버트 조지 웰스Herbert George Wells,[22] 시드니 웨브와 비어트

---

19) Daniel J. Kevles, *In the Name of Eugenics*, Cambridge, MA: Harvard University Press, 1995, p. 60.
20) 영국의 의학자이자 작가다. 1897년부터 1928년에 걸쳐 간행된 대작 『성 심리의 연구』(*Studies in the Psychology of Sex*)를 통해 성과학의 창시자로 이름을 알렸으며, 문학, 철학, 종교학, 심리학, 범죄학, 민족학 등 다양한 분야의 저서를 남겼다.
21) 극작가 겸 소설가이자 사회비평가다. 그의 작품 중 『피그말리온』은 뮤지컬로, 『마이 페어 레이디』는 영화로도 제작되었으며, 1925년에 노벨문학상을 수상했다.
22) 과학소설가이자 문명비평가로 『타임머신』, 『투명인간』, 『우주전쟁』, 『세계사 대계』 등 평생 100여 권이 넘는 작품을 썼다. 레닌 및 트로츠키와도 교류했던 열렬한 사회주의자로 알려져 있으며, 『현대 유토피아』, 『구세계를 대신하는 신세계』, 『최초의 것과 최후의 것』 등의 작품은

리스 웨브 부부[23])가 있었다. 사실 우생학은 맑스주의자, 페이비언주의자, 페미니스트들 사이에서 폭넓은 지지를 받았다. 집단의 이익에 대한 그들의 강조와 메리토크라시[meritocracy24])에 대한 신념은 당시의 우생학 이데올로기와 잘 맞아떨어졌다. 폴은 시드니 웨브의 다음과 같은 진술을 인용하고 있다. "일관성 있는 어떠한 우생주의자도 '자유방임주의'적인 개인주의자일 수는 없다. 그가 절망하여 게임을 포기하지 않는 한 말이다. 즉 그는 개입하고, 개입하고, 또 개입해야만 한다!"[25]) 영국우생학교육협회의 회원이었던 정치인들 중에는 아서 밸푸어[Arthur James Balfour26])와 아서 체임벌린[Arthur Neville Chamberlain27])이 포함되어 있었는데, 그들은 둘 다 (30년의 간격을 두고) 총리를 역임했다. 마리 스

그의 사회주의 사상을 반영하고 있다.

23) 버나드 쇼와 함께 당대의 페이비언협회를 이끌며 점진적 사회주의 노선을 추구했고, 남편인 시드니 웨브는 영국 노동당의 활동에도 깊숙이 관여하면서 상무상과 식민상을 역임하기도 했다. 또한 1895년에는 런던정치경제대학교(London School of Economics and Political Science, LSE)를 설립하여 교육 활동에도 힘썼다.

24) 영국의 사회학자 마이클 영(Michael D. Young)이 자신의 책 『메리토크라시의 등장』(The Rise of the Meritocracy, 1958)에서 처음 사용한 용어로, 출신이나 가문 등이 아닌 능력과 실적, 즉 메리트(merit)에 따라서 사회적 지위와 보수가 결정되는 사회 체제를 일컫는다. 흔히 '실력 본위 사회'나 '능력주의 사회'로 번역되기도 한다.

25) Diane B. Paul, The Politics of Heredity: Essays on Eugenics, Biomedicine and the Nature-Nurture Debate, New York: SUNY, 1998, p. 14.

26) 1874년 보수당 소속 의원을 시작으로 스코틀랜드 담당 장관, 아일랜드 담당 장관, 재무장관 등을 역임한 후 1902~1905년에 총리로 재직했다. 이후 수년간 자유통일당의 총재로 있다가 제1차 세계대전이 일어나자 1915년 해군장관, 1916년 외무장관이 되었다. 외무장관 재직 시인 1917년에 '밸푸어 선언'을 통해 팔레스타인에서의 유대인 국가 건설을 약속했는데, 이것이 이스라엘과 아랍 민족 간 분쟁의 원인이 되었다.

27) 1918년 하원의원을 시작으로 보수당 내각에서 보건장관과 재무장관을 거쳐 1937년에 총리가 되었다. 그는 당시 대두되고 있던 파시즘 세력과의 갈등을 피하고자 했다. 그리하여 에스파냐 내전에는 불간섭주의(noninterventionism)를 고수했고, 이탈리아의 에티오피아 합병을 인정했으며, 1938년 뮌헨회담에서는 히틀러의 요구를 받아들였다. 1939년 제2차 세계대전 발발 후 1940년 노르웨이 작전의 실패에 대한 책임을 지고 총리직에서 물러났다.

톱스^{Marie Stopes} 같은 산아제한 운동의 저명한 인물들 또한 우생학 지지자였다. 사실 스톱스는 산아제한의 주창자로 활동하기 오래전부터 우생주의자였는데, 그녀를 산아제한 운동으로 이끈 것은 여성들의 양립 가능한 성생활에 대한 관심이라기보다는 바로 이 우생학적 신념이었다. 리처드 솔로웨이^{Richard Soloway}가 다음과 같이 언급했던 것처럼 말이다. "빈민들에게 산아제한이 이루어지도록 하려는 그녀의 특별한 노력은 피임 정책의 채택만이 밝혀 줄 가망이 있는 임박한 '인종적 암흑세계'에 대한 우생학적 관심과 훨씬 더 긴밀한 관련을 지닌다."[28]

영국의 운동에 영향을 받아 미국에서도 골턴연구회^{Galton Society}나 인종개량재단^{Race Betterment Foundation} 같은 다양한 우생학 단체들이 설립되었다. 이런 단체들은 1923년 미국우생학회^{American Eugenics Society}의 이름하에 하나로 뭉쳤다. 미국우생학회는 영국우생학교육협회보다 회원 수는 적었지만, 존 록펠러^{John Davison Rockefeller}[29] 같은 명사를 포함한 기부자들을 거느리고 상당히 더 많은 예산을 운용했다. 회원 구성에 있어서는 영국의 경우와 흡사하게 의사, 사회사업가, 성직자, 학자 같은 중산 계급 전문직들이 다수를 차지했다. 회원의 대다수는 보수주의자였지만, 영국의 우생학 운동과 마찬가지로 급진주의자도

---

28) Richard Soloway, "The Galton Lecture: 'Marie Stopes, Eugenics and the Birth Control Movement'", ed. Robert Anthony Peel, *Marie Stopes and the English Birth Control Movement*, London: Galton Institute, 1997, p. 54.

29) 미국의 전설적인 사업가로 1870년 오하이오 스탠더드 석유회사를 설립한 후 1882년에는 미국 내 정유소의 95%를 지배하는 스탠더드 오일 트러스트를 조직하여 '석유 왕'으로 불렸다. 1911년 스탠더드 오일 트러스트가 미연방대법원으로부터 반트러스트법 위반으로 해산 명령을 받고 해체된 후에는 록펠러재단 등을 통한 사회사업에 몰두했다. 그가 소유했던 재산은 현재의 가치로 환산하면 빌 게이츠의 3배 정도라고 한다.

상당수 포함되어 있었다. 폴이 언급한 것처럼, 조지아주에서는 노령연금, 자유 교과서, 웰 베이비 클리닉well baby clinic[30] 운동을 벌였던 뉴딜 정책의 옹호자들 또한 우생학적 단종수술을 지지했다. 미국의 페미니스트 산아제한 운동가인 마거릿 생어도 영국의 마리 스톱스와 마찬가지로 우생학 지지자였다. 심지어 농과 맹을 지니고 있었던 저명한 운동가인 헬렌 켈러조차 우생학이라는 객관적 과학이 정신적 손상을 지닌 아기가 출산 시 제거되어야 하는지에 관한 의사 결정을 돕는 데 적용될 수 있다고 여겼다.[31]

---

30) 유아의 보호자를 대상으로 영양, 선천성 질환, 감염 예방, 환경 조정, 사고 대책 등 육아상의 문제에 대한 전문적 지도를 행하는 보건 활동을 말한다.

31) 헬렌 켈러는 이 장 각주 35)에서 언급되고 있는 해리 하이젤든의 장애유아 안락사를 지지했으며,『더 뉴 리퍼블릭』(The New Republic)에 기고한 글에서 "생명에 신성함을 부여하는 것은 행복·지능·능력의 존재 가능성인데, 열등하고 기형이며 마비되고 사고력이 없는 생명체에는 이러한 것들이 부재하다", "정신적 결함자는 범죄자가 될 가능성이 거의 확실하다", "우리는 하이젤든이 취한 것과 같은 훌륭한 인간애와 비겁한 감상주의 사이에서 결단을 내려야만 한다"라고 쓰면서 우생학을 옹호한 바 있다(John Gerdtz, "Disability and Euthanasia: The Case of Helen Keller and the Bollinger Baby", Life and Learning 16(15), 2006, pp. 495~496). 이런 사실에 대해 많은 이들이 '장애인 당사자'였던 헬렌 켈러가 어떻게 그럴 수 있었는가라는 의문과 놀라움을 갖게 될 것이다.『헬렌 켈러의 급진적 삶』의 저자 킴 닐슨은 켈러가 후천적으로 장애를 갖게 된 자신과 선천적으로 결함을 갖고 태어난 이들을 구별하려 했던 게 아니었겠냐는 이야기를 했지만(Kim E. Nielsen, The Radical Lives of Helen Keller, New York: New York University Press, 2004, p. 37), 우리는 이것을 조금 다른 방식으로 이해해 볼 수도 있을 것이다. 사실 20세기 초반만 해도 '장애인'은 적어도 대중 사이에서 사회적으로 확립된 범주나 정체성이 아니었다. 따라서 '농인', '맹인', 다양한 형태의 '지체 손상자', '정신적 결함자'들은 서로를 어떤 동일성을 지닌 집단으로 여기지 않았을 것이다. 기본적으로 유럽에서 'the disable-bodied'라는 (현재의 '장애인'에 해당하는) 범주가 처음 나타난 것은 1830년대 이후의 일이며, 20세기 초반의 문헌들에서도 다양한 신체적·정신적 손상을 지닌 이들은 장애인이라는 통합적 범주보다는 각각 나열되는 형태로 언급된다. 사라 F. 로즈(Sarah F. Rose)의 저서『놀고먹을 권리는 없다』(No Right to Be Idle, 2017)는 미국 사회의 자본주의 발전과 연관지어 장애의 사회사를 서술하고 있는 책인데, 이 책의 부제 'The Invention of Disability, 1840s-1930s'는 시사하는 바가 꽤 크다. 서구에서도 20세기 초반까지는 장애인이라는 개념이 '발명'되어 아직 확립되어 가던 중이었으며, 양차 세계대전 이

1912년 런던에서 제1차 국제우생학회의International Eugenic Congress
가 개최되었다. 이 회의를 후원하면서 부의장에 이름을 올렸던 이들
중에는 윈스턴 처칠과 알렉산더 그레이엄 벨도 포함되어 있는데, 벨은
우생학적인 근거하에서 농인들 간의 결혼이 금지되어야 한다고 주장
하기도 했다. 영국과 미국에서, 그리고 점차로 유럽 전역에서, 우생학
은 하나의 주류적 전략이 되었다.

영국우생학교육협회 —— 1926년에 영국우생학회British Eugenics
Society로 개칭됨 —— 와 미국우생학회는 좀 더 광범위한 우생학 운동과
더불어, 우생학의 과학적 메시지를 많은 사람들에게 알리는 것을 목표
로 했다. 비록 우생주의자들은 인구 개량을 위한 전략에서는 의견 차
가 존재했지만, 그들 모두 재생산의 결정이 단지 개인적인 문제가 아
니며 사회적 책임이 수반된다고 생각했다. 그들은 순회강연을 실시하
고 팸플릿, 책이나 여타의 저작물, 영화를 제작했다. 전시회와 박람회
에서도 우생학 자료를 볼 수 있었다. 케블레스는 1910년 판『브리태니
커 백과사전』을 인용하고 있는데, 그 백과사전은 우생학이 "유전 법칙
의 현명한 적용을 통해 인종의 유기체적 개량"을 예견했다고 기술했
다.[32] 그는 또한『코즈모폴리턴』1913년 7월호를 언급하고 있는데, 여
기에 실린 한 기고문의 저자는 우생학을 찬양하면서 "당신 가문의 혈
통에도 결함을 갖게 할 수 있는 유형의 결함을 지닌 가문과는 결혼하

후에야 장애와 관련된 사회정책이 확장되면서 '장애인'이 하나의 확고한 사회적·인구학적
범주이자 정체성이 되었다는 것을 간접적으로 말해 주고 있기 때문이다(김도현,『장애학의 도
전: 변방의 자리에서 다른 세계를 상상하다』, 오월의봄, 2019, 106쪽).

32) Kevles, *In the Name of Eugenics*, p. 63.

지 말라"고 경고했다.[33] 갈런드 앨런Garland E. Allen이 제시하고 있는 것처럼, 『굿 하우스키핑』Good Housekeeping 같은 미국의 정기간행물이나 잡지에 실린 우생학 관련 글의 수는 1910년에서 1915년 사이에 10배 이상 증가했으며, 윌리엄 캐슬William Ernest Castle이 쓴 인기 있는 교과서였던 『유전학과 우생학』Genetics and Eugenics은 제3판까지 찍었다.[34] 우생학 영화인 「생명과학」The Science of Life 또한 미국공중위생국에 의해 1922년에서 1937년까지 배포되었다. 마틴 퍼닉Martin S. Pernick은 그 영화의 내용에 대해 다음과 같이 기술하고 있다.

> 「생명과학」에서는 적나라한 기계적 이미지가 강조되고 있었다. 그 영화는 '내일의 여성들'THE WOMAN OF TOMORROW에게 정력적으로 운동을 해서 체력과 아름다움을 길러야 한다고 재촉했다. […] [그 영화는 해리 하이젤든Dr. Harry Haiselden[35]의 아동 살해를 극화한 「먹황새」Black Stork와 마찬가지로] 외관이 매력적인 존재 앞에는 '건강과 성공' 양쪽 모두가 기다리고 있다고 약속했고, '현명한 짝짓기'를 예증하는 커플들은 당당한 풍채를 자랑하는 몸 위에 수수하지만 최신 스타일인 양복과 드레스를 고상하게 입고 있었다. '타자들'을 추하게 묘사하는 것

---

33) S. Goodhue, "Do You Choose Your Children?", *Cosmopolitan* 55, 1913, p. 155; Kevles, *In the Name of Eugenics*, p. 67에서 재인용.

34) Garland E. Allen, "The Misuse of Biological Hierarchies: The American Eugenics Movement, 1900-1940", *History and Philosophy of the Life Sciences* 5(2), 1983, pp. 105~128.

35) 해리 하이젤든(1870~1919)은 시카고에 위치한 독미병원(German-American Hospital)의 외과 의사였는데, 그는 1915년 우생학적 신념에 근거해 장애유아 존 볼린저(John Bollinger)의 구명 수술을 거부하여 죽음에 이르게 했다.

은 그들에게 결함을 지닌 존재라는 딱지를 붙이는 데 있어 핵심적 요소였으며, 동시에 '타자들'을 질병에 걸린 것으로 진단하는 행위는 그들이 혐오스러운 존재라는 인식을 강화했다.[36)]

하이젤든이 '결함 있는 아동들'을 안락사시킨 것은 찰스 대븐포트와 어빙 피셔Irving Fisher[37)] 같은 사람들로부터 찬양받았다. 그들이 이러한 우생학적 실천과 거리를 두기 위해 뒤늦게 노력을 기울이기는 했지만 말이다.

영국의 포지티브 우생학 캠페인은 세금 감면이나 보조금을 통해 중산 계급의 재생산을 촉진하고자 했다. 매켄지는 우생주의자들이 또한 유전적으로 우월한 전문직 중산 계급의 지위를 보호하고 향상시키기 위해 어떤 식으로 계층화된 교육 제도를 옹호했는지 이야기하고 있다. 좀 더 일반적으로 보자면, 영국우생학회는 부적자의 재생산을 막는 수단으로서의 산아제한과 관련하여 양가적인 태도를 취했는데, 이는 피임법의 주된 이용자가 중산 계급이 될지 모른다는, 그리하여 산아제한이 열생학적dysgenic 결과를 낳을지 모른다는 우려 때문이었다. 영국의 우생학 운동과 마찬가지로 미국우생학회 또한 유전적 적자the

---

36) Martin S. Pernick, "Defining the Defective: Eugenics, Aesthetics, and Mass Culture in Early-Twentieth-Century America", eds. David T. Mitchell and Sharon L. Snyder, *The Body and Physical Difference: Discourse of Disability*, Ann Arbor, MI: University of Michigan Press, 1997.
37) 계량경제학의 창시자 중 한 명으로, 경제 분석에 수학적 방식을 도입한 미국의 경제학자이자 통계학자다. 그의 저서 『가치와 가격 이론의 수학적 연구』(*Mathematical Investigations in the Theory of Value and Prices*)는 수리경제학의 고전으로 평가받고 있다.

^{fit}의 재생산을 촉진했다. 그 학회는 이러한 운동의 일환으로 여러 주의 박람회에서 우량아선발대회^{Better Babies competitions}나 건강가족경진대회^{Fitter Families contest}를 개최했다.[38]

영국에서 가장 성공적인 우생학 캠페인들 중 하나는 정신박약자를 대상으로 한 것이었다. 이 캠페인은 왕립 정신박약자 돌봄 및 통제위원회^{Royal Commission on the Care and Control of the Feebleminded}의 1908년 보고서에 의해, 그리고 정신적 결함과 도덕적 결함 간의 관련성에 대한 세간의 우려에 정부가 부응하면서 활성화되었다. 영국우생학회는 정신박약자의 분리를 보장하기 위한 입법 캠페인을 벌였다. 1913년 「정신적 결함법」은 큰 성과로 묘사되었다. 이 시기가 영국의 우생주의자들이 가장 중요한 성공을 거둔 때였다.

미국에서 우생주의자들은 교도소와 정신질환자 시설 입소자들에 대한 광범위한 단종수술 프로그램을 도입하게 만들면서 한층 더 큰 성공을 거두었다. 새로운 외과적 정관절제술은 외과 의사, 교도소 의사, 사회개혁가들 모두에게 교도소 수용 인원의 증가에 대한 간단한 해결책처럼 보였다. 우생학기록보관소의 소장인 해리 로플린^{Harry Laughlin}이 단종수술 캠페인을 이끌었다. 캠페인의 목적은 정신질환자 시설 입소자, 반복적인 성범죄자, 정신박약자, 도덕적으로 타락한 자, 뇌전증 환자에 대한 강제적 단종수술을 고려하도록 하는 법을 제정하는 것이었다. 1935년이 되자 26개 주에 그러한 법률이 존재하게 되었고, 또 다른 10개 주는 입법 발의 후 법률 제정의 완료를 기다리게 되었다. 폴은

---

38) Kevles, *In the Name of Eugenics*, p. 62.

단종수술의 실행에 대해 상당한 대중적 지지를 보여 주는 다양한 설문 조사를 언급한다. 유전학자들 또한 (열성 유전자가 존재하기 때문에) 단종수술이 인구의 유전적 건강함을 개선한다는 우생학의 목적과 맞지 않음을 알고 있었음에도 불구하고 그 수술을 지지했다.[39] 부적자는 부모가 되기에 적합하지 않다는 것이 당시에는 단종수술의 실행을 정당화했다.

더불어 미국의 우생학 운동은 영국의 우생학 운동보다 인종에 더 집착했다. 앨런이 언급한 것처럼, 예컨대 매디슨 그랜트Madison Grant는 『위대한 인종의 소멸』*The Passing of the Great Race*(1916)에서 인종들이 '민족 피라미드' 내에서 서열화될 수 있음을 시사했다. 하층 계급에는 타락이 만연해 있다는 믿음과 결합된 일종의 인종적 위계이론은 로플린으로 하여금 이민을 제한하는 「존슨-리드법」Johnson-Reed Act(1924)의

---

39) 유전질환 중 하나의 유전자만이 관여하는 단일 유전자 질환에는 상염색체 우성 질환과 상염색체 열성 질환이 있다. 상(常)염색체란 성(性)염색체 이외의 모든 염색체를 말하는데, 암수가 동일하며 한 쌍을 이루고 있다. 상염색체 우성 질환은 질병 유전자(A)가 우성이기 때문에 AA뿐만 아니라 Aa와 같이 한 쌍의 대립유전자 중 한쪽만 이상이 있어도 발병하고 aa인 개체에서만 증상이 나타나지 않는다. 반면 상염색체 열성 질환은 질병 유전자(b)가 열성이기 때문에 bb와 같이 양쪽에 이상이 있는 개체에서만 발병하고 Bb나 BB인 경우에는 증상이 나타나지 않는다. 즉, 상염색체 열성 질환의 경우에는 Bb인 개체(보인자)가 존재하기 때문에, 양쪽 부모가 모두 해당 유전질환의 증상을 나타내지 않았다고 하더라도 후손에게서 다시 질환이 나타날 수 있다. Bb인 아버지와 Bb인 어머니가 만나 25%의 확률로 bb인 자녀를 낳을 수 있는 것이다. 더구나 유전질환 중 많은 경우는 부모에게서 실제로 유전되는 것이 아니라 돌연변이가 그 원인이다. 예컨대 이 책의 저자인 톰 셰익스피어는 저신장장애의 주된 원인인 연골무형성증을 지니고 있는데, 이 질환은 상염색체 우성으로 유전하지만 환자의 약 80% 이상은 새로운 돌연변이에 의해 발생한다. 또한 여러 유전자가 동시에 관여하는 다인자성 유전질환도 존재하기 때문에, 유전질환 환자에 대한 단종수술을 통해서 해당 질환을 제거한다는 것은 통상적인 유전 법칙에 근거한다고 해도 불가능하다고 할 수 있다.

제정을 위한 캠페인을 적극적으로 벌이도록 이끌었다.[40] 앨런이 기록하고 있는 것처럼 로플린은 의회에서 다음과 같이 주장했다. "이민자들에게 호의적이지 않을 수 있는 환경적 조건을 최대한 논리적으로 감안해 보면, 전체적으로 최근의 이민자들 사이에서 사회적으로 부적합한 질을 갖고 태어나는 이들의 비율이 예전보다 더 높다는 결론이 나옵니다."[41] 그리고 그때까지는 우생학의 강력한 반대자였던 유전학자 허버트 제닝스Herbert Spencer Jennings의 비판적 증언에도 불구하고, 「존슨-리드법」은 상원과 하원 양쪽에서 상당한 표 차이로 통과되었다.

영국에서는 단종수술이 결코 강제화되지는 않았다. 영국의 우생학 운동은 단종수술에 대해 언제나 다소간 조심스러운 태도를 취했는데, 이는 논란에 대한 두려움과 그것이 [임신에 대한 걱정 없이 이루어지는 무분별한 성행위로 인해] 성병의 확산을 야기할지 모른다는 우려 때문이었다. 그러나 자발적 단종수술에 대해서는 찬성했다. 1929년에는 영국우생학교육협회에 의해 우생학적 단종수술 합법화위원회Committee for Legalising Eugenic Sterilization가 설립되었다. 이 위원회는 결국 정신병원협회Mental Hospital Association나 정신복지중앙협회Central Association for Mental Welfare 같은 단체의 대표자들을 포괄하는 자발적 단

---

40) 1921년 제정된 「존슨법」(Johnson Act)은 당시 미국에 거주하고 있는 외국인을 출생 국가별로 구분하여 각 국적별 인구의 3%까지만 이민을 허용했다. 그런데 「존슨법」은 인구 조사 기준이 1910년이었기 때문에, 이미 1880년대부터 유입된 남동유럽인들에게는 강력한 제한을 가할 수 없었다. 이런 이유로 1924년에 기준이 더욱 강화된 「존슨-리드법」이 새롭게 제정됐다. 이 법은 1890년의 인구 조사를 기준으로 각 국적별 인구의 2%까지만 이민을 허용했고, 이로 인해 일본을 비롯한 아시아계와 남유럽 및 동유럽 국가 국민의 이민은 사실상 불가능하게 되었다.

41) Allen, "The Misuse of Biological Hierarchies", p.120.

종수술 합동위원회Joint Committee on Voluntary Sterilization라는 더 큰 위원회로 합쳐졌다. 1934년에 정부가 내놓은 「단종수술에 대한 담당부처 위원회 보고서」Report of the Departmental Committee on Sterilization(일명 브록 보고서Brock Report)의 내용에 따라 1937년의 단종법안을 기초한 것이 바로 이 위원회였으며, 그 법안은 자발적 단종수술을 권고했다. 자발적 단종수술을 지지하는 결의안을 통과시킨 단체들 중에는 왕립간호사협회Royal College of Nursing뿐만 아니라 맹인 복지와 관련된 몇몇 협회도 포함되어 있었다. 그리고 폴린 마줌다Pauline Mazumdar가 『우생학, 인류유전학, 인간의 결함』Eugenics, Human Genetics and Human Failings: The Eugenics Society, its sources and its critics in Britain에서 언급한 것처럼, 이런 단체들 중 약 절반가량은 여성단체였다. 또한 브록 보고서의 권고에 대해서는 분명히 상당한 대중적 지지가 존재했다. 톰슨이 언급한 것처럼, (비록 그는 이 시기의 여론 조사가 언제나 신뢰할 수 있는 것은 아니었다고 말하기는 하지만) 당시 『모닝 포스트』가 실시한 여론 조사에서는 전체 응답자의 78.7%가 단종수술에 찬성했다. 그렇지만 우생주의자들은 우생학의 인기가 점차 시들해졌기 때문에 자발적 단종수술을 지지하는 추동력을 유지할 수 없었다. 그들이 지지했던 1937년의 법안은 시행되지 않았다.

노동당, 노동조합, 가톨릭교회, 영국의료협회 등은 모두 우생학적 단종수술의 제안을 비난했다. 라이어널 펜로즈Lionel Penrose 같은 새로운 유형의 유전학자들이 그랬던 것처럼 말이다. 우생학은 점점 더 극우파와 관련되어 갔다. 그렇지만 사실, 1930년대 전반에 걸쳐 상당수의 산아제한 클리닉들이 단종수술을 지지했으며, 특히 장애인과 노동자 계급 여성들에 대한 단종수술을 옹호했다. 톰슨은 레스터셔국민건강보험위원회Leicestershire National Health Insurance Committee에 대한 예를 제시하고 있는데, 그 위원회는 유전병을 물려줄 가능성이 있는 사람들에게 (자영 병원에서) 단종수술을 받으라고 권했다. 톰슨은 또한 낙태가 때때로 우생학적 근거에 의해 정당화되었음을 언급한다. 스티븐 트롬블리Stephen Trombley는 『재생산권』The Right to Reproduce: A History of Coercive Sterilization에서 다음과 같이 언급하고 있다. "단종법안이라는 전체 프로젝트가 위험한 이유는 그 법안이 어차피 단종수술을 행할 의사의 마음에 의구심만 일으킬 뿐이기 때문이라는 것이 해블록 엘리스가 오랫동안 유지해 온 견해였다."[42]

우생학 법률과 실천: 시설 수용과 단종수술

이 시기 동안 우생학이라는 이름 아래 인권을 침해당하거나 시설에 수용되었던 사람들의 경험은 오늘날 광범위한 대중의 주목을 받기 시작하고 있다. 우리는 이제 그들의 증언을 우생학적 입법의 맥락 내에 위치시키면서 영국에서의 시설 수용과 미국에서의 강제적 단종수술을 고찰하는 것으로 넘어갈 것이다. 그렇지만 이런 실천들 사이에 분명한 경계가 존재할 것이라는 생각은 지나치게 단순한 것임을 다시 한번 강

---

42) Stephen Trombley, *The Right to Reproduce: A History of Coercive Sterilization*, London: Weidenfeld and Nicolson, 1988, p. 139.

조해 둘 필요가 있다. 시설 수용과 단종수술은 양쪽 국가 모두에서 이루어졌기 때문이다.

톰슨은 20세기로의 전환기에 영국에서 '정신박약자', 농인, '벙어리'dumb, 맹인이 모두 비슷한 방식의 교육을 받았음을 보여 준다. 이미 1893년 「(맹·농아동) 초등교육법」The Elementary Education (Blind and Deaf Children) Act은 지방 당국에 의해 운영되는 주간 특수학교나 민간 기숙시설에서 맹·농아동의 초등교육에 대한 권리가 보장될 수 있도록 하는 내용을 담고 있었다. 1902년 「교육법」Education Act은 여기서 한발 더 나아가, 맹·농아동을 위한 직업전문대학training college과 그래머스쿨 grammar school[43])의 설립으로 이어졌다. 정신박약 아동을 위한 학교나 특수학급 또한 존재했다. 그리고 교육기관의 많은 주요 인사들 또한 이들에 대한 교육이 한층 더 발전되기를 원했다. 데이비드 프리처드David G. Pritchard는 프랜시스 워너Dr. Francis Warner의 연구를 인용하고 있는데, 5만 명의 런던 지역 학생들을 대상으로 한 그 연구는 1893년에 발표되었다. 이 연구에서 그는 "신체적 발달과 얼굴 모습에서의 결함, 비정상적인 신경의 반응, 적절한 영양의 결핍이나 만성질환으로 인한 열악한 신체 조건, 정신지체"를 지니고 있는 아동들은 특수교육을 받아야만 한다고 결론 내렸다.[44])

특수교육은 이런 아동들에게 그들이 지닌 장애에도 불구하고 교

---

43) 대학 입시 대비를 목적으로 하는 영국 및 영어권 국가의 7년제 인문계 중등학교를 말하며, 공립 및 준공립의 형태로 운영된다.
44) David G. Pritchard, *Education and the Handicapped 1760-1960*, London: Routledge and Kegan Paul, 1963, p. 133.

육에 대한 권리가 존재한다는 호소, 그리고 주류 교육은 제공할 수 없는 그들의 필요에 맞춰진 교육이 요구된다는 호소에 의해 정당화되었다. 그러나 우생학 이데올로기 또한 그들의 분리에 일정한 역할을 했다. 그 아동들의 장애가 소위 정상적인 아동들에게 영향을 미칠지 모른다는 우려가 특수학교의 필요성을 강화했던 것이다. 그리고 분리적 태도는 '특별한 필요'라는 수사를 강화했다. 상이한 장애를 지닌 아동들이 그들의 비장애 또래들과 구별되어 흔히 하나의 집단으로 분류되었다. 신체적 장애를 지닌 아동과 정신적 장애를 지닌 아동이 하나의 집단으로 묶여 비슷한 방식으로 다루어지기까지 했다.

정신박약자의 시설 수용은 한층 더 강화된 수준의 학교 시찰에 의해 부추겨졌다. 이러한 시찰은 병들고 영양실조 상태에 있는 아동들이 대단히 많이 존재함을 드러내면서 국민 체위에 관한 불안을 증대시켰다. 능력과 IQ의 유전에 대한 골턴의 연구는 정신박약자의 개선 가능성에 대한 비관주의적인 생각을 한층 더 촉진했다. 구빈원, 교도소, 소년원의 관리자들은 타인에게 지장을 주는 정신박약자들의 문제행동에 대해 불평을 늘어놓았으며, 성적 접근에 대한 정신박약 소녀들의 취약성에 우려를 제기했다.

이런 우려들에 대응하여 1908년에 왕립 정신박약자 돌봄 및 통제 위원회가 설립되었다. 그 위원회의 보고서는 메리 덴디Mary Dendy와 헨리 애슈비Henry Ashby가 개척한 격리거주지 모델에 기반을 둔 분리된 거주시설을 지지했다. 이 보고서에 뒤이어 1913년에 「정신적 결함법」이 제정되었다. 비록 「정신적 결함법」은 그 위원회의 권고 사항들 중 많은 부분을 받아들이지 않았지만, 지방 당국에 의해 특수학교에서 교육이 이루어질 수 없다고 간주된 아동들의 교육 문제를 그 법에 따라 설치된 위원회로 넘겨서, 해당 아동들이 별도의 정신적 결함자 학교로 보내질 수 있도록 했다. 그러나 프리처드가 제2차 세계대전 발발 시 1만 7000명의 아동이 정신적 결함자 학교에 있었음을 언급하고는 있지만,[45] 실제로 많은 아동들은 특수학교에 남아 있었다.

매기 포츠Maggie Potts와 리베카 파이도Rebecca Fido는 그들의 저서 『제거되어 버린 적자』A Fit Person to Be Removed: Personal Accounts of Life in a Mental Deficiency Institution에서 정신박약자들을 대상으로 운영된 한 격리 거주지 입소자들의 증언을 담았다. 그 '단지'는 "대부분 뇌전증과 신체적 질환으로 고통을 겪고 있는 치우 및 백치 등급 결함자들"의 필요에 부응하기 위해 1920년에 문을 열었다.[46] 그곳의 거주인들은 성별과 결함 등급에 따라 분리되어 커다란 주택에 수용되었다. 그들에게는 똑같은 유니폼이 지급되었고 방문자들과의 접촉이 차단되었다. 체벌도 이루어졌는데, 심지어 그 이유가 실금失禁 때문인 경우도 있었다. 결함의 정도가 덜한 거주인들에게는 결함이 더 심한 거주인들을 돌보는 것을 포함해 다양한 노동이 부과되었다. 포츠와 파이도가 언급한 것처럼, 입소자들의 진료 기록은 정신적 결함이 폭넓게 정의되고 있었음을 보여 준다. 그들의 정신적 결함 진단을 확증하는 근거로 빈번히 언급된 것은 아동들의 울부짖는 성향이었다. 심지어 잘 웃는 것조차 결함이 존재한다는 증거로 간주되기도 했다. 어니스트Ernest라는 한 거주인은

---

45) *Ibid.*, p. 188.
46) Maggie Potts and Rebecca Fido, *A Fit Person to Be Removed: Personal Accounts of Life in a Mental Deficiency Institution*, Plymouth: Northcote House, 1991, p. 11.

선천성 손상으로 오랜 기간 입원한 후 정신적 결함 판정을 받았는데, 왜냐하면 그가 지적으로 저발달되어 있다고 여겨졌기 때문이다. 마거릿Margaret이라는 또 다른 거주인은 뇌성마비를 지니고 있었는데, 불과 네 살 때 교육을 받아 봐야 아무런 이득이 없다는 결정이 내려졌다.

이와 유사한 시설들은 미국에서도 설립되었다. 그러나 미국 내의 많은 이들에게 두드러진 영향을 미친 것은 강제적 단종수술의 실행이었다. 결함자들의 치료 가능성에 대한 비관론이 확산됨에 따라 단종수술은 증가하는 비용에 대한 인기 있는 해결책이 되었다. 처음에 단종수술은 필요에 따라 임기응변적으로 이루어졌다. 단종수술에 대한 최초의 사례들 중 하나는 캔자스주립정신박약아시설Kansas State Institution for Feeble-Minded Children에서 1898년에 이루어진 것이다. 트롬블리는 호이트 필처Dr. F. Hoyt Pilcher에 대해 쓰고 있는데, 그는 허버트 스펜서 Herbert Spencer의 획득형질 이론 —— 이 이론은 후천적으로 획득된 결함이 다음 세대에 전달될 수 있다고 주장했다 —— 에 고무되어 입소자들을 대상으로 거세와 단종수술을 실험했다. 그리고 44명의 소년들과 14명의 소녀들에게 직접 단종수술을 실시했다. 인디애나주립소년원 Indiana State Reformatory의 해리 샤프Dr. Harry Sharp 또한 1899년에서 1907년 사이에 거의 500명의 소년들에게 단종수술을 실시했다. 폴은 1907년 인디애나주 입법부가 최초의 단종법을 제정하도록 설득하는 것을 도왔던 인물이 바로 샤프였음을 언급하고 있는데, 그 법은 "범죄자, 강간범, 백치, 치우"들에 대한 강제적 단종수술을 허가했다.[47] 1912년이

---

47) Paul, *Controlling Human Heredity*, p.82.

되자 8개의 주에서 단종법이 존재하게 되었다. 이런 유형의 법에 대해 다양한 이의 제기가 이루어지기는 했지만, 버지니아주 단종법의 합헌성을 인정한 1927년 벅Buck 대 벨Bell 사건 판결 이후 더욱 광범위한 단종수술이 이루어지게 되었다.[48] 미국에서는 모두 30개 주에서 단종법이 제정되었으며, 1960년대까지 그 피해자의 수는 6만여 명에 달했다.

케블레스는 미국의 단종법에 대한 제이컵 랜드맨Jacob H. Landman의 연구에 주목하고 있는데, 그 연구에서 랜드맨은 단종수술이 이루어진 이유들 중 성범죄나 도덕적 타락이 두드러짐을 확인했다. 예컨대 캘리포니아주의 경우 단종수술을 받은 여성의 4분의 3에게 성적 비행자라는 꼬리표가 붙어 있었다. 이러한 법률들과 그 실천들에는 명백히 징벌에 대한 강조가 존재하고 있었지만, 그럼에도 불구하고 우생학이 계속해서 중요한 역할을 했다고 볼 수 있다. 단종수술이 성적 비행자들의 재생산 방지를 보장한다고 여겨졌던 것이다. 또한 케블레스는 단

48) 캐리 벅(Carrie Buck)은 버지니아주 샬러츠빌 태생으로, 지적장애를 지닌 그녀의 어머니 엠마 벅(Emma Buck)이 린치버그에 있는 시설에 수용되면서 다른 가정의 수양딸로 입양된다. 그러다 17세 때 임신을 하게 되는데, 그녀의 설명에 따르면 임신은 양모의 조카에게 성폭행을 당한 결과였다. 이에 양부모는 캐리 벅이 출산한 아이를 빼앗고 그녀를 그녀의 어머니가 있는 시설로 보냈다. 당시 존 벨(John Bell)이 원장으로 있던 시설 측은 1924년 제정된 버지니아주의 단종법에 의거해 벅에게 단종수술을 시행했고, 이를 둘러싼 논란은 법정으로 옮겨갔다. 미연방대법원은 버지니아주의 법률이 다수의 안전과 복지를 추구하는 헌법 정신에 어긋나지 않고 "퇴보한 후손들이 범죄를 저지르도록 기다리거나 그들이 저능함 때문에 굶어 죽도록 놓아두는 대신에, 명백하게 부적자인 이들이 그 종을 잇지 않도록 사회가 막는 것이 전 세계를 위해 유익한 일이다. 강제 접종을 유지하려는 원칙은 나팔관을 잘라 내는 데에도 적용 가능하다. 저능아는 3대로 족하다"며 시설 측의 손을 들어 줌으로써 단종법의 합헌성을 인정했다. 더군다나 이 판결문을 작성한 이는 '명백하고 현존하는 위험'이 존재하지 않는 한 표현의 자유가 보호되어야 한다는 원칙을 제시했을 뿐만 아니라, 무려 173건의 소수 의견을 내 자유와 인권의 수호자로 칭송받은 '위대한 반대자' 올리버 웬들 홈스(Oliver Wendell Holmes Jr.) 대법관이었다.

종법이 공공시설을 겨냥하고 있었고 공공시설의 입소자들은 대부분 하층 계급과 소수 민족들이었기 때문에, 가장 큰 영향을 받은 것 역시 그런 하층 계급과 소수 민족들이었다고 언급한다.

제2차 세계대전의 잔학 행위가 광범위한 주목을 받게 되고, 특히 가톨릭교가 추가적인 단종법 제정에 반대함과 동시에 이미 제정된 법률의 집행을 막는 캠페인을 조직함에 따라 미국에서 단종수술 프로그램은 점차 쇠퇴했다. 그러나 우리가 곧 논하게 될 것처럼, 단종수술은 자발적 선택이라는 허울 아래 미국, 캐나다, 스칸디나비아 국가들에서 1970년대까지 계속되었다. 그리고 우리가 3장에서 논하게 될 것처럼, 미국이나 영국의 우생주의자들이 나치의 극단적인 실전과 관련하여 나이브했던 것이라고 [그래서 그렇게까지 될 줄은 몰랐을 것이라고] 여긴다면 그 또한 잘못된 생각일 것이다.

결론

지금까지의 간략한 역사적 검토는 강제적 단종수술이나 부적자의 안락사부터, 중산 계급의 재생산을 촉진하려는 좀 덜 폭력적인 형태의 활동에 이르기까지 우생학이 취할 수 있는 다양한 겉모습을 조명해 주었다. 우리는 또한 우생학 이데올로기에 매료되었던 다양한 집단들을 보여 주었는데, 여기에는 정치적 스펙트럼의 양 끝에 있는 이들, 그리고 과학계와 의학계 종사자들을 넘어선 갖가지 직종의 사람들이 포함되어 있었다. 이 장은 우생학의 태동이 특히 유전학과 심리학이라는 신생 과학과 직접적으로 결부되어 있었기 때문에, 우생학이 그저 사이비 과학으로 일축될 수는 없음을 설명했다. 실제로 일부 유전학자들은 우생학 캠페인을 이끌었다(다른 유전학자들이 종종 그 반대편을 이끌었던 것과 마찬가지로 말이다). 그러한 우생학적 실천은 인종주의적·제국주의적 이데올로기 외에도 다양한 계급적·전문가적 이해관계와 분명 관련되어 있었다.

과학의 영역에서 전문화가 이루어졌던 이 시기 동안, 의사들과 과학자들이 한편으로는 장애 범주를 세분화하면서 다른 한편으로는 사실상 장애인들을 균질화하는 우생학 캠페인을 이끌었다는 것은 아마도 아이러니한 일이라 할 것이다. 신체적·정신적 장애인들, 범죄자들, 여타의 낙인화된 집단들 — 알코올중독자나 성적으로 문란한 이들 같은 — 은 하나의 공통된 지위를, 즉 유전적 아웃사이더라는 지위를 공유했다. 빈민이나 무산자들 사이에서도 두드러지는 그들의 가시성은 그들에게 가해지는 피해를 더욱 심화시켰으며, 시설 수용은 그들을 인권 침해뿐만 아니라 실험이나 연구의 주된 대상으로 만들었다.

그러나 중산 계급에 속했던 사람들의 대부분이 우생학 이데올로기에 (실은 과학이라고 믿었던 것에) 열정을 보였음을 생각한다면, 비판의 대상으로 지목되어야 하는 것이 과학계와 의학계 종사자들만은 아니다. 사람들로부터 많은 존경을 받는 위대한 개혁가들 또한 종종 그처럼 대단히 혐오스러운 견해와 실천의 주창자였음을 알게 되는 것은, 우울하기도 하지만 동시에 교훈적인 일이 될 것이다. 대다수 페미니스트와 사회주의자들은 장애인, 빈민, 사회적으로 낙인화된 이들에 대해 거의 아무런 연대 의식을 보여 주지 않았다. 요컨대 존중하는 마음으로 그런 존재들을 대하지 않았다. 오히려 그들의 프로젝트는, 그들이 새롭게 만들어 가고 있는 사회가 무지한 대중과 일탈자들에 의해 오염되지 않도록 통제와 억제를 추구하는 형태를 띠었다.

　과학계와 유전학계 내에도 과학과 유전학이라는 이름 아래 이루어진 만행에 반대했던 유력한 집단이 존재했음을 강조하는 것 또한 중요하다. 우리는 그들이 제기했던 항의들 중 많은 부분이 본질적으로 뒤늦고 소극적인 것이었음을 언급하지 않을 수 없지만, 동시에 우리가 살펴보았던 좀 더 치명적인 형태의 우생학에 이의를 제기하는 데 있어 그들이 했던 역할은 인정한다. 그러나 유전학자들과 그들의 의학계 동맹자들은 케블레스가 개혁 우생학이라고 부르는 새로운 형태의 우생학을 만들어 냈는데, 그것은 사회적으로 수용 가능한 외관을 띠고 있기에 어쩌면 더욱 위험한 것일지도 모른다. 이러한 새로운 현상을 논하기에 앞서, 우리는 우생학 사상의 실천에서 한발 더 나아갔던 나라들, 즉 나치 독일과 스칸디나비아의 사회민주주의 국가들을 살펴볼 것이다.

3장 _ 나치의 인종학

영국, 미국, 여타 유럽 국가들과 마찬가지로, 다윈의 사상은 19세기 말과 20세기 초에 독일에도 커다란 영향을 미쳤다. 그러나 직업적·사회경제적·정치적 요인들이 폭발성을 띤 어떤 혼합물을 이루면서, 독일에서는 이것이 대규모의 단종수술 프로그램과 안락사 제도의 확립, 그리고 결국은 집단 학살로 이어졌다. 나치에 의한 유대인 대학살, 즉 홀로코스트에 대해서는 광범위한 인식이 존재하지만, 장애인 학살에 대해서는 거의 아무것도 기록되거나 이야기되어 오지 않았다. 이 장에서 우리는 마이클 버레이의 『죽음과 구출: 1900~1945년까지 독일에서의 안락사』*Death and Deliverance: 'Euthanasia' in Germany 1900~1945*, 『윤리학과 절멸: 나치의 집단 학살에 대한 성찰』*Ethics and Extermination: Reflections on Nazi Genocide*, 헨리 프리들랜더Henry Friedlander의 『나치의 집단 학살의 기원: 안락사에서 '최종 해결책'까지』*The Origins of Nazi Genocide: From Euthanasia to the Final Solution*, 휴 갤러거Hugh Gregory Gallagher의 『배반당한 신뢰: 나치 독일에서의 환자, 의사, 살인 면허』*By Trust Betrayed: Patients, Physicians, and the License to Kill in the Third Reich* 같은 몇몇 핵심적 텍스트들

에 의지해서 나치의 인종학racial science 발전과 홀로코스트에 이르게
된 경로에 대해 논의한다.

당시의 지적 분위기

19세기에서 20세기로의 전환기에 사회적 다윈주의Social Darwinism는
유럽 전역에서 인기를 끌었으며 독일도 예외가 아니었다. 사람들은 인
종위생학이라는 '과학'의 발전 속에서 생물학적 형질에 따라 규정되
었다. '적자생존'에 관한 다윈의 이론은 엘리트주의를 정당화하고 복
지 정책을 비난하는 데 활용되었으며, 복지 정책은 자연선택의 작동을
훼손시키는 것으로 간주되었다. 독일의 생물학자 에른스트 헤켈의 책
『세계의 수수께끼』Die Weltträsel는 1899년 출간 후 빠른 속도로 베스트
셀러가 되었다. 헤켈의 책은 조현병, 우울증, 마비, 뇌전증 같은 질환들
을 포함한 많은 흔한 손상과 이상이 후천적으로 획득되는 것이 아니라
유전된다는 사회적 다윈주의의 믿음을 강화했다. 그리고 헤켈은 사회
가 "어떤 생명이 전혀 쓸모없게 된 경우까지도, 모든 상황에서 생명을
유지시키고 연장시켜야 할 의무가 있는 것은" 아니라고 주장하는 데
까지 한발 더 나아갔으며, 누가 살아야 하고 누가 죽어야만 하는지를
결정할 수 있는 위원단의 선임을 권고했다.

　　20세기 초까지만 해도 독일 우생학 운동은 미국 우생학 운동의 좀
더 통일된 판본일 뿐이었다. 이와 관련해 프리들랜더는 다음과 같이
논한다.

그때의 과학적 기준으로 보자면, 우생학 연구는 과학의 최첨단에 놓여 있었다. 우생학 연구자들은 메이저 대학에서 중요한 위치를 점하고 있던 다양한 과학 분야 출신의 존경받는 학자였고, 주요 학술지에 그들의 연구 결과를 발표했다. 그들이 썼던 연구 도구들은 당시에 활용할 수 있는 가장 진보된 것이었으며, 그들은 그런 도구들을 주도면밀하게 사용하는 것을 자랑스럽게 여겼다. 그들의 결점은 방법론적인 오류가 아니라, 그들 자신의 편견이 그들의 전제를 오염시키고 그들의 결론을 변질시키는 방식을 인식하는 데 무능했다는 것이다.[1]

독일인종위생학회Deutsche Gesellschaft für Rassenhygiene는 모든 정당들로부터 지지를 받았다. 독일사회민주당을 포함해서 말이다. 예컨대 독일사회민주당 당원이자 베를린대학교 사회위생학 교수였던 알프레트 그로트잔은 부적자의 단종수술을 옹호했으며, 그 당의 지도자인 카를 카우츠키Karl Kautsky도 낙태의 결정을 '비사회주의자'인 개별 여성들에게 맡겨 놓는 것에 반대했다. 그렇지만 인종위생학자들의 활동은 제1차 세계대전에서 독일이 패배할 때까지는 주로 포지티브 우생학에 초점을 맞추고 있었다.

패전의 경험은 독일의 전문직 중산 계급을 급진화했으며, 그들 중 다수가 극단적 민족주의로 돌아섰다. 대개의 경우 우생주의자들은 나중에 나치의 지지자가 되었다. 예컨대 베를린대학교 인종위생학 교수

---

1) Henry Friedlander, *The Origins of Nazi Genocide: From Euthanasia to the Final Solution*, Chapel Hill and London: University of North Carolina Press, 1995, p. 7.

인 프리츠 렌츠Fritz Lenz처럼 말이다. 북유럽인과 독일인의 인종적 우월성을 지지하는 우생주의자들과 급진적 관점을 취하지 않았던 다른 이들 사이에 분열이 발생했는데, 아리안족 우월주의 사상이 점점 더 지배적인 위치를 점했으며, 점증하는 반유대주의가 뒤를 이었다. 1932년이 되자 독일 40개 이상 대학에 인종위생학 과정이 존재하게 되었다.

제1차 세계대전은 또한 독일의 정신의학 시스템에 끔찍한 영향을 미쳤다. 무수히 많은 정신질환자들이 전쟁 중에 굶주림, 질병, 방치로 사망했으며, 버레이는 독일에서 1914년부터 1919년 사이에 정신병원 수용자의 약 30%가 사망했다고 추정하는 연구를 인용하고 있다.[2] 그 전쟁의 또 다른 결과는 탈진해 버리거나 '노이로제에 걸린' 병사들을 대상으로 인간성을 말살시키는 치료법, 즉 충격요법[3]을 사용하게 된 것이었다. 그렇지만 전후기 독일 정신의학계에는 긍정적이고 자유주의적인 변화 또한 뒤따랐다. 즉 정신병원 수용보다는 지역사회에 대한 강조가 이루어지고, 시설 내에서 작업치료 기법들이 발전했다.

버레이는 이 양자의 개혁이 두 가지 위험한 부작용을 가져왔다고 말한다. 첫째, 지역사회에 대한 강조는 비정상적이거나 일탈된 인구 중 훨씬 더 광범위한 사람들이 정신과 의사들의 주목을 받는 것으로 이어졌고, 정신적 타락을 계보학적 형태로 목록화하는 것을 유행시켰으며, 그들의 치료나 개선 가능성에 대해 일정한 비관론을 불러일으켰

---

2) Michael Burleigh, *Death and Deliverance: 'Euthanasia' in Germany 1900-1945*, Cambridge: Cambridge University Press, 1994.
3) 신체에 충격을 가해 병적 과정 또는 체험을 저지하는 정신질환 치료 방법으로, 인슐린충격요법, 카르디아졸경련요법, 전기충격요법 등 세 가지가 있다.

다. 둘째, 작업치료 기법의 발전은 많은 환자들로 하여금 생산적인 역할의 수행을 가능하게 했지만, 손상이 너무 심해 어떠한 경제적 기여도 할 수 없는 사람들은 시설에 잔류해야 함을 강조했다. 마찬가지로 정신의학이 1930년대에 새로운 약물과 기법을 발전시킴에 따라, 일부 환자에 대한 치료의 성공은 치료될 수 없는 환자들과의 대조를 더욱 극명하게 만들었다. 나치가 집권하기 오래전부터 몇몇 정신과 의사들은 정신질환자들의 이러한 하위 집단에 대한 살해를 제안하고 있었다.

버레이는 법률가인 카를 빈딩Karl Binding과 정신과 의사인 알프레트 호헤Alfred Hoche가 1920년에 『살 가치가 없는 생명의 말살에 대한 허용』Die Freigabe der Vernichtung lebensunwerten Lebens이라는 제목의 책을 썼음을 언급한다. 이 책에서 그들은 '인간 생명의 신성함' 같은 가치들이나 '동정' 같은 감정들에 이의를 제기했으며, 대신 장애인들이 가져오는 경제적 부담을 강조하면서 '자비로운 살해'를 해결책으로 제안했다. 그들의 주장은 자살이 하나의 인권이며, 따라서 그것이 불법화되어서는 안 된다는 생각으로 시작한다. 빈딩은 불치병 환자에게 자발적 안락사가 지닌 이득을 규명한 후, 정신적 결함자나 정신질환자에 대한 동의되지 않은 살해를 정당화하는 것으로까지 나아갔다. 그 책은 어떤 삶이 살 가치가 있는지의 여부는 해당 개인뿐만 아니라 그 삶이 사회에 지니고 있는 가치에 의존한다고 말했다. 호헤는 '치료될 수 없는 정신박약자'의 삶은 '목적 없는' 삶이라고 주장했다. 그런 사람들은 단지 '인간 밸러스트'human ballast[4]이기 때문에, 가족들과 사회에 '대단히 힘

---

4) 밸러스트는 안전한 항해를 위해 선체를 물속에 더 잠기게 할 목적으로 화물 이외에 싣는 중량

겨운 부담'만을 부과할 뿐이라는 것이다. 더욱이 건강한 사람들이 감수하는 전시의 희생은 '무가치한' 사람들의 희생이 정당화될 수 있음을 의미했다. 대안은 비생산적인 목적을 위해 쓰였던 국가 자원을 생산적으로 사용하는 것이 되어야 했다.

안락사에 대한 다양한 실제적 조치들이 제안되었는데, 여기에는 가족들의 격렬한 항의로부터 의사를 보호하기 위해 필요한 대책, 그리고 결함자들의 살해가 과학 연구, 특히 뇌 연구에 가져다줄 수 있는 부수적 이득에 대한 내용도 포함되었다. 결론에서 빈딩은 법학자와 의사들로 구성된 허가위원회를 포함하여 '자비로운 살해'의 실행을 위해 필요한 절차들을 논했다. 그는 얼마간의 판단 착오를 범할 가능성은 물론 여전히 존재하지만, "어차피 수많은 성원들에게 착오로 인한 인간성 상실이 있을 수 있는 것이라면, 그런 일이 하나 더 혹은 덜 일어난다고 해서 실질적인 차이를 발생시키지는 않는다"고 결론 내렸다.

이런 주장은 독일에서도 1920년대까지는 대중적이지 않았으며 극단적인 의견이었다. 에발트 멜처Ewald Meltzer는 발달지체 청소년들을 위한 카터리넌호프Katherinenhof 수용시설의 소장이었으며, 빈딩과 호헤에 대한 신랄한 비판자였다. 그렇지만 마이클 버레이는 멜처가 1925년에 시설 거주인의 부모들을 대상으로 설문 조사를 실시하고 나서 큰 충격을 받았음을 언급한다. 왜냐하면 응답자의 73%가 그들의 아이들이 '치료될 수 없는 백치'로 고통받고 있음이 전문가들에 의해 입증된

물을 말한다. 즉 여기서 밸러스트는 언제든 버려져도 상관없는 무익한 존재를 비유적으로 지칭한다고 할 수 있다.

다면, 아이들 생명의 '고통 없는 단축'에 찬성할 것이라고 말했음을 확인했기 때문이다. 더욱이 이에 찬성하지 않았던 이들의 절반도 그 아이가 고아가 될 경우에는 안락사에 동의할 각오가 되어 있었다. 이러한 응답은 나치의 선전에서 빈번하게 인용되었다.

나치의 등장

나치 정권의 등장에 있어 핵심적인 요소 중 하나는 제1차 세계대전에서의 패배 이후 독일인들이 경험한 끔찍한 경제 상황이었다. 산업의 파괴, 베르사유조약 이후 부과된 가혹한 배상금, 1930년대의 전 세계적인 경제 불황은 독일 전역에 걸쳐 불안감, 사회적 불안정, 고통을 야기했다. 이런 맥락 속에서 장애인이 가져오는 경제적 부담에 관한 주장은 특히 더 설득력을 얻게 되었다. 인종위생학과 우생학에 대한 정당화는 흔히 자원과 공간을 절약해야 할 필요성에 의존했다. 장애인을 돌보는 것은 돈 낭비로 간주되었다. 휴 갤러거는 나치의 집권 후 이런 생각들이 심지어 학교에서 사용했던 수학 교과서에도 담겨 있었음을 보여 준다. 예컨대 다음과 같은 질문의 형태로 말이다. "정신병원을 하나 짓는 데 600만 마르크가 들고 주택 단지에 집을 한 채 짓는 데 1만 5000마르크가 든다면, 정신병원 하나를 위해 들어가는 비용으로 얼마나 많은 집을 지을 수 있는가?"

나치 체제에서 발생한 초기의 결과들 중 하나는 시설로부터 자원을 회수하는 것이었다. 시설은 더 많은 사람들로 들어차게 되었다.

그에 따라 의사 대 환자의 비율이 악화되었다. 어떤 시설에서는 의사한 명당 무려 500명에 이르는 환자가 존재했다. 이전에는 그 비율이 1:160 정도였는데 말이다. 환자들을 위한 식품에 쓰였던 예산의 총액도 삭감되었다. 이 시기는 경제가 실질적으로 개선되어 가던 때였다. 많은 정신과 의사들이 나치의 지지자가 되었고, 부적합한 존재로 간주된 사람들은 실업 상태를 피하기 위해 시설로 들어갔다.

물론 아돌프 히틀러Adolf Hitler 그 자신도 사회적 다윈주의의 관점을 지니고 있었다. "가장 강한 자가 자신의 의지를 천명한다. 그것이 자연의 법칙이다"라는, 그리고 "자연은 냉혹하며, 그러므로 우리 또한 냉혹해질 자격이 있다"라는 진술에서 드러나듯 말이다. 그는 스파르타를 찬탄하면서 "병자, 약자, 기형아들을 순간적인 죽음 속에 내던지는 것이, 가장 병적인 대상조차 보존하기를 추구하는 오늘날의 가련하고 어리석은 짓보다 훨씬 품위 있을 뿐만 아니라 사실 천배는 더 인도적인 것이다"라고 주장하는 글을 썼다. 그의 자서전인 『나의 투쟁』[5]은 독일 인종의 생물학적 근거에 대한 집착 및 '잡종화'의 위협에 대한 강박적인 우려와 더불어, 장애인에 대한 편견과 그들의 재생산을 막아야 할 필요성에 대한 주장으로 가득 차 있었다. 히틀러의 이런 관점은 독일 사회 전반에 반영되었다. 즉 1920년대와 1930년대의 독일 사회에서는 장애를 지니고 있다는 것은 수치스러운 일이라는 관점이 광범위하게 존재했다.

대중매체도 이런 메시지들로 가득 차 있었다. 휴 갤러거는 당대의 영화들이 장애인에게 '쓸모없는 식충이'useless eater나 '살 가치가 없는 생명'이라는 꼬리표를 붙이면서, 어떤 식으로 그들에 대한 편견을 조장했는지를 기술한다. 학습적 장애learning difficulties[6]나 정신건강 문제

---

5) [국역본] 아돌프 히틀러, 『나의 투쟁』, 황성모 옮김, 동서문화사, 2014.
6) '학습적 장애'는 영국(과 영국연방 내의 국가들)에서 주로 사용되는 용어로 '학습장애'(learning disabilities 혹은 learning disorder)와는 달리 매우 포괄적인 개념이다. 학습장애가 뚜렷한 지적 · 정서적 · 신체적 결함이나 환경의 문제가 없는데도 불구하고 언어의 이해 및 사용, 수리 개념 등의 기초적인 학습에 상당한 장애를 보이는 경우를 말하는 반면, 학습적 장애란 신체적 장애와 대비되는 정신적 장애 중 우리가 흔히 정신질환이라고 부르는 정신장애(mental disorder)를 제외한 모든 장애를 포함한다. 즉, 우리나라로 보자면 법적 장애 범주인 지적장애와 자폐성장애에 더해, 주로 특수교육에서 많이 이야기되는 학습장애와 주의력결핍과잉행동장애 등을 모두 아우르는 개념인 것이다.

를 지닌 사람들의 인간성은 부정되었고, 종종 범죄자나 살인자와 동일하게 취급되었다. 이러한 영화나 책들에서 유대인은 흔히 특히나 육체적·정신적 타락에 빠지기 쉬운 존재로 재현되었다.

대중문화에서 우생학 이데올로기를 강화했던 예들 중 하나로 갤러거가 제시하는 것은 「나는 고발한다」$^{Ich\ klage\ an}$라는 영화인데, 그 작품은 다발성경화증$^{multiple\ sclerosis 7)}$을 지닌 아내를 살해하는 한 남편의 이야기가 중심이었다. 이 영화는 안과 의사인 헬무트 웅거$^{Hellmut\ Unger}$가 쓴 안락사를 지지하는 소설 『사명과 신념』$^{Sendung\ and\ Gewissen}$을 각색한 것으로, 베니스 비엔날레$^{Venice\ Biennale 8)}$에서 수상하기도 했다. 웅거는 나중에 아동 안락사 프로그램을 설계하는 단체의 회원이 되었다.

1933년 나치 정부의 출현은 수용시설이 프릭쇼$^{9)}$가 되었음을 의미했는데, 마이클 버레이는 어떻게 이런 일이 벌어졌는지에 대해 기술한다. 1933년에서 1939년 사이에 2만 1000명의 사람들이 이글핑-하르$^{Eglfing-Haar}$의 시설을 방문했는데, 여기에는 6000명의 나치친위대 $^{Schutzstaffel,\ SS}$ 성원이 포함되어 있었고 그들 중 일부는 거주인들을 학살할 수 있는 기관총의 비치를 지지했다. 또한 나치의 정기간행물은

---

7) 뇌와 척수의 전역에 걸쳐 신경세포의 축삭(axon)을 둘러싸고 있는 절연물질이 되풀이하여 산발적으로 파괴되는 병이다. 눈의 이상, 지각 장애, 언어 장애, 운동 실조, 운동 마비, 배설 곤란, 현기증 따위의 증상이 나타나는데 정확한 원인은 밝혀지지 않고 있다.

8) 2년마다 베니스에서 개최되어 온 대규모의 국제 미술 전람회인데, 1932년에 처음 영화제를 부속 행사로 진행했다. 이후 1935년부터는 영화제가 독립되면서 오늘날의 베니스국제영화제로 발전했다.

9) '프릭'(freak)은 기본적으로 기형(畸形), 변종(變種), 괴물을 의미하는 단어인데, 19세기 미국과 유럽에서는 수염 난 여성, 소두인, 샴쌍둥이, 팔다리가 없는 사람, 난쟁이, 거인 등과 같이 가시적인 이례성을 띤 사람들, 그리고 '야만인'이나 '식인종' 등으로 홍보된 식민지 출신 유색인들을 출연시켜 퍼포먼스를 벌이는 프릭쇼가 성행했다.

정신실환사의 살해를 공개적으로 지지했다. 힘과 젊음에 대한 광적인 숭배는 나이 들고, 허약하고, 장애를 지닌 사람들을 위해 그다지 많은 시간을 기다려 주지 않았다.

단종수술

나치의 집권 이후 우생학적 선전은 일상적인 관행이 되었다. 「유전적 결함을 지닌 자손의 예방을 위한 법률」Gesetz zur Verhütung erbkranken Nachwuchses이 1933년 7월 14일에 시행되었다. 그 법률은 "유전병을 앓고 있는 사람이 갖게 될 어떤 아이가 상당히 심각한 신체적 또는 정신적 결함을 지닐 가능성이 매우 높음이 과학적인 의료적 경험으로 입증된 경우라면, 그와 같은 모든 사람은 외과적 수술을 통해 자식을 갖지 못하도록 만들 수 있다"고 명시했다. 미국신경학회American Neurological Association가 작성한 당대의 한 보고서는 이 법률이 주류 우생학 이론을 반영했던 정도를 보여 준다.

그 단종법이 히틀러 체제의 산물은 아니라고 말하는 것이 타당할 것이다. 그 법에서 나타나는 주된 교리들이 나치 체제가 독일을 장악하기 수년 전부터 제안되고 고려되어 왔다는 점에서 말이다. 그 법이 의학적 우생학의 현재적 지식과 정확하게 합치된다는 것에는 의심의 여지가 없다.

실제로 단종법에 대한 열정은 1942년 7월까지도 『미국 정신의학 저널』*American Journal of Psychiatry*에서 표현되고 있었다.

1933년 7월 14일부터 1939년 9월 1일 사이에, 나치 체제는 유전될 수 있는 다양한 이상을 이유로 약 37만 5000명에게 단종수술을 실시했다. 휴 갤러거의 『배반당한 신뢰』로부터 가져온 다음의 목록은 단종수술이 이루어진 기준들을 열거하고 있으며, 괄호 안의 수치는 1934년에 이 기준들 아래서 단종수술이 이루어진 비율을 나타낸다.

1. 선천성 정신박약 (52.9%)

2. 조현병 (25.4%)

3. 순환정신병(조울증) (3.2%)

4. 유전성 뇌전증 (14%)

5. 유전성 무도병(헌팅턴병Huntington's disease)[10] (0.2%)

6. 유전성 맹 (0.6%)

7. 유전성 농 (1%)

8. 중증의 유전성 신체적 기형 (0.3%)

9. 자신의 재량으로 통제하지 못하는 중증의 알코올중독 (2.4%)

외형상의 이러한 '과학적' 범주들에도 불구하고, 유전성이라는 개

---

10) 얼굴, 손, 발, 혀 등의 근육에서 불수의적(不隨意的) 운동장애가 나타나는 증후군을 무도병(舞蹈病)이라고 한다. 헌팅턴병은 4번 염색체의 짧은 팔(4p16.3)에 위치한 '헌팅턴'으로 알려진 유전자의 돌연변이에 의해 발생하는 무도병의 일종이며, 상염색체 우성으로 유전된다. 치매를 동반하는 경우가 많으며, 대부분 발병 후 15~20년 이내에 사망한다.

넘은 대개 임의적인 것이었다. 예컨대 조현병 범주에는 원래 '선천성 조현병'만 포함되었지만, 그것은 점차 확장되어 이 질환이 발생한 모든 경우를 포괄하게 되었다. '알코올중독' 범주는 명백히 주관적인 것이었으며, 회복되고 있는 알코올중독자마저도 포함되는 경향을 나타냈다. 반면에 혈우병은 명백한 선천성 질환이지만 목록에 포함되지 않았다.

그렇지만 가장 모호한 기준은 아마도 정신박약이었을 것이다. 강제적 단종수술의 결정은 의사들에 의해 운영되는 유전적 건강 법원hereditary health court, 즉 일종의 비공개 심사위원회에서 이루어졌다. 헨리 프리들랜더는 심사자들이 정신박약으로 의심되는 사람들에게 구술 심사를 했다고 언급한다. 이런 구술 심사의 질문에는 '루터는 어떤 사람이었나?', '누가 아메리카를 발견했나?', '크리스마스는 언제인가?', '프랑스의 수도는 어디인가?' 같은 것들이 포함되어 있었다. 그렇지만 피심사자가 그 심사를 통과한다고 하더라도 그들은 여전히 정신박약자로 판정될 수 있었다. 심사자인 의사들의 주관적 판단이 동시에 중요했던 것이다. 즉, 피심사자의 외모나 행동에서 정신박약의 특성이 나타난다면, 설령 그런 질문들에 올바르게 답변했다 하더라도 단종수술대로 보내질 수 있었다.[11]

실제로 많은 역사가들은 강제적 단종수술의 전 과정에서 의사들이 어떤 식으로 중심적인 역할을 수행했는지 기술하고 있다. 유전적 건강 법원으로 간 사람들에 대한 고발의 4분의 3은 의학계 종사들에

---

11) Friedlander, *The Origins of Nazi Genocide*, p. 30ff.

의해 이루어졌다. 당대의 보고서들은 그 법원이 어떤 사람의 단종수술 신청을 기각했을 때에도, 공중위생국과 의학계 종사자들이 그에 대한 단종수술을 강력히 요구했음을 보여 준다. 다른 전문직 종사자들 또한 부적자를 제거하는 데 일정한 역할을 했다. 교사들은 자신의 학생들에게 가족의 가계도를 작성하는 과제를 내주도록 권고받았다. 결함을 지닌 가족 구성원들을 확인하기 위해서 말이다. 그리고 지방자치단체장들은 편모들을 유전적 건강 법원에 보고했다.

단종수술은 독일 인구에 끔찍한 영향을 미쳤다. 전체 인구의 무려 5%가 그 수술을 받았던 것이다. 전후에 만들어진 할리우드 영화 「뉘른베르크의 재판」Judgement at Nuremberg에서, 몽고메리 클리프트Montgomery Clift는 단종수술을 받은 학습적 장애 남성으로 분하여 가슴을 울리는 단역 연기를 펼쳤다. 법정에서 그가 하는 증언은 앞뒤가 잘 맞지 않지만, 잊을 수 없는 그의 눈빛은 우생학 정책이 남긴 인적 희생이 어떤 것이었는지를 사람들에게 전달한다. 독일 작센주의 한 노동자는 사고로 다리를 잃은 후 경제적 능력이 감소된 것으로 평가되었고, 그의 의지에 반해 단종수술을 받았다. 그리고 그때 생긴 트라우마로 인해 이후 자살했다. 이는 단종수술이라는 조치의 불합리성과 잔인성을 보여 주는 현실의 한 예라 할 수 있을 것이다.

수치심과 굴욕만이 단종수술의 유일한 결과는 아니었다. 그것은 때때로 피해자의 죽음으로 이어졌다. 대략 동수의 남성과 여성이 단종수술을 받기는 했지만, 남성보다 더 많은 수의 여성이 수술의 직접적인 결과로 죽음에 이르렀다. 이 때문에 '히틀러 컷'Hitler cut이라는 별칭이 붙은 그 수술에 대해 상당히 높은 수준의 반대가 존재했다. 피해자의 37.3%는 동의했지만, 24.1%는 본인이 아닌 법적 후견인에 의해서만 동의가 이루어졌고, 38.6%는 강제로 수술을 받았다.[12]

단종수술 정책은 우생학적 원칙의 완벽한 적용이었다. 그렇지만 나치 체제는 거기서 멈추지 않았다. 「뉘른베르크 법령」Nürnberger Gesetze[13)에 이어 1935년 10월 제정된 「혼인보건법」Ehegesundheitsgesetz은 배우자들 중 어느 한 쪽이라도 정신착란, 유전병, 혹은 결핵이나 성병 같은 전염성 질환을 앓고 있는 경우 결혼을 금지했다. 커플들이 결혼을 허가받기 위해서는 관할 보건소로부터 결혼 적합 증명서를 발급받아야 했다. 선천성 질환을 지닌 사람들의 경우에 아마 단종수술을 이미 받았을 것임을 생각한다면, 이런 조치는 우생학적 관점에서조차 과하고 불필요했던 것이라 할 수 있다. 이는 나치 체제가 '결함자들'을 제거하는 데 강박적으로 집착하고 있었음을 보여 준다. 단지 미래의 결함자들만이 아니라 현재의 결함자들까지 말이다. 헨리 프리들랜더가 논했듯이 "핸디캡을 지닌 성인들의 살해는 불필요한 것이었고 동시에 무의미한 것이기도 했다. 왜냐하면 그들은 이미 단종수술을 받아 자손을 생산할 수 없었기 때문이다. 그럼에도 불구하고 살인자들에게는 논리적 진행이 배제에서 절멸로 이어졌다".[14] 나치는 우선 더 이상

---

12) Hugh G. Gallagher, *By Trust Betrayed: Patients, Physicians, and the License to Kill in the Third Reich*, New York: Vandamere Press, 1995, p. 23.

13) 유대인 박해와 우생학적 차별의 합법화를 위해 1935년 9월 뉘른베르크에서 공표된 법령이다. 독일 시민권자 중 독일 혈통으로 간주되지 않는 사람들의 시민권을 박탈하는 내용을 담고 있는 「독일제국 시민권법」(Reichsbürgergesetz), 유대인과 독일인 간의 결혼 및 혼외정사 금지를 주요 내용으로 하는 「독일인의 혈통과 명예의 보호를 위한 법」(Gesetz zum Schutze des deutschen Blutes und der deutschen Ehre)을 함께 지칭한다.

14) Friedlander, *The Origins of Nazi Genocide*, p. 62.

의 장애인이 태어나는 것을 막았다. 그다음 장애 아동들을 죽였다. 그리고 마지막으로 장애 성인들까지도 죽였다.

안락사

나치가 오래전부터 선전을 통해 '자비로운 살해'의 필요성을 옹호하기는 했지만, 총통비서실에서 받아들인 한 장애인 가족으로부터의 요청이 안락사 실행을 결정하는 데 큰 역할을 했다. 히틀러는 이전에 전쟁의 발발이 안락사 정책을 실행할 최적기가 될 것이라고 말한 바 있었다. 그렇지만 전쟁 발발 이전인 1939년 초, 크나우어Knauer의 사례가 하나의 전환점이 되었다. 크나우어는 라이프치히에서 팔다리가 없고 앞을 보지 못하는 상태로 태어났다. 그 아동의 아버지가 히틀러에게 안락사를 요청하는 편지를 쓴 후, 히틀러의 주치의인 카를 브란트Karl Brandt가 아이의 상태를 살피고 살해를 허가하기 위해 보내졌다.

성인 안락사 프로그램은 1939년 9월에 시작되었다. 사적인 편지 형식으로 이루어진 히틀러의 개인적 명령에 의해서 말이다. '1급 비밀'이라는 도장이 찍혀 있던 그 편지에는 다음과 같이 쓰여 있었다.

제국지도관Reichsleiter 필립 불러Philipp Bouhler[15)]와 의학 박사 카를 브

---

15) 나치당에는 다양한 계급적 지위가 존재했는데, 제국지도관은 총통 다음의 최고 지위였다. 필립 불러는 제국지도관급 관료들 중에서는 상당히 학구적인 인물로 당내에서 주로 행정 업무를 담당했으며, 총통비서실의 비서실장이기도 했다.

란트가 특정한 의사들의 권한을 다음과 같이 확장하는 책임을 맡는다. 그들로 하여금 환자의 이상을 세심하게 평가한 후, 치료할 수 없다고 판단되는 질환을 앓고 있는 이들에게는 자비로운 죽음을 부여할 수 있게 하라.[16]

이것은 결코 공식적인 법률이나 정부 차원의 명령이 아니었다. 이후 이러한 점은 평가를 맡은 의사들과 가족들에게 갈등을 야기할 수밖에 없었는데, 사실 그들 중 다수는 장애인을 살해한다는 것 자체보다는 그것이 당시 법률에 반한다는 사실을 더 우려했다. 그렇지만 히틀러는 그 정책이 국내외에서 상당한 반대를 불러일으키게 될 것임을, 그리고 안락사를 합법화하는 데에는 언제나 저항의 압력이 존재할 수밖에 없음을 인식하고 있었던 듯하다. 바로 이런 이유 때문에, 안락사 프로그램을 실행하기 위해서 총통 자신의 비서실 내에 별도의 비밀 부서가 설치되었던 것이다.

그 새로운 조직은 베를린 시내의 동물원로Tiergartenstrasse 4번가에 위치해 있던 유대인에게서 몰수한 저택에 근거지를 두고 있었으며, 이런 이유로 T-4라는 암호명으로 알려지게 되었다. 필립 불러가 T-4 프로그램을 총괄했으며, 나치친위대 대령 빅토르 브락Viktor Brack이 의사 세 명의 지원을 받아 일상적 관리를 책임졌다. (내무부에서 요양원과 너싱홈nursing home을 담당하고 있었던) 헤르베르트 린든Dr. Herbert Linden, (뷔르츠부르크대학교 정신의학과 교수를 지냈던) 베르너 하이드

---

16) Burleigh, *Death and Deliverance*, p. 112.

Dr. Werner Heyde, 하이드의 부관인 폴 니체Dr. Paul Nitsche가 그들이었다.

휴 갤러거는 이 T-4 작전을 수행하기 위해 어떤 식으로 세 개의 위장 법인이 설립되었는지를 이야기한다. 공익적시설보호재단Foundation for the Care of Institutions in the Public Interest이 예산 및 재정 문제를 책임졌다. 예를 들어 그 재단은 장애인들을 돌본다는 구실로 해당 장애인이 살해된 이후까지도 계속해서 가족으로부터 이용료를 징수하면서 기금을 모았다. 독일제국요양원·너싱홈협회Reich Association of Sanitoriums and Nursing Homes는 행정 업무를 책임졌다. 마지막으로 환자수송자선회사 — 흔히 Gemeinnützige Krankentransport GmbH의 약자인 '게크라트'GeKraT로 불렸던 — 는 밴과 버스를 이용해 사람들을 시설에서 살인센터로 날랐다. 독립적인 독일제국유전성·체질성중증질병연구위원회Reich Committee for Research on Hereditary and Constitutional Severe Diseases가 아동 안락사를 책임졌지만, 그 위원회 역시 동일한 주소에 근거지를 두고 있었다.

1939년 8월에 일단의 손꼽히는 의사들이 비밀회의에 초대되었다. 이 회의에서 그 의사들은 T-4 계획의 목적에 대한 설명을 듣고 함께 참여할 것을 요청받았는데, 모두가 그렇게 하겠다고 동의했다.[17] 어느 누구도 T-4 프로그램에 참여할 것을 강요받지는 않았다. 이때에도, 또 다른 어떤 때에도 말이다. 같은 해 9월 21일에 독일제국 보건부는 각 지방자치구regional government area에 그 지역 내에 존재하는 시설의 완벽한 목록을 작성해서 보낼 것을 지시하는 총통령을 발표했다. 뒤이어

---

17) Gallagher, *By Trust Betrayed*, p. 31.

모든 거주인의 세부 사항을 묻는 설문지가 각 시설에 보내졌다. 이 형식적인 설문 서식에는 개인의 인종적 기원에 관한 짧은 진술, 해당 환자가 할 수 있는 일, 그들이 받은 진단명, 그리고 손상의 최초 원인 등에 대한 항목이 포함되어 있었다. 초기에 시설의 의사들은 그 설문 서식의 목적을 알지 못한 채, 생산적인 사람들이 전쟁 활동에 복무하기 위해 떠나가는 것을 막고자 노력하면서 대개의 경우 환자들의 무능력을 과장했다.

취합된 설문지는 약 40명으로 구성된 의학 전문가 위원단에 의해 검토되었는데, 그들 중에는 9명의 의과대학 교수도 포함되어 있었다. 그들이 한 일은 각 설문지에 플러스 또는 마이너스 기호로 표시를 하는 것이었다. 그들은 아마 자신이 했던 일을 살인과 관련된 것으로 여기지 않고 그저 통상적인 의료적 업무로 생각했을 것이다. 즉 그들은 단지 새로운 유형의 요법을 감독하는 데 관여했던 것이라고 생각했다. 평가자들은 설문지 한 장당 10페니히를 지급받았는데, 각 평가자는 수만 장에 달하는 엄청나게 많은 양의 설문지를 처리했다.

뒤이어 린든, 하이드, 니체 같은 '고위급 전문가들'이 모든 설문지를 검토했다. 그들은 의사이긴 했지만 새로운 조직을 관리하느라 바빴다. 설문지에 대한 그들의 형식적인 점검은 세심한 안전장치가 아니라 그저 그 과정을 과학적인 것처럼 보이도록 하는, 그리고 하급의 전문가 위원단에게서 책임성을 없애 주기 위한 외피에 불과했다. 처음부터 마지막까지 그 전 과정은 매우 빠른 속도로 진행되었다. 프리들랜더가 말한 것처럼, "비전문적 평가에 대한 안전장치로 T-4 계획에 의해 구성되었던 상당히 인상적인 의학 전문가 조직은 하나의 허울이었다".[18]

살인센터로 보낼 환자들은 그들이 지닌 의학적 이상과 생산성의 수준을 근거로 선정되었다. '쓸모없는 식충이', '살 가치가 없는 생명', '인간 밸러스트' 같은 개념들이 그 당시 누구를 살리고 누구를 죽일 것인지 결정하는 데 사용되고 있었다. 환자들은 조현병, 우울증, 정신지체, 왜소증, 마비, 뇌전증 같은 이상을 이유로, 그리고 때로는 비행, 성적 도착, 알코올중독, 반사회적 행동을 이유로도 선정되었다. 군대의 사기가 저하되는 것을 피하기 위해, 제1차 세계대전에 참전한 군인들중 일부는 면제되었다. 훈장을 받았거나, 부상을 입었거나, 특별한 용맹을 발휘해 전투에 임했음이 입증된 경우에 한해서 말이다.

일단 환자들이 선정되고 나면 그 명단이 게크라트에 보내졌고, 그조직은 살인센터로 유입되는 환자들의 흐름이 일정하게 유지될 수 있도록 수송 명단을 체계화했다. 시설들은 이송이 있기 며칠 전에 사전통지를 받았으며, 모아서 보내져야 할 이들이 누구인지, 그리고 그들이 어떤 상태로 보내져야 하는지와 관련하여 엄격한 지시가 내려졌다. 예컨대 환자들은 그들의 이름을 어깨뼈 사이 등 부분에 테이프로 부착해야 했다.

게크라트 직원들은 나치친위대로부터 모집된 남성 간호사들로 구성되어 있었다. 그들은 흰색 유니폼을 입었지만 나치친위대의 검은색 부츠를 계속해서 착용했기 때문에, 병원 의료진들 사이에서 '흰색 코트-검은색 부츠'로 불렸다. 불길한 기운이 감도는 회색 버스들이 장애인들을 그라페네크Grafeneck, 브란덴부르크Brandenburg, 하트하임

---

18) Friedlander, *The Origins of Nazi Genocide*, p. 80.

Hartheim, 존넨슈타인Sonnenstein, 베른부르크Bernburg, 하다마르Hadamar에 위치한 여섯 개의 살인센터 중 한 곳으로 날랐는데, 그곳들의 공식 명칭은 모두 주립병원 내지는 너싱홈이었다. T-4에 참여한 의료인들 다수가 목격했던 초기의 실험들은 일산화탄소 가스로 중독시키는 것이 효율적인 살해 기법임을 증명했으며, 각 센터에는 샤워실로 위장한 가스실이 급히 만들어졌다. 센터에 도착한 환자들의 다수는 자신의 운명이 어떻게 될지 불안해했지만, 일단은 마치 통상적인 병원에 온 것과 같은 절차를 밟았다. 그러고 나서 그들은 탈의를 당한 상태에서 '샤워'를 하기 위한 것이라고 여긴 채 가스실로 줄지어 들어갔다. 그런 다음 센터의 의료 담당자가 가스 밸브를 열었고, 그 직원은 모든 환자들이 죽음에 이를 때까지 10분 정도 기다렸다. 이후 잡역부들이 시체를 가스실 밖으로 끌고 나갔고, 인근 소각장에서 화장하기 위해 그 시체들을 토막 냈다. 금니가 있는 환자들에게는 미리 피부에 특별한 표시를 해두었으며, 그들의 금니는 뽑혀서 베를린으로 보내졌다. 이렇게 확보된 금은 T-4 작전의 예산을 확보하는 데 상당한 기여를 했다.

이 환자들이 맞이한 운명을 숨기기 위해 정교한 위장이 이루어졌다. 처음에 가족들은 그들이 다른 시설로 이송되었다는 통지를 받았다. 이후 '환자를 받은 시설'(살인센터)은 해당 환자가 잘 도착했다는 통지를 보냈지만, 방문은 금지되었다. 마지막으로 얼마간의 시간이 흐른 후, 가족들은 그 환자가 유감스럽게도 사망했지만 전염병의 위험성 때문에 시체는 즉각 화장이 이루어져야만 했다는 통지를 받았다. 그러나 요청하면 환자의 유골이 담긴 단지를 받을 수는 있었다. 그럴싸한 사망 원인을 위조해 내기 위해 상당한 기지가 발휘되었다(그 문제를 논의하기 위해 T-4 전국회의를 열자는 이야기까지 있었다). 갑작스러운 죽음에 대한 해명은 일반적으로 뇌종양, 편도선 농양, 맹장염, 폐렴 같은 진단명을 동원해 이루어졌다.

살인센터의 가스실은 동시에 75명까지도 들어갈 수 있었다. 그러나 하트하임 센터에서 일했던 한 직원은 전쟁 후에 다음과 같이 증언했다. "언젠가는 150명의 사람들을 한꺼번에 가스실로 밀어 넣었어요. 가스실이 너무 꽉 차 버려서 그 안에서는 사람들이 쓰러질 수조차 없었죠. 그러다 보니 시체들이 한데 뒤엉켜서 우리는 무지 애를 쓴 후에야 가까스로 그 시체들을 떼어 놓을 수가 있었습니다." 가스실에서의 살해보다 시체들을 태워 없애는 것이 기술적으로 어려움이 더 컸고, 그래서 훨씬 더 느리게 이루어졌다. 처리되지 못한 시체들이 자주 쌓여 갔다. 태워진 시체는 삽으로 퍼져 3kg씩 단지에 담겼고, 집으로 보내진 것은 사랑하는 가족의 특정 유해가 아니라 전체 유해의 일부분일 뿐이었다. 살인센터 인근의 지역 주민들은 지속적으로 피어오르는 연기를 보았고 악취를 맡았다. 그곳에서 무슨 일이 진행되고 있는지 점점 더 확실히 인식하게 되면서 지역 주민들 사이에서 강한 반감이 생겨났다. 그 때문에 브란덴부르크와 그라펜네크의 센터는 폐쇄될 수밖에 없었다. 그렇지만 그런 인식과 항의가 늘어나고, 그것이 히틀러로 하여금 1941년 8월에 T-4 프로그램을 중단하라는 명령을 내리게 하는 것으로 이어질 때까지, 최소한 7만 명의 사람들이 가스실에서 살해되었다.

아동 안락사

장애 아동에 대한 살해는 실질적으로 T-4 프로그램 이전부터 시작되었으며 T-4의 주요 프로그램이 중단된 이후에도 계속되었다. 프리들랜더는 다음과 같이 언급한다. "아동들은 후대를 표상했기 때문에 특별히 결정적인 중요성을 갖는 것으로 여겨졌다. 즉, 우생학적·인종적 정화 프로그램이 성공을 거두고자 한다면, 질병이 있거나 기형이라고 판단된 아동들의 제거는 필수적인 것이었다."[19] 공식적인 정책이 시행되기 이전에도, 뮌헨 외곽에 위치한 이글핑-하르 병원의 헤르만 판뮐러Dr. Hermann Pfannmüller 같은 열성적인 나치 의사들은 1930년대 내내 아동들을 굶겨서 죽음에 이르게 했다. 성인 안락사와 마찬가지로 관료들이 그런 계획을 체계화하기는 했지만, 장애 아동의 살해를 실행에 옮긴 것은 평범한 의사들이었다.

아동에 대한 공식적 안락사의 첫 번째 조치는 1939년 8월 18일의 총통령과 더불어 시작되었는데, 그 총통령은 결함을 지닌 3세 이하의 모든 신생아 및 유아를 보고하도록 지시했다. 팔다리·머리·척추의 기형, 뇌성마비와 그 밖의 신체 마비, 왜소증, 맹과 농, 백치나 다운증후군과 다양한 뇌 기능 이상을 지니고 있는 아동들이 보고 대상에 포함되었다. 이 공식적 명령은 보건부에서 내려지기는 했지만, 올라온 보고들은 히틀러의 개인 사무실인 총통비서실에서 한 번 더 검토되었다. 답장을 위한 사서함 번호도 주어졌다. 이러한 보고들은 또 다른 위장

---

19) *Ibid.*, p. 61.

조직인 독일제국 중증유전병 과학적 등록위원회Reich Committee for the Scientific Registration of Serious Hereditary Ailments에서도 검토되었는데, 그 위원회 역시 동물원로 4번가의 저택에 입주해 있었다. 그 작전은 한스 헤펠만Hans Hefelmann과 리하르트 폰 헤그너Richard von Hegener에 의해 지휘되었다. 안락사에 관여한 다른 모든 이들과 마찬가지로 그들도 책임을 피하기 위해 가명을 사용했는데, 둘 다 문서에는 클라인Dr. Klein이라고 서명했다.

그 명령은 과학적 동기를 지닌 것처럼 위장된 채 수행되었다. 프리들랜더는 "초기에 이루어졌던, 유전적 기형이나 정신지체와 관련된 적절한 사례들의 등록은 이것이 과학적 문제인 것처럼 설명하기 위해 반드시 필요한 것이었다"고 언급한다.[20] 사례 보고 서식은 성명, 나이, 성별, 질환 상태의 기술, 아동이 지닌 기능적 제약, 입원에 관한 사항 및 병원 명, 예상되는 수명, 개선 가능성 같은 세부 사항들을 묻고 있었다. 그리고 서식의 한쪽 면은 이에 대한 답변을 위해 할당되어 있었다.

세 명의 의사들 — 에른스트 벤츨러Ernst Wentzler, 베르너 카텔Werner Catel(라이프치히 병원의 소아과 과장), 한스 하인츠Hans Heinze — 이 각 사례들을 검토하고 그 서식에 플러스 또는 마이너스 기호로 표시를 했다. 세 명 모두의 판단이 일치할 경우 살해가 진행되었는데, 그들은 통상적인 완곡어법을 사용하여 해당 아동에 대한 '치료 허가증'을 발급했다. 그러면 신생아와 유아들은 28곳의 살인센터 중 한 곳으로 이송되었다. 그 센터들은 대개 기존 병원의 한쪽에 위치해 있었고 '특수아

---

20) *Ibid.*, p. 45.

동 병동'으로 알려졌다. 그곳에서 아기들은 치사 주사lethal injection나 좀
더 흔하게는 일정량으로 관리되어 매일 제공되는 약물의 과잉 투여에
의해 살해되었다. 후자의 방법을 사용하면 좀 더 용이하게 위장이 이
루어질 수 있었다. 특히나 그 약물이 사람을 직접 죽게 하지는 않지만,
폐렴이나 여타의 합병증을 통해 결과적으로 죽음에 이르도록 만든다
면 말이다. 치안 당국은 그런 과정에 필요한 수많은 약물을 제공했다.

안락사를 담당하던 관료들에게는 가족과 함께 살고 있던 아동보
다 시설에 수용된 아동을 처리하는 것이 일반적으로 더 용이했다. 비
록 몇몇 가족들은 '자비로운 살해'를 지지하고 심지어 요청하기까지
했지만, 다른 가족들은 순순히 그들의 아동을 데리고 가도록 놓아두지
않았다. 관리들은 특수병동에서는 아이의 이상이 치료될 가능성이 있
다며 속임수를 썼다. 부모들이 협조하도록 만들기 위해 권장하고, 압
력을 가하고, 그러다 결국에는 강압적 수단을 사용했다. 원칙적으로
안락사의 기준에 해당하려면, 반드시 말기일 필요까지는 없지만 치료
될 수 없는 이상을 지니고 있어야 했다. 그러나 독일제국 중증유전병
과학적 등록위원회와 여기에 소속된 의사들 ─ 그들 중 다수는 매우
젊고 경험이 일천했다 ─ 은 자기들의 원칙을 따르지도 규제 사항을
준수하지도 않았다. 갤러거는 다음과 같은 사실을 전하고 있다.

처음에는 매우 어린 아기들만이 포함되었지만, 이내 그 연령 제한은 3
세에서 5세까지로 올라갔고, 결국에는 십대들까지도 포함되었다. 어
떤 곳에서는 그 선정 과정이 간호사와 잡역부에게 맡겨지기도 했다.
안락사가 허용되는 사회적 특성은 야뇨증, 구진, 검은 안색, 간호사를

성가시게 하는 것까지도 포함하게 되었다.[21]

선정 과정이나 살해 기법에도 다양한 변화가 있었다. 예를 들면, 1940년 6월 7일부터는 보다 광범위한 설문 조사가 이루어졌다. 그리고 어떤 시설들에서는 아동들을 굶겨 죽였다. 바이에른주에서는 1942년 11월부터 이러한 아사가 공식적인 정책으로 채택되었다.

최소 한 곳의 센터에서 아동에 대한 살해가 종전 이후까지도 계속되었다. 프리들랜더는 미군 병력이 카우프보이렌 시내를 1945년 4월에 점령했지만, 그 지역의 병원에 대한 조사는 즉각적으로 이루어지지 않았음을 언급한다. 그렇지만 세간에 퍼져 있던 풍문을 듣게 된 후 조사가 실시되었고, 이를 통해 안락사가 계속해서 이루어지고 있었음을 확인하게 되었다. 아마도 나치 안락사 프로그램의 최후 희생자일 네 살 난 리하르트 엔네Richard Jenne는 5월 29일에 사망했다. 그리고 그때까지 최소한 5000명의 아이들이 살해되었다.

비공식적 안락사

성인 안락사가 공식적으로 중단되고 난 이후에도 장애인에 대한 임의적이고 지역화된 살해는 '비공식적 안락사' wild euthanasia가 작동하면서 계속되었다. 더 이상 가스실에서의 살해는 이루어지지 않았지만, 아

---

21) Gallagher, *By Trust Betrayed*, p. 103.

동 안락사에서 사용되었던 기법(아사와 치사 주사를 통한 살해)은 독일 전역에서 광범위하게 사용되었다. 이러한 일상화된 살해는 다른 여러 센터들 가운데에서도 특히 아이히베르크Eichberg, 하다마르, 칼멘호프 Kalmenhof, 미제흐츠-오브라발드Meseritz-Obrawalde, 티겐호프Tiegenhof에서 이루어졌다. 병원 내 센터에서의 살해는 중앙집중화된 살인센터로 이송하는 것보다 용이하게 은폐될 수 있었다. 미제흐츠-오브라발드에서 살해된 인원은 1만 명에 달했는데, 대개 한밤중에 약물의 과잉 투여나 치사 주사를 통해 이루어졌다.

'비공식적 안락사'의 잠재적 희생 대상은 또한 노인들과 '반사회 분자'까지 포함하는 것으로 확대되었는데, 특히 외국인들이 희생자가 되기 쉬웠다. 1944년에 독일제국에는 동유럽에서 강제로 동원된, 그러나 결핵이나 여타 전염병에 걸려 더 이상 일할 수 없었던 노동자들이 많았다. 그들은 소련 군대Red Army의 진군으로 인해 고향으로 돌아가지도 못했다. 그들은 그냥 치사 주사에 의해 살해되었다. 휴 갤러거는 독일군이 점령했던 폴란드 지역에서의 결핵 박멸 프로그램에 대해 전하고 있는데, 그것은 엽총을 지닌 의사들이 차량 조수석에 타고 시골 지역을 돌아다니면서 결핵에 걸린 것처럼 보이는 농부들이 있으면 그냥 차에 앉아 쏘아 죽이는 것이었다.

전쟁이 계속됨에 따라 살해도 더 광범위하게 자행되었다. 몇몇 보고서들은 안락사에 투여된 인력들이 동부 전선 — 예를 들면 [벨라루스22)의 수도인] 민스크 지역 같은 — 에서 부상당한 독일군 병사들을

---

22) 벨라루스는 폴란드와 러시아 중간에 위치한 나라다. 폴란드, 러시아, 독일 등의 지배를 거쳐

살해하는 데까지 활용되었음을 전하고 있다. 제2차 세계대전 막바지에는 폭격으로 파괴된 병원에서 단기질환 환자들을 위한 침상을 확보하기 위해, 악치옹 브란트Aktion Brandt[23] 아래서 정신질환자들과 장기요양 환자들이 체계적으로 살해되었다.

안락사는 전쟁 발발 직후부터 독일 동부의 점령지에서도 실행되었다. 독일 군대는 침략을 자행한 이후 나치친위대 및 여타의 부대들로 나뉘었고, 그들은 '살 가치가 없는 생명들'을 무자비한 방식으로 제거했다. 예컨대 나치친위대는 포메라니아Pomerania[24]의 주립병원들을 접수하고 나서 관여할 만한 가족이 없는 불치병 환자들은 모두 살해했다. 정신질환자들과 장애인들은 서프로이센의 노이슈타트로 이송되었고, 그곳 숲에서 한 명씩 차례대로 목 뒷부분에 총을 맞아 살해된 후 공동묘지에 묻혔다. 나치친위대의 아이만 부대Eimann Battalion는 1939년의 마지막 달에만 약 3500명의 환자들을 살해했다.

유사한 방법들이 폴란드에서 장애인 환자들을 살해하는 데에도 사용되었다. 예컨대 프리들랜더는 독일의 비밀경찰이 1940년 1월 12일에 루블린 인근 헤움Chelm의 정신병원에서 총 420명에 이르는 환자들을 어떤 식으로 사살했는지 기술하고 있다. 1941년 6월 22일 러시아 침공 이후, 아인자츠그루페Einsatzgruppen[25]은 소비에트연방 내에서 유

1922년 12월 소비에트연방의 일원이 되었다가, 구소련의 해체와 함께 1991년 독립했다.

23) 'aktion'은 '조치'를 뜻하는 독일어(영어의 'action'에 해당)이며, 'Brandt'는 앞서 언급되었듯이 T-4 작전을 주도했던 히틀러의 주치의 이름이다.

24) 독일과 폴란드 북부 발트해 연안의 지역으로, 독일이 점령했다가 전후 독일과 폴란드에 분할 편입되었다.

25) 나치친위대 소속의 처형부대(death squads)로, 제2차 세계대전 당시 동유럽과 러시아 등지

대인, 집시, 장애인들을 절멸시키며 군대를 뒤따랐다. 독일군의 병참 장교였던 에두아르트 바그너Eduard Wagner는 1941년 9월에 다음과 같이 언급했다. "러시아인들은 정신박약자들을 신성하게 여긴다. 그렇지만 살해는 불가피하다."

다양한 방법들이 이처럼 많은 수의 사람들을 살해하는 데 사용되었다. 1941년 가을, 나치는 민스크에서 희생자들을 다이너마이트로 전멸시키는 실험을 하기도 했다. 환자들을 토치카[콘크리트나 흙주머니로 단단하게 쌓은 사격 진지] 안에 가둔 후 폭파가 이루어졌는데, 그 실험의 참관자들은 토치카와 환자 양쪽 다 완전히 파괴되었다고 보고했다. 시체의 잔해들이 여기저기 넓은 범위에 걸쳐 흩뿌려졌기에, 주변의 나무들에서 잘려 나간 팔다리들을 걷어 와야만 했다. 가스실에서의 실험은 더 성공적이었다. 마찬가지로 키예프병리학연구소Kiev Pathological Institute에서는 10만 명에 이르는 희생자들이 치사 주사에 의해 살해되었다.

1941년 봄부터는 '특별 처치 14f13'으로 알려진 프로그램하에서 진행된 강제수용소에서의 작업에 T-4 조직이 초청되었다. 이 프로그램은 강제수용소사찰위원회Inspectorate of the Concentration Camps에 의해 관리되던 모든 수용소에서 선정된 재소자들을 대상으로 했으며, T-4 조직의 인력과 나치친위대 간의 공동 작업으로 수행되었다. T-4 조직의 의사들이 희생자의 최종 선정을 위해 파견되었는데, 그 이유는 이것이 전문적인 능력을 요하는 과정이어서가 아니라, 아마도 T-4 조직

에서 후방 지역의 민간인 학살을 전담했다.

이 계속해서 기능하는 것을 보장하기 위해서였을 것이다. 조사관들은 수정된 T-4 설문지를 사용했지만, 유대인들과 소위 반사회분자들에게 초점이 맞춰졌다. 살해의 주된 기준은 육체노동을 할 수 있는가의 여부였다. '건강 검진'은 매우 형식적이었다. 의사들이 앉아 있는 테이블 앞으로 환자가 줄지어 들어서면 그들은 설문지에 플러스 또는 마이너스 기호로 표시를 했다. 부헨발트Buchenwald에서는 두 명의 의사가 단 5일 동안에 873명의 재소자들을 검진하기도 했다. 유대인 재소자들은 그나마 그런 검진조차 받지 않았다. 그런 다음 희생자들은 가스실이 있는 여섯 개의 안락사 살인센터로 보내졌다. 센터의 직원들은 수용소의 재소자들을 그들이 이전에 다루었던 희생자들과 구별하지 않았다. 수용소의 유니폼이 그들에게 익숙했던 시설의 복장과 다르기는 했지만 말이다.

14f13 프로그램은 2만 명에 이르는 사람들이 살해되고 나서야 1943년에 종료되었다. 수용소들은 재소자들의 노동력을 보다 효율적으로 착취하는 방향에 집중하게 되었고, 강제수용소에서의 살해는 좀 더 야심을 갖고 추진해야만 하는 계획이 되었다. 그때 이후로도 계속해서 운영이 유지된 것은 하트하임의 안락사 센터가 유일했다. 프리들랜더는 14f13 프로그램의 주된 역사적 의미는 그것이 안락사와 최종해결책Final Solution[나치에 의한 계획적인 유대인 집단 학살] 사이에서 연결 고리로서의 역할을 수행했다는 점이라고 언급한다. 장애인에 대한 살해 속에서 개척되었던 기법들(가스 살해, 금니의 발치, 시체의 소각)이 이제는 엄청난 수의 유대인 재소자를 살해하는 데 동일하게 사용되었다. 대부분의 설비(가스실과 가스 밴)와 약 100여 명의 인력이 곧바

로 안락사로부터 홀로코스트로 이전되었다. 프리들랜더가 결론적으로 이야기하고 있는 것처럼 "안락사 정책의 성공은 나치 지도부에게 대량 학살이 기술적으로 실행 가능하다는, 평범한 남성과 여성들이 많은 수의 무고한 사람들을 죽이는 데 기꺼이 동참할 수 있다는, 그리고 관료 집단이 그러한 전례 없는 학살의 실행에 협력할 것이라는 확신을 심어 주었다".[26]

가해자들

갤러거는 다음과 같이 논한다.

이 프로그램이 히틀러에 의해 인가되었고 독일제국 국가사회주의 정부[27]의 비호 아래 수행되기는 했지만, 그것을 나치 프로그램이라고 부르는 건 잘못된 일일 것이다. 그것은 나치 프로그램이 아니었다. 그 프로그램은 의사들에 의해 구상되었고 그들에 의해 운용되었다. 그들이 그 살해를 집행했다. 이 의사들 중 많은 이들이 나치였지만, 또 다른 많은 이들은 그렇지 않았다. 그 프로그램의 후원자들과 고위급 참여자들은 국제적 명성을 누리고 있던, 독일에서도 손꼽히는 의대

---

26) Friedlander, *The Origins of Nazi Genocide*, p. 284.
27) 국가사회주의독일노동자당(Nationalsozialistische Deutsche Arbeiterpartei, NSDAP)이 히틀러가 당수로 있었던 나치당의 정식 명칭이었다.

교수들과 정신과 의사들이었다.[28)]

  1만 5000명의 독일 의사들 중 절반이 결국에는 나치당 당원이 되었다. 좀 더 열렬한 의사들은 국가사회주의독일의사연맹National Socialist German Physician's League에 가입했다. 그 연맹은 1933년 4월 1일에 유대인 의사들을 대상으로 구타 사건을 일으키기도 했으며, 반개인주의와 사회적 다윈주의 노선에 기반을 둔 새로운 의학을 주창했다. 의사들은 전반적으로 나치의 정권 장악으로 인해 혜택을 받았다. 나치 정권의 등장은 공중위생 조치의 실행과 더불어 인종위생학의 전면화를 가져왔다. 의사라는 직업의 소득과 지위가 바이마르공화국[29)] 시기에는 불안정했지만, 그 이후에는 전반적으로 상승했다.
  대다수 의사들이 우생학과 나치의 안락사 정책에 협력했다. 이에 직접적으로 관여했던 의사들만 해도 대략 350여 명에 이르렀던 것이다. 갤러거는 이와 관련해 다음과 같이 언급한다.

  뛰어난 의대 교수 및 정신과 교수들과 매우 유명한 의사들이 안락사 프로그램에 참여하는 데 동의했으며, 상세한 브리핑이 지도자급 의사들만이 아니라 상당수의 개업의들에게까지 이루어졌다는 […] 사실은 우리로 하여금 어떤 불가피한 결론에 이르도록 한다. 독일의 의

---

28) Gallagher, *By Trust Betrayed*, p. xv.
29) 제1차 세계대전이 종전되던 해인 1918년 11월 혁명으로 황제 빌헬름 2세가 망명한 후, 1919
    년 총선거에서 사회민주당, 민주당, 중앙당의 3당 연합인 민주공화파의 승리로 성립된 공화
    국이다. 1933년 히틀러의 총통 취임으로 제3제국이 성립되면서 소멸되었다.

학계 주류, 지배층, 평의사들 모두가 그 프로그램에 대해 진정으로 유의미한 어떤 반대도 제기하지 않았고, 그 프로그램이 추진되는 것을 저지하기 위해 어떠한 노력도 기울이지 않았다는 결론 말이다.[30]

어떤 학자들은 안락사 프로그램에 '의료적 살인'이라는 꼬리표를 붙이기도 했지만, 실질적인 의미에서 보자면 그 프로그램은 전혀 의료화되지 않았다. 히틀러가 의사들이 반드시 참여해야 한다고 명시하기는 했지만, 안락사 프로그램의 진행 절차와 관련하여 과학적이라거나 기술적이라고 할 만한 것은 아무것도 없었다. 한 의사가 "가스 밸브를 여는 데 의대 학위가 필요하지는 않다"고 불만을 털어놓았던 것처럼 말이다. 그 프로그램의 다양한 단계들에 관여했던 많은 의사들은 전문적 살인자로서의 역할을 수행하기 위해 어떤 임상적 능력이 아니라 그들의 권력을 사용했을 뿐이다.

갤러거는 또한 누구도 그 프로그램에 강제로 참여하게 된 것은 아니라고 언급한다. 몇몇 사람들은 정중히 거절했지만, 그로 인해 누구도 불이익을 당하지는 않았다. 예를 들어 횔첼Dr. F. Hölzel은 살인센터에서 일해 달라는 요청을 사양했다. 안락사에 반대하지는 않지만 그 일을 실행하기에는 자신이 '너무 심약하다'고 말하면서 말이다. 어떤 의사들은 안락사 프로그램에 적극적으로 반대했다. 고트프리트 에발트Gottfried Ewald 교수는 그 자신이 제1차 세계대전에서 장애를 갖게 된 상이군인이었는데, 첫 번째 T-4 브리핑에 참석하고 난 후 당국에 항의

---

30) *Ibid.*, p. xv.

서한을 썼다. 그의 편지가 무시되긴 했지만, 처벌을 받지는 않았다. 포흘리쉬Pohlisch 교수와 판제Panse 교수는 사보타주 전략을 세우기 위해 본Bonn에서 의사들의 비밀 회합을 소집했다. 예를 들면, 해당 개인이 노동을 하고 있으며 전쟁 활동에 중요한 기여를 할 수 있음을 입증하기 위해 설문지를 조작하는 방법 등이 논의되었다. 발터 크로이츠 교수는 안락사의 대상으로 지정된 4000명의 사람들 중 3000명을 구해냈다. 또 다른 의사들도 지시 사항을 따르지 않고 환자들을 게크라트 버스에서 하차시키거나 협력을 거부하기도 했다.

그렇지만 대다수 의사들은 법을 준수했고, 규정을 따랐으며, 무슨 일이 벌어지고 있는지를 그냥 무시했다. 어떤 의사들은 열렬한 나치당원이었고, 또 다른 이들은 우생학 사상의 확립에 전념했다. 직급이 낮은 의사들은 의학계에서 존경받는 고위급 의사들의 영향력 때문에 참여하기도 했다. 많은 이들이 그러한 참여를 직업적으로 썩 괜찮은 일이라고 여겼을 것이다. 그들은 권력의 중심에 가까이 접근하고, 좋은 보수와 조건이 주어지고, 제2차 세계대전의 최전선에서 복무하는 것으로부터 면제받는 혜택을 누릴 수 있었을 것이다.

갤러거가 논하고 있는 것처럼, 안락사 프로그램의 참여자들은 그 프로그램의 복잡한 구조에 의해 개인적 책임을 피할 수 있었다. 독일의 거의 모든 지역 의사들이 설문지에 대한 초기의 의견 제시에 참여하기는 했지만, 그 과정의 전반적인 통제는 다른 곳에서 이루어졌다. 관료 체제는 단일한 책임 소재가 존재하지 않도록 보장했다. 살해의 의사 결정은 해당 지역의 의사, 평가위원회, 심리 의사review physician, 수송 직원, 살인센터 직원, 가스실 의사 사이에 시공간적으로 광범위하게 걸쳐 있었다. 그들은 모두 별개의 일을 수행했으며, 자신은 단지 지시를 따르고 있을 뿐이라고, 즉 개인적으로는 책임이 없다고 확신할 수 있었다.

안락사 프로그램 자체에는 관여하지 않았던 의사들도 그 프로그램으로 인해 생겨난 연구 기회들로 이득을 얻었다. 몇몇 연구소들은 안락사와 밀접한 관계가 있었으며 검시檢屍와 분석을 위해 보내진 시체들을 처리했다. 예를 들어 갤러거는 카이저 빌헬름 뇌 연구소Kaiser Willhelm Institute for Brain Research —— 현재의 막스 플랑크 연구소 —— 소속이었던 율리우스 할러포르덴Julius Hallervorden에 대해 이야기하고 있는데, 그는 시설들로부터 적어도 696개의 뇌를 수령했으며 검시를 위해 살인센터들을 방문하기까지 했다. 할러포르덴은 그의 이름을 따서 명명된 할러포르덴-스파츠병Hallervorden-Spatz disease으로 잘 알려져 있던 매우 저명한 뇌질환 연구자였다. 제2차 세계대전 이후 그는 자신의 미국 정신의학계 동료들의 도움으로 안락사 연루 혐의에서 벗어났다. 다른 연구소들에는 환자를 살해하여 검시하기 전, 관찰에 따른 소견을 듣고자 일단의 환자들이 보내지기도 했다. 이러한 연구소들로는 브란덴부르크–고든Brandenburg-Görden에 위치한 한스 하인츠가 이끌던 연구팀, 하이델베르크에 위치한 카를 슈나이더Carl Schneider 교수가 총괄했던 정신의학·신경학클리닉Clinic for Psychiatry and Neurology 등이 있었다.

나중에는 통상적인 연구 윤리가 임의적으로 완화될 수 있다는 점을 악용하면서, 강제수용소에서 다양한 의학 실험들이 수행되었다. 아무런 동의도 필요치 않았고 실험 대상의 복지에 대한 어떠한 고려도 이루어지지 않았다. 몇몇 실험들은 직접적으로 환자의 죽음을 수반했는데, 예를 들면 높은 고도에서의 낮은 기압이 가져오는 효과나 저체온증의 결과에 대한 실험의 경우가 그러했다. 부헨발트와 나츠바일러 Natzweiler에서는 백신이, 라벤스브뤼크Ravensbrück에서는 전투에서 입은 부상을 치료하는 방법이 생체실험을 통해 연구되었다. 주사나 다량의 엑스선을 사용하여 신속하고 가급적이면 은밀하게 단종수술을 행하는 방법에 대한 연구 프로젝트도 존재했다. 이런 연구들에서 과학적 방법론의 대부분은, 그리고 그 목표의 대다수는, 비록 너무나 야만적이고 비윤리적이기는 했지만 적법한 것이었다.

이에 반해서 악명 높았던 요제프 멩겔레Joseph Mengele는 극단적으로 망상적이고 비과학적인 연구의 예를 제공한다. 그는 자연인류학과 의학으로 박사 학위를 취득했으며, 쌍둥이와 가계의 유전 연구에 대한 관심을 발전시켰다. 그는 '인종위생학'에 대한 연구를 계속해나가길 원했다. 나치가 정권을 잡은 후 그는 나치친위대에 가입했다. 1943~1944년에 아우슈비츠-비르케나우 강제수용소의 의사로 재직하면서 그는 윤리적·법적 제한으로부터 자유로운 그곳을 자신의 개인 연구실로 사용할 수 있었다. 수감된 유대인 의사들을 연구 수행에 활용하고, 다른 입소자들을 실험 대상으로 사용하면서 말이다. 그는 여러 가지 섬뜩한 관심사들을 지니고 있었는데, 그중에서도 눈의 색깔에 유독 집착했다. 그는 자신이 눈의 색깔을 바꿀 수 있는 방법을 발견할 수 있을 거라 생각하면서 서로 다른 색을 지닌 한 쌍의 눈알들을 수집했다. 그는 난쟁이, 집시, 특히 쌍둥이에도 관심을 가졌다.

갤러거는 또한 단지 의사들만이 아니라 매우 다양한 영역의 평범한 관료들과 공무원들이 어떤 식으로 안락사에 연루되어 있었는지를 기술한다. 이런 관리자들의 대다수는 그들이 이십대일 때, 나치가 정권을 잡기 전 나치당에 가입했다. 그리고 많은 이들이 나치돌격대 Sturmabteilung, SA나 나치친위대의 성원이었다. 그들은 충성스럽고 유능한 관리자들이었으며, 기꺼이 그 작전에 함께했다. 이들은 단지 책상에 앉아 살해와 관련된 업무를 보는 것에 그치지 않았다. 그들 모두는 직접 살해 현장을 방문해서 이를 관찰했고, 안락사 프로그램의 입안뿐만 아니라 실행에도 관여했다. 예를 들면 그들은 독극물의 선적이나 이게파르벤IG Farben[31]으로부터의 가스 공급 업무를 처리했다. T-4 조직 자체는 건축업자에서부터 행정가, 운전사, 화부에 이르기까지 다양한 직원들을 고용할 필요가 있었다. 유골 단지에 작은 명판을 박아 넣었기 때문에 금속세공사도 필요했다. 대단히 비밀스럽기는 했지만, 그것은 어떤 면에서 매우 통상적인 정부 조직이었다. 예컨대 그 조직은 자체적인 통계 전문가를 고용하고 있었는데, 그는 10년의 기간 동안 이루어진 7만 273회의 '살균'이 독일제국의 예산 8억 5543만 9980마르크를 절감해 주었으며, 독일 전체에서 1249만 2440kg의 고기와 소시지의 낭비를 막아 주었다는 통계를 산출했다. 몇몇 예외가 있기는 했지만, 이러한 피고용인들 대다수는 폭력배도, 사이코패스도, 혹은

---

31) 1925년 12월에 바스프, 바이엘, 파브릭 칼레, 훼히스트, 아그파, 파브릭 그리샤임 엘렉트론, 카셀라 등이 합동으로 설립한 독일의 화학기업 카르텔이다. 히틀러의 선거 운동을 지원하여 나치의 집권 후 최대 수혜자가 되었고, 제2차 세계대전 동안 폭발물, 합성가솔린, 독가스, 의약품 등을 대량 생산하여 막대한 이윤을 취하면서 한때 세계 4위 규모의 기업으로 성장했다. 전쟁이 끝난 후 경영진들이 뉘른베르크 전범재판소에서 재판을 받고 연합군에 의해 해체되었다. 그러나 카르텔을 구성한 기업들 가운데 큰 기업이 작은 기업들을 인수했고, 오늘날에도 바이엘, 훼히스트, 바스프, 아그파는 세계적인 기업으로서의 위상을 유지하고 있다.

광신자도 아니었다. 그들은 그냥 평범한 사람들이었다.

갤러거는 당시 독일 사회 전반에서 무슨 일이 진행되고 있는지를 인식하게 된 하나의 전문직 집단은 법률가들이었다고 언급한다. 법관들은 불법적으로 진행되던 안락사에 대해 직접 들어 본 적은 없었으나, 그 프로그램의 존재를 다른 여러 방식으로 알게 되었다. 예를 들면, 법원의 피보호자였던 사람들이 일정한 시설들로 이송된 후 갑자기 실종되었다. 주州 검찰의 검사들은 죄를 지었지만 정신적으로 무능력하여 주립병원에 수용되었던 사람들을 찾아내야만 했다. 종종 증인이나 피고로서 그들의 출석이 요구되었지만, 소재가 파악되지 않았던 것이다. 또한 많은 풍문이 떠돌았으며 가족들로부터 항의도 있었다.

독일제국 법무부 장관이었던 프란츠 귀르트너Franz Gürtner에게 다양한 호소가 들어왔다. 처음으로 법무부는 모든 정보를 수집하여 맞춰 보기 시작했다. 그 이후 폴 브라우네Paul Gerhard Braune 목사가 귀르트너와 사적인 만남을 가졌는데, 그 목사는 나중에 그러한 실종을 막고자 캠페인을 벌였던 유일한 인물이었다. 1940년 7월 말이 되자 법무부는 총통비서실에 항의를 제기할 수밖에 없었다. 법관들은 안락사로 인해 대단히 난감한 입장에 처하게 되었다. 결국 그들은 불법적인 프로그램을 종료해 주든지, 아니면 그것을 아예 정식화할 수 있는 법률을 공포해 줄 것을 요구했다. 갤러거는 다음과 같이 말한다.

법조계 전반에 그러한 살해를 성문화하고자 하는 강한 욕구가 확산되어 있었다고 말하는 건 전혀 부당한 일이 아닐 것이다. 연이은 항의 서한에서 표현된 관심사는 살해가 중단되어야 한다는 것이 아니라,

법률에 따른 적법 절차가 확립되어 그것이 적절하고 체계화된 방식으로 진행될 수 있어야 한다는 것이었다.[32]

결국 같은 해 8월 27일, [총통비서실장인] 불러는 귀르트너에게 히틀러의 명령서 사본을 보냈다. 법무부 장관은 그 명령이 법적 강제력을 지니고 있지 않음을 명확히 인식했지만, 이와 관련해서 어떠한 것도 할 수 없었다. 법안을 마련하고자 다양한 시도가 이루어졌음에도 불구하고, 히틀러는 그 정책의 공식화를 단호하게 거부했다. 그리하여 법무부는 지방의 검찰청장들에게 안락사와 관련된 수사를 종료하라고 지시했다. 그때 이후로 법무부는 크게 문제가 될 만한 실수를 방지하고 안락사를 조율하기 위해 총통비서실과 긴밀히 협력했다. 결국 1941년 4월 23~24일에 회의가 열렸는데, 그 회의에서 사법부의 모든 지도급 인사들은 T-4 프로그램에 관해 상세한 브리핑을 받았고 그들이 공식적으로 어떻게 대응해야 하는지에 관한 지시도 내려졌다. 법률 당국은 수동적인 협조에서 점차 적극적인 협력으로 나아갔다.

악의 평범성

나치 절멸 시스템의 세부 사항에 관해 읽을 때면 우리는 한나 아렌트 Hannah Arendt가 처음 사용했던 '악의 평범성'이라는 인상적인 문구를

---

32) *Ibid.*, p. 171.

떠올리게 된다. T-4 프로그램의 실제 측면들은 평범한 사람들이 야만적인 행위에 얼마나 익숙해질 수 있는지를 보여 준다는 점에서 특히 섬뜩함을 자아낸다. 그 프로그램에 투입된 직원들은 무작위로 모집되었고 그 일을 하면서 처음 경험을 쌓았지만, 그들은 이내 극히 무감각하고 비인간적일 수 있게 되었다. 예컨대 의사와 간호사들은 그 프로그램에 참여한 대가로 보너스를 수령해 갔다. 그리고 T-4 조직의 피고용인들은 희생자들의 입에서 뽑아낸 금니로부터 얻어진 금을 활용해 할인된 가격으로 치과 치료를 받을 수 있었다.

살인센터에 대한 시찰여행 시 그 여행을 식도락에 대한 기회로 삼은 의료 전문가들, 혹은 반대로 형편없이 낮은 질의 식사와 숙소가 제공된다고 불평불만을 쏟아 냈던 의료 전문가들에 대한 기록 또한 존재한다. 많은 센터들이 술과 섹스에 빠져 있는 직원들로 인해 나쁜 평판을 얻었다. 버레이는 "몇몇 센터들 — 예컨대 악명 높았던 이드슈타인 Idstein의 칼멘호프 — 에서 직원들은 매번 50번째 살해가 있을 때마다 그것을 엄청난 양의 포도주와 사과주로 기념하는 등, 그 일이 가져오는 긴장을 포도주 저장실을 찾는 것으로 풀었다"고 적고 있다.[33] 또 다른 섬뜩한 일화도 있는데, 하다마르에서는 1만 번째 희생자가 살해된 후 기념행사가 열렸다. 그 시체는 특별한 의식 속에서 화장이 이루어졌으며, 센터의 소장은 격식을 갖춰 옷을 차려입은 직원들 앞에서 신비스러운 어조로 긴 연설을 했다.

마이클 버레이가 설명하고 있는 것처럼, 관료주의적 절차에서 발

---

33) Burleigh, *Death and Deliverance*, p. 105.

생하는 오류는 그와 같이 방대하면서도 비밀스러운 프로그램의 피할 수 없는 결과였다. 예를 들어 어떤 이는 자신의 가족이 죽은 후 두 개의 유골 단지를 받았다. 또 다른 이는 자신의 최근친인 여성이 사망했다는 통지를 받았는데, 확인해 보니 그녀는 멀쩡히 살아 있었으며 한 시설에서 건강하게 지내고 있었다. 종종 사망 원인에서도 명백한 오류가 있었다. 예컨대 10년 전에 이미 맹장 제거 수술을 받은 어떤 사람의 사망 원인이 맹장염으로 제시되기도 했다. 한 번은 동명이인이 서로 혼동되어 엉뚱한 사람이 끌려가 살해되기도 했는데, 오류가 있었음이 밝혀지자 나중에 다른 한 명의 환자도 살해되었다. 또 한 번은 어떤 가족에게 그 가족 중 한 명이 사망했다는 소식이 전해졌지만, 실제로 그는 살인센터로 보내지지 않았었다. 그러자 이 오류는 그냥 그 사람을 살해함으로써 곧 정정되었다.[34]

항의자들

많은 사람들이 이와 같은 관료주의적 오류로 인해, 혹은 가족 구성원의 너무나 갑작스러운 죽음으로 인해 의심을 품게 되었다. 같은 지역의 주민들에게 동일한 내용의 통지서가 전달된 건 아니었지만, 서로 다른 몇몇 가구의 장애를 지닌 가족 구성원이 동일한 시점에 동일한 원인으로 죽은 사례가 존재했고, 이는 그런 통지를 받은 사람들 사이

---

34) Gallagher, *By Trust Betrayed*, p. 115.

에서 의심을 불러일으켰다. 그 결과 압스베르크^{Absberg}, 브루크베르크 ^{Bruckberg}, 뷔르템베르크^{Württemberg} 등 여러 지역사회에서 불만이 존재 하게 되었다.

살인센터 인근의 주민들 또한 연기와 냄새, 그리고 정기적으로 들 어오면서도 떠날 때 승객들을 다시 태우지 않는 버스로 인해 그곳에서 어떤 일이 벌어지고 있는지를 인식하게 되었다. 예컨대 그라펜네크 센 터의 인근 지역에서 살았고, 그 지역에서는 잘 알려져 있던 여성인 엘 즈 폰 루비스^{Else von Löwis}는 1940년 11월 발터 부흐^{Walter Buch} 판사의 아내에게 항의 서한을 썼다. 그리고 그 편지는 다시 하인리 힘러^{Heinrich Himmler}[35)]에게 전달되었다. 힘러는 T-4 작전 책임자인 나치친위대 브 락 대령에게 그라펜네크 센터의 폐쇄를 다음과 같이 조언했다.

내가 들은 바에 의하면, 그라펜네크의 시설로 인해 슈바비안 유라 ^{Swabian Jura} 지역에서 큰 동요가 발생하고 있다. 주민들이 나치친위대 의 회색 차량을 인지했고, 화장터에서 발생하는 지속적인 연기 때문 에 무슨 일이 벌어지고 있는지 알게 된 것 같다. 그곳에서 일어나는 일은 비밀이어야 하지만, 이제 그것은 더 이상 비밀이 아니다. 그리하 여 그곳 민심은 매우 흉흉한 상태에 있으며, 내 생각에 단 하나의 선

---

35) 독일의 정치가로 나치당에 입당하여 히틀러의 정권 장악에 크게 기여했다. 1929년에 나치친 위대 대장, 1934년에는 게슈타포(비밀 국가경찰) 장관, 1936년에는 다시 전 (全)독일경찰 부 문의 장관이 되어 막강한 권력을 휘두르면서 유대인과 장애인 절멸에 앞장섰다. 제2차 세계 대전 말기에는 연합국과의 강화를 도모하다가 히틀러로부터 권력을 박탈당했고 전후 연합 군에게 체포되자 자살로 생을 마감했다.

택지만 남게 된 것 같다. 그 지역 시설 운영을 중단하는 것 말이다.[36]

돌이켜 생각해 보면, T-4 프로그램에 대한 항의의 발생은 거의 불가피한 것이었다. 그처럼 수많은 사람의 갑작스러운 죽음을 감추는 것도, 살인 시설이나 수송 차량을 숨기는 것도 불가능했다. T-4를 위한 위장 조직은 대중을 속이지 못했으며, '쓸모없는 식충이'에 반대하는 일상적인 나치의 선전은 그러한 실종의 배후에 누가 있는지를 암시했다. 유대인 및 집시 주민들과 달리, 장애인들은 평범한 독일 가정과 연결되어 있었다. 즉 그들은 고립되고 낙인화되고 희생의 대상이 되어 왔지만, 별개의 소수 민족 공동체가 아니었던 것이다.

몇몇 의사들의 반대에서 표현되었던 바 있는 안락사 프로그램에 관한 법률적 우려는 상당한 주목을 받아 왔다. 그러나 휴 갤러거가 지적했던 것처럼, 모든 항의 서한들 중 단 하나만이 정신과 의사에 의해서 쓰였다는 점은 기억될 필요가 있다. 또 다른 두드러진 점은 가톨릭 수도회도 그렇고 개신교 내국전도단Inner Mission organization 역시 많은 거주시설을 운영했음에도 불구하고, 교회의 반대가 너무나 미약하고 또 매우 뒤늦었다는 사실이다. 그들은 회색 버스에 태워져 떠난 시설의 환자들에게 무슨 일이 벌어지는지 알 수 없었다.

갤러거와 프리들랜더 둘 다 사실 개신교회가 이전에 우생학적 단종수술이 확대되는 것에도 관심을 갖지 않았다는 점을 보여 주고 있다. 1931년에 열린 내국전도단 우생학 상설 컨퍼런스Inner Mission's

---

36) Friedlander, *The Origins of Nazi Genocide*, p. 108.

Standing Conference on Eugenics에 참여했던 개신교 신학자들은 다양한 우생학적 원칙을 지지했다. 그리고 개신교회는 자발적 단종수술과 이후의 강제적 단종수술 양자 모두를 받아들이는 것으로 나아갔으며, 실제로 그런 계획이 교회가 운영하는 시설에서 실행되는 것을 도왔다. 프랑코니아 지역에 있던 프로테스탄트 노이엔데텔자우Protestant Neuendettelsau 수용시설의 의료실장인 루돌프 뵈크Rudolf Boeckh는 한 지역 나치당 모임에서, 자기 시설의 거주인들은 "창조주에게 되돌려 보내야" 마땅할 "인간의 졸렬한 모조품"에 불과하다고 말했다. 이후 그의 말처럼 2137명의 환자들 중 무려 1911명이 끌려가 살해되었다.

가톨릭교회가 개신교회보다는 좀 더 적극적으로 단종수술에 반대하는 입장을 취했다. 그렇지만 나치가 로마 교황청과 협약을 맺었기 때문에 실질적인 항의는 미약했다. 가톨릭 주교들은 가톨릭 의사들과 간호사들의 무고함을 밝히기 위해, 그냥 수동적으로 자신의 직무를 수행하는 것과 능동적으로 다른 사람에게 해를 입히려고 하는 것 사이에 억지스러운 구분을 두었다. 안락사 프로그램이 시작되었을 때, 가톨릭교회는 자신이 운영하는 시설은 그 대상에서 제외되도록 하기 위해 노력했고, 희생자들이 종부 성사를 받을 수 있도록 협상했다.

은밀한 살해 프로그램이 실행되고 있었음을 깨닫게 되자 — 종교 거주시설들에서 많은 거주인들을 모아 데리고 나간 후 그들이 실종되었기 때문에 — 양쪽 교회에 의해 운영되던 시설들은 다양한 저항 전략을 사용하기 시작했다. 어떤 수용시설은 취약한 입소자들을 숨기거나 가족들이 그들을 집으로 데려가도록 하기 위해, 또는 특정한 입소자들에 대해서 플리 바겐plea-bargain[37]을 하기 위해, 또는 관료적 수단을 써서 상황을 뒤집기 위해 노력했다. 그렇지만 성공하는 경우는 매우 드물었다.

좀 더 과감하게 행동하고 거침없이 발언했던 성직자들도 있었다. 예를 들어 갤러거는 1940년에 브라우네 목사가 '살 가치가 없는 생명들'을 제거하기 위한 대규모의 작전을 자세히 기록한 보고서를 어떤 식으로 작성했는지, 그리고 그가 그 보고서를 종교부 장관인 한스 케를^{Hanns Kerrl}과 법무부 장관인 귀르트너에게 어떻게 전달했는지 기술하고 있다. 그 보고서는 이후 헤르만 괴링^{Hermann Goering[38]}에게까지 전달되었다. 브라우네는 게슈타포[39]에 의해 체포되어 심문을 당하고 투옥되었다. 그는 더 이상 아무런 행동도 하지 않겠다는 약속을 한 후에야 풀려날 수 있었다. 개신교 성직자 중 잘 알려진 또 다른 비판자로는 베델전도단^{Bethel Mission}의 책임자였던 프리드리히 폰 보델슈빙^{Friedrich von Bodelschwingh} 목사가 있었다. 그는 T-4 프로그램에 협조하기를 거부했으며 그런 불법적이고 반종교적인 정책에 항의했다. 그 프로그램을 중단할 것을, 최소한 베델전도단은 제외되어야 함을 요청하면서 말이다. 그는 브란트와 장기간의 토론을 벌이기까지 했다. 나치는 보델

---

37) 피고가 유죄를 인정하는 대신 협상을 통해 형량을 경감하거나 형벌의 종류를 조정하는 것을 말하며, '유죄 답변 거래'나 '사전 형량 조정 제도'로도 불린다. 여기서는 끌려가게 될 입소자들이 최소한 목숨은 부지할 수 있는 방안을 찾기 위해 진행된 모종의 협상을 지칭하고 있다.

38) 히틀러의 정권 장악에 공을 세우며 나치돌격대 대장에 임명된 이후 무임소장관, 국회의장, 항공사령관을 거치며 나치 독일의 제2인자가 되었고, 히틀러에 의해 후계자로 지명되기도 했다. 종전 후 뉘른베르크 전범재판에서 사형 선고를 받았으나 처형 전 음독자살했다.

39) 정식 명칭은 'Geheime Staatspolizei'로 '비밀 국가경찰'이라는 뜻이다. 나치친위대와 더불어 나치 체제를 강화하는 데 핵심적 역할을 수행했다. 1933년 히틀러가 집권하자 당시 프로이센의 내무장관이던 헤르만 괴링이 프로이센 경찰에서 정치·첩보 활동 전담반을 분리하고 여기에 수천 명의 나치당원을 충원하면서 창설되었다.

슈빙을 체포할 엄두는 내지 못했으며, 그 결과 베델전도단만은 그냥 내버려 둘 수밖에 없었다. 베델전도단의 시설에서는 그 누구도 직접 살인센터로 끌려가지 않았다.

가톨릭 성직자 중 가장 유명한 항의자는 뮌스터 교구의 주교였던 클레멘스 아우구스트 그라프 폰 갈렌Clemens August Graf von Galen이었다. 그는 보수주의자이자 애국자였지만, 나치의 교회 경내 침범 때문에 나치 정권과 매우 소원해졌다. 갈렌은 1940년 7월 의사인 카스텐 재스퍼젠Karsten Jaspersen을 통해 안락사 프로그램에 대해 알게 되었다. 결국 그는 1941년 7월과 8월에 세 차례에 걸쳐 나치에 반대하는 대중 설교를 진행했으며, 그 내용은 광범위하게 재생산되고 퍼져 나갔다. 특히 세 번째 설교는 T-4 프로그램이 십계명 중 [살인하지 말라는] 제5계명을 위반하고 있음을 명백히 비난하는 내용을 담고 있었다. 그 설교에서 갈렌은 "그 누구도 면하게 해줄 수 없는, 그리고 우리의 생명을 대가로 치르는 한이 있더라도 반드시 이행해야 할 양심의 의무들이 존재한다"고 말했다.[40] 갈렌은 또한 그의 교구 전역에 걸쳐 안락사에 반대하는 교서를 배포했고, 정부와 군대의 지도자들에게 항의 전문을 보냈으며, 뮌스터의 지방 검사에게는 그런 범죄들이 자행되고 있음을 알리는 공식 서한을 보냈다. 시설에 수용되어 있는 환자들의 생명이 보호되어야 함을 요청하면서 말이다. 한 달이 채 지나지 않아, 교회 경내에 대한 침범과 T-4 프로그램 양쪽 다 중단되었다.

비록 T-4 프로그램이 중단되기는 했지만, 프리들랜더가 말한 것

---

40) Gallagher, *By Trust Betrayed*, p. 201.

처럼 이것이 특별히 종교계의 항의가 성공적이었음을 입증하는 것으로 생각해서는 안 될 것이다. 첫째, [종교계의 항의 외에도] 광범위한 대중적 반발이, 특히 살해된 환자들의 가족과 살인센터 인근 지역사회로부터 발생했다. 둘째, 1941년 8월 당시 T-4 프로그램의 표적이 되어 희생된 사람의 수는 이미 7만 명에 이르러 있었다. 셋째, 아동 안락사, 수용소에서의 안락사, '비공식적' 안락사는 중단 명령 이후에도 계속되었다. 마지막으로 T-4 조직의 인력은 이후에도 계속 유대인 절멸 작전에 중심적으로 참여했는데, 이 새로운 우선 사항이 T-4 프로그램 중단의 한 요인이었다고 할 수 있다. 프리들랜더는 다음과 같이 말한다.

그 프로그램을 주민들 대다수가 기꺼이 받아들일 것이라고 생각했던 살인자들은 대중적 반발이 강하자 상당히 놀랐다. 처음에 그들은 단지 좀 더 개선된 대중적 소통이 필요할 뿐이라고 여겼고, 그리하여 그러한 살해를 받아들일 수 있도록 하기 위한 선전 운동에 착수했다. 그러나 T-4 조직의 후원 아래 대중적인 오락 영화까지도 제작해 보았지만, 선전이 법적 보장을 대신할 수는 없었다. 따라서 나치 체제는 결국 물러설 수밖에 없었다.[41]

많은 독일인들이 당시 진행되고 있던 일에 혐오감을 느꼈다. 그것을 범죄임과 동시에 비도덕적인 일이라 여기면서 말이다. 대다수 장애인들은 그들을 염려하는 가족과 친척을 지니고 있었고, 그리하여 안락

---

41) Friedlander, *The Origins of Nazi Genocide*, p. 188.

사에 대해서는 대중적 반발이 존재할 수밖에 없었다. 반면 뒤이은 홀로코스트에 대해서는 큰 저항이 없었는데, 왜냐하면 유대인 가구들은 통상적인 독일인 대중과 분리되어 있었기 때문이다. 단 유대인이 독일인과 결혼한 경우에는 반발이 존재했고, 많은 경우 유대인 배우자는 수용소로의 강제 이송과 죽음을 모면할 수 있었다.

결론

공식적인 T-4 프로그램 아래서 살해된 사람은 약 7만 명이지만, 그 이후에도 더 많은 사람들이 목숨을 잃었다. 레오 알렉산더^{Dr. Leo Alexander}는 전후 뉘른베르크 전범재판에 안락사에 대한 연구를 제출했는데, 이 연구에서 그는 총 27만 5000명이 살해되었다고 추산했다. 어쩌면 살해된 사람의 수는 훨씬 더 많을지도 모른다. 그렇게 추정할 수 있는 근거에 대한 한 가지 예를 들자면, 1939년 독일에는 30만 명의 정신질환자들이 있었지만 1946년에 그 수는 단 4만 명에 불과했다. 전쟁이 막바지에 이르렀을 때, 정신과 의사들이 앞으로는 그들이 해야 할 역할이 없을지 모른다는 우려를 하게 된 것도 당연하다.

이러한 사망자 수와 장애인구의 격감을 생각한다면, 나치의 우생학과 안락사에 대한 오늘날의 광범위한 무지는 상당히 놀라운 일이 아닐 수 없다. 프리들랜더는 다음과 같이 말한다.

당시 장애인 살해는 대중적 반발로 이어졌던 반면, 유대인 살해는 그런 대중적 반발을 일으키지 않았고, 집시 살해는 더더욱 그렇지 않았다. 그렇지만 종전 이후 유대인 살해에 대해서는 대중의 관심이 집중되어 온 반면, 장애인과 집시 살해는 최근까지도 거의 아무런 주목을 받지 못하고 있다.[42]

단종수술을 받은 이들이나 살해된 장애인의 상속인에게는 어떠한 배상도 이루어지지 않았다.

유럽 유대인들에 대한 집단 학살 정책이 초래한 막대한 폐해가, 아마도 독일과 중부 유럽 장애인들이 맞이했던 마찬가지의 비극적 운명을 가려 버렸던 듯하다. 그렇지만 장애인에 대한 살해의 배후에 놓여 있던 인종위생학의 사고가 이후 유대인과 집시 살해로 이어졌다. 동일한 논리뿐만 아니라 동일한 기법이 유대인과 집시에게 적용되었던 것이다. 우생학이 안락사로 이어지고, 안락사가 다시 홀로코스트로 이어졌던 나치 인종 정책의 역사는 '미끄러운 비탈길'[일단 시작하면 중단하기 어렵고 파국으로 치닫게 되는 행동 방향]의 작동을 그대로 보여 준다. 각 단계는 이후의 진전된 새로운 단계를 보다 받아들이기 쉽고 훨씬 더 효과적인 것으로 만들었으며, 가해자들은 보다 무감각해지면서 훨씬 더 기꺼이 살인 행위를 저질렀다.

나치의 안락사에 관한 기록에서 핵심적인 것은 그러한 안락사에 과학자들과 의사들이 중심적으로 관여했다는 점이다. 나치 치하에서 일어났던 일을 폭력배, 광신자, 이데올로그들의 일탈적 행동이라고 치

---

42) *Ibid.*, p. 295.

부해 버릴 수는 없다. 안락사센터나 소아과병동에서 살인을 행한 것은 나치친위대 대원들이 아니라 의사들이었다. 20세기 초의 정통적인 과학적 신념 내에는 장애인과 소수인종들에 대한 편견이 자리하고 있었으며, 장애인의 단종수술과 살해에 관여했던 이들의 대다수는 자신들이 사회뿐만 아니라 피해를 당했던 개인들에게까지도 봉사하고 있다고 생각했다. 전후의 전범재판에서 많은 의사들과 관리자들은 스스로에 대해 자신의 행동을 정당화할 수 있었으며, 상당수가 자신이 범죄를 저질렀다는 사실을 인정하길 거부했다. 버레이가 주장한 것처럼, "우리는 자신들이 했던 일의 청렴함을 믿는 일단의 사람들을 다루고 있는 것이다. 비록 그들이 어떤 명시적인 형태의 법률적 승인을 통해, 혼란스러워하는 보통의 대중과 그들의 생각을 공유하려 애쓰지는 않았다 하더라도 말이다".[43]

종전 후 독일 의학계는 결속을 강화하면서, 당시 벌어졌던 일이나 의학계 종사자들 다수의 책임을 인정하려 하지 않았다. 일부 가해자들이 재판에 회부되기는 했지만 많은 이들이 법망을 피해 갔다. 예컨대 많은 간호사들이 그들은 단지 의사의 지시를 따랐을 뿐이라는 변호가 받아들여져 무혐의로 풀려났다. 전쟁 당시 직급이 낮은 의사였던 알렉산더 미처리히Dr. Alexander Mitscherlich는 뉘른베르크 의사재판에 대한 책을 한 권 썼는데, 이 책은 그 소송 과정 전체를 요약해 담고 있었다. 1949년에 1만 부가 인쇄되었고, 배포를 위해 서독의사회관West German Physicians' Chambers으로 보내졌다. 휴 갤러거는 그러나 그 책들이 완전히

---

43) Burleigh, *Death and Deliverance*, p.97.

사라졌으며 전혀 배포되지 않았다고 말한다.

클라우스 엔드루바이트Klaus Endruweit, 헤르만 보스Hermann Voss, 베르너 카텔, 율리우스 할러포르덴, 베르너 빌링어Werner Villinger, 베르너 하이드 같은 의사들은 안락사 프로그램에 참여했지만 이후에도 모두 계속 의사로 일했다. 몇몇 이들은 이름을 바꿨다. 예를 들어 베르너 하이드는 자바데Dr. Sawade라는 이름으로 계속해서 의사 활동을 했다. 베르너 카텔은 아동 안락사를 위해 구성된 의료위원회의 위원장을 지냈던 인물인데, 그는 나중에 킬대학교의 소아과 교수이자 소아과 클리닉의 책임자가 되었다. 비록 나중에 강제로 물러나기는 했지만 말이다. 1962년에 그는 어떤 경우에 장애 아동의 안락사가 이루어졌는지를 제시한 『생명의 경계적 상황들』Borderline Situations of Life이라는 책을 출간하기도 했다.

의료적 범죄에 대한 인정은 1989년에 가서야 마침내 이루어졌다. 나치 독일하에서 있었던 의학계의 도덕적 범죄에 관한 내용을 담은 연설이 독일연방의사회관German Federal Chamber of Physicians에서 행해졌던 것이다. 막스 플랑크 연구소에 보관된 뇌들과 같은 안락사 프로그램에서 수집된 의료 표본의 소장품들이 적절한 방식으로 매장되고 공인을 받은 것은 그 후의 일이었다.

4장 _ 사회민주주의 사회들에서의 우생학

1997년에 영국은 스웨덴의 우생학적 단종수술 프로그램과 관련하여 뒤늦게 회고적인 형태로 미디어상에서의 공황 상태를 경험했다.[1] 사회정책학자들 사이에서는 이미 잘 알려져 있던, 그리고 스웨덴과 다른 스칸디나비아 국가들에서는 광범위하게 논의되어 왔던 유럽 역사의 한 시기가 갑자기 대중의 커다란 관심을 받게 된 것이다. 힐러리 로즈Hilary Rose 교수는 이런 오래된 이야기가 어째서 현재의 '뉴스'가 되었는지에 대해 성찰하면서 다음과 같이 말한다.

당시 일어났던 일들에 대해 자유민주주의 나라들, 특히 강력한 복지국가를 건설해 온 나라들은 부인의 문화를 발전시켰다. 여러모로 불편한 감정을 느끼게 만드는 우생학의 역사는 망각되었으며, 우생학적 실천은 단지 나치의 소행으로만 치부되었다. 나치의 악마들을 악

---

1) 1997년 8월 스웨덴 일간지 『다겐스 뉘헤테르』(Dagens Nyheter)가 1950년대까지 스웨덴에서 학습적 장애인을 대상으로 반강제적 불임수술이 이루어졌다는 사실을 보도하고, 이것이 영국의 언론에서도 큰 뉴스로 다루어지면서 상당한 사회적 파장을 불러일으켰던 것을 말한다.

마로 묘사하는 것은 충분히 온당하지만, 이를 통해 우리의 과거를 덮으려 한다면 그건 잘못된 것이다. 유전학자, 사회정책 분석가, 사회개혁가, 맑스주의 혁명가를 불문하고 20세기 전반기의 지식인들 사이에서 우생학에 대한 열광이 광범위하게 존재했다는 사실을 좌파와 자유민주주의자 양쪽 다 잊고 싶어 했다.[2]

이 장에서 우리는 『우생학과 복지국가: 덴마크, 스웨덴, 노르웨이, 핀란드에서의 단종수술 정책』*Eugenics and the Welfare State: Sterilization policy in Denmark, Sweden, Norway and Finland*에 실려 있는 벤트 시구르 한센 Bent Sigurd Hansen, 군나르 브로베리Gunnar Broberg와 마티아스 튀덴Mattias Tydén, 닐스 롤-한센Nils Roll-Hansen, 마리아타 히에타라Marjatta Hietala의 텍스트에 의지해서 스칸디나비아의 우생학을 고찰한다. 우리는 이러한 사회민주주의 사회들에서 우생학 정책이 어떻게 제도화되었는지, 그리고 그것이 어떻게 1970년대까지, 어떤 경우에는 그 이후까지도 지속되었는지를 논할 것이다.

1920년대에 영국우생학회는 단종수술에 대한 국제적 실태 조사를 실시했으며, 그 조사는 북유럽 국가들, 미국, 스위스가 전 세계에서 가장 많은 단종수술을 시행하고 있음을 드러내 주었다. 유럽 민주주의 국가들의 우생학 역사는 진보 — 특히 과학적 진보 — 에 대한 신념이 개인의 권리보다 집단적·사회적 목표를 우선시하는 것과 결합될 때, 그것이 어떻게 '열등한' 또는 '장애를 지닌' 사회 구성원에 대한 재

---

2) 미간행 논문.

생산에서의 차별로 이어질 수 있는지를 보여 준다.

덴마크(1929), 노르웨이(1934), 스웨덴(1935), 핀란드(1935)는 모두 우생학 법률을 통과시키고 20세기 중반에 이를 몇십 년 동안 시행했다. 각 나라들은 서로 구별되는 특징을 지니고 있기도 하지만, 몇 가지 공통적인 요소를 공유하고 있었다. 첫째, 얼마간의 이민이 있었고 특히 핀란드에는 소수 민족인 사미족Sami[4]이 제법 존재하기는 하지만,

---

3) 밀이나 귀리를 주재료로 바삭하게 구워 만든 비스킷으로, 흔히 치즈와 함께 먹는다.

모두 민족적으로 상당히 동질적이었다. 그래서 '북유럽 인종의^Nordic 이상형'이라는 관념이 매우 크게 존재했다. 둘째, 국교회인 루터교회가 사회에서 중요한 역할을 했다. 셋째, 20세기의 첫 10년간 근대화가 급속히 진행되면서 과학과 기술이 사회 변화와 경제에서 극히 중요한 역할을 했다. 마지막으로 넷째, 나머지 유럽 국가들과 대조적으로 사회민주주의 정당이 1920/30년대부터 계속해서 집권했다. 1928년부터 '인민의 가정'^folkhem이라는 페르 알빈 한손^Per Albin Hansson의 개념을 실행했던 스웨덴의 전례를 따라,[5] 사회민주주의 정부들은 강력한 복지국가를 발전시켰다. 노르웨이와 덴마크의 나치 점령기를 제외한다면, 이 나라들은 안정, 보장, 합의에 의해 특징지어졌다.

우생학으로의 행로

학습적 장애인들에 대한 태도의 변화가 이 나라들에서 우생학적 실천의 발전에 중요한 역할을 했다. 19세기가 끝나 갈 무렵, 현대적인 형태의 교육과 치료가 학습적 장애의 영향을 감소시켜 줄 수 있을 것이라

---

4) 스칸디나비아반도 및 핀란드의 북부, 러시아 콜라반도를 포함한 유럽의 최북단 지역인 라플란드(Lapland)에 거주하는 소수 민족으로 라프족(Lapp)이라고도 불린다. 전체 주민 수는 약 3만 명으로 이 중 2만 명 정도가 핀란드에 거주하고 있다.
5) 1928년에 스웨덴의 사민당 당수 한손은 의회 연설에서 '인민의 가정'이라는 개념을 공식화했는데, 이는 사회 계층 간의 장벽을 넘어 모든 이에게 안락한 가정을 만들어 주고자 하는 포괄적 복지의 개념을 함축하고 있었다. 이 구호는 한손이 총리로 재직했던 1932~1946년의 시기를 포함하여 1976년까지 이어진 44년간의 사회민주당 장기 집권 기간 중 정부가 지속적으로 펼친 사회정책의 좌표가 되었다.

는 기대는 근거가 희박한 것으로 드러나고 있었다. 시설들은 치료와 재활을 위한 센터라기보다는, 훈련과 사회적으로 유용한 노동이 제한적으로만 존재하는 격리의 장소가 되어 가고 있었다. 도시화 및 산업화의 진전과 같은 사회의 광범위한 변화는 학습적 장애인들을 이전보다 더 눈에 띄게 만들었다. 가족과 지역사회에 기반을 둔 전통 사회에서는 장애인들이 훨씬 더 잘 통합되어 있었던 반면, 현대 사회는 노동할 수 없거나 자립적으로 살아갈 수 없는 이들의 '분리'를 초래했다. 이는 시설에 가해지는 공간적·재정적 압박을 증가시켰으며, 학습적 장애인들이 점점 더 큰 문제가 되고 있음을 분명하게 만들었다. 이런 우려는 학습적 장애인들의 '성적 문란' 및 '무책임'에 초점을 맞추는 것으로 이어졌다. 동시에 자선 사업가들은 시설 운영자의 자리를 점차 의사들에게 내주게 되었으며, 정신지체에 대한 분류와 평가가 점점 더 강조되었다. 대개 시설들은 한 가족에 의해 족벌 체제로 운영되었으며, 운영권은 예컨대 덴마크 켈러 가문의 경우처럼 여러 세대에 걸쳐 상속되었다. 그러다 보니 세습적 사고에 대한 강력한 지지가 존재했던 것은 어쩌면 당연한 일이었다.

우생학은 1912년 헬싱키에서 열린 제6차 북유럽장애인복지컨퍼런스Nordic Conference on the Welfare of the Handicapped의 의제로 올려졌다. 많은 참가자들이 그 사상에 반대했지만, 옹호자들은 이후의 컨퍼런스에서도 계속해서 단종수술 및 그와 유사한 정책들을 선동했다. 이후 시설은 우생학적 단종수술이 처음으로 시행된 장소가 되었다. 그곳의 의료진들은 우생학적 조치들을 뒷받침하는 소견과 데이터를 제공했고, 단종수술을 실행했으며, 그것이 가져오는 이득을 평가했다. 어떤 경우에는 단종수술이 시설 수용에 대한 대안으로 인식되었다. 즉, 학습적 장애인의 수가 증가하는 것에 대한 두려움으로 인해 격리가 이루어지는 것이라면, 단종수술은 그와 같은 걱정 없이 그들을 사회로 재통합시킬 수 있는 기회를 제공하는 것으로 여겨졌다. 한센은 덴마크에서 크리스티안 켈러Christian Keller가 어떻게 섬을 통째로 인수하는 데까지 나아갔는지를 이야기한다. 하나는 1910년에 학습적 장애를 지닌 남성들을 수용하기 위해서, 또 다른 하나는 1920년에 학습적 장애를 지닌 여성들을 수용하기 위해서 말이다. 1920년에 켈러는 정신지체인 시설 운영자들을 대표하여 정부에 단종수술을 논의하기 위한 전문가 위원회의 설립을 요청했다.

○ 인구에 대한 우려

핀란드, 노르웨이, 그리고 특히 스웨덴에서 우생학 지지의 배후에는 인구에 대한 우려가 자리하고 있었다. 브로베리와 튀덴은 20세기 초에 스웨덴 인구의 6분의 1이 다른 나라 —— 주로 미국 —— 로 이민을 갔다는 점을 언급한다. 급속한 사회 변화와 높은 사회적 유동성은 불안을 야기했다. 이러한 불안은 인종적 퇴보와 외국인의 이민에 대한 우려 속에서 표출되었다. 비록 1907년 스웨덴의 이주 노동자 수는 단지 1678명에 불과했지만 말이다. 인종에 대한 주목은 북유럽 인종의 우월성을 찬양했던 안데르스 레치우스Anders Retzius[6] 같은 인류학자들과

---

6) 스웨덴의 해부학자이자 인류학자. 처음으로 '두지수'(頭指數, cephalic index)를 정하여 유럽인을 슬라브형과 게르만형으로 분류했고, 북유럽 선주민의 두개골 등을 연구했다.

더불어 형성된 19세기의 전통에서 비롯되었다. 백인종의 몰락 가능성과 중국인의 위협에 대해 썼던 빅토르 뤼드베리Victor Rydberg 같은 작가도 있기는 했지만 말이다. 그리고 스웨덴인보다 열등한 혈통이라고 상정된 라프족(사미족)에 대한 관심 또한 존재했다.

1909년 스톡홀름에서 스웨덴인종위생학회Swedish Society for Racial Hygiene가 만들어졌다. 그 학회는 의학계 내에서 규모는 작지만 여전히 영향력 있는 단체로 남아 있다. 의사인 헤르만 룬드보리Herman Lundborg는 유전의 중요성과 인종적 퇴보의 위험을 강조하면서 우생학이 스웨덴을 구원할 것이라고 설파했다. 브로베리와 튀덴은 다음과 같은 그의 발언을 인용하고 있다.

다소간 불구 상태에 있는 많은 개인들이 태어나지만, 그들은 곧 유언을 남기고 세상을 뜨게 될 것이다. 특히 사회적 불안정이나 실업의 시기에는 말이다. [⋯] 우리는 유전자형genotype[7]에 지금까지보다 훨씬 더 많은 주의를 기울여야만 한다. 즉, 우리는 혈통과 인종에 대해, 그리고 가계와 건강한 아이들에 대해, 지금까지 이루어진 것보다 훨씬 더 많은 연구를 수행해야만 한다.[8]

---

7) 유전자형은 말 그대로 유전자만의 영향에 의해 형성된 생물의 형질을 말한다. 반면에 유전자와 더불어 환경의 영향에 의해 형성된 형질을 표현형(phenotype)이라고 한다.
8) Gunnar Broberg and Mattias Tydén, "Eugenics in Sweden: Efficient Care", eds. Gunnar Broberg and Nils Roll-Hansen, *Eugenics and the Welfare State: Sterilization Policy in Denmark, Sweden, Norway and Finland, East Lansing*, MI: Michigan State University Press, 1996, p. 85.

룬드보리는 1922년 웁살라에 설립된, 이 분야에서는 전 세계 최초의 정부 연구기관인 국가인종생물학연구소State Institute for Racial Biology[Statens institut för rasbiologi, SIFR]를 이끄는 데까지 나아갔다. 이러한 상황의 전개는 과학이 도덕적 개선과 사회 변화의 동인이 될 수 있다는 생각뿐만 아니라, 전후 민족주의적 정서의 확산 —— 사회민주주의적 국제주의의 실패에 따른 —— 역시 반영하고 있었다. 그 연구소의 첫 번째 간행물은 『스웨덴 국민의 인종적 특성』The Racial Characters of the Swedish Nation이라는 통계학 서적이었다.

브로베리와 튀덴은 스웨덴에서 전간기戰間期에 독일의 인종주의 사상에 대한 상당한 관심과 지지가 있었음을 설명한다. 그리고 사미족, 집시, 이민자에 대해 적대감을 지닌 이들 또한 존재했다. 그들의 수가 많지는 않았지만 말이다. 유대인 의사들이 1939년 독일에서 스웨덴으로 이주해 왔을 때, 웁살라, 룬드, 스톡홀름에서는 학생 시위가 있었다. 1930년대에는 그러한 외국인 혐오의 정서뿐만 아니라, 출산율 하락으로 인해 인구에 대한 우려가 점점 커져 가고 있었다. 1934년에 스웨덴은 세계에서 가장 낮은 출산율을 기록하고 있었던 것이다. 이 시기에는 주류 우생학에서 개혁 우생학으로의 변화와 더불어, 군나르 뮈르달Gunnar Myrdal 같은 사람들의 작업에서 나타나는 것처럼 출산의 질보다는 양에 관심을 갖게 되었다. 혼혈에 관한 구래의 이론들은 유전병에 대한 유전학 연구들로 대체되었다. 그렇지만 출산율을 증진하기 위한 사회개혁이 덜 바람직한 부모들 사이에서의 재생산을 조장하게 될지 모른다는 우려가 존재했다. 그리하여 1941년에 알바 뮈르달Alva Myrdal은 "유전적으로 결함을 지니고 있거나 다른 면에서 결함이 있는 몇몇 집단의 경우에는 증가된 출산율에 지역사회의 지원이 수반되어야 한다는 점, 그리고 그런 집단들 사이에서 유아 사망률이 증가할 것이라는 점은 이에 대응하는 어떤 교정책을 필요로 한다"고 주장했다.[9] 노르웨이 또한 인구 증가가 멈추고 학습적 장애인의 수가 뚜렷이 증가하면서, 인구에 대한 우려가 우생학 정책을 향해 나아가는 데 큰 영향을 미쳤다.

히에타라는 핀란드에서 우생학 사상이 스웨덴어를 사용하는 소수 집단에 의해 촉진되었다고 언급한다. 그들은 20세기로의 전환기에 핀란드 인구의 8분의 1 정도만을 차지했지만 엘리트층을 장악하고 있었다. 인종위생학은 스웨덴계 인구의 입지를 강화하기 위한 캠페인의 일환이었던 것이다. 그런 캠페인에서는 핀란드 인종[10]이 순혈 북유럽 인종인 스웨덴인보다 열등하다고 주장되었다. 하리 페더리Harry Federley 교수는 스웨덴어 사용자들의 공중위생 단체인 삼푼데트Samfundet를 이끌었는데, 그 단체는 스웨덴인 가구들 사이에서 우생학 사상을 촉진했다. 네 명 이상의 아이를 낳은 건강한 스웨덴어 사용자 어머니들에게는 상이 주어졌다. 8년 동안 601명의 어머니들이 특별 증서를 받았으

---

9) Alva Reimer Myrdal, *Nation and Family: The Swedish Experiment in Democratic Family and Population Policy*, Cambridge, MA: MIT Press, 1968, p. 215.
10) 핀란드 인종, 즉 핀족(Finn)은 중앙아시아와 우랄산맥을 근거지로 한 우랄알타이어족에 속하는 인종으로, 오래전에 우랄 및 볼가 지역을 거쳐 에스토니아에서 바다를 통해 건너와 8세기 무렵 핀란드에 정착한 것으로 추정된다. 원래는 아시아인들처럼 검은 눈과 머리, 작은 키를 지녔을 것으로 인류학자들은 보고 있다. 14세기 중엽부터 덴마크, 스웨덴, 네덜란드 등이 잇달아 핀란드를 지배하면서 혼혈이 광범위하게 생기기 시작해, 현재는 대부분 스웨덴이나 노르웨이 사람들과 겉모습에서 큰 차이가 없다. 그러나 혈통학적으로 보면 헝가리인(마자르족)이나 에스토니아계에 가까우며, 핀란드 북쪽에서는 여전히 검은 눈과 머리, 작은 키를 가진 핀족들을 볼 수 있다.

며, 동시에 211명에게는 금전적 보상이 주어졌다.

그렇지만 핀란드 내에 강력한 민족주의의 흐름 또한 존재했다. 1919년과 1926년에는 핀란드 인종의 이미지 향상을 위한 미인 대회가 개최되었다. 1912년 스톡홀름 올림픽에서 9개의 금메달을 획득하자 핀란드 체육인들의 성과를 널리 알리기 위한 경축 행사가 벌어졌으며, [1933년도 미스 핀란드였던] 에스테르 토이보넨Ester Toivonen이 1934년에 [영국에서 열린 미스 유럽 선발대회에서] 유럽 최고의 미인으로 선정되자 핀란드인들 사이에서 커다란 승리감이 넘쳐나기도 했다.

○ 사상과 옹호자들

국제적인 연계가 우생학 사상의 확산에 중요한 역할을 했다. 누군가를 우생학에 열광하도록 만든 계기는 대개 국제 학술대회 참석이었으며, 그들이 귀국 후 우생학적 사고를 촉진했다. 롤-한센은 노르웨이에서 인종위생학의 핵심 선전가로 활동했던 약사인 욘 알프레드 뫼엔Jon Alfred Mjöen에 대해 이야기한다. 그는 독일에서 공부했으며, 이후 1912년 런던에서 개최된 제1차 국제우생학회의에 참석하고 ([찰스 다윈의 아들인] 레너드 다윈Leonard Darwin이 의장을 맡은) 국제상설우생학위원회Permanent International Committee for Eugenics에도 참여했다. 그리고 1914년에는 인종위생학에 관한 책을 출간했다. 덴마크의 자연인류학자인 쇠렌 한센Søren Hansen 또한 제1차 국제우생학회의에 참석했으며, 이후 우생학의 열렬한 옹호자가 되었다. 벤트 시구르 한센은 쇠렌 한센을 "거의 원맨쇼에 가까운 활동을 한 우생학 운동가"라고 평하는데, 그는 전문가 집단을 대상으로 강연을 하고, 주류 출판물에 글을 기고하고,

인류학적·유전학적 연구의 필요성을 역설했다.[11] 히에타라는 하리 페더리 교수가 [1933년 뉴욕에서 개최된] 제3차 국제우생학회의에 핀란드 대표로 참석했으며, 귀국 후 우생학을 더욱 촉진했다고 언급한다. 그는 스칸디나비아 및 미국의 우생학자들과 특히 알코올중독이나 범죄성에 대한 우려와 관련하여 광범위하게 서신을 주고받았다.

롤-한센은 다른 스칸디나비아 국가들과 마찬가지로 노르웨이에서도 우생학 옹호자들이 인종위생학에 관심을 지닌 이들과 좀 더 주류적인 의학적 관심사에 초점을 맞춰 작업을 하는 이들로 나뉘는 경향이 있었다고 언급한다. 요컨대 우생학 옹호자들은 뫼엔이 이끈 노르웨이상담우생학위원회Consultative Eugenics Committee of Norway와 노르웨이유전학회Norwegian Genetics Society로 분할되어 있었으며, 후자에는 오토모어Otto Mohr, 라그나 보그트Ragnar Vogt 교수(노르웨이 정신의학의 창시자), 크리스틴 본네비Kristine Bonnevie(세포학과 유전학 분야 전문가) 같은 명성 있는 의사들이 포함되어 있었다. 노르웨이의 첫 여성 교수였던 본네비는 (오슬로에) 크리스티아니아대학교 유전학연구소Institute of Genetics를 설립했으며, 그 연구소는 노르웨이의 외딴 산골에 거주하는 인구 집단들에 대한 연구를 수행했다. 1927년 찰스 대븐포트는 국제우생학단체연맹International Federation of Eugenic Organization 산하의 위원회에 결합해 달라고 그녀에게 초청장을 보냈지만, 자신은 수사修辭

---

11) Bent Sigurd Hansen, "Something Rotten in the State of Denmark: Eugenics and the Ascent of the Welfare State", eds. Gunnar Broberg and Nils Roll-Hansen, *Eugenics and the Welfare State: Sterilization Policy in Denmark, Sweden, Norway and Finland, East Lansing*, MI: Michigan State University Press, 1996, p. 20.

보다는 연구를 선호한다며 이를 거절했다. 그러나 그녀는 우생학 사상에 대해 신중하고 조심스러운 지지자로서의 입장을 견지했다. 오토 모어는 토머스 모건Thomas Hunt Morgan[12]과 함께 컬럼비아에서 염색체 연구를 수행했으며, 지식이 축적되면서 우생학에 좀 더 비판적이게 되었다. 그가 1923년에 쓴 대중적인 저서는 환경적 요인의 중요성을 논하고 있으며, 포지티브 및 네거티브 우생학 정책 양자 모두에 반대했다.

많은 스칸디나비아 사람들에게 우생학에 대한 관심과 지지를 야기한 것은 독일보다는 미국의 영향이었다. 예컨대 한센은 브레이닝에Bregninge에 있던 켈러 가문 시설의 젊은 여의사 보딜 요르트Bodil Hjort가 1910년에 어떻게 자금을 지원받아 좀 더 유명한 미국의 여러 시설들을 방문하고, 또 유전론자의 원조 격이라고 할 수 있는 헨리 고더드Henry H. Goddard를 만났는지에 대해 이야기한다. 이것이 바로 고더드의 사상이 덴마크인의 사고에 영향을 미쳤던 방식 중 하나였다. 스웨덴에서는 룬드보리가 콜드스프링하버연구소Cold Spring Harbor Laboratory의 찰스 대븐포트와 협력하여 인종 연구를 수행했다. 나중에 크리스티안 켈러는 매사추세츠정신박약자학교Massachusetts School for the Feeble Minded의 교장이었던 월터 퍼날드Walter Fernald의 강의를 번역했는데, 그것은 유전론 이데올로기와 우생학적 해결책을 촉진했다.

---

12) 미국의 저명한 유전학자로 1904년부터 1927년까지 컬럼비아대학교(Columbia University) 교수로 재직했으며, 생물의 유전형질을 나타내는 유전자가 쌍을 이루어 염색체에 선상배열되어 있다는 것을 초파리 실험으로 입증해 일명 초파리학파를 형성했다. 『유전자설』(*The Theory of the Gene*, 1926), 『진화의 과학적 기초』(*The Scientific Basis of Evolution*, 1932), 『발생학과 유전학』(*Embryology and Genetics*, 1934) 등 근대 유전학의 기초를 확립한 저서를 남겼고, 1933년에 노벨생리의학상을 수상했다.

많은 유전학 전문가들이 네거티브 우생학의 사고방식을 지지했다. 한센은 덴마크의 우생학 지지자들 중에 '유전자', '유전자형', '표현형'이라는 용어를 처음 만들어 낸 멘델주의의 핵심적 옹호자 빌헬름 요한센Wilhelm Johannsen이 포함되어 있었음을 언급한다. 유전에 대한 그의 1917년 논문은 '인간 목축'에 반대하는 듯 보였고, 환경적 요인의 중요성을 강조했으며, '정상성'이라는 개념에 이의를 제기했다. 그는 대본포트 같은 미국 우생학자들의 '무계획적인' 접근법에도 반론을 제기했다. 그렇지만 그는 1923년 국제우생학위원회International Eugenics Commission에 참여했으며, 1922년에 구성된 「혼인법」marriage law을 다루는 덴마크의 위원회에 뒤이어 1924년에는 거세와 단종수술을 위한 위원회에도 참여했다. 1920년대 내내 그는 조심스럽게 네거티브 우생학을 지지하는 입장에 서 있었다. 다른 주요 유전학자들 또한 네거티브 우생학의 지지자였다. 그중에는 병리학자인 올루프 톰센Oluf Thomsen과 정신과 의사인 아우구스트 빔머August Wimmer가 포함되어 있었는데, 그들은 둘 다 투철한 유전론자였다. 나중에는 균류학자인 외이빈 빙에Øivind Winge 또한 네거티브 우생학의 지지자가 되었다.

스칸디나비아의 우생학 프로그램

○ 덴마크

덴마크의 우생학에 대한 벤트 시구르 한센의 연구는 스칸디나비아의 사회민주주의적 이상이 계급들 간의 융화, 가족의 중요성, 사회 전체의 이익을 강조했던 방식에 대해 이야기하고 있다. 덴마크의 사회민주주의자인 칼 크리스티안 스타인케Karl Kristian Steincke 같은 사회개혁가들에게 있어 우생학은 합리적 복지국가를 만들기 위한 청사진의 핵심 요소였다. 그가 1920년 출간된 자신의 저서 『미래의 사회구제』Social Relief of the Future에서 주장했던 것처럼 말이다. 그의 계획은 네거티브 우생학을 사회구제를 위한 보충적 지원과 결합시키는 것이었다. 한센은 그의 견해를 다음과 같이 정리하고 있다.

> 부적합하고 무력한 이들을 그냥 버리는 것은 냉담한 태도일 것이다. 그렇다고 그들이 아무런 제약 없이 재생산되도록 놔두는 것도 어리석은 일이 될 것이다. 그러나 우생학은 이 문제를 해결할 수 있다. 우생학적 조치들이 그들의 수가 증가되지 않도록 보장한다면, 사람들은 그들에게 인도적이고 관대할 수 있으며, 그들을 먹이고 입히는 여유를 지닐 수 있게 될 것이다.[13]

우리는 이런 입장이 근대 중화인민공화국의 정책과 유사해 보인다는 점을 언급할 필요가 있을지 모른다. 그렇지만 스타인케는 또한 무지한 대중과 타락해 가는 대중매체를 탐탁하게 여기지 않는 청교도적 엘리트주의자였다. 그는 시설에 있는 정신지체인들의 '짐승 같은' 성행위를 혐오했다. 그가 생각하기에 책임감 있고 인도주의적인 해결책은 전문가들에게 우생학을 도입하도록 요청하는 것이었다.

---

13) Hansen, "Something Rotten in the State of Denmark", p. 29.

스타인케의 저서 내용은 덴마크의 시설들을 대표하여 이루어진 켈러의 요청, 그리고 10만 명의 서명을 받아 제출된 전국여성단체협의회Women's National Council의 청원서와 부합했는데, 그 청원서는 성범죄의 증가를 우려하면서 거세를 해결책으로 요구했다. 이와 동시에 1923년 제정된 혼인법은 정신적 손상 및 정신질환을 지닌 이들은 이후 결혼을 하려면 법무부 장관의 허가를 받아야 한다고 명시했다.

한센은 스타인케가 법무부 장관으로 있던 덴마크의 사회민주주의 정부가 1924년에 거세와 단종수술을 위한 위원회 — 빌헬름 요한센, 아우구스트 빔머, 크리스티안 켈러 및 또 다른 다섯 명의 시설 대표자들로 구성된 — 를 어떻게 제도화했는지 이야기한다. 그 위원회의 1926년 보고서 『퇴행적 소인을 지닌 이들에 대한 사회적 대책』*Social Measures Toward Degeneratively Predisposed Individuals*은 유전 가능성에 대한 증거와 통계 자료를 전반적으로 살피고 있다. 그리고 나서 단종수술은 유전질환의 발생률을 감소시키지 않기 때문에 인종 개량을 목적으로 한 입법은 실행 가능하지 않다고 결론 내렸다. 그러나 그 위원회는 아이를 기를 능력이 없고 태어날 아이 또한 유전적으로 해를 입을 수 있는, 정신질환자를 포함한 일정한 집단에 대해서는 그런 한계에도 불구하고 단종수술이 타당하다고 주장했다. 한센은 이런 접근법은 결국 어떤 특정한 사례가 유전에 의한 것인지를 반드시 입증할 필요가 없음을 의미했다고 언급한다. 단종수술은 시설에 수용된 사람들에게만 국한하도록 되어 있었다. 이것이 가장 한정된 집단임과 동시에, 시설 거주인에 대한 단종수술이 논란을 덜 발생시킨다고 보았던 것이다. 또한 그렇게 단종수술을 받은 이들을 지역사회로 재통합시키면 시설에 가해지는 공간적 압박도 완화할 수 있다고 이야기되었다. 정책안의 후반부에는 반복적인 성범죄자의 거세에 대한 내용이 담겨 있었다. 노출증이나 동성애 같은 성적 행동과 폭력적인 성범죄 사이에는 아무런 구분이 이루어지지 않았는데, 단종법이 제정된 이후 전자의 범주에 속하는 사람들에게도 상당수의 단종수술이 시행되었다.

그 정책의 시행에는 시범 사업 기간을 두는 것과 더불어 의료 및 법률 위원회가 추천한 대상자를 법무부 장관이 승인하도록 하는 까다로운 절차가 반드시 존재해야 한다고 제안되었다. 반면 이상들의 범주와 중증도에 대해서는 어떤 명확한 지침도 존재하지 않았다. 그렇지만 한센은 그 정책이 강제적인 것은 아니었음을 강조한다. 단종수술의 의미를 이해할 수 있는 사람이라면 당사자의, 혼자서 동의할 수 있는 능력이 되지 않는 경우에는 보호자의 동의가 필요했다. 하지만 그는 또한 단종수술을 받으라는 압력에 사람들이 저항하기란 어려웠으며, 동의는 명목상의 절차였다고 언급한다.

단종법은 결국 1929년 새로운 농민당Agrarian Party 정부에 의해 재가되었으며, 이는 우생학이라는 이슈에 대해 존재했던 초당파적인 합의를 보여 주었다. 이어서 스타인케와 사회민주당은 1934년에 「정신적 장애법」Mental Handicap Act을 도입했는데, 그 법은 학습적 장애인들 중 일정 집단에 대한 강제 감금 조치를 포함하고 있었다. 정신적 장애로 의심되는 사례를 보고하는 것은 교사, 의사, 사회사업 관계자들의 의무가 되었다. 단종수술이 이루어지는 데에는 두 가지 조건이 있었다. 어떤 사람이 아이를 기를 수 없는 것으로 판단된 경우, 또는 그 수술만 받는다면 감금 상태에서 풀려날 수 있다고 판단된 경우가 그것

[표 4.1] 덴마크에서의 단종수술, 1929~1950년[14]

시기	학습적 장애 여성	학습적 장애 남성	학습적 장애를 지니지 않은 여성	학습적 장애를 지니지 않은 남성	총계
1929~ 1934년	84	19	4	1	108
1935~ 1939년	825	375	150	30	1380
1940~ 1945년	1000	500	510	110	2120
1946~ 1950년	869	465	902	96	2332
총계	2778	1359	1566	237	5940

이다. 그리고 그 법은 단종수술을 미성년자와 시설 밖에 거주하는 사람들에게까지 확대했고, 수술을 받게 될 사람의 동의를 요구하지 않았으며, 절차를 훨씬 더 간단하게 만들었다. 한센은 「정신적 장애법」이 비록 우생학을 언급하지는 않았지만 강제적이고 보편적인 단종수술 조치를 최초로 담고 있었으며, 1929년의 단종법보다 이 법 아래서 훨씬 더 많은 사람들에게 단종수술이 이루어졌음을 논한다. 1935년에는 1929년의 단종법에 대한 추가 개정이 있었다. 이를 통해 혼란스러웠던 몇 가지 지점을 명확히 하고, 대상에 대한 기준을 좀 더 한정했다. 1945년까지 단종수술을 받은 이들의 78%는 정신지체인이었으며, 이들 중에서 여성이 남성보다 두 배가량 많았다.

한센은 또한 1930년대 덴마크에서 어떻게 우생학 법률에 대한 지

---

14) Tage Kemp, *Arvehygiejne*, Copenhagen: Københavns Universitet, 1951, p. 45.

지가 공고해졌는지를 이야기한다. 예컨대 독일의 인종주의적 법률은 비난받았지만, 나치의 우생학 정책은 열렬히 환대받았다. 쇠렌 한센은 1933년 제정된 독일의 「유전적 결함을 지닌 자손의 예방을 위한 법률」을 "기대했던 것만큼 훌륭하다"라고 평했다. 아우구스트 빔머는 덴마크 정부에 사이코패스, 알코올중독자, 범죄자에 대한 강제적 단종수술이라는 새로운 독일식 관행을 채택할 것을 요청했다. 두 나라 법 사이에 존재했던 차이는 아주 미미한 것이었다. 이 시기에 독일에서 훨씬 더 많은 사람들이 단종수술을 받기는 했지만, 덴마크의 우생주의자들 중 누구도 독일 프로그램이 그 정도가 심하다고 비판하지 않았다.

한센은 1935년에 의료 및 법률 위원회가 덴마크 단종수술 프로그램의 시행을 평가했을 때, 의료 전문가들 사이에서는 그것이 성공적일 뿐만 아니라 바람직한 것이라는 합의가 존재했다고 언급한다. 그리고 그런 조치를 유전적 맹과 농, 심지어 사이코패스, 알코올중독자, 상습적 범죄자에게까지 확대하는 것이 유익할 것이라는 제안도 있었다. 이 제안을 검토하는 내용이 덴마크의사협회Danish Medical Association의 정기간행물에 실렸을 때, 의학계에서는 아무런 반대 의견도 제기되지 않았다.

○ 노르웨이

노르웨이의 우생학 정책에 대한 닐스 롤-한센의 연구는 욘 알프레드 뫼엔의 상담우생학위원회가 1931년 법무부에 제출했던 정책안에서 시작하고 있다. 그 정책안은 인종적 퇴보라는 중대한 위험을 피하기 위한 예방책으로 학습적 장애인들의 출산을 막을 수 있는 강제 격리와 자발적 단종수술을 옹호했다. 그다음 해에는 일군의 형법 개정론자들이 성범죄자들에 대한 선택적 거세 조치를 포함한 단종법안을 발표했다. 그 안에서 단종수술은 대상자나 그 보호자의 동의가 있어야만 시행될 수 있었고, 피임을 목적으로 한 것이 아니라 우생학적이고 사회적인 이유들이 있을 때에만 허용되었다.

1934년의 단종법은 어떤 사람이 아이를 돌볼 수 없을 때, 또는 유전병을 물려줄 가능성이 있는 경우에 단종수술을 허용했다. 정신이상자의 경우 치료의 가능성이 존재한다면 단종수술은 시행될 수 없었다. 그 법은 에를링 뵈른센Erling Björnsen이 제출한 안에 기초했는데, 그는 농민당Farmers's Party의 민족주의적 성향이 강한 당원이었으며 나중에 노르웨이 나치당에 가입했다. 롤-한센은, 뵈른센이 자신은 훨씬 더 급진적이고 강제적인 법률을 원했으며 뫼엔과 그의 위원회에 감사를 표한다고 이야기했던 연설에서, 그가 인구 정책을 농부의 가축 관리와 어떤 식으로 비교했는지 이야기한다. 그러나 롤-한센은 사실 노르웨이의 다른 우생학 운동가들 역시 독일의 1933년 법과 비슷한 훨씬 더 강압적인 정책들을 제안했다는 점도 언급하고 있다.

다른 북유럽 국가들처럼 노르웨이에서도 단종수술을 받은 사람들의 대다수는 학습적 장애인이었으며, 80~90%는 여성이었다. 독일의 나치는 1940년부터 종전 때까지 노르웨이를 점령했는데, 이는 노르웨이의 우생학 프로그램이 1942년부터 한층 더 확대되고, 단종수술이 급격히 증가하는 것으로 이어졌다. 롤-한센은 이러한 우생학 정책의 강화가 환경적 요인들보다는 생물학적 유전의 역할을 강조하는 것, 그리고 개인의 권리를 사회 전체의 이익에 종속시키는 것에 의해 특징지어졌다고 말한다. 실질적인 측면에서 보았을 때, 어떤 학습적 장애인의 가족이나 보호자가 단종수술에 대한 거부권을 행사하는 것은 더 이상 가능하지 않았으며, 물리력의 사용마저 허용되었다. 토다르 쿠엘프루드Thordar Quelprud가 이끄는 생물학적유전연구소Institute for Biological Heredity가 오슬로대학교에 새롭게 만들어졌다. 그리고 이런 조치들은 단종수술률의 급격한 증가로 이어졌다. 나치 점령 이전에는 평균적인 단종수술의 시행 건수가 1년에 100건을 약간 밑돌았지만, 나치의 통치가 이루어진 2년 반의 기간 동안에는 연간 약 280건에 이르렀다. 롤-한센이 언급한 것처럼, 이 시기 내내 노르웨이의 유전학계 주류는 나치의 인구 정책에 적극 협력했다.

○ 핀란드

마리아타 히에타라는 1926년에 핀란드 정부가 어떻게 처음 우생학 법률을 검토하기 위한 위원회를 구성했는지 이야기한다. 이 위원회는 다른 나라들의 관련 법률에 대한 정보와 학습적 장애인에 대한 통계 자료를 수집했다. 또한 시설 운영자들의 의견을 조사했는데, 그들 대다수는 자발적 단종수술 조치에 찬성했다. 그 위원회의 1929년 정책안은 대상자의 동의를, 또는 해당 대상이 법적으로 의사능력이 없는 경우라면 보호자의 동의를 조건으로 하는 우생학 법률을 지지했다. 정책안에서 그 적용 범위는 학습적 장애, 정신질환이나 뇌전증, 유전적 농을 지닌 사람들로 제한되었다. 범죄성, 알코올중독, 여타의 반사회적 행동은 정당한 근거로 인정되지 않았다. 히에타라가 논평하고 있는 것처럼, 그 정책안이 담긴 보고서에서 사용된 선정적인 삽화와 사진은 단종수술에 대한 찬성론에 수사적 무게감을 더하고 있었다.

1930년대에 지속된 경제 불황의 영향으로 증가된 빈곤 가구가 국가의 지원에 의존하게 되었고, 이는 우생학적 조치에 대한 토론을 부추겼다. 인구의 거의 10% 가까이가 복지 구호를 받고 있었던 것이다. 히에타라는 범죄 가능성에 관한 우려가 우생학적 입법에 대한 점증하는 요구의 또 다른 요소였음을 확인한다. 하리 페데리 등의 우생학 옹호자들은 대개 독일의 자료를 참조하여, 범죄성은 환경이 아닌 유전자형에 의존한다고 주장했던 것이다. 그녀는 또한 정치적으로는 양쪽으로 분할되어 있던 여성들 모두가 성범죄자와 아동학대범에 대한 단종수술을 지지했음을 언급한다. 이런 다양한 요인들로 인해 1934년의 단종법안은 의회에서 쉽사리 통과되었고, 1935년 시행에 들어갔다.

그 법은 '백치, 치우, 정신이상자'에 대한 강제적 단종수술을 허용했다. 그런 이상이 유전될 수 있다고 여겨지는 경우, 또는 그 대상이 아이를 돌볼 수 없는 경우에 말이다. 그리고 어떤 사람이 열등한 아이를 출산할 우려가 있는 경우에는 자발적 단종수술이 허용되었다. 또한 "그 강도나 지향의 측면에서 비정상적인 성적 충동을 보여 주는" 범죄를 실제로 저지르거나 미수에 그쳐 유죄 판결을 받은 이들에 대해서도 단종수술이 허용되었다. 단종수술의 신청은 국립보건위원회National Board of Health에 서면으로 해야 했다.

이후 그런 정책을 확대하기 위해 좀 더 강화된 법이 도입되었는데, 왜냐하면 많은 사람들이 느끼기에 당시의 정책은 충분한 영향력을 발휘하지 못하고 있었기 때문이다. 히에타라는 전후기 핀란드에 성범죄 및 강력 범죄에 대한 근심과 불안감이 크게 존재했다고 언급한다.

1950년의 단종법은 우생학적이고 사회적인 이유나 일반적인 의료적 이유에 근거한 단종수술을 허용했다. 의료적 이유로 인한 경우에는 고문 의사나 담당 외과의가 수술 여부를 결정할 수 있도록 허용했으며, 이는 단종수술의 증가로 이어졌다. 흔히 낙태수술과 결합된 형태로 말이다. 히에타라는 1958년에 우생학적 동기에 의한 단종수술이 정점에 이르러 전체 단종수술의 19%(413건)를 차지했다고 언급한다. 그리고 1950년의 「거세법」Castration Act은 형사정책에 기반을 둔 거세 수술을 허용하여, 성범죄를 실제로 저지르거나 미수에 그친 경우에 인도주의적인 이유를 근거로 거세 수술이 이루어질 수 있도록 했다. 시설에 수용된 사람들에게 성관계의 위험이 있는 경우에도 마찬가지로 거세 수술이 허용되었다. 이 조치에 대해서는 강력한 반대가 존재했는데, 그것이 마침 사형 제도가 폐지되던 때에 도입되었기 때문[에, 그래서 사회적으로 많은 주목을 받고 논쟁거리가 되었기 때문]이다. 이러한 논란으로 인해 거세 제도는 실제로 거의 적용되지 않았다. 1951년부터 1968년까지 2777건의 신청이 있었지만, 단지 90건에 대해서만 승인이 이루어졌다.

핀란드에서의 단종수술에 대한 히에타라의 분석은 그 수술의 대다수가 해당 환자의 요청에 의한 것이 아니라 당국의 지시에 의한 것임을 보여 준다. 단종수술을 받은 이들 가운데에는 스웨덴어 사용자보다 핀란드어 사용자들의 비율이 더 높았다. 대개 재정이 열악한 지방정부 당국들이 단종수술에 의지했는데, 왜냐하면 자신들의 공적 자금으로 학습적 장애인들을 부양할 만한 여유가 없다고 느꼈기 때문이다. 1950년대 이후에는 단종수술 중 더 높은 비율이 가족계획을 위한 목적에서 시행되었으며, 우생학적 단종수술은 점차 감소했다.

히에타라가 논하고 있는 것처럼, 핀란드에서 우생학 프로그램은 인구가 질적·양적으로 쇠퇴하고 있다는 인식과 관련되어 있었다. 이는 특히 지배층을 형성하고 있던, 스웨덴어를 사용하는 소수 집단에게 큰 두려움을 안겨 주었다. 의학은 현대화의 동력으로 크게 존중받았다. 의학 전문가들의 지식이 중시되었으며, 핀란드 의사들의 대다수가 우생학적 단종수술을 지지했다. 이곳에서 우생학은 국내에서 자라난 사상이라기보다는 핀란드가 채택했던 외국 관행의 또 다른 사례였다고 할 수 있다.[15]

○ 스웨덴

스웨덴의 우생학에 대한 브로베리와 튀덴의 연구는 1922년에 정신과 의사 알프레드 페트렌Alfred Petrén의 단종법안이 어떻게 상당한 초당적 지지를 받으며 발의되었는지 이야기한다. 이 법안은 정신지체인과 정신질환자의 시설 보호에 대한 부담을 피하는 데서 오는 경제적 이득을, 그리고 부적절한 육아의 사회적 위험성을 강조하고 있었다. 이 법안이 발의되고 1923년과 1924년에 각각 국가인종생물학연구소와 국립보건위원회로부터 우생학적 조치에 대한 요구가 제기된 데 이어, 1927년에는 이런 이슈를 논의하기 위해 네 명의 전문가 —— 두 명의

---

15) Marjatta Hietala, "From Race Hygiene to Sterilization: The Eugenics Movement in Finland", eds. Gunnar Broberg and Nils Roll-Hansen, *Eugenics and the Welfare State: Sterilization Policy in Denmark, Sweden, Norway and Finland*, East Lansing, MI: Michigan State University Press, 1996.

의사, 한 명의 법률가, 한 명의 정신과 의사 — 로 구성된 위원회가 설립되었다. 이 위원회가 제출한 1929년의 보고서는 사회적 이유가 아닌 유전병이라는 유전학적 이유에 근거한 자발적 단종수술만을 허용하는 다소 제한적인 내용의 법률을 제안했다. 그 보고서는 광범위하게 비판받았지만, 1920년대 내내 사회적이고 우생학적 이유에 근거한 단종수술은 불법이었음에도 불구하고 계속해서 실시되었다.

브로베리와 튀덴은 페트렌이 단종법이라는 이슈를 부활시킨 후, 1933년에 스웨덴 의회가 형법 교수인 랑나르 베리엔달Ragnar Bergendal 에게 그 가능성을 검토해 달라고 요청했음을 언급한다. 그의 보고서는 법적으로 의사능력이 없는 개인에게는, 본인의 동의가 없고 부모의 어떠한 반대가 있을지라도 단종수술이 이루어질 수 있어야 한다고 제안했다. 그는 사회의 이익이 개인의 이익보다 당연히 더 중요하다고, 그리고 그 수술이 의미하는 바를 부모들에게 알리지 않는 편이 아마도 훨씬 더 나을 것이라고 주장했다. 1934년에 사회민주당 정부는 이런 입장에 따른 단종법안을 제출했으며, 그다음 해 초에 법이 제정되었다. 이 법은 정신질환, 정신박약, 그 밖의 정신적 결함을 지닌 이들에 대해 법적으로 의사능력이 없거나 아이를 돌볼 수 없는 경우, 또는 정신질환이나 정신박약을 자식에게 물려줄 가능성이 높은 경우에 동의 없는 단종수술을 허용했다. 기본적으로 국립보건위원회에 승인을 신청해야 했지만, 정신지체의 경우에는 두 명의 의사가 공동으로 결정을 내리면 그런 승인마저도 필요 없었다.

브로베리와 튀덴은 1930년대에 우생학에 대한 논의가 어떻게 확장되었는지 이야기한다. 논의의 초점은 단종수술을 '사회적 부적응자' ── 매춘부, 부랑자, 일하기 싫어하는 것으로 간주된 사람들 ── 에게까지 확대하는 것이었다. 그러한 단종수술의 가치나 용인 가능성에 대해서는 어떠한 질문과 토론도 이루어지지 않았다. 그 논의는 1941년의 더욱 강력한 우생학 법률로 이어졌는데, 스웨덴 인종의 혈통을 정화해야 할 필요성이 유력한 논거가 되었다. 예컨대 사회민주당의 칼 요한 올슨Karl Johan Olsson은 의회에서 "나는 부적합하고 열등한 자손들이 세상에 나올 위험을 무릅쓰는 것보다는, 조금 지나쳐 보이는 조치를 취하는 게 더 낫다고 생각한다"라고 말했다. 다른 이들도 모든 반사회분자들에 대한 강제적 단종수술과 우생학적 원칙의 강제적 집행을 요구했다. 1941년의 단종법은 '유전학적 이유'를 정신지체나 정신질환뿐만 아니라 심각한 신체적 질병이나 유전성 결함을 지니고 있는 사람들에게까지 확대했다. '사회적 이유'도 정신지체와 정신질환뿐만 아니라 반사회적인 생활양식을 포함하는 것으로 확장되었다. 또한 그 법은 의료적 이유를 근거로 한 여성들의 자발적 단종수술도 허용했다.

스웨덴의 우생학 법률은 동시대의 독일 법률과 동일한 동기를 반영하고 있었다. 비록 스웨덴의 법률이 좀 더 제한적으로 적용되었고, 물리력이 아닌 설득에 의존하면서 좀 덜 강압적인 방식으로 집행되기는 했지만 말이다. 그렇지만 브로베리와 튀덴은 많은 정신지체 소녀들이 특수학교나 거주시설을 떠나기 전에 단종수술을 받았음을 언급한다. 때때로 단종수술은 퇴소를 위한 조건이었으며, 일정한 범주의 여성들에게는 낙태수술을 받기 위한 조건이었다. 남성의 단종수술 시술이 훨씬 더 간단함에도 불구하고 그 수술의 대부분은 여성을 대상으로 이루어졌는데, 이는 당시 스웨덴 사회에서 여성의 지위가 더 낮았던 현실을 반영하는 것이라 볼 수 있다. 우생학 정책이 과학적 언어의 외피를 두르기는 했지만, 사례 보고서들은 단종수술의 결정이 이루어질 때 고려되었던 도덕관념이나 생활양식의 이슈들과 더불어 개인적 의견이나 편견을 너무나 많이 포함하고 있다. 부랑죄나 알코올중독 같은 사회문제들은 흔히 인종적 견지에서 논의되었으며, 스웨덴 사회의 주변부에 놓여 있던 집시 등의 존재들은 하나의 위협으로 간주되었다.

스웨덴은 다른 스칸디나비아 국가들과 같은 시기에 우생학 법률을 도입했지만, 우생학을 실행하는 데 있어서는 훨씬 더 유능했던 것으로 드러났다. 브로베리와 튀덴은 1935년의 첫 번째 법률하에서 3000명의 사람들이 단종수술을 받았으며, 1935년과 1941년의 양쪽 법률하에서(1935~1975년) 이루어진 단종수술은 총 6만 3000건에 이른다고 기록하고 있다. 우생학적 이유는 1960년대까지도 단종수술에 대한 근거로 계속 유지되었지만, 말년에 이루어진 단종수술의 대다수는 가족계획을 원했던 여성들을 대상으로 한 것이었다. 단종수술을 받은 인구의 비율은 1940년에 1만 명당 0.9명, 1950년에 3.3명, 1960년에는 2.2명이었다. 우생학 정책은 그것이 인간의 효율화와 관련된 것이라는 '과학적' 근거를 지니고 있었지만, 실제로는 권위주의적인 조치이자 익명의 은밀한 폭력이었다.

우생학에 대한 반대

우생학 정책에 대한 다양한 반대의 흐름을 살펴보는 것 또한 중요하다. 한센은 덴마크에서의 반대는 주로 소수파 가톨릭교로부터 나왔다고 언급한다.[16] 예컨대 과학사가인 구스타프 셰르츠Gustav Scherz는 유전에 대한 지식은 불완전하며, 단종수술은 신에 의하여 창조된 몸에 대한 모독이고, 임신의 두려움이 사라지게 되면 부도덕과 성적 문란이 증가할 수 있으며, 출산율이 이미 감소하고 있는 상황에서 그런 조치는 재생산을 더욱 억제하게 될 것이라고 주장했다. 전반적으로 이런 주장들은 우생학 사상에 대한 반대라기보다는, 인종의 질에 대한 보수적 관념이나 유전론에 대한 반대였다고 할 수 있다. 그러한 반대는 사회민주주의와 의회주의에 대한 가톨릭교의 공격과 관련되어 있었으며, 반유대주의의 흐름 또한 기저에 깔려 있었다. 한센에 따르면 덴마크 루터교회는 어떠한 형태의 반대도 하지 않았다.

덴마크의 1929년 단종법에 대한 의회에서의 유일한 반대는 알프레드 빈슬레브Alfred Bindslev가 이끌었던 보수당 내의 소그룹으로부터 나왔다. 그들의 반대는 이런 식으로 생명이 간섭받아서는 안 되며, 이 이슈와 관련하여 제대로 알려져 있는 것이 거의 없다는 입장에 기반을 두고 있었다. 그 법의 제정을 막는 데는 실패했지만, 이 그룹은 이어진 우생학적 조치에 계속해서 맞서 싸웠다. 그러나 그 이후의 싸움 역시 언제나 헛된 것이었다. 사회 전반에서 우생학적 접근법에 저항했던 집단 중 하나는 교사였는데, 예를 들면 최저 수준의 IQ를 밑돌고 이해는 느리지만 큰 문제가 없는 아동들이 시설로 보내지는 경우 교사들의 반

---

16) 스칸디나비아 국가들은 16세기부터 루터교를 국교로 채택해 왔기 때문에 현재도 국민 대다수가 (흔히 복음루터교라 불리는) 루터교를 신봉한다. 덴마크도 국민의 절대 다수가 복음루터교도이며, 가톨릭교와 기타 기독교 종파가 약 3%, 이슬람교가 2% 정도를 차지하고 있다.

발이 있었다. 부모들 또한 자신의 아이들이 시설로 가는 것에 반대했다. 그렇지만 그 반대는 우생학적 단종수술보다는 주로 강제적인 시설 감금에 대한 것이었다. 관계 당국은 그런 반대를 무지의 탓으로 돌렸으며, 의료 전문가들은 계속해서 그들의 전문 지식에 따라 결정이 이루어져야 함을 주장했다.

히에타라는 핀란드의 경우 우생학 법률이 계급적 동기를 지니고 있다고 생각한 몇몇 의원들의 반대가 있었다고 언급한다. 아나토미 마티 바이노^{Anatomy Matti Väinö} 교수 또한 그러한 법이 시행되고 있었다면 결코 태어날 수 없었을 많은 유명 인사들의 예를 들면서 반대의 목소리를 냈다. 롤-한센은 노르웨이에서 의회 내의 유일한 반대는 사회권당^{Social Rights Party}의 단 한 명뿐인 의원으로부터 나왔다고 언급한다. 그는 개인의 권리를 옹호하고 생물학적 요인보다 사회적 요인의 역할이 중요함을 주장했다. 브로베리와 튀덴에 따르면 개인의 권리에 대한 침해를 논거로 삼는 것은 스웨덴에서 벌어지는 일상적인 논쟁에서도 자주 접할 수 있는 특징이었다. 그렇지만 그런 우려나 반대에 대한 지배적인 응답은 대중이 우생학 정책을 받아들일 수 있도록 교육될 필요가 있다는 말뿐이었다.

전쟁이 끝난 후 몇십 년이 지나면서, 우생학 정책은 북유럽 국가들 전반에 걸쳐 서서히 쇠퇴했다. 한센은 전후 덴마크에서 우생학 자체에 대한 비난이 없기는 했지만, 개념으로서의 우생학은 사라지게 되었다고 언급한다. 1934년의 「정신적 장애법」에 대한 계속적인 이의 제기와 분노의 표출 — 이 법과 관련된 법정 소송 및 조사를 포함하여 — 은 1954년에 일정한 변화로 이어졌고, 그런 변화에 따라 사람들은 법원의 강제 시설 수용 판결에 대해 항소할 수 있게 되었다. 이에 뒤이은 1957년과 1958년의 보고서는 1934년 법률에 존재하는 강제적 요소의 폐지를 권고했고, 강제적 단종수술을 비판했다. 마침내 1967년에 강제적 단종수술과 거세 조항이 그 법률에서 삭제되었다. 그렇지만 시설에서의 퇴소는 이전처럼 단종수술에 좌우될 수 있었고, 따라서 사람들에게는 그 수술을 받아야만 한다는 압력이 여전히 가해질 수 있었다. 정신지체인에 대한 단종수술 건수는 1949년의 275건에서 1962년에는 80건으로 감소했고, 좀 더 진전된 보호책이 시행되었다. 한센의 표현을 따르자면, 우생학적 단종수술은 조심스럽게 슬그머니 도입되었던 것과 마찬가지로, 덴마크인들의 의식으로부터 조용히 사라져 갔다. 1973년에 자유의사에 따른 단종수술과 낙태가 모든 이들에게 합법화되었다.

롤-한센은 종전 후 노르웨이에서 단종수술의 즉각적인 감소는 없었다고 언급한다. 수술 건수는 1950년경이 되어서야 비로소 감소했다. 이 기간 동안 많은 이들이 여전히 정신지체인에 대한 단종수술을 옹호했다. 1934년의 단종법은 1961년에 해당 개인의 권리를 강조하는 경미한 변화만 이루어진 채 1977년까지 계속 시행되었다. 1977년의 새로운 법률은 단종수술을 받게 될 사람에게 결정의 주도권을 확고히 부여하기는 했다. 그러나 그 법률 또한 25세 이상의 사람들에게는 공식적인 신청 없이도 자발적 단종수술이 이루어질 수 있도록 허용했고, 중대한 질환이나 기형이 있을 경우, 또는 아이를 적절히 돌볼 수 없을 경우에 대해서는 비자발적 단종수술을 계속 허용했다.

히에타라는 핀란드에서 단종수술, 거세, 낙태에 관한 1970년의 법률이 어떻게 우생학 정책을 최종적으로 대체했는지 이야기한다. 이 새로운 법률은 강제적 단종수술과 거세 조항을 삭제했고, 18세 이하의 개인들에 대한 단종수술도 금지했다. 정신질환자나 정신지체인의 단종수술에는 보호자의 승인이 필요했다. 다른 서구 국가들과 마찬가지로 새로운 「낙태법」Abortion Act은 우생학적인 문제의 징후보다는 산모의 생명이나 건강에 대한 위협과 더불어 정신적·사회적·심리적 요인들을 강조했다.

브로베리와 튀덴은 스웨덴에서 1956년에 국가인종생물학연구소가 그 이름을 의료유전학과Department of Medical Genetics로 변경했음을 언급한다.[17] 구래의 사고방식이 계속되었을지는 모르지만, 용어는 바뀌었다. 즉 그 초점이 인구에서 가족과 개인으로 전환된 것이다. 1970년대가 되자 학습적 장애인들의 강제적 단종수술에 대한 강력한 비판이 제기되었다. 그리고 1975년에 마침내 본인이나 보호자의 동의 없는 모든 단종수술이 금지되었다.

결론

이 장은 스칸디나비아의 우생학 프로그램에 초점을 맞추었다. 그렇지만 프랑스, 오스트리아, 스위스를 포함한 다른 유럽 국가들 또한 캐나

---

17) 더 정확히는 1958년에 웁살라대학교의 부설 기관이 되면서 의료유전학연구소(Institutionen för medicinsk genetik)로 이름을 변경했으며, 그 이후에 의료유전학과로 통합되었다.

다와 일본 등 여타 지역의 국가들과 더불어 우생학의 역사를 지니고 있다는 점이 언급되어야만 할 것이다. 예를 들어 일본은 독일의 전철을 따라 1940년에 「국민우생법」國民優生法을, 그리고 1948년에는 「우생보호법」優生保護法을 통과시켰다. 후자의 법률하에서 1949년부터 1994년까지 1만 6520명의 정신질환자와 학습적 장애인이 단종수술을 받았으며, 그들 중 69%는 여성이었다. 전후기에도 많은 장애 여성들이 그들의 의지에 반하는 자궁적출수술을 받았다.[18]

1930년대에 유럽에서 단종법을 도입한 대다수 국가들은 개신교, 특히 루터교적 전통을 지니고 있었다. 루터교회는 우생학 정책에 불편함을 느꼈을지는 모르겠지만, 그런 거리낌의 감정을 드러내지 않고 침묵했다. 노르웨이, 스웨덴, 덴마크는 문화적으로나 사회적으로 동질적이었고, 강력한 복지국가를 추구했으며, 과학과 진보와 효율성에 대한 신념을 지니고 있었다. 브로베리와 튀덴은 "늙고, 불결하고, 병든 존재들을 일소하겠다는 원대한 포부는 신체위생학physical hygiene에 대한 전념에서 시작하여, 결함을 지닌 유전자로부터 자유로운 건전하고 건강한 사람들을 우생학 프로그램을 통해 창조하겠다는 열망에까지 이를

---

18) Mark B. Adams, *The Wellborn Science: Eugenics in Germany, France, Brazil and Russia*, New York: Oxford University Press, 1990; Alain Drouard, "On Eugenicism in Scandinavia: A Review of Recent Research", *Population* 53(3), 1998, pp. 633~642; Loren R. Graham, "Science and Values: The Eugenic Movement in Germany and Russia in the 1920s", *American Historical Review* 82, 1977, pp. 1134~1164; Loren R. Graham, *Between Science and Values*, New York: Columbia University Press, 1981; Hans Maier, "On Practical Experiences of Sterilization in Switzerland", *Eugenics Review* 26(1), 1936, pp. 19~25; William H. Schneider, *Quality and Quantity: The Quest for Biological Regeneration in Twentieth-Century France*, Cambridge: Cambridge University Press, 1990.

수 있었다”고 논평한다.[19] 스칸디나비아의 우생학에서 주된 모델이 되었던 것은 독일보다는 미국이었다. 스칸디나비아처럼 모종의 합의가 이루어졌던 사회들과는 달리, 네덜란드나 영국 같은 나라들은 의회의 강력한 반대와 [집단적 사고와 반대되는 의미에서의] 독립적 사고의 전통 때문에 우생학 법률을 실행하지는 못했다. 그러나 우리가 다음 장에서 논하게 될 것처럼, 완화되고 분산된 형태의 우생학은 전후의 영국과 미국에서 계속 번창했다.

---

19) Broberg and Tydén, "Eugenics in Sweden", p. 136.

5장 _ 개혁 우생학: 1930년대에서 1970년대까지

주류 우생학이 누렸던 국제적 인기는 대부분 1930년대에 쇠퇴하기 시작했다. 케블레스가 언급한 것처럼 제3차 국제우생학회의에는 100명도 채 안 되는 사람들만이 참석했다. 이러한 쇠퇴는 우생학 연구가 유전, 퇴보, 빈곤에 관한 좀 더 기이한 주장들을 다루면서 전후에 더 심화되었으며, 나치가 자행했던 홀로코스트의 참상이 인구 개량에 대한 옹호론을 한층 더 약화시켰다. 그러나 진정으로 주류 우생학의 신조를 약화시킨 것은 변화된 정치적 · 경제적 상황이었다. 폴린 마줌다가 영국의 상황에 대해 다음과 같이 언급한 것처럼 말이다.

> 우생학적 문제틀은 인간 결함에 대해 생물학적 관점을 견지하면서 극빈 계급에 초점을 맞춘, 중산 계급 협회들의 행동주의를 기반으로 자라났다. 그렇지만 복지가 확대되고 경제 성장이 이루어진 평등주의적 세계에서 극빈 계급은 사라졌다. 계급 분석은 더 이상 큰 영향력을 지닐 수 없게 되었고, 그렇게 계급적 차원이 소실되면서 우생학적 문제틀도 원래의 형태로는 더 이상 살아남을 수 없게 되었다.[1]

우생학은 전후기에 의학 중심적이고 좀 더 주변의 이목을 의식하는 개혁 우생학으로 변형되었다. 이는 유전학자들이 선천성 대사이상 같은 드물고도 심각한 이상들에 대한 연구로 나아가기 시작했던 1950년대까지는 인류유전학이 상대적으로 빈사 상태에 있었음을 의미했다. 1960년대가 되어 양수 천자[2]를 통한 염색체 검사가 개발됨에 따라 비로소 [유전자 검사를 제공하는] 실험실과 클리닉이 다시 등장했다.

이 장에서 우리는 1930년대부터 재조합 DNA$^{\text{recombinant DNA[3]}}$가 개발된 1970년대 초까지의 흐름을 기술하면서 개혁 우생학의 등장을 다룬다. 개혁 우생학에 기여했던 유전학적·의학적·과학적 지식과 기술뿐만 아니라, 유전학계 종사자들과 좀 더 일반적으로는 그들의 과학계·의학계 동료들이 무엇을 행하고 어떤 수사적 발언을 했는지에 초점을 맞출 것이다. 우리는 또한 이 시기의 사회적·문화적·정치적 변화들이 어떻게 유전학의 새로운 국면과 우생학의 변동된 우선 사항들을 형성해 내는 동시에 반영했는지를 성찰하면서, 그런 변화들을 고찰할 것이다. 우리는 주류 우생학**으로부터** 개혁 우생학과 인류유전학이 발생했음을 강조한다. 비록 1970년대가 되면서 가장 극단적인 이들을 제외한 거의 모든 이들이 '우생학'이라는 단어를 사용하지 않게 되었

---

1) Pauline Mazumdar, *Eugenics, Human Genetics and Human Failings: The Eugenics Society, Its Sources and Its Critics in Britain*, London: Routledge, 1992, p. 258.
2) 태아에 관한 정보를 얻기 위해 가는 주삿바늘을 이용하여 자궁 내에서 양수를 채취하는 것을 말한다. 양수에 포함되어 있는 태아로부터 탈락한 세포와 양수의 화학 성분을 분석하여 태아의 성별과 이상 유무를 확인할 수 있다.
3) 제한효소(restriction enzyme)를 사용해서 DNA의 사슬을 절단한 후, 연결효소(ligase)를 이용하여 그 단편을 다른 DNA에 연결해 만든 잡종 DNA를 말한다. 보통 한쪽의 DNA는 벡터(vector, 유전자의 운반체)이고, 다른 한쪽은 목적으로 하는 유전자를 함유한 DNA 단편이다.

지만, 우생학의 우선 사항들과 수사의 대부분이 인류유전학 내에서도 지속되었음을 논할 것이다.

우생학의 개혁

다양한 과학적·문화적 경향들이 1930년대와 1940년대에 이루어진 우생학의 개혁에 원인으로 작용했다. 로널드 피셔 같은 손꼽히는 우생학자들은 일정한 질병에서 나타나는 유전의 패턴을 이해하기 위해, 혈액형에 대한 최신 지식에 의지하여 그런 질병과 특정 혈액형 간의 유전적 연관성을 연구하기 시작했다. 생물학적 인종에 대한 구래의 관념들이 과학계에서 점점 더 비판받던 시점이었지만, 그의 연구실은 혈통과 인종에 대한 관심 또한 놓지 않았다. 이런 연구의 결과에 근거하여, 줄리아 벨Julia Bell과 존 홀데인John Burdon Sanderson Haldane은 남성의 경우 색맹과 혈우병 간에 연관이 있다고 말했다. 마줌다는 당시의 작업들이 주목할 만한 결과를 거의 내지 못했음을 보여 주지만, 이는 인구유전학human population genetics이 시작되는 것을 방해하지 않았다. 오히려 이러한 초기 작업들은 유전학자들이 그들의 통계학적·수학적 기법들을 연마하고, 혈액형의 유전과 관련하여 그 자체로 일정한 가치를 갖는 많은 사실들을 밝힐 수 있도록 해주었다.

이 시기쯤 라이어널 펜로즈 또한 콜체스터에 위치한 왕립이스턴카운티즈시설Royal Eastern Counties Institution의 입소자들을 대상으로 한 자신의 유명한 연구를 수행하고 있었다. 펜로즈는 비록 우생학에 소리 높여 이견을 표하기는 했지만, 그의 연구 또한 마줌다가 '우생학적 문제틀'이라고 부른 것에 의해 동기부여가 이루어졌다. 사실 그 연구는 1929년의 「정신적 결함에 대한 우드 보고서」Wood Report on Mental Deficiency에 대한 대응으로 영국우생학회가 부분적으로 자금을 지원해 수행된 것이었으며, 유전적으로 결정된 결함을 지니고 있다고 이야기되는 커다란 '사회적 문제 집단'을 확인해 주었다. 그렇기는 하지만 펜로즈의 연구는 정신적·도덕적 결함에 대한 주류 이론들의 기반을 약화시켰다. 그는 당시까지 몽고증이라고 불렸던 것 — 이제는 다운증후군으로 알려져 있는 것 — 과 산모의 연령 사이에 존재하는 연관성을 밝혀냈으며, 이를 통해 그 이상이 유전된다는 명제의 그릇됨을 증명했다. 그는 또한 정신적 결함의 복합적 원인을 강조하면서, 자신이 정신적 결함의 '안이한 분류'라고 불렀던 것의 기반을 약화시켰다. 그뿐만 아니라 페닐케톤뇨증phenylketonuria, PKU[4]의 열성유전 패턴과 헌팅턴병의 우성유전 패턴을 입증했으며, 그의 아내와 함께 수행한 또 다른 연구에서는 다운증후군을 지닌 사람들의 혈통이 이전에 사람들이 생각했던 것처럼 몽골 사람들의 혈통과 같지 않다는 것을 증명했다. 이런 발견들은 인류유전학이라는 신생 분야에 대한 중요한 기여였다. 인류유전학에서 정신적·신체적 이상들은 신중하게 분류되었고, 그러한 이상들의 유전 패턴은 최신 수학적·통계적 분석을 통해 검토되었다.

---

4) 단백질 속에 약 2~5%가 함유된 페닐알라닌을 분해하는 효소의 결핍으로 몸속에 페닐알라닌이 축적되고, 소변으로 페닐케톤인 페닐피루브산이 배출되는 상염색체성 열성유전 대사이상이다. 발달장애, 경련, 연한 담갈색 피부와 모발, 피부 습진 등의 증상이 나타난다.

멘델주의 유전학자인 토머스 모건과 그의 동료들이 수행한 초파리의 유전에 대한 연구는 현대 유전학이 구축되는 데 있어 또 다른 기반을 형성했다. 모건과 그의 연구팀은 유전자가 염색체 위에 자리 잡고 있으며, 그러한 염색체가 유전을 결정한다는 것을 발견했다. 진화와 유전형질에 대한 연구를 통해 그는 일정한 유전적 우월성이 어떤 집단 전체에서 유래할 수 없다는 견해를 갖게 되었다. 토머스 모건은 제1차 세계대전 기간 중 [미국유전학회의 전신인] 미국육종가협회American Breeders Association가 우생학에 동조하자 여기서 탈퇴했으며, 사회적 일탈을 유전 탓으로 돌리는 이 협회를 일관되게 반박했다. 1930년대가 되자 점점 더 많은 유전학자들이 그와 함께하게 되었다.

영국에서도 1930년대에 정신적 결함에 대한 사고방식이 변화하고 있었다. 전쟁은 (군인들 사이에서 정신질환이 많아졌기 때문에) 정신보건 서비스를 활성화시켰고, 그에 상응하여 정신의학계 종사자들 사이에서 정신적 결함자들에 대한 관심이 감소했다. 그것은 또한 소위 높은 등급의 결함자들이 시설에서 퇴소해 지역사회의 작업장으로 나오기 시작했음을 의미했다고 톰슨은 언급한다. 케블레스는 이 시기 미국과 영국에서 인종, 계급, IQ 간의 연관성에 대한 생각 또한 일정한 변화가 이루어졌음을 언급한다. 오토 클라인버그Otto Klineberg는 IQ에 대한 초기의 비판자들 중 한 명이었던 프란츠 보애스Franz Boas에게 영향을 받아 IQ의 인종적 차이에 대한 환경의 영향을 연구하기 시작했다. 영국에서 이루어진 다른 심리학자들의 연구 또한 유전보다는 환경의 역할을 강조하면서 지능과 계급 간에 연관성이 존재한다는 시릴 버트Cyril Burt의 연구를 반박했다. 1932년과 1947년 스코틀랜드에서 발표된 지능에 대한 두 가지 중요한 연구는 소가족보다 대가족일수록 IQ가 더 낮음을 보여 주었기 때문에, [중산 계급의 출산율이 더 낮아 하층 계급이 대가족을 이루는 경우가 많았으므로] 지능이 유전된다는 우생학자들의 주장에 대한 증거로 해석될 수도 있었다. 그렇지만 케블레스는 펜로즈 같은 우생학 비판자들이 연구 결과에서 나타난 평균 IQ의 상승을 국민의 지능이 점차 퇴보하고 있다는 우생학자들의 주장을 약화시키는 데 활용했다고 언급한다. 데이비드 와트David C. Watt는 펜로즈가 또한 "심각한 결함자들의 부모가 대부분 평균적이거나 그보다 더 높은 지능을 지니고 있고, 하위문화 결함자들의 아이들 중 일정 비율은 그들의 부모보다 높은 지능을 지니고 있다"는 점을 고려했을 때 인구의 지능이란 자연적 평형 상태를 유지한다고 주장했음을 언급한다.[5] 그리고 그는 좋은 다양성을 유지하는 것 — 즉 좋은 유전자뿐만 아니라 일정한 나쁜 유전자도 지니고 있는 것 — 이 유리하다고, 왜냐하면 (생물학적이고 정치적인) 환경의 변화는 나쁜 유전자가 좋은 것이 되고 좋은 유전자가 나쁜 것이 됨을 의미할 수도 있기 때문이라고 주장했다.

　이런 비판들, 그리고 이와 유사한 다른 비판들은 주류 우생학 이데올로기의 좀 더 극단적인 요소들을 약화시키는 동시에 어떤 원칙들은 보존했다. 라이어널 펜로즈의 경우가 이를 잘 보여 준다. 그가 우생학에 대해 강력한 비판을 가하기는 했지만, 아니 주류 우생학의 신조에

---

5) David C. Watt, "Lionel Penrose, F.R.S(1898-1972) and Eugenics", *Notes and Records of the Royal Society of London* 52, 1998, p. 138.

대해 그처럼 실제적이고 논리적인 해체를 행했기 때문에 오히려 더, 펜로즈는 계속해서 그의 전문가적 지위를 실험실이나 클리닉의 경계를 넘어 인류의 미래에 대한 논의로까지 확대하는 데 불편함을 느끼지 않았다. 그는 인구의 지능과 정신적 결함의 정도에 대해 그의 동료들이 지녔던 우려들 중 많은 부분을 공유했다. 마찬가지로 그는 유전자 풀gene pool[6]의 질에 대해 우려를 갖고 있었으며, 주류 우생학의 사고를 좋아하지 않았음에도 불구하고 영국우생학회의 회장인 찰스 페이턴 블랙커Charles Paton Blacker와 상당히 많은 대화를 나눴다. 우생학 운동이 쇠퇴함에 따라 그것은 결국 한편의 극단적 인종주의와 다른 한편에서의 인지도 없는 학회로 분화되었고, 과학자들과 우생학자들 간에는 그들이 마주하게 된 대중의 커다란 적대감 앞에서 일종의 절충이 이루어졌다. 과학자들은 과거의 낡은 관심사들을 질병에 초점을 맞춘 좀 더 세분화되고 다루기 쉬운 프로젝트들로 개편했고, 우생학자들은 그들의 전통적인 관심사들(예컨대 소위 문제가족)과 관련하여 새로운 통계적 분석 방법을 도입하고자 노력했다. 비록 후자의 시도가 대부분 실패로 끝나긴 했지만, 그들의 유산은 심리학계의 유전론파 내에서 지속되었다. 그것이 극히 유행에 뒤떨어진 것이 되었을 때에도 말이다.

1940년대에 의료유전학은 아직 걸음마 단계에 있었다. 초기의 우생학 연구 대부분이 지나치게 단순하며 어떤 문제를 지니고 있었다는 사실 정도를 제외하면, 유전병의 치료는 고사하고 그것을 어떻게 예측

---

6) 1951년에 테오도시우스 도브잔스키(Theodosius Dobzansky)가 처음 제창한 것으로, 어떤 생물 집단에서 집단 내의 모든 구성 개체들에 존재하는 유전 정보의 총합을 의미한다.

할 수 있는지에 관해서도 거의 알려진 것이 없었다. 미국의 우생학기록보관소는 문을 닫았고, 그 보관소가 지니고 있던 데이터 대부분은 불필요한 것으로 치부된 채 유실되었다. 사람들에게 유전병 상담을 해주는 클리닉은 극소수만 존재했다. 병력이 있는 가계의 유전병 위험성에 대해 상담해 주었던 최초의 기관 중 하나는 (의학연구위원회Medical Research Council, MRC의 지원을 받아)[7] 1936년 런던에서 문을 연 인간유전사무소Bureau of Human Heredity였다. 유전병에 관한 텍스트 또한 거의 존재하지 않았다. 존 프레이저 로버츠John Fraser Roberts가 1940년에 『의료유전학 입문』*An Introduction to Medical Genetics*이라는 책을 썼지만, 의사들과 과학자들은 이 신생 분야에 거의 관심을 보이지 않았다. 케블레스는 의사들이 결핵 같은 흔한 질병이나 항생제 같은 신약을 가지고 치료할 수 있는 질병에만 관심을 가졌다고 언급한다. 많은 유전병이 그 실체가 알려져 있지 않다는 특징을 지니고 있었고, 유전의 패턴, 진단 전략, 치료에 관한 명확한 지식도 결여되어 있었기 때문에 의료유전학의 인기는 좀처럼 증가하지 않았다. 우생학과의 관련성 또한 의료유전학이 인기를 얻지 못하는 데 큰 역할을 했다.

그렇지만 인류유전학이 의지하고 있던 관심과 지원을 활성화시킨 것도 우생학이었다. 다이앤 폴이 지적한 것처럼 록펠러재단을 포함하여 당시 인류유전학의 후원자들 대다수는 우생학적 동기를 지니고 있었다. 과학자들 또한 개혁 우생학의 일반 원칙을, 그리고 1970년

---

7) 의학연구위원회는 영국의 정부 조직에서 혁신·대학·기술부(Department for Innovation, Universities and Skills, DIUS)의 과학 혁신 담당 국무상 산하에 있는 7개의 과학기술 관련 위원회 중 하나다.

대까지는 그 신뢰성을 잃지 않았던 개혁 우생학이라는 용어를 전반적으로 지지했다. 개혁 우생학이 보여 준 이러한 새로운 활기의 일부분은 그것이 유전뿐만 아니라 환경도 강조했다는 데 있었다. 예컨대 허먼 멀러Hermann J. Muller[8]가 다른 22명의 영국 및 미국 과학자들과 함께 1939년 작성한 「유전학자들의 선언」Geneticists' Manifesto은 그들의 목표가 유전적 개량에 의한 것이든 환경의 개선에 의한 것이든 가능한 한 최선의 아이를 만들어 내는 것이라고 공표했다. 다윈주의 개체군 유전학과 고전적인 멘델주의 유전학 간의 '현대적 종합'이라는 새로운 발전 또한 주류 우생학의 이데올로기를 약화시켰다. 하워드 케이가 지적한 것처럼, '적합함'은 이제 인종적 우월함이 아니라 성공적인 재생산의 견지에서 사고되었으며, 진화란 개체들이 아니라 유전자 빈도gene frequency[9]에 영향을 주는 것으로 여겨졌다.

1940년대 중반이 되자 인류유전학은 통계학, 유전학, 심리학, 생화학, 생리학 같은 다양한 분야의 광범위한 전문가들에게 관심의 대상이 되었다. 비록 그 수는 많지 않았지만 말이다. 케블레스에 따르면 이 시기 인류유전학계에 참여했던 학자들은 약 200여 명 정도였다. 주요 성원들 중 절반은 물리학자 출신이었으며 그 대다수는 영국인이었다.

---

8) 모건 학파의 유전학자로 열성적 우생학 지지자이기도 했다. 텍사스대학교의 교수로 있다가 1934년부터 1937년까지 소련의 모스크바유전학연구소에서 연구 활동을 했으며, 이후 영국 에든버러대학교 등을 거쳐 1945년 이후로는 인디애나대학교 교수로 재직했다. X선에 의한 인공적 돌연변이의 발생을 초파리를 대상으로 한 실험에서 확인한 공로로 1946년에 노벨생리의학상을 수상했다.
9) 어떤 집단에서 각각의 대립유전자가 나타나는 상대적 비율을 말한다. 예를 들어 5개의 개체가 있고 그 개체들이 각각 AA, AA, Aa, aA, aa의 유전자를 가졌다고 가정할 경우, A의 빈도는 0.6, a의 빈도는 0.4가 된다.

케블레스는 이 시기의 유전학이 물리학과 화학이 끌어온 증대된 연구 자금의 혜택을 받기는 했지만, 물리학이나 화학같이 권위 있는 과학은 아니었다며 다소간 비꼬는 어투로 언급한다. 그러나 케이가 논하고 있는 것처럼, 유전학으로 분야를 바꾼 물리학자들의 존재는 유전의 비밀이 풀릴 수 있을 것이라는 확신을 가져왔고, 그들은 좀 더 구체적인 발견을 추구하면서 유전자가 가설적 개념이라는 생각을 뒤엎는 데 열중했다.

그들의 노력 덕분에 유전자라는 개념은 진정한 물리적 차원을 획득하기 시작했다. 미국에서는 유전자의 돌연변이율과 자연발생적 돌연변이에 관한 지식이 동식물 유전학뿐만 아니라 초창기 혈액 연구로부터 발전했다. 1944년에 [록펠러의학연구소Rockefeller Institute of Medical Research의] 오즈월드 에이버리Oswald T. Avery와 그의 동료들은 디옥시리보핵산deoxyribonucleic acid, DNA이 유전자라는 추상적 개념의 배후에 있는 물리적 실체일 것이라고 제안했다. 스탠퍼드대학교의 조지 비들George W. Beadle과 에드워드 테이텀Edward L. Tatum은 1948년에 1유전자-1효소설[10]을 확립했다. 물질의 분자 성분을 분리해 내는 새로운 기법인 전기영동법電氣泳動法, electrophoresis을 라이너스 폴링Linus Pauling[11]

---

10) 하나의 유전자는 하나의 특정 효소를 지배하는 유전 부호를 간직하고 있다는 학설이다. 이후 인슐린 같은 호르몬과 그 외의 구조단백질들은 효소가 아니라는 것이 밝혀진 후 1유전자-1 폴리펩티드설로 바뀌었다.

11) 미국의 물리화학자로 원자와 원자의 화학적 결합에 대한 특성을 밝혀내 1954년 노벨화학상을 받았다. DNA의 구조를 밝히는 연구에서도 프랜시스 크릭(Francis H. C. Crick) 및 제임스 왓슨(James D. Watson)과 경쟁 관계에 있었는데, 그는 DNA가 삼중나선 구조일 것이라는 가설을 지니고 있었다. 캘리포니아공과대학교와 스탠퍼드대학교 교수를 역임했으며, 핵실험 반대 운동에 기여한 공로로 1962년 노벨평화상을 받기도 했다.

이 개발한 것, 그리고 폴링의 겸상적혈구鎌狀赤血球, sickle-cell 헤모글로빈에 대한 연구[12]와 그러한 겸상적혈구 헤모글로빈이 열성유전 패턴을 지닌다는 것에 대한 제임스 닐James Neel의 확인은 또 다른 중요 발전이었다. 유전자의 물리적 전모가 밝혀짐에 따라 유전자 환원주의genetic reductionism가 발흥했다.

유전학은 1950년대에 생물학의 좀 더 중요한 일부가 되었다. 영국에서 NHS의 확립, 그리고 항생 물질의 발견과 더불어 당뇨병 및 빈혈에 대한 치료법 개발 또한 유전학의 의료적 잠재력에 대한 인식을 향상시켰다. 소아과 의사 같은 의학 전문가들 또한 흔한 질병들이 성공적으로 치료가 이루어짐에 따라 희귀한 유전병에 좀 더 관심을 갖게되었으며, 유전학 연구들은 강화되어 갔다. 1953년에 버밍엄아동병원Birmingham Children's Hospital의 연구자들은 식사에 변화를 주면 페닐케톤뇨증의 영향을 완화시킬 수 있음을 발견했다. 방사선에 대한 닐의 연구 작업 또한 인류유전학에서 집단과 혈족에 대한 연구를 상당히 향상시켰다. 그러는 사이 염색체에 대한 지식 또한 발전해 가고 있었다. 1956년에 스웨덴의 요-힌 티요Joe-Hin Tijo와 알베르트 레반Albert Levan은 합법적으로 낙태된 인간 배아를 통해 (이전에는 48개라고 생각되

---

12) 겸상적혈구빈혈증(sickle-cell anemia)은 주로 아프리카, 지중해 연안, 미국의 흑인들에게 발병하는 유전질환이다. 고산 지대에 있거나 육체적 스트레스를 받을 경우 혈액 내 산소 분압이 낮아지면서 헤모글로빈의 분자 구조에 이상이 생겨 낫 모양(겸상)의 적혈구가 생성된다. 겸상적혈구는 쉽게 파괴되어 심한 빈혈을 일으킬 뿐만 아니라 모세 혈관을 막아 육체적 피로, 통증, 뇌출혈, 폐·심장·신장의 기능 장애를 초래하기도 한다. 이는 환자의 혈액에 이상혈색소인 헤모글로빈 S가 함유되어 있기 때문이라는 것을 1949년 폴링이 처음으로 입증해 분자병 개념이 성립하는 기초가 되었다.

었던) 인간의 염색체 수가 46개임을 확인했다. 이 시기 즈음 터너증후군Turner's syndrome을 지닌 여성들은 X염색체를 하나만 지니고 있음이 확인되었으며,[13] 다운증후군을 지닌 사람들에게서는 과잉염색체extra chromosome가 발견되었다. 전기영동법이 향상되고 비용은 감소함에 따라, 그 기법이 다양한 실험실에서 채택되었으며 정상적인 집단과 '질병에 걸린' 집단 양쪽 모두에게 적용되었다.

그렇지만 우생학이 과거 속으로 사라져 버린 것은 전혀 아니었다. 비록 펜로즈가 『우생학 연보』*Annals of Eugenics*의 이름을 『인류유전학 연보』*Annals of Human Genetics*로 변경하기는 했지만,[14] 인류유전학과 우생학의 관련성은 국제적이고 지역적인 수준에서 지속되었다. 예를 들어 폴은 [1948년 창립된] 미국인류유전학회American Society of Human Genetics, ASHG의 회장 여섯 명 중 다섯 명은 미국우생학회의 이사이기도 했음을 언급한다. 그녀는 또한 초기의 유전학 클리닉이 비록 그 수는 적었지만 대개 우생학에 의해 영감을 받았음을 설득력 있게 입증한다. 이러한 클리닉으로는 미시간대학교 유전클리닉Heredity Clinic, 미네소타대학교 다이트연구소Dight Institute, 존 프레이저 로버츠에 의해 설립된 그레이트 오몬드 스트리트 아동병원 유전상담클리닉Genetics Advisory Clinic at the Great Ormond Street Hospital for Sick Children이 있었다. 다이트연구소의

---

13) 이로 인해 터너증후군을 지닌 여성들에게서는 난소의 기능부전으로 인한 무월경증이나 조기 폐경이 발생한다. 그리고 성인이 되어도 키가 120~140cm 정도에 머무는 저신장장애가 특징적으로 나타나며, 심장질환, 골격계 이상, 학습장애 등도 수반된다.

14) 『우생학 연보』는 1925년 칼 피어슨에 의해 창간된 격월간 저널이었으며, 제호의 변경은 1954년에 이루어졌다.

후원자인 찰스 프리몬트 다이트Charles Fremont Dight는 그의 재산을 명확하게 우생학의 촉진을 위해 미네소타대학교에 남겼다. 다양한 주요 유전학자들 또한 유전학 클리닉의 우생학적 취지를 성원했다. 폴은 고든 앨런Gordon Allen과 제임스 닐을 그 예로 들고 있는데, 앨런은 '임상학적 우생학'에 찬성하는 발언을 했으며, 닐은 1954년에 '신우생학'을 옹호했다.

이 시기는 생화학적 유전학의 시대였으며, 그것은 생화학, 세포학, 인류학, 생물물리학, 효소학, 발생학, 전자현미경 검사 전문가들을 한데 묶어 냈다. 이들의 공동 작업은 유전자의 구조, 기능, 산물에 초점을 맞추면서 그 네트워크가 지닌 특별한 생산성을 입증했다. 1953년에 프랜시스 크릭과 제임스 왓슨은 DNA의 이중나선 구조를 설명했다. 1955년에 생어연구소Sanger Laboratory의 과학자들은 단백질이 아미노산으로 이루어져 있음을 확고히 입증하면서 인슐린의 아미노산이 지닌 염기서열을 밝혀냈다. 또한 버넌 마틴 잉그럼Vernon Martin Ingram은 겸상적혈구빈혈증 환자의 헤모글로빈이 정상적인 헤모글로빈과 하나의 아미노산에서만 차이를 보인다는 것을 발견했다. 자크 모노Jacques Monod와 프랑수아 자코브François Jacob는 1959년에 인체 내 화학 작용의 통제와 조정에서 DNA가 수행하는 직접적인 역할을 설명했는데, 이는 케이가 '개념적 혁명'이라고 칭했던 작업을 이어 나간 것이라 할 수 있다. 케이는 크릭에게 있어 이러한 새로운 이론들의 함의는 명백했다고 언급한다. 즉, 그에게 유전 암호의 일치는 곧 생명체의 동일함을 말해 주는 것이었고, 인류의 고유성에 대한 믿음에 이의를 제기하는 것이었다. 크릭은 DNA를 '생명체의 암호'라는 견지에서 설명하면

서 그것이 지닌 단순성을 강조하는 데 진력했고, DNA를 자신이 종교
와 관련하여 경멸했던 모든 것, 특히 개인의 존엄성에 대한 종교의 강
조를 무너뜨리는 파성퇴破城槌로 사용했다.

분자유전학을 향하여

1950년대 말이 되자 새로운 분자생물학이 등장하기 시작했다. 그것
은 인간생물학에 대한 대단히 환원주의적인 접근법에 기반을 두고 있
었으며, 그런 접근법은 실험실의 경계를 넘어 사회 전반으로 확장되었
다. 폴이 논하고 있는 것처럼, 크릭과 왓슨이 DNA의 이중나선 구조를
발견한 것은 (방사선의 유전적 영향에 대한 우려가 존재하긴 했지만)[15]
우생학에 동조하는 유전학자들을 '대담하게' 만들었다. 크릭은 이러한
우생학의 부활에 있어 그 선봉에 서 있었다. 그는 1961년에 대규모 우
생학 프로그램을 마련하자고 주장했는데, 여기에는 식품첨가물을 통
한 시민들의 단종이 포함되어 있었다. 가브리엘 거딩Gabriel Gudding은
인체와 정치체 양자에 대한 취약감의 증가가 어떤 식으로 새로운 유전
자 결정론의 확산에 도움을 주었는지에 대해 언급한다.[16]

---

15) 크릭은 1949년부터 케임브리지대학교 캐번디시연구소에서 방사선(X선)을 사용하여 나선상
    단백질의 분자 구조를 연구했고, 이 연구를 바탕으로 미국의 생물학자 왓슨과 공동으로 1953
    년 『네이처』지에 발표한 논문에서 DNA의 이중나선 구조를 규명했다.
16) Gabriel Gudding, "The Phenotype/Genotype Distinction and the Disappearance of
    the Body", *Journal of the History of Ideas* 57(3), 1996, pp. 525~545.

1950년대와 1960년대 내내 실험실에 기반을 둔 유전학과 임상유전학은 점점 더 손을 맞잡게 되었다. 의료유전학이 임상에 적용됨에 따라 그 중요성도 커져 갔다. 그때까지는 유전학이 의과대학에서 광범위하게 가르쳐지지 않았지만, 그 분야의 대다수 연구자들은 독학을 했고 1960년대 말이 되자 유전학 클리닉은 30개로 증가했다. 이런 클리닉들은 영국에서는 주로 의사들에 의해, 미국에서는 박사 학위를 지닌 학자들에 의해 운영되었지만, 양쪽 집단 모두 우생학에 대한 동조를 유지했다. 폴은 다음과 같이 언급한다.

> 1960년대 내내 의료유전학계의 주요 인사들 — 여기에는 미국과 캐나다의 클래런스 올리버Clarence P. Oliver, 커트 스턴Curt Stern, 리 다이스Lee R. Dice, 허루프 스트랜드스코브Herluf Strandskov, 고든 앨런, 윌리엄 앨런William Allan, 내시 헤론C. Nash Heron, 프란츠 칼만Franz Kallmann과 해럴드 폴즈Harold Falls, 매지 매클린Madge Macklin, 프랭크 클라크 프레이저Frank Clarke Fraser, 영국의 엘리엇 슬레이터Eliot Slater와 세드릭 카터Cedric Carter, 덴마크의 타게 켐프Tage Kemp가 포함된다 — 은 노골적으로 그들의 작업은 '우생학'의 한 형태라고 말했다.[17]

이런 유전학자들은 '좋은 의료유전학'을 과거의 오용 및 나쁜 과학과 구별하고자 했다. 그들은 재생산에서의 합리적인 의사 결정을 강조했다. 그러나 우생학적 정서는 좀처럼 사라지지 않았다. 로버트 레

---

17) Paul, *The Politics of Heredity*, p. 137.

스타Robert G. Resta가 언급한 것처럼, 중립성에 대한 유전상담사들의

강조는 "우생학의 원칙이 아니라 그 방법론에 대한 반응이었다".[18] 테

이-삭스병Tay-Sachs disease[19]이나 헌팅턴병 같은 질병을 야기하는 '나쁜'

유전자를 제거하는 게 여전히 우선 사항이었던 것이다. 유전상담사들

은 인구의 건강에 대한 책임성을 이유로, 클라이언트들에게 조언을 해

주는 그들의 의무를 실행할 때 종종 매우 명시적인 태도를 취할 수 있

었다. 이는 유전상담이 비지시적인 것과는 거리가 멀었음을 의미했다.

유전병에 대한 치료 또한 우생학적 동기에 기반을 두고 이루어질

수 있었다. 로버트 거스리Robert Gurthrie가 시행한 페닐케톤뇨증에 대한

혈액 검사는 미국과 영국에서 그 이상에 대한 신생아 선별 검사의 도

입으로 이어졌다. 상업적으로 조리된 규정식 또한 치료법의 한 형태로

이용할 수 있게 되었다. 이것은 커다란 성공으로 묘사되었는데, 부분

적으로 이는 그러한 검사와 규정식이 페닐케톤뇨증을 지닌 아동의 치

료비를 줄여 줄 것 —— 우생학적 함의를 지닌 공중위생의 논거 —— 이

기 때문이었다. 페닐케톤뇨증의 치료가 한 논평가의 글에서는 '산아제

한'에 대한 유전상담과 마찬가지로 예방의 한 형태로 간주되었다.[20]

인류유전학과 우생학을 동일시하는 데까지 나아가지는 않았던 유

---

18) Robert G. Resta, "Eugenics and Nondirectiveness in Genetic Counselling", *Journal of Genetic Counselling* 6(2), 1997, pp. 255~258; Alan Petersen, "Counselling the Genetically 'At-Risk': The Poetics and Politics of 'Non-Directiveness'", *Health, Risk and Society* 1(3), 1999, pp. 253~266에서 재인용.

19) 지질대사의 장애에 의해 신경계에 지질이 축적되는 질병으로, 흑내장성 가족성 백치 (amaurotic familial idiocy)라고도 한다. 임상적으로는 운동 실조, 인지기능 저하, 실명, 뇌전증 발작 등이 나타나며, 발병 후 대개 쇠약 또는 감염으로 인해 조기에 사망한다.

20) H. Eldon Sutton, "Human Genetics", *Annals of Genetics* 1, 1967, p. 22.

전학자들도 인류유전학의 논의에서 우생학이 지닌 중요성을 인정했다. 그들은 단종과 선별적 육종selective breeding의 무익함, 헌팅턴병 같은 질환의 발병에 앞서 보인자[21]를 확인하는 것에서의 무능력, 치료의 열생학적 효과 같은 우생학적 문제들을 거리낌 없이 논의했다.[22]

유전학자들은 또한 임상적 관행을 극적으로 변화시키게 될 향후 발전의 기틀을 마련했다. 그들은 유전병에 존재하는 일차적인 생화학적 결함의 확인을 추구하면서, 하나의 위치(장소)에 많은 대체 가능한 유전자가 존재할 수 있음을 발견했다. 거딩은 유전자의 환경에 대한 반응성이 또한 규명되면서 그것이 어떤 식으로 유전자 결정론을 한층 더 강화했는지 언급한다.[23] 과학자들은 인간-생쥐 잡종 세포human-mouse hybrid cell 같은 새로운 개발의 과정을 거치면서 시험관에서 유전자의 영향을 연구했다. 1960년대 후반에는 DNA가 시험관에서 복제되었으며, 박테리아 유전자의 분리도 이루어졌다. 유전적 연관성에 대한 연구 또한 계속되었다. 비록 그것이 유전적 이상보다는 염색체 자체의 이상에 초점을 맞추면서 그 결과가 그다지 성공적이지는 못했지

---

21) 보인자란 기본적으로 어떤 유전병과 관련된 유전자를 보유하고 있지만 증상은 나타나지 않는 상태에 있는 사람을 말한다. 일반적으로는 상염색체 열성 질환에서 대립 유전자 중 한쪽에만 이상이 있어 발병되지 않는 경우(2장 각주 39) 참조), 또는 반성유전(sex-linked inheritance)에서 한쪽 X염색체에만 이상이 있는 여성의 경우(이 장 각주 31) 참조)를 말한다. 단 상염색체 우성 질환에서도 헌팅턴병처럼 발병 시기가 늦거나, 유전성 유방암 및 난소암처럼 100% 발병되는 것은 아니기 때문에(6장 각주 33) 참조) 증상이 나타나지 않은 사람도 보인자라 칭하는 경우가 있으므로 주의가 필요하다.

22) Alan Emery, "Genetics in Medicine", University of Edinburgh Inaugural Lecture, no. 35, 1968.

23) Gudding, "The Phenotype/Genotype Distinction and the Disappearance of the Body", pp. 525~545.

만 말이다.

1960년대에는 유전자 치료에 대한 연구 또한 시작되었다. 1930년
대와 1940년대에 록펠러재단이나 홀데인과 멀러 같은 초기 유전학자
들에 의해 공식화된 '생물공학'biological engineering이라는 좀 더 오래된
개념에 의존하여, 에드워드 테이텀, 롤린 호치키스Rollin D. Hotchkiss, 바
츨라프 스지발스키Waclaw Szybalski 같은 몇몇 저명한 과학자들은 인간
의 유전자 변형에 대해 고찰하기 시작했다. 폴 마틴Paul Martin이 설명하
고 있는 것처럼, 생식계열germ-line[24] 유전자 조작과 체세포 유전자 조작
에 각각 기반을 둔 유전자 치료에 대한 두 가지 '전망'이 그때 등장했
다.[25] 첫 번째는 좀 더 전형적으로 우생학의 성격을 띠었고 미래 세대
의 유전자 구성genetic make-up[constitution]을 수정하는 것을 목표로 했던
반면, 두 번째는 해당 개인의 치료에 그 강조점을 두면서 좀 더 개혁적
인 성격을 띠었다.

이런 발전들은 '생물학적 혁명'의 가능성과 관련하여 상당한 대중
적 논의를 촉발했다. 마틴이 논한 것처럼, 긍정적인 미래를 전망하는
담론이 존재하기도 했지만, '슈퍼 인종'이 만들어지는 것 아니냐는 상
당한 우려가 일반인들뿐만 아니라 과학자들 사이에서도 표출되었다.
주요 유전학자들이 표명한 의견들에는 구래의 주류 우생학에 존재했
던 강압적이고 비관주의적인 요소들과 공명하는 우생학적 색조가 분

---

24) 개체 발생에서 생식세포 형성으로 이어지는, 세대가 지나도 지속되는 세포 계열을 말한다.
25) Paul Martin, "Genes as Drugs: The Social Shaping of Gene Therapy and the
    Reconstruction of Genetic Disease", eds. Peter Conrad and Jonathan Gabe,
    Sociological Perspectives on the New Genetics, Oxford: Blackwell, 1999.

명히 유지되고 있었기 때문이다. 1968년에 라이너스 폴링이 결혼기 남녀에게 겸상적혈구빈혈증 및 다른 유해 유전자에 대한 의무 검사를 실시해야 하며, 보인자임이 확인될 경우 그들에게 문신을 새겨야 한다고 주장했던 것은 잘 알려져 있다. 케블레스는 허먼 멀러가 생식세포 선택재단Foundation for Germinal Choice의 설립 가능성을 검토했음을, 그리고 그 재단에서 엄정하게 가려진 우수한 기증자의 정자를 활용해 인공 수정 서비스를 제공하려고 구상했음을 언급한다. 1967년에 멀러가 죽고 난 후, 그의 아내의 바람과는 다르게 결국 재단이 설립되었다.[26] 비록 그 재단이 많은 조롱을 받기는 했지만, 멀러의 최초 제안은 에른스트 마이어Ernst Mayr, 제임스 크로James F. Crow(개체군 유전학자), 프랜시스 크릭 등을 포함한 과학계와 의학계의 많은 이들로부터 열렬히 환영받았다. 크릭은 유전적으로 바람직하지 않은 아이의 출산을 제한하는 계획이 허용되어야 한다고 생각하기도 했다. 앨런 에머리Alan Emery 또한 1968년 에든버러대학교 취임 강연에서 멀러의 생각에 경의를 표하며 이를 인용했다.[27]

---

26) 미국의 백만장자 사업가이자 우생주의자였던 로버트 그레이엄(Robert Klark Graham)은 허먼 멀러의 구상을 따라 1980년 캘리포니아주 에스콘디도에 생식세포 선택을 위한 보관소(Repository for Germinal Choice)라는 이름의 정자은행을 설립했다. 애초에는 노벨상 수상자들의 정자만 기증받고자 했으나, 현실적인 어려움으로 아주 높은 IQ를 지닌 사람이나 올림픽 금메달리스트의 정자 또한 선별해 받았다고 한다. 언론에서는 흔히 '노벨상 정자은행'이라고 불렸는데, 노벨상 수상자 중 공식적으로 알려진 정자 기증자로는 열렬한 우생학 지지자였으며 트랜지스터를 발명한 공로로 1956년에 노벨물리학상을 수상한 윌리엄 쇼클리(William B. Shockley)가 있었다. 이곳의 정자를 이용한 인공 수정을 통해 1982년 4월 19일 첫 번째 아기의 출산이 이루어졌으며, 같은 방식으로 총 218명의 아기가 태어났다고 알려져 있다. 이 정자은행은 그레이엄이 사망하고 2년이 지난 후인 1999년에 문을 닫았다.

27) Emery, "Genetics in Medicine".

유전학이 더 큰 영향력을 갖게 됨에 따라, 의사들 또한 유전병의 치료에 더 많은 관심을 보이게 되었다. 일부 유전병들에서는 결핍된 효소를 대신하기 위해 혈장을 주입하는 치료법이 시도되기도 했지만 제한된 성공만을 거두었다. 장기 이식이나 "배양된 조직에서 이루어지는DNA를 매개로 한 인간 세포의 변형" 가능성도 탐색되었다.[28] 규정식을 통한 페닐케톤뇨증의 치료는 유전의학의 커다란 성공으로 묘사되었다. 우리가 아래에서 살펴보게 될 것처럼 선별 검사 프로그램이 상당한 문제점을 지니고 있었음에도 불구하고 말이다.

그러나 이 시기에 진정으로 전면에 부각된 것은 산전 진단이었다. 우생학이 오용을 함의하는 용어가 됨에 따라, 양수 천자와 자유로운 낙태가 이전과는 근본적으로 다른 유전학적 서비스로서 예비 부모들에게 제시되었다. 이는 이전 같았으면 그냥 아이 없이 살아가는 쪽을 택했을 많은 이들에게 아이를 가질 수 있는 가능성을 제공했다. 결함이 있는 태아를 탐지하고 낙태시킬 수 있는 능력은 또한 훨씬 더 표적화되고 개별화된 형태로 인간의 유전을 통제하는 것을 가능하게 했다. 양수 천자는 이러한 새로운 유전병 제거 전략의 핵심이었다. 루스 슈워츠 카원Ruth Schwartz Cowan은 1950년대 중반부터 Rh인자[29] 질병을 검사하기 위해서 임신 후기[30]에 양수 천자가 활용되어 왔다고 언급한

---

28) Ibid.
29) 사람의 혈액형을 결정하는 인자의 하나로, 1940년 란트슈타이너가 붉은털원숭이의 항원을 연구하는 과정에서 발견해 그 머리 문자를 따 Rh인자라고 이름 지었다.
30) 산모의 임신 기간은 보통 최종 월경 주기의 첫째 날부터 42주를 각각 14주씩 삼등분하여 초기, 중기, 후기(또는 1기, 2기, 3기)로 나눈다. 따라서 임신 후기는 임신 29주부터 출산까지의 시기를 말한다.

다. 1955년에는 양수에 포함된 태아 세포의 분석이 아이의 성별을 예측할 수 있도록 해준다는 사실이 발견되었다. 염색체 이상에 관한 지식이 늘어남에 따라 유전상담은 태아 세포의 유전자 구성에 관한 정보를 제공할 수 있게 되었다. 1960년 덴마크 코펜하겐에서는 일단의 의사들이 (남성에게만 나타나는 반성유전 질병인) 혈우병 보인자였던 산모의 남자 태아를 낙태시키는 수술을 시행했다.[31] 결함이 있는 태아의 낙태가 시작된 것이다.

1970년대 중반까지는 스칸디나비아 이외의 지역에서 반성유전 검사가 상대적으로 매우 드물긴 했지만, 1960년대에 의사들은 태아에게 나타나는 약 100여 개의 염색체 이상에 대한 검사법을 개발했으며, 영국에서는 다운증후군에 대한 선별 검사가 35세 이상 산모에게 제공되기 시작했다. 케블레스는 이미 1961년에 잉글랜드 및 웨일즈의 145개 보건 당국 중 131곳이 선별 검사를 도입했다는 점을 언급한다. 그리고 폴이 지적한 것처럼, 미국 정부도 장애 예방과 그에 따른 비용 절감의 가능성을 고려해 양수 천자를 매우 적극적으로 촉진했다. 산전 진단은 임신 중기에 겸상적혈구빈혈증에 대해서도 시도되었으며, 산전

---

31) Ruth Schwartz Cowan, "Women's Role in the History of Amniocentesis and Chorionic Villi Sampling", eds. Karen H. Rothenberg and Elizabeth Jean Thomson, *Women and Prenatal Testing: Facing the Challenges of Genetic Technology*, Columbus, OH: Ohio State University Press, 1994. [일반적인 상염색체가 아닌 성염색체에 위치한 유전자에 의해 일어나는 유전을 반성유전이라고 하는데, 혈우병은 적록색맹과 더불어 반성유전의 대표적인 예다. 사람의 경우 반성유전은 X염색체상의 유전자에 의한 열성유전의 형태를 띤다. 따라서 남성과 여성 모두에게 유전될 수는 있지만, 여성은 X염색체가 두 개여서 보인자인 경우가 있기 때문에 여성보다 남성에게서 유전 발현율이 더 높다. 단, 혈우병은 양쪽 X염색체에 모두 이상이 있는 여성의 경우 모체 내에서 자연 유산이 되기 때문에 남성에게만 나타나는 것으로 알려져 왔다. 그러나 혈우병을 지닌 여성도 극히 드물지만 발병 사례에 대한 보고가 이루어지고 있다.]

진단에서 유전적 연관성에 대한 지식의 활용 가능성이 검토(되고 근육긴장퇴행위축myotonic dystrophy[32])의 한 사례에서 실제로 활용)되었다.

이러한 유전자 검사의 확대를 촉진하기 위해 유전상담도 전문화되기 시작했다. 1969년에 미국에서 최초의 유전상담 석사 과정이 개설되었다. 강조점은 위험성의 중립적 평가와 균형 잡힌 정보——제공되는 세부 정보의 정확성을 포함하여——에 주어졌다. 양질의 기술적 정보가 다른 무엇보다 중요했다. 그러나 환자의 이해 능력에 대한 '결손 모델'이 계속해서 만연해 있었다. 즉 착오가 발생했을 경우, 그것은 부적절하거나 혼란스러운 정보가 아니라 클라이언트의 정서적 또는 수리적 능력의 결여 탓으로 돌려졌다. 불편부당함과 클라이언트의 '결정권' 또한 강조되었는데, 이는 재생산에 대한 새로운 태도를 반영했다. 폴이 논평하고 있는 것처럼, "20년도 되지 않는 기간 동안에, 재생산은 공적인 문제에서 사적인 일로 전환되었다".[33]

그러나 유전상담은 결함이 있는 태아의 낙태를 찬성하는 쪽으로 편향되어 있었다. 비록 상담사들이 그와 반대되는 수사를 사용하긴 했지만 말이다. 빅터 맥쿠식Victor A. McKusick의 말을 빌리자면 부모들이 "정상적인 아이를 낳도록" 도울 수 있는 유전자 검사의 중요성을,[34] 또는 조지 마틴George Martin과 홀게르 횐Holger Hoehn의 말을 빌리자면 "선

---

32) 근육퇴행위축(muscular dystrophy)은 유전적 요인으로 인해 근육의 위축, 근력 저하, 근육 섬유의 괴사가 일어나는 퇴행성 질환으로 근이영양증이라고도 불린다. 임상 및 유전 양상에 따라 다양한 형태로 분류되는데, 근육긴장퇴행위축이나 6장과 8장에서 언급되는 뒤셴형 근육퇴행위축도 그 한 형태다.

33) Paul, *Controlling Human Heredity*, p. 129.

34) Victor A. McKusick, "Human Genetics", *Annals of Genetics* 4, 1970, p. 27.

별석 낙태에 의해 많은 유전질환이 가져오는 정서적·경제적 부담을 상당히 감축할 수 있는"[35] 이득을 유전학자들이 계속해서 강조함에 따라 중재의 문화와 장애의 의료화가 만연했다. 다른 이들은 좀 더 명시적으로 우생학적 입장을 취했다. 예를 들어 조지프 플레처Joseph Fletcher는 그 누구도 고의로 유전병을 물려줄 권리를 갖고 있지 않다고 주장했다.[36] 열성 질환의 경우에는 산전 진단과 치료의 열생학적 효과 또한 우려의 요인이 되었다.

1960년대와 1970년대에는 또한 공중위생이라는 기치 아래 다양한 유전학적 선별 검사 프로그램이 확실히 자리를 잡았다. 예를 들어 미국에서는 페닐케톤뇨증 선별 검사가 1963년 메사추세츠에서 처음 시작된 이래 43개 주에서 이 검사가 도입되었다. 폴 에델슨Paul J. Edelson과 다이앤 폴은 이것이 정신질환자 시설의 임상유전학자와 의사, 부모, 공무원 사이에 존재했던 이해관계의 수렴을 반영한 것이었다고 논한다.[37] 선별 검사 프로그램은 정신질환자 시설의 임상유전학자들에게 그들의 인지도를 높일 수 있는 기회를 제공했으며, 의사들이 그곳에서의 작업을 당대의 의학과 결합시키는 것을 가능하게 했다. 그것은 또한 부모와 공무원들에게 향후 치료에 관한 희망을 제공했다. 이러한 일이 선별 검사와 그 검사가 기초하고 있는 지식의 정확성에 관한 우려에도 불구하고 발생했다.

---

35) George Martin and Holger Hoehn, "Genetics and Human Disease", *Human Pathology* 5(4), 1974, p. 403.
36) Paul, *The Politics of Heredity*, p. 167.
37) *Ibid.*, p. 174.

폴은 페닐케톤뇨증 규정식을 섭취한 아동들에게서 대개 학습적 장애가 계속 진행되었기 때문에, 특히 아동들이 규정식을 중단했을 경우나 임신부가 임신하기 전과 임신 기간 동안 규정식을 계속해서 실행하지 않았을 경우 더욱 그러했기 때문에, 처음에는 그런 규정식이 불충분한 것으로 여겨졌다고 언급한다. 또한 그녀는 페닐케톤뇨증 규정식의 높은 비용이 부과하는 문제가 충분히 검토되지 않았으며, 의심할 여지 없이 그 높은 비용이 페닐케톤뇨증 선별 검사와 (규정식의 목적을 달성하기 위한) 치료가 제대로 이루어지지 않는 중요한 요인이었다고 언급한다. 이런 문제들에도 불구하고, 유전학의 지지자들도 비난자들도 페닐케톤뇨증을 치료될 수 있는 유전병의 한 모델로 묘사했다. 유전학 비판자들에게 페닐케톤뇨증은 유전자와 IQ에 대한 연구에서 나타나는 조악한 유전자 결정론에 맞서 유전자와 환경의 상호작용을 강조하는 데 유용했다. 유전학 — 반드시 행동유전학은 아니었지만 — 지지자들에게도 페닐케톤뇨증은 유전학이 이롭게 쓰일 수 있는 역량을 보여 주는 한 실례였다. 폴은 "페닐케톤뇨증 선별 검사가 지능이라는 유전형질에 대한 논란에서 하나의 무기가 된 1970년대에, 그 선별 검사는 순전한 성공 스토리로 탈바꿈했다"라고 쓰고 있다.[38]

보인자의 재생산을 예방하는 것은 이 시기에도 계속해서 하나의 의제로 남아 있었다. 비록 그것의 틀이 이제는 그들의 재생산에 우생학적 통제를 부과하는 것의 중요성보다는, 소수자 공동체가 그들 자신의 문제를 결정할 수 있는 권리라는 측면에서 설정되기는 했지만 말

---

38) *Ibid.*, p. 181.

이다. 테이-삭스병은 아슈케나지 유대인Ashkenazi Jews[유럽 동부와 중부 계통의 유대인]에게서 발병률이 높은 것으로 알려져 있는데, 미국의 일정한 지역들에서는 두 명의 보인자가 결혼하여 그 질병을 지닌 아이를 갖는 것을 피하기 위하여 정통파 랍비들에 의해 관리되는 명부가 확립되었다. 이러한 제도의 성공과는 대조적으로 겸상적혈구 선별 검사에는 좀 더 많은 논란이 뒤따랐다. 겸상적혈구 선별 검사는 부분적으로 미국 흑인들 —— 그 질병은 흑인들에게서 발병률이 훨씬 더 높았다 —— 사이에서 일어났던 공민권 행동주의의 상승된 분위기에 부응하여 1970년대에 확립되었다. 그렇지만 아이러니하게도 이것은 애초의 목적과 반대로 추가적인 차별의 근원이 되었다. 1972년에 연방의회는 「국민 겸상적혈구빈혈증 관리법」National Sickle Cell Anemia Control Act을 통과시켰고 몇몇 주에서 선별 검사 관련 법률이 시행되었으며, 그중 일부는 검사를 의무화했다. 흑인들이 표적이 되었고 고용주들과 입법자들 양쪽 다 흔히 보인자 상태를 그 질병을 지니고 있는 것으로 혼동했다. 그리하여 선별 검사는 겸상적혈구 형질을 지닌 사람들의 공군 입대 금지와 같은 상당히 명백한 차별로 귀결되었다.

　미국에서 초기의 선별 검사 관련 법은 1976년의 「국민유전병법」National Genetic Diseases Act에 의해 대체되었는데, 그 법은 겸상적혈구빈혈증과 테이-삭스병에 대한 선별 검사를 다루었던 법에다가 낭포성섬유증cystic fibrosis [39], 근육퇴행위축, 헌팅턴병 등과 같은 다른 질병들에

---

39) 염소 이온의 수송을 담당하는 유전자의 이상 때문에 발생하는 상염색체 열성 유전질환으로 주로 백인에게서 나타난다. 체내 점액의 과잉 생산으로 폐와 췌장에 이상이 발생하여 소화효소가 소장에 도달할 수 없게 되고, 염분이 높은 땀, 생식기관의 이상을 동반하기도 하는 등

대한 조항을 추가시켰다. 요컨대 이 법은 유전에서 기인하는 것으로 알려진 모든 질병을 포괄했다. 케블레스는 1975년에 거의 50만 명의 미국인들이 겸상적혈구 형질에 대한 선별 검사를 받았으며, 수만 명의 사람들이 추가로 테이-삭스병이나 지중해빈혈증thalassemia40)에 대한 선별 검사를 받았음을 언급하고 있다.41)

우생학적 단종수술과 차별의 지속

큰 틀에서 보았을 때, 구식 우생학의 가치와 실천들 중 많은 부분은 영국과 미국에서 1960년대와 1970년대 내내 남아 있었다. 양쪽 나라의 장애인들은 차별 철폐를 위한 정부 정책들을 촉진하면서 운동을 조직하기 시작했지만, 학습적 장애나 정신장애를 지닌 사람들은 여전히 낙인화된 상태로 남아 강압적 치료를 받고 있었다. 이 시기에 정신건강은 주로 의학적 문제로 간주되었다. 예컨대 영국에서 1959년의 「정신보건법」은 '핸디캡을 지닌'handicapped이나 '정신적으로 평균 이하인' mentally subnormal 같은 용어들을 선호하면서 '정신적 결함'[2장 각주 1) 참조]이라는 개념을 사용하지 않았다. 그렇지만 톰슨이 언급한 것처럼

여러 가지 문제가 나타난다.

40) 베타헤모글로빈쇄(β-hemoglobin chain) 유전자의 점돌연변이(point mutation) 및 결실(缺失)로 인한 적혈구의 헤모글로빈 부족 때문에 발생하는 질병이다. 지중해 연안의 민족에게서 처음으로 확인되어 이런 이름이 붙었으나 환자는 전 세계적으로 분포하고 있다.

41) Kevles, *In the Name of Eugenics*, p. 256.

새로운 용어법, 특히 '사이코패스'라는 용어는 "의학적 통제가 정신질환과 정신적 결함 사이에 있는 '경계적' 영역에까지 미치는 것을 가능하게 했으며, 그런 경계적 영역은 정신적 결함이나 정신위생 관련 압력단체들에게 있어 언제나 최대의 도덕적·사회적·우생학적 관심사가 되어 왔다".[42]

단종수술 또한 상당한 규모로 계속해서 이루어졌다. 트롬블리는 영국에서 1968년 4월부터 1969년까지 1만 545명의 여성들이 낙태수술을 받을 때 단종수술도 함께 받았음을 언급한다.[43] 1975년 잉글랜드에서는 법적 판례를 통해 동의 없는 단종수술의 불법성이 확인되었지만(이 판례의 효력은 1987년까지 지속되었다),[44] 단종수술의 남용을 막기 위한 어떠한 제정법도 발의되지 않았다. 스코틀랜드에서는 단종수술이 특히 더 흔하게 이루어졌는데, 그 대부분이 우생학적인 이유 때문이었다. 트롬블리는 "많은 지역 및 중앙의 정치인들이 퇴보라는 개념에 동조했으며, 단종수술을 현대 복지국가의 문제들을 완화할 수 있는 수단으로 바라보았다"고 논평한다.[45] 당시 노동보건부 장관이었던 데이비드 오언David Owen은 미혼 여성들이 "정신적으로 평균 이하이고 성적으로 취약한" 경우와 같은 일정한 상황에서는 우생학적 단종수술

---

42) Mathew Thomson, *The Problem of Mental Deficiency: Eugenics, Democracy, and Social Policy in Britain c.1870-1959*, Oxford: Clarendon Press, 1998, p. 294.

43) Trombley, *The Right to Reproduce*, p. 178.

44) 판례는 '선례구속의 원칙'에 의해 동급 법원이나 하급 법원에 대하여 법적 구속력을 갖게 된다. 즉 나중에 유사한 이슈나 사실을 지닌 소송 사건이 법원에 제기되면 해당 법원은 기본적으로 앞선 판례를 따라야만 한다.

45) Trombley, *The Right to Reproduce*, p. 202.

을 용납했다.[46] 보수당 정치인이었던 키스 조지프Keith Joseph 또한 1974
년의 한 연설에서 다음과 같이 주장했다.

높은 비율의 아이들이 자식을 기르는 데 전혀 적합하지 않은 어머니
들에게서 태어나고 있으며 그 비율은 더 증가하고 있습니다. […] 많
은 이들이 […] 미혼인 상태이며 […] 그들 대부분은 지능이 낮습니다.
[…] 그들은 문제아들을, 즉 장래의 미혼모와 비행 청소년, 그리고 소
년원, 저능아 교육기관, 감옥, 부랑자 쉼터에 머물게 될 아이들을 낳고
있습니다. 퇴보를 향해 나아가고 있는 이 국가를 위해 우리가 아무것
도 하지 않는다면, 향후 아무리 많은 자원을 예방 작업에 쏟아붓는다
하더라도 소용없을 것입니다. […] 이런 계층의 사람들에 대한 불임수
술 시술소birth control facilities를 확대하자는 제안은 […] 전적으로 이해
할 만한 도덕적 반대를 불러일으킬 수는 있습니다. 그러나 과연 어느
쪽이 차악일까요?[47]

우생학적 단종수술은 캘리포니아 같은 미국의 여러 주들에서
도 계속되었다. 데이비드 파이퍼David Pfeiffer는 다음과 같이 언급한다.
"1951년까지 1만 9000명이 넘는 사람들이 캘리포니아주의 법 아래
서 단종수술을 받았다. 버지니아주에서는 캐리 벅이 거주했던 시설에
서만 4000명 이상이 단종수술을 받았다. […] 그녀에게 단종수술이 이

---

46) *Ibid.*, p. 206.
47) *Ibid.*, p. 203.

루어지도록 허용했던 법이 1968년 폐지되기는 했지만 [⋯] 버지니아 주에서 단종수술은 1972년까지도 중단되지 않고 계속되었다."[48] 트롬블리도 1960년대에 미국에서 우생학 사상의 인기가 다시 한번 높아지게 되었다고 언급한다. 그는 당시 20세였던 낸시 에르난데스Nancy Hernandez의 사례를 인용하고 있는데, 그녀는 자신의 남편이 마리화나를 피우는 동안 함께 있었다는 이유로 유죄가 인정된 후, 단종수술에 동의하는 것을 조건으로 6개월의 징역이나 보호관찰 중 선택하라는 판결을 받았다(그 판결은 미국시민자유연맹American Civil Liberties Union, ACLU이 소송에 참가하면서 나중에 파기되었다). 에르난데스의 사례 이외에도 이와 유사한 판결은 더 있었는데, 그 모두는 흑인이나 히스패닉과 관련된 것이었다. 1970년에 흑인 여성들에 대한 단종수술률은 1000명당 9명으로 백인 여성의 두 배에 이르렀다. 북아메리카 선주민 또한 1970년대까지도 단종수술의 표적이 되었다.[49] 트롬블리는 1960년대 말과 1970년대에 미국에서 '단종수술의 폭발적인 증가'가 있었음을 논한다. 버나드 로젠펠드Dr. Bernard Rosenfeld에 의해 작성된 보건연구그룹Health Research Group의 보고서는 단종수술이 연간 200만 건의 수준에 이르고 있었음을 확인했다. 의사들이 의대생들을 교육하기 위해 여성들에게 강제로 자궁적출수술을 받도록 했다는 사실도 확인되었다. 로젠펠드는 그 사실을 폭로한 것 때문에 캘리포니아주에서 의사면허를 취소당해야 했다.

---

48) David Pfeiffer, "Eugenics and Disability Discrimination", *Disability and Society* 9(4), 1994, p. 495.
49) Trombley, *The Right to Reproduce*, pp. 176~177.

가난한 여성들 — 그들 중 다수는 흑인이었다 — 은 단종수술에 동의하지 않을 경우 복지급여가 중단될 것이라는 이야기를 들어야 했으며, 이를 입증하는 증거들도 존재한다. 정부는 그런 악폐를 중단시키기 위한 조치를 거의 아무것도 취하지 않았으며, 1960년대 말부터 1970년대 말까지 많은 주들의 법은 계속 강제적 단종수술을 허용했다. 1974년과 1978년에 충분한 정보에 근거한 동의의 필요성을 강조한 일단의 지침이 발표되었지만, 이조차도 거의 아무런 변화를 이끌어내지 못했다. 이런 상황의 배후에는 상당한 우생학적 정서가 존재하고 있었다. 단종수술의 대상은 가난한 흑인 여성들만이 아니었다. '정신지체인' 역시 표적이 되었는데, 그 용어는 엄밀하지 않게 적용되면서 어린 나이에 성욕이 왕성했던 소녀들까지도 이 범주에 포함되었다.

새로운 사회생물학의 등장

유전학의 성장은 또한 인구의 폭발에 대한 우려의 증대, 그리고 흑인 운동 및 페미니즘 운동에 대한 인종주의적이고 여성혐오주의적 반발이라는 맥락 속에서 이루어졌다. 과학자들도 그들 자신의 역할과 사회에서의 책임에 좀 더 신경을 쓰게 되었는데, 이는 부분적으로 전쟁과 핵무기의 개발에서 과학자들이 수행했던 역할에 관한 논쟁으로부터 자극을 받았기 때문이다. 케이는 도덕적 혼란과 사회적 무질서에 대한 이 같은 점증하는 우려에 대응하여, 몇몇 이들에 의해 유전자 환원주의가 어떤 식으로 강력히 주장되었는지를 보여 준다. 유전자 환원주의는 단순한 연구 전략 이상의 것이었다. 즉 그것은 하나의 세계관이었다. 예컨대 1970년에 미국과학학술원 과학·공공정책위원회Committee on Science and Public Policy of the National Academy of Sciences는 생명과학의 현황에 대한 통람通覽을 발간했는데, 이 간행물에서 필자들은 아무 거리낌 없이 사회를 생물학적 견지에서 바라보았으며, '비생산적인' 개인들의 숫자를 줄일 수 있는 낙태를 환영하고 우생학을 장려했다.[50]

다른 이들은 이 시기의 위기의식에 대응하여 좀 더 맑스주의적인 의제를 채택했다. 스티븐 제이 굴드Stephen Jay Gould, 리처드 르원틴Richard C. Lewontin, 리처드 레빈스Richard Levins 같은 저명한 과학자들이 회원으로 있던 민중을 위한 과학Science For the People 같은 그룹들과 유전자 환원주의자들 간에는 종종 개인적이면서도 열띤 형태의 상당한 논쟁이 존재했다. 존 벡위드Jon Beckwith 같은 유전학자들 또한 겸상적혈구 선별 검사 프로그램의 배후에 놓여 있던 우생학적 추동력을 문제삼았다. 그러나 가장 많은 논란을 불러일으킨 것은 행동유전학과 사회생물학이었다.

많은 유전학자들은 그들이 사회과학의 교조주의적인 환경 결정론으로 간주했던 것에 대응하여 행동의 형성에서 유전의 역할을 계속 강조했다. 몇몇 정신과 의사들과 심리학자들은 구식의 쌍둥이와 입양 연

---

50) Howard L. Kaye, *The Social Meaning of Modern Biology: From Social Darwinism to Sociobiology*, New Brunswick, NJ: Transaction, 1997, p. 78; Philip Handler ed., *Biology and the Future of Man*, New York: Oxford University Press, 1970에 대해 논하면서.

구[51]를 활용해 조현병 같은 우생학자들의 전통적 관심사에 대한 연구를 계속 수행했다. 이 시기를 전후하여 유전과 행동에 관한 좀 더 악명 높은 연구들도 이루어졌다. 케블레스는 퍼트리샤 제이콥스Patricia Jacobs와 그의 동료들에 의해 수행된, "위험스럽고 폭력적이거나 범죄적인 성향"을 지닌 사람들을 위한 스코틀랜드의 한 병원에 수용되어 있던 남성 입소자들의 염색체 연구에 대해 논하고 있다. 그 연구는 (X염색체 외에) 두 개의 Y염색체를 지니고 있는[52] 남성은 공격적인 성향을 지닐 가능성이 높다고 제시했다. 이 연구의 결과로 인해 호주의 한 남성은 그의 추가적인 Y염색체가 스스로 책임질 수 없는 폭력적인 성향을 갖게 만들었다는 이유로 살인에 대해 면소 판결을 받기까지 했다.[53] 이러한 연구 결과는 이후 신빙성을 잃기는 했지만, 염색체와 범죄성 간에 관련이 있다는 통념은 오늘날까지도 좀처럼 사라지지 않고 있다.

시릴 버트와 그의 동료들이 수행한 IQ에 대한 연구도 마찬가지로 논란의 여지가 많은 것이었다. 그들은 1955년에서 1966년 사이에 일란성 쌍둥이의 IQ에 대한 5개의 연구를 수행하여 그로부터 얻은 결과를 발표했다. 그들은 쌍둥이들이 함께 자랐는지 따로 자랐는지는 중요하지 않다고, 즉 [환경의 영향과 무관하게] 그들의 IQ 수준은 언제나 비

---

51) 쌍둥이와 입양 연구(twin and adoption studies)는 동일한 유전자형을 지닌 일란성 쌍둥이들 중 일부가 입양을 통해 다른 환경에서 자라더라도 상당히 유사한 표현형을 지니게 됨을 보여 줌으로써, 어떤 형질에 대한 유전의 영향력을 입증하려는 연구를 말한다.

52) 이런 상태는 그녀의 이름을 따서 제이콥스증후군(Jacobs syndrome)이라 이름 붙여졌다. 남성들에게서 1000명 중 1명꼴로 나타나는 비교적 흔한 유전 이상이지만, 평균적인 남성보다 키가 크고 성장이 다소 빠를 뿐 별다른 임상적 증상은 나타나지 않는다.

53) Gudding, "The Phenotype/Genotype Distinction and the Disappearance of the Body", pp. 525~545.

슷했다고 주장했다. 그에 따라 지능의 유전 가능성이 강력하게 제기되었다. 1969년에 심리학자인 아서 젠슨Arthur Jensen 또한 자신의 유명한 논문을 『하버드 평론』Harvard Review에 발표했는데, 여기서 그는 백인과 비교하여 더 낮은 흑인의 IQ는 대부분 유전적으로 결정된 것이라고 주장했다.[54] 그는 이런 이유 때문에 흑인의 성적을 향상시키기 위한 교육 제도들이 실패해 왔으며, 앞으로도 실패할 수밖에 없다고 결론 내렸다. 2년 후 리처드 헌스타인Richard Herrnstein도 IQ의 계급적 차이에 대해 유사한 논거를 제시했으며, 바로 같은 해에 윌리엄 쇼클리[55]는 [IQ가 100 이하인] 지능이 낮은 사람들에게 단종수술 비용을 의무적으로 지급하자는 악명 높은 제안을 미국심리학회American Psychological Association에 하기도 했다. 그러나 정신질환자 시설의 입소자들에게 퇴소에 앞서 단종수술을 시행하는 관행은 1970년대까지도 소위 자발적 의사라는 미명 아래 계속되었기 때문에, 이런 제안은 사실 당시의 분위기와는 동떨어진 것이었다고 할 수 있다.

인간 행동의 **모든** 측면이 유전적으로 결정된다는 생각 또한 1970년대에 다시 한번 두각을 나타냈다. 1975년 출간된 에드워드 오스본 윌슨Edward Osborne Wilson의 『사회생물학』Sociobiology은 생물학적 설명을

---

54) 「우리는 얼마나 IQ를 끌어올릴 수 있는가」라는 제목의 그 논문에서 젠슨은 지능이 85%는 유전되는 것이고 15%가 환경적 요인의 영향을 받는다는 논거를 제시했다. 이 논문은 수십 년이 지난 현재까지도 심리학 역사상 가장 문제적인 논문으로 꼽히며, 인종에 따라 지능에 차이가 있다는 이론은 그의 이름을 따서 젠스니즘(Jensenism)이라고 불린다.

55) 미국의 물리학자로 반도체물리학에 많은 기여를 했으며, 존 바딘(John Bardeen), 월터 브래튼(Walter H. Brattain)과 트랜지스터를 발명한 공로로 1956년 노벨물리학상을 공동 수상했다. 그러나 우생학적 신념에 따른 돌출 발언과 행동으로 수많은 논쟁의 중심에 서기도 했다.

행동의 모든 영역에 적용했다. 그가 인간이 아닌 대상에 주로 초점을 맞추고 있었음에도 불구하고, 인간의 사회적 관계에 대해 그의 저작이 지닌 함의는 대중의 마음의 사로잡으면서 광범위하게 논의되었다(그러한 함의는 윌슨의 1978년 저서 『인간 본성에 대하여』에서 직접 자세히 설명되었다).[56] 윌슨의 저작은 여성에 대한 남성의 지배를 (유전자의 확산을 극대화하려는) 생물학적 이유로 설명했다. 그는 또한 동성애가 유전에서 기인한다는 가설을 제기했다. 그러나 케이는 윌슨의 비판자들이 소리 높여 주장하는 것처럼 그가 현상 유지에 대한 옹호자는 아니라고 말한다. 오히려 그는 자신의 자유주의적 세계관에 크게 영향을 받은 개혁주의적 의제를 설정했으며, 그런 세계관 내에서 새로운 과학적 도덕성에 기반을 둔 문화와 생명 활동의 조화를 옹호했다. 윌슨은 문화적 변화가 생물학적으로 올바른 경로를 벗어난다고 하더라도 유전자가 문화를 일정 정도 제어한다고 주장했다. 이러한 올바른 경로를 다시 한번 찾아내기 위해서 그는 이타심(계몽된 이기심enlightened self-interest)의 적용을, 즉 유전자풀에 대한 개인의 공헌을 옹호했다.

다른 사회생물학자들도 이런 테마를 계속해서 다루었다. 1976년 출간된 리처드 도킨스Richard Dawkins의 『이기적 유전자』[57]는 케이가 '유전자의 도덕성'이라고 칭했던 것에 대한 윌슨의 믿음을 공유했으며,

---

56) 윌슨은 개미 연구의 세계적인 권위자이자 사회생물학의 창시자로 1956년부터 하버드대학교 교수로 재직해 왔으며, 『인간 본성에 대하여』(이한음 옮김, 사이언스북스, 2011)뿐만 아니라 『개미』(The Ants)로 퓰리처상을 두 차례 수상했다. 그의 제자인 최재천 교수가 번역한 『통섭』(최재천·장대익 옮김, 사이언스북스, 2005)을 통해 국내에도 대중적으로 잘 알려져 있다.
57) [국역본] 리처드 도킨스, 『이기적 유전자』, 홍영남·이상임 옮김, 을유문화사, 2010.

인간 사회에 대해 유사한 형태의 환원주의적이고 결정론적인 설명을 제시했다. 그렇지만 윌슨과 대조적으로 그는 인간이 이기적이지 않기 위해서는 반드시 배워야만 한다고, 그리고 이기적인 상태를 벗어나는 것은 인간 의식의 진화를 통해 일어날 것이라고 주장했다.

이런 연구들은 그 이전에 발표된 버트나 젠슨의 연구와 더불어 과학계 및 보다 광범위한 공론장 내에서 뜨거운 논란을 불러일으켰다. 비판자들은 윌슨이 과거의 우생학을 되풀이하면서 상승하는 복지 비용과 하층 계급에서의 인구 증가를 우려하는 우익 보수주의자들을 돕고 있다고 비난했다. 리언 카민Leon Kamin 또한 버트의 통계가 날조된 것임을 입증하면서 그의 주장을 뒤집었다. 다른 학자들이 이에 동의하고 그의 죄상이 세상에 알려졌을 때 한스 아이젱크Hans J. Eysenck를 포함한 다양한 동맹자들이 버트를 변호하기는 했지만, 심리학계의 대다수 인사들은 유전론적 입장으로부터 거리를 두었다. 토머스 기어린Thomas F. Gieryn과 앤 파이거트Anne E. Figert가 주장했던 것처럼, 심리학계는 "과학자로서 심리학자가 지닌 신뢰성과 권위에 대한 공신력을 회복하기" 위해 강력한 "지위 강등 의식"에 동참했다.[58] 그렇지만 이런 방식의 정당화 전략은 심리학계에 한정되지 않았으며, 인류유전학계와 생명과학계 전반에서도 나타났다. 한편 카민과 같은 소위 환경 결정론의 주요 옹호자들은 위에서 언급된 연구들의 방법론적 약점을 강조하기 위해 유전학 및 인접 과학을 전공한 동료 학자들 —— 미국에서

---

58) Thomas F. Gieryn and Anne E. Figert, "Scientists Protect their Cognitive Authority: The Status Degradation Ceremony of Sir Cyril Burt", eds. Gernot Böhme and Nico Stehr, *The Knowledge Society*, Dordrecht: D. Reidel, 1986.

는 테오도시우스 도브잔스키, 리처드 르원틴, 제리 허쉬^{Jerry Hirsh}, 영국에서는 스티븐 로즈 — 과 함께 결집했다. 비판자들은 유전 가능성이라고 말해야 할 것을 유전적 요인이라고 바꾸어 말하는 것(즉, 유전자에 대한 인과적 정보가 결여되어 있음에도 불구하고, 유전 가능성이 '증명'되면 유전자의 영향력 또한 증명되었다고 주장하는 것)은 잘못된 일이라고,⁵⁹⁾ 그리고 이런 종류의 연구에서 유전자형과 표현형은 분리될 수 없다고 주장했다. 더 나아가 비판자들은 그 저자들이 우익적인 정치적 편향을 지니고 있다고 비난했다. 이런 주장들은 비판자들 중 다수가 정치적으로 좌파와 관련되어 있었음에도 불구하고, 그들이 지닌 중립적인 과학적 비평가로서의 이미지를 강화했다. 이와 관련해 폴은 다음과 같이 적고 있다.

> 1970년대가 되자 학계의 풍경은 바뀌었다. 10년 전만 해도 '환경 결정론적'이라고 간주되었던 견해들이 이제는 그 반대편에 속하는 것으로 구분되었다. […] 유전적 다양성은 바람직한 것이고 보존되어야만 한다는 견해가 한때는 진보적인 정치적 사상과 연관되었다. 그러나 적어도 어떤 집단들 내에서는 그런 견해가 이제 보수적인 것으로 여겨지게 되었다.⁶⁰⁾

그렇지만 그녀는 동시에 "유전이라는 문제에 초점을 맞추는 것 자

---

59) 예컨대 부모의 낮은 지능이 통계적으로 유의미하게 자식에게 대물림되어 나타난다고 해도 여기에는 환경의 영향이 존재하기 때문에 유전자의 영향으로 확정할 수 없다는 것이다.
60) Paul, *Controlling Human Heredity*, p. 85.

체가 또한 부지불식간에 유전 가능성의 추정이 **중요하다**는 견해를 강화했다"고 언급한다.[61]

결론

이 장에서는 1970년대에 이르기까지, 전간기와 전후기에 우생학과 유전학의 공진화coevolution가 어떻게 이루어졌는지를 설명했다. 우생학 이데올로기는 이 시기에도 계속해서 과학, 의학, 사회정책에 광범위한 영향력을 발휘했다. 한편 과학적인 동시에 사회적인 개혁의 과정은 여러모로 우생학의 힘을 무디게 만들었다. 우생학의 영향력은 좀 더 약화되고 잠재적이며 간접적이게 되었다. 그렇지만 우생학의 영향을 받은 유전상담으로부터 의료유전학이 성장했으며, 우생학이라는 상표가 인기를 잃게 되자 유전상담이 계속해서 지시적인 역할을 수행했다. 분자생물학의 발전 또한 하나의 연구 방법이자 세계관으로서 유전자 결정론을 뒷받침했다. 몇몇 유전학자들이 우생학의 반대파를 이끌었던 반면, 다른 주요 유전학자들은 여전히 우생학적 사고의 선봉에 서 있었다. 제도적인 수준에서 보았을 때 이 시기에도 유전학과 우생학 간의 관련성은 분명했다. 우생학적 관심에 의해 동기부여가 이루어진 자금 제공 단체들뿐만 아니라 손꼽히는 유전학자들 또한 유전학계와 우생학 운동을 동시에 대변했다.

---

61) *Ibid.*, p. 86.

마찬가지로 행동유전학, 사회적 다윈주의, 사회생물학은 이 시기 전반에 걸쳐 우생학 이데올로기를 유지하고 재가공해 냈다. 단종수술 정책 및 그런 정책의 실행이 명확히 보여 주는 것처럼, 사회정책과 우생학 또한 밀접하게 관련되어 있었다. 장애인에 대한 개혁적 수사와 법 조항은 학습적 장애나 정신장애를 지니고 있는 사람들의 지위를 향상시키는 데 거의 아무런 역할도 하지 못했다. 선별 검사와 관련해서는 공중위생의 의제가 공공연한 우생학적 수사를 대체했을지는 모르지만, 공중위생과 우생학 간의 오랜 연계는 지속되었으며 강압성과 차별의 문제도 계속 남아 있었다.

이런 설명은 유전학에 대한 현대의 지지자들 사이에 존재하는 우생학과 유전학을 (또는 사회적 일탈과 질병을) 구분하려는 경향에 이의를 제기한다. 그것은 또한 우생학을 20세기 초반에 한정된 것으로 간주하면서 우생학과 관련하여 무관심하고 안일한 태도를 취하는 것이 그릇된 것임을 말해 준다. 최근까지도 지속되고 있는 우생학의 영향력을 생각한다면 말이다. 이것이 바로 이어지는 장에서 얻게 될 유용한 교훈이라 할 수 있는데, 6장에서는 흔히 '신유전학'이라고 불리는 유전학의 현대적 발전을 상술한다. 우생학이 좀 더 산재된 형태를 띠게 되었을지는 모르지만 그 유산은 지속되고 있으며, 예나 지금이나 과학과 사회정책 간에 존재하는 외형상의 간극은 쉽게 메워질 수 있다. 우리는 또한 클리닉에서의 우생학에 면밀한 주의를 기울일 필요가 있는데, 왜냐하면 클리닉이 신유전학의 기술, 특히 진단 기술의 적용이 이루어지는 주된 장소가 되었기 때문이다.

6장 _ 신유전학의 등장

조직화된 운동으로서의 우생학은 1970년대 초반 이후로 그 힘을 상실했다. 1972년에 미국우생학회는 사회생물학회Society for the Study of Social Biology로 전환되었다. 1989년이 되자 영국우생학회는 골턴연구소Galton Institute라는 이름의 소규모 학술 단체가 되었다. 그러나 우생학의 유산은 전후기의 개혁 우생학과 의료유전학 내에 존속되었다. 신유전학은 DNA를 접합하고 재조합하여 복제하는 유력한 기술을 도입했으며, 완전히 새로운 규모에서 유전병을 확인하고 제거하는 것을 가능하게 했다.

이 장에서 우리는 인간게놈프로젝트, 유전학적 선별 검사, 유전자 치료, 복제, 새로운 행동유전학을 다루면서, 1970년대부터 현재에 이르는 신유전학의 등장과 발전의 흐름을 기술한다. 우리는 이런 발전을 사회적 맥락 내에서, 특히 민간 부문(그중에서도 특히 취득)의 성장, 선택과 개인성에 대한 신자유주의의 이상, 감시의학surveillance medicine이라는 맥락에서 고찰한다. 6장은 이 책의 나머지 부분에 대한 도입부 역할을 하는데, 이후의 장들에서는 이러한 발전의 사회적 함의에 관한 현재적 논쟁에 본격적으로 참여할 것이다.

인류유전학에서 재조합 DNA까지

1970년대가 되자 인류유전학은 상당한 확장을 이루었다. 용어법과 기술이 점점 더 표준화되었으며 다양한 하위 전문 분야들이 등장했다. 임상유전학에서는 유전변이뿐만 아니라 유전자형과 표현형 간의 연관성(유전질환의 증상들)에 관한 지식이 증가했다. 세포유전학에서는 염색체가 비교적 신속하고 분명하게 확인될 수 있었다. 체세포유전학에서는 세포잡종형성cell hybridization 기술이 발전했고, 배양된 섬유아세포fibroblast가 유전병 연구에 활용되었다. 이런 발전은 염색체 지도 작성과 산전 진단 또한 확장되었음을 의미했다.

재조합 DNA의 발명은 보다 혁명적인 발전이었다. 이 기술은 유전학자들이 DNA 조각들을 접합하여 재조합하는 것을 가능하게 했다. 효소를 이용해 DNA를 특정 지점에서 절단한 후, 그 조각들을 분리해 방사성 표지가 붙어 있는 기존의 잘 알려진 DNA 조각과 비교할 수도 있었다. 또한 이 기술은 유전적 돌연변이의 진단을 돕는 데 활용될 수 있었다. 그렇지만 셸던 크림스키Sheldon Krimsky가 『유전학적 연금술』 *Genetic Alchemy: The Social History of the Recombinant DNA Controversy*에서 언급한 것처럼, 이 기술이 개발된 미국에서 과학계는 초기에 재조합 DNA를 경계했다. 이는 그것이 위험한 잡종 바이러스를 만들어 내거나 생식계열 유전자를 조작하는 데 활용될지도 모른다는 두려움 때문이었다. 과학계는 이미 폴 버그Paul Berg의 동물 종양 바이러스 실험에 우려를 표명했던 바 있었는데, 이 실험에서 그는 유전자 치료 기술을 개발하기 위해 유전자를 동물 세포에서 추출, 삽입하고자 노력했다. 좀 더 일반적으로 보면, 핵무장 경쟁과 베트남전쟁에서 과학자들이 수행했던 역할에 대한 논란으로 인해 그들의 직업적 책임에 관한 상당한 민감성이 존재하게 되었다.

재조합 DNA에 대한 논쟁은 과학계를 넘어 사회 전반으로 확장되었다. 이는 부분적으로 과학자들이 스스로를 규제해야 할 책임과 관련하여 보여 준 위와 같은 모순적인 태도 때문이었다. 이에 대응하여 미국국립보건원은 1974년에 재조합DNA분자프로그램자문위원회 Recombinant DNA Molecule Program Advisory Committee, RAC를 설립했다.[1] 국립보건원의 책임자자문위원회Director's Advisory Committee, DAC에 의해 다양한 공청회도 조직되었다. 그렇지만 시민 참여에 대한 이런 노력은 어떤 면에서 전시 행정에 지나지 않았다. 재조합DNA분자프로그램자문위원회는 사실 의사 결정이 과학계 내에서 이루어지도록 유지하길 원했다. 그 위원회는 항생 물질 내성과 독소 생성에 관여하는 유전자에 대한 실험의 자발적인 일시 중단을, 그리고 암이나 다른 동물 바이러스 유전자와 관련된 실험의 제한을 제안했다. 그러나 반대 의견이 그 위원회 바깥에서 형성되고 있었다. 이러한 반대는 책임자자문위원회 회의, 대학들, 지방정부 및 중앙정부의 회의에서 표출되었다. 한편 신

---

1) 이 위원회의 명칭은 나중에 재조합DNA자문위원회(Recombinant DNA Advisory Committee)로 변경되었다.

기술에 대한 과학 및 환경 비평가들은 1976년에 책임 있는 유전학 연구를 위한 연합Coalition for Responsible Genetic Research을 결성했으며, 그 같은 실험 연구를 제한하는 법률을 의회에 발의하기 위해 다양한 노력을 기울였다. 대중매체들 또한 신기술의 잠재적 적용, 그리고 인간 복제를 포함한 유전공학계의 관련 활동에 지속적으로 초점을 맞추었다.

그러나 결국 국립보건원이 제안했던 일시적인 실험의 중단은 완화되었다. 이는 재조합 DNA에 이해관계가 있는 압력단체들이 더 큰 권한과 부를 지녔기 때문이었는데, 그런 압력단체에는 과학자, 기업가, 정부 대표들이 포함되어 있었다. 수전 라이트Susan Wright가 주장했던 것처럼, 주요 대학들과 다국적 제약 및 화학 회사들은 유전학 연구와 상업적 개발을 육성하기 위해 강력한 동맹을 맺었다.[2] 미국은 이런 협력 작업을 적극적으로 촉진했으며 이 시기에 생겨나기 시작한 소규모의 유전공학 회사들을 육성했다. 이와 관련해 그녀는 다음과 같이 언급한다.

1981년이 되자 민간기업과 관계를 맺고 있지 않은 재조합 DNA 연구자를 찾기란 어려운 일이 되었다. 그뿐만 아니라 기업들이 대규모 연구소들, 연구 프로그램들, 주요 대학들의 관련 학과에 지원을 하면서 강력한 사업적 연계성 또한 형성되었다. 결국 대학들은 연구 성과의 상업적 적용으로부터 수익을 낼 수 있도록 해주는 다양한 제도적 기

---

2) Susan Wright, "Recombinant DNA Technology and Its Social Transformation, 1972-1982", *OSIRIS* 2nd Series 2, 1986, pp. 303~360.

제의 확립을 통해 그들 자신의 상업적 이익을 발전시켰다.[3]

　미국의 대학들은 유전학 연구 성과에 대해 특허를 출원하기 시작했다. 최초의 특허 출원은 스탠퍼드대학교에 의해 이루어졌다. 스탠리 코언Stanley Cohen과 그의 동료들이 수행한 유전자 접합 연구 성과에 대해 1974년 특허를 출원한 것이다.[4] 미국 정부는 새로운 유기체를 만들어 내는 과정, 또는 그런 유기체 자체에 대한 대학들의 특허권을 뒷받침하기 위해 특허 관련 법률을 개정했다. 이와 같은 새로운 상업적 환경은 유전학계 구성원들 사이에서 비밀주의와 불신감을 조성했다. 그러나 동시에 이런 연구는 국제적인 범위에서 진행되면서, 다양한 나라의 과학자들이 공동으로 연구 프로젝트를 수행했다. 유전학자들은 또한 그들의 연구 성과를 보다 효과적으로 '선전하기' 시작했다. 재조합 DNA 연구의 옹호자들은 그들의 이득을 교묘하게 촉진했다. 예컨대 1978년 구성된 국제적인 과학자팀은 헤모글로빈을 만들어 내는 유전자를 발견했는데, 이로부터 많은 수익을 창출했다.

　1970년대 말에 재조합 DNA와 관련된 실험실에서의 생물재해

---

3) Ibid., p. 355.
4) 스탠퍼드대학교의 스탠리 코언 교수는 DNA를 접합하는 플라스미드 벡터(plasmid vector)에 대한 연구를 수행하고 있었으며, 샌프란시스코대학교의 허버트 보이어(Herbert Boyer) 교수는 DNA를 절단하는 제한효소에 대한 연구를 진행하고 있었다. 이 둘은 1972년 11월 하와이에서 열린 학회에서 만나 의기투합한 후, 1년 뒤인 1973년 11월에 소위 코언-보이어 특허 기술이라 불리는 재조합 DNA 기술 연구 논문을 발표했다. 이 기술은 1974년 11월 4일 미국에서 특허가 출원되었는데, 그 특허권이 만료된 1997년까지 450여 개 기업과 특허 사용권 계약을 체결했으며 이를 통해 2억 5000만 달러 이상의 실시료 수익을 올렸다.

biohazard[5])는 더 이상 논란의 초점이 아니었다. 그러나 과학기술의 상업적 개발, 특히 인슐린이나 인터페론interferon[6]) 같은 단백질 물질의 대규모 양산이 다시 논란의 대상이 되었다. 회사들의 안전성 협약과 특허 취득 정책이 검토에 들어갔으며, 전문 과학자들이 그들의 연구로부터 수익을 얻는 것에 대한 우려가 제기되었다. 그렇지만 대중매체는 이러한 개발을 인간의 건강에 대한 '희소식'으로 보도하는 경향을 보였으며, 국립보건원이 제시했던 지침의 완화도 뒤따랐다.

크림스키는 재조합DNA분자프로그램자문위원회에 시민 참여를 확대하기 위한 노력 또한 같은 시기에 이루어졌으며, 시민 대표가 참여하는 연구기관생물안정성위원회Institutional Biosafety Committee의 네트워크도 형성되었음을 언급한다.[7]) 지역사회의 단체들은 재조합 DNA 연구에 참여하고 있는 대기업 및 대학들과 협상을 진행했으며, 환경론자들은 잠재적 위험성을 지닌 유기체들이 환경에 유입되는 것을 통제하도록 계속해서 로비 활동을 벌였다. 제레미 리프킨Jeremy Rifkin과 그의 동료들은 특히 유전공학의 오용에 초점을 맞추었다. 그는 테드 하워드Ted Howard와 함께 이런 이슈를 다룬 『누가 신의 역할을 하게 될 것

---

5) 유전자 조작 등으로 유해한 유전자를 갖게 된 새로운 미생물 혹은 실험용 세균, 바이러스, 곰팡이 등이 연구자에게 감염되거나 실험실 밖으로 누출되어 인간과 그 밖의 생물에게 해를 끼치는 것을 말한다.

6) 바이러스 등에 의해 동물 세포에서 유발되는, 항바이러스 작용을 지닌 단백질 또는 당단백질 물질의 총칭이다. 인터페론은 바이러스로부터의 세포 보호, 자연살해세포(natural killer cell)의 기능 항진 유도를 통한 식균 작용 상승, 조직 배양이나 골수에서의 세포 분열 억제, T세포 작용의 조절, 특수 암세포의 분열 억제 등 매우 다양한 기능을 갖는 것으로 밝혀져 왔다.

7) Sheldon Krimsky, *Genetic Alchemy: The Social History of the Recombinant DNA Controversy*, Cambridge, MA: MIT Press, 1982.

인가?』*Who Shall Play God?*를 출간했는데, 그 책의 제목은 신기술에 대한 종교적 우려에서 기인한 것이었다.

초기의 유전자 치료 및 배아 연구

복제와 유전자 치료는 이 시기에 개발된 가장 논란의 여지가 많은 기술 중 하나였다. 동물 복제 기술은 1960년대 초에 개발되었으며, 이 기술을 통해 초기 배아로부터 균일한 혈통을 생산해 냈다. 초기 배아 세포는 또한 외래성 DNA foreign DNA를 삽입하도록 조작될 수 있었다. 1982년에 만들어진 세계 최초의 유전자 이식 생쥐 transgenic mouse는 [생쥐보다 몸집이 크고 꼬리가 긴] 쥐 rat의 성장 호르몬 유전자를 함유하고 있었다. 다른 형태의 유전자 치료는 분자 복제 molecular cloning를 수반했는데, 분자 복제에서는 증식을 위해 DNA를 효모균이나 박테리아에 삽입했다. 폴 마틴이 언급한 것처럼, 처음에 이런 연구의 초점은 지중해빈혈증 같은 전형적인 유전질환에 있었다. 그리고 그 목표는 환자의 세포를 추출해 '좋은' 유전자를 추가한 후 이를 환자의 몸에 재주입함으로써(탈체 치료 ex vivo therapy), 혹은 그 좋은 유전자를 환자의 몸에 직접 주사함으로써(체내 치료 in vivo therapy) 환자의 세포를 바꿔 내는 것이었다. 유전자 치료의 윤리에 대한 논란이 이런 연구에 결정적인 영향을 미치게 된 1980년대 초까지는 이와 같은 기술들이 추구되었다.

폴 마틴은 캘리포니아대학교 로스앤젤레스캠퍼스 교수 출신의 유명한 임상의인 마틴 클라인 Dr. Martin Cline에 대해 이야기하고 있는데,

그는 재조합DNA분자프로그램자문위원회의 검토가 이루어지기에
앞서 사전 승인을 내주도록 되어 있는, 연구 윤리에 대한 중요한 감시
기구인 기관생명윤리위원회Institutional Review Board, IRB8)의 승인도 없이
1980년에 이탈리아와 이스라엘에서 환자들에게 유전자 치료를 시행
했다. 그의 행동은 유전자 치료에 대한 상당한 반대를 촉발했으며, 이
는 다시 의학 및 생의학·행동과학 연구 윤리문제 조사 대통령위원회
President's Commission for the Study of Ethical Problems in Medicine and Biomedical
and Behavioral Research에 의한 조사가 이루어지도록 만들었다. 그 위원회
의 조사 결과는 [1982년 11월에] 『생명의 접합』Splicing Life: A Report on the
Social and Ethical Issues of Genetic Engineering with Human Beings이라는 제목의
보고서로 발간되었으며, 이는 유전자 치료의 규제에 있어 중요한 문서
라 할 수 있다. 이와 관련해 폴 마틴은 다음과 같이 언급하고 있다.

그 위원회의 보고서는 미래 세대를 바꾸어 내려는 신우생학적 사
고 ─ 보고서에서 생식계열 치료라고 부른 것 ─ 와 개별 환자의 비
생식세포 치료만을 목표로 한 유전자 이식의 의료적 활용 ─ 보고서

---

8) 인간 또는 인체유래물을 대상으로 하거나 배아·유전자 등을 취급하는 연구의 윤리성과 안전
을 확보하기 위하여 개별 연구기관 내에 설치되는 독립적 기구다. 이 위원회의 기능은 연구계
획서가 과학적으로 타당하며 연구대상자의 안전 및 복지를 확보할 수 있게 구성되었는지, 연
구계획서를 변경할 필요성이 있을 때는 그것이 타당한지, 연구대상자에게 동의를 얻기 위해
사용되는 동의서 양식은 타당하게 만들어졌는지 등을 심사하여 연구를 승인하고 모니터링하
는 것이다. 우리나라의 경우 과거에는 식약청의 의약품 임상시험 관리 기준에 근거를 두고 자
율적으로 설치되었으며 임상시험심사위원회로 불렸다. 그러나 「생명윤리 및 안전에 관한 법
률」의 개정에 따라 2013년 2월부터는 관련 연구 기관(대학, 전문 연구기관, 의료기관, 기업 연구
소 등)에 설치가 의무화되었으며 명칭 또한 바뀌었다. 좀 더 자세한 내용은 '기관생명윤리위
원회 정보포털'(http://irb.or.kr)에서 확인할 수 있다.

에서 체세포 유전자 치료라고 부른 것 —— 을 구별하는 데 있어 중요했다. 그 위원회는 생식계열 치료는 비윤리적이고 허용해서는 안 된다고 여겼지만, 생명을 위협하는 유전병에 대한 체세포 유전자 치료의 개발을 계속해서 진행하는 것은 용인할 수 있다고 생각했다. […] 이런 구별은 이후 체세포 유전자 치료는 전통적인 의료적 중재와 다를 바 없다고 정당화하는 것을 돕는 데 핵심적인 역할을 했으며, 유전자 치료의 윤리에 관한 모든 후속 논쟁을 만들어 냈다.[9]

(주로 혈액의) 단일 유전자 질환single gene disorder에 초점을 맞춘 (미국에서 당시까지는 10개도 채 안 되는 연구소에 의해서만 추진되었던) 지배적인 형태의 연구 활동들은 1980년대 중반 교착 상태에 빠졌는데, 이는 대개 유전자 이식에서의 기술적 어려움 때문이었다. 그러나 마틴이 논한 것처럼, 이런 연구들은 이후 윌리엄 프렌치 앤더슨William French Anderson에 의해 성공적인 유전자 이식 시도가 이루어질 수 있는 발판이 되었다. 앤더슨은 실험적인 의료적 절차라는 유전자 치료의 재정의에 의존했는데, 여기서 그런 절차는 신중하게 규제되고 윤리적으로 용인될 만한 것이어야 했다.

마틴은 앤더슨이 유전자 치료에 대한 연구를 실행하기 위해 어떤 식으로 다양한 전문가 동맹 및 상업적 제휴를 발전시켰는지 보여 주고 있다. 처음에 그는 아데노신 탈아미노효소 결핍증adenosine deaminase deficiency —— 아동에게 치명적인, 면역 체계의 회귀 질환 —— 에 초점을

---

9) Martin, "Genes as Drugs", pp. 522~523.

맞추었다. 앤더슨은 백혈병 치료를 위해서 골수 이식을 받은 환자의 백혈구에 유전 표지genetic marker[10]를 이식하는 것과 관련된 자신의 접근법을 변경하고 난 후에야, [동물들을 대상으로 이루어지는] 전임상시험 실행 제안서에 대한 규제 기관의 승인을 획득했다. 마틴이 주장한 것처럼, 이는 1990년대에 이루어진 유전자 치료 분야의 급속한 확장에 대한 전조였다고 할 수 있다. 그러한 확장에서 나타난 주요 특징은 생명공학 산업에서의 상업적 개발, 암이나 심장병 같은 흔한 이상을 포괄하기 위한 유전병 개념의 재구성, 유전자 치료에 있어 외과적 처치에서 약물 요법으로의 전환이었다.

1980년대의 영국에서도 유사한 정치적·상업적·학문적 제휴가 체외 수정 및 배아 연구의 규제에 대한 인식틀 —— 미국을 포함한 여러 나라들에서 규제에 대한 기반을 형성했던 인식틀 —— 의 발전을 특징지었다. 로버트 에드워즈, 패트릭 스텝토Patrick C. Steptoe 그리고 진 퍼디Jean M. Purdy가 개발한 체외 수정 기술은 1978년에 루이즈 브라운Louise Brown의 출생으로 결실을 보았으며, 1980년대 초반에 널리 알려지고 모방되었다. 마이클 멀케이Michael Mulkay가 『배아 연구 논쟁: 과학과 재생산의 정치』*The Embryo Research Debate: Science and the Politics of Reproduction*에서 언급한 것처럼, 체외 수정은 1980년대에 영국에서 강도 높은 공적 조사의 주제가 되면서 워녹위원회Warnock Committee[11]

---

10) 생물 종이나 집단의 유전학적 해석에서 표지로 사용되는 유전자를 말하며 '표지 유전자'(marker gene)라고도 한다. 질병의 진단, 세포의 형질 변환, 유전자 조작 등에 활용된다.
11) 1982년 7월 영국 의회에서 "인간 수정 및 배아 연구 관련 학문과 의학에서 이루어진 최근의 발전 및 잠재적 발전 가능성의 검토, 이러한 발전의 사회적·윤리적·법적 영향에 대한 고찰

의 조사 및 1984년의 보고서 발간이 이루어지도록 했으며, 이는 다시 인간 배아 연구의 도덕성에 대한 보다 광범위한 관심을 불러일으켰다. 이 보고서가 발간된 후 장기간의 대중적 논쟁과 의회에서의 논쟁이 뒤따랐으며, 이는 결국 1990년의 「인간 수정 및 배아 연구 관리법안」Human Fertilisation and Embryology Bill, HFEB의 발의 및 법 제정으로 이어졌다.

멀케이는 불임 치료에 대한 요구의 증가라는 맥락 속에서, 배아 연구에 찬성하는 압력단체가 비판자들에게 어떻게 승리를 거두었는지 이야기하는데, 바로 그런 요구의 증가가 배아 실험에 대한 길을 터 주었다고 할 수 있다. 과학자, 의사, 국회의원, 산아제한 운동가들의 강력한 연합이 배아 연구를 지지하는 로비 활동을 벌였다. 과학계는 또한 자율적 인가 기관Voluntary Licensing Authority, VLA을 설립했다. 이는 한편으로는 윤리적이며 책임감 있는 연구의 실행을 강조하기 위함이었고, 다른 한편으로는 장애 예방, 특히 (산모의 자궁에 건강한 배아의 이식을 통한) 유전질환의 감소 ── 윤리적으로 의심스러운 인간 유전자의 변경alteration이나 치환replacement과는 대조되는 ── 에서 체외 수정과 배아 연구의 역할을 강조하기 위함이었다. 이와 관련해 멀케이는 다음과 같이 논평하고 있다.

을 포함하여 어떤 정책과 안전장치가 마련되어야 하는지에 대한 검토, 이에 따른 권고 사항의 제시"(*British Medical Journal* 289, 1984, p. 238)를 위해 구성된 위원회로, 위원장이었던 메리 워녹(Dame Marry Warnock)의 이름을 따 일명 워녹위원회라 칭해졌다. 1984년 7월 발간된 『인간 수정 및 배아 연구 조사위원회 보고서』(*Report of the Committee of Inquiry into Human Fertilisation and Embryology*) 역시 통상 워녹보고서라고 불린다.

과학계 주류의 권위에 의해 보증된 배아 연구에 대한 이러한 표상은, 영국 정치의 중도 노선을 규정하고 있는 진보적 이상과 보수적 이상의 미묘한 조합에 직접적으로 호소했다. 배아 연구에 찬성하는 로비는 노동당의 진보주의자들과 보수당의 중도주의자들 다수가 지속적인 과학 개발 프로그램이 사회적 가치나 본질적인 사회적 관계에 어떤 현저한 변경을 요구하지 않고도 상당한 사회적 진보를 가져옴을 입증해 왔다고 생각했기 때문에, 그리하여 그들이 이런 프로그램에 반대할 수 없었기 때문에 성공을 거두었다.[12]

유전자 치료 및 복제와 관련된 기술의 개발과 더불어 이러한 정치적 승리가, 이후 10년 동안 체외 수정과 배아 연구의 상당한 확장이 이루어질 수 있는 장을 마련했다.

초기의 임상유전학

유전자 치료와 배아 연구에 대한 대중적 논쟁이 계속해서 벌어지던 바로 그 시기에, 임상유전학 또한 빠른 속도로 발전하고 있었다. 염색체상에 특정 유전자가 어디 위치해 있는지를 구별할 수 있는 능력, 어떤 경우에는 그 위치를 지도의 형태로도 표시할 수 있는 능력은 유전학자

---

12) Michael Mulkay, *The Embryo Research Debate: Science and the Politics of Reproduction*, Cambridge: Cambridge University Press, 1997, p. 68.

들이 돌연변이 유전자를 수색해서 찾아낼 수 있음을 의미했다.

『유전자 전쟁』*The Gene Wars: Science, Politics, and the Human Genome*에서 로버트 쿡-디건Robert M. Cook-Deegan은 이와 관련된 초기의 예들 중 하나로 캘리포니아대학교의 유 와이 칸Yuet Wai Kan과 앙드레 도지Andrée M. Dozy가 수행한 겸상적혈구빈혈증 연구 작업에 대해 기술한다. 이 연구팀은 표지라고 불리는 DNA의 특정 부분을 찾아냈는데, 그것은 북아프리카 혈통을 지닌 가계에서의 겸상적혈구 유전자와 관련된 것이었다. 그런 다음 그들은 아이들에게 그 질환이 발병하는지의 여부를 알아보기 위해 여러 세대에 걸쳐 이 표지를 추적할 수 있었다. 또 다른 획기적인 발전은 유타대학교의 마크 스콜닉Mark Skolnick과 그의 동료들에 의한 혈색소증haemochromatosis —— 철 흡수가 증가되어 혈액상 철 성분의 수치가 높아지고, 이로 인해 간과 심장 기능의 문제가 수반되는 질병 —— 유전자의 발견이었다. 이 연구팀은 혈색소증을 다른 세포 표면 표지cell surface marker와 관련시켰던 선행 연구에 기반해서 그 질병을 지닌 가계의 DNA를 심층 연구했다. 그들은 혈색소증이 열성유전 패턴을 지닌다고 결론지었다. 또한 혈색소증을 지닌 가계의 개인들에게서 나타나는 차이를 확인하고 이를 통해 문제가 되는 유전자의 정확한 위치를 찾아내기 위해 DNA 변이에 대한 직접 분석으로까지 나아갔다.

쿡-디건은 유전학 연구자들이 유전 표지에 기반한 연관 지도linkage map[13]를 작성하는 기술을 어떻게 개발하기 시작했는지 이야기

---

13) 염색체 위에 존재하는 유전자들의 상대적 위치를 그 유전자들의 순서와 거리를 통해 나타낸 것으로 '연쇄 지도'라고도 한다. 유전자 지도(genetic map)나 유전자 연관 지도도 모두 같은 것을 지칭하는 용어다. 단 유전자 지도가 광의로 사용될 때에는 연관 지도와 이후 본문에서

한다. 예를 들어 레이먼드 화이트Raymond White는 DNA에서 자연적으로 발생한 변이의 유전을, 그리고 그런 변이와 질병 유전자의 연관성을 연구했다. 만일 표지가 질병 유전자와 더불어 지속적으로 유전된다면, 그 질병 유전자는 특정 염색체상에 정확한 위치가 표시될 수 있었다. 콜라보레이티브 리서치Collaborative Research Inc. 같은 생명공학 회사들 또한 이런 접근법을 받아들였다. 1987년에 그 회사는 유전자 연관 지도를 발표했는데, 그것은 비록 불완전하기는 했지만 한층 더 진전된 지도의 작성이 이루어지도록 한 촉매제였으며 인간게놈프로젝트에서 중요한 선구적 역할을 했다.

쿡-디건이 언급한 것처럼, "수중에 지도가 들어오면서, 유전자 발견gene hunt은 매우 경쟁적인 시합이 되었다".[14] 1985년이 되자 연구자들은 헌팅턴병(1983), 뒤센형 근육퇴행위축Duchenne muscular dystrophy(1983), 다낭성신종polycystic kidney disease(1985),[15] 망막아세포종retinoblastoma(1985),[16] 낭포성섬유증(1985)의 원인이 되는 유전자에 대한 표지를 찾아냈다. 실제 유전자를 찾아내는 것은 그 유전자를 포함하는 DNA 전반에 대한 철저한 수색이 필요했기 때문에 좀 더 어려운 일이었지만, 눈에 띄는 몇몇 성과가 있었다. 특히 낭포성섬유증 유

언급되는 물리 지도를 포괄하는 개념으로 사용될 때도 있다.

14) Robert M. Cook-Deegan, *The Gene Wars: Science, Politics, and the Human Genome*, New York: W. W. Norton, 1994, p. 42.

15) 성인이 된 후 좌우 신장에 수많은 낭종(물집)이 발생하고, 점차 신장 기능이 감소하여 신부전 상태에 이르게 되는 유전병으로 상염색체 우성 질환이다.

16) 망막아세포 부분에서 발생하는 악성 종양으로 대개 3세 이전에 발병한다. 양쪽 눈에서 종양이 나타나는 비율이 25~35% 정도인데, 이런 양안성의 경우가 한쪽 눈에서만 종양이 나타나는 경우보다 그 시기가 더 이르고(대개 8개월 경) 증세도 심하며 대부분 유전에 의한 것이다.

전자(1989)와 헌팅턴병 유전자(1993)의 발견이 많은 주목을 받았는데, 낭포성섬유증 유전자의 발견은 그 표지를 찾아낸 후 불과 4년 만에 이루어졌다. 다른 질병 유전자들은 임상적 이질성이 나타나고 그 질병에 복수의 유전자들이 연관되어 있었기에 정확한 위치를 찾아내기가 더 어려웠다. 이에 대한 하나의 예는 알츠하이머병Alzheimer's disease[17]이었다. 1987년에 두 개의 연구팀이 알츠하이머병을 21번 염색체의 일정 부위와 관련지었지만 다른 연구팀들은 19번 및 24번 염색체와 관련지었는데, 이는 하나의 범주로서 알츠하이머병에는 상이한 유전적 결함에 의해 야기되는 임상적으로 유사한 이상들이 포함되어 있음을 시사하는 것이었다.

인간게놈프로젝트

쿡-디건이 언급한 것처럼, 다소 의외이기는 하지만 인간 유전자 지도 작성을 위한 이와 같은 초기의 연구 활동은 인간게놈프로젝트로 나아가지 않았다. 오히려 그런 활동들은 좀 더 이후의 단계에 가서야 인간게놈프로젝트에 통합되었다. 인간게놈프로젝트는 처음에는 DNA 구조에 대한 여타의 연구들로부터 발전했으며, 그런 연구의 대부분은 인

---

17) 치매를 일으키는 가장 흔한 퇴행성 뇌질환으로, 발병 후 기억력을 포함한 인지기능의 약화가 점진적으로 진행된다. 베타 아밀로이드(beta-amyloid)라는 작은 단백질이 과도하게 만들어져 뇌에 침착하면서 뇌의 신경세포 기능을 저하시키기 때문인 것으로 알려져 있으나, 아직 정확한 원인을 밝혀내지는 못했다.

간이 아닌 대상과 관련되어 있었다. 이 분야의 연구자들은 DNA의 물리 지도physical map[18]를 개발했는데, 그것은 연관 지도와 DNA 염기서열 사이에 존재하는 유전자 간의 거리 차이를 보정하기 위한 것이었다. 최초의 '유전자 도서관'은 유기체의 전체 DNA로부터 만들어 낸 복제 DNA에 기반을 두고 있었다. DNA의 단편들이 복제되어 보관되었고, 그런 다음 DNA의 특정 조각들을 찾아내기 위해 탐색침探索針이 활용될 수 있었으며,[19] 확인된 유전자들은 지도로 제작되거나 염색체상에서 정확한 물리적 위치가 파악될 수 있었다. DNA 염기서열 분석에서 성취된 여타의 발전 또한 인간게놈프로젝트에 앞서 이루어졌다. 미국의 국립 연구소들이 유전학을 매개로 연구 방향을 인간의 건강에 맞춰 재조정하면서, 인간게놈프로젝트는 부분적으로 방사선의 유전적 영향에 대한 연구로부터도 발전했다. 중합효소연쇄반응polymerase chain reaction[20]이라는 또 다른 기술의 개발은 연구자들이 박테리아나 다른 유기체를 활용하지 않고도 DNA를 복제하는 것을 가능하게 했다. 1980년대 말이 되자 염기서열 분석 과정에 걸리는 시간을 상당히

---

18) 인식 배열이 다른 여러 가지 제한효소로 절단한 DNA 단편의 절단면에 탐색침(이미 염기서열을 알고 있는 DNA의 한쪽 사슬)을 결합시켜 분석함으로써 만들어지며, '제한효소 지도'(restriction map)라고도 한다. 연관 지도보다 염색체의 위치를 더 정확하게 파악할 수 있다. 연관 지도와 물리 지도는 유전자의 순서는 일치하지만 유전자 간의 거리는 반드시 일치하지 않는데, 이 둘을 겹침으로써 원하는 유전자를 분리하고 조합할 수 있는 단서를 얻게 된다.

19) DNA '단편'(fragment)은 제한효소에 의해 절단된 것을 말하는 반면, DNA '조각'(piece)은 단순히 DNA의 어떤 일부분을 지칭한다.

20) 중합효소를 이용하여 소량의 DNA로부터 염기서열이 동일한 DNA를 엄청난 양과 높은 정확도로 증폭시키는 기술로, 캐리 멀리스(Kary B. Mullis)에 의해 1983년 처음 개발되었다. 유전 물질을 조작하여 실험하는 거의 모든 과정에서 사용되는, 현대 생명공학의 가장 기본적이자 핵심적인 기술이라 할 수 있다.

단축시켜 주는, 다양한 유형의 자동화된 염기서열 분석 장비들도 시장에 출시되었다.

그렇지만 이러한 상업적 개발이 순조로웠던 것은 아니다. 오히려 그 과정은 학계와 재계 간의, 그리고 여러 국가들 간의 상당한 갈등과 경쟁으로 점철되어 있었으며, 이는 인간게놈프로젝트의 진행 과정 내내 계속될 수밖에 없었다. 과학자들이 취하는 상업적 이익 및 역할 또한 문제가 많은 것이었다. 세간의 이목을 끌었던 인물로는 [미국의 분자생물학자로 1980년 노벨화학상을 수상하기도 했던] 월터 길버트^{Walter} ^{Gilbert}가 있었는데, 그는 민간 부문과 대학 사이를 오갔으며 유전자 지도 작성 및 염기서열 분석의 성과를 사유화하기 위해 다양한 시도를 했다.

1986년에 미국 에너지부는 인간게놈계획$^{Human \ Genome \ Initiative}$을 발표했는데, 그것은 인간게놈지도를 작성하고 염기서열을 밝혀내는 데 필요한 결정적인 자원 및 기술 개발을 목적으로 하는 530만 달러 규모의 예비 프로젝트에 기반을 두고 있었다. 다음 해에는 다양한 수준의 부서들에서 인간게놈계획에 대한 세부 계획들을 검토하고 발표했다. 과학자들이 개최한 국제회의에서는 대규모의 지도 작성 및 염기서열 분석 프로젝트를 두고 갑론을박이 벌어졌다. 자금을 다른 연구를 위해 유용하는 것에 대한, 그리고 그 프로그램에 소요될 많은 비용에 대한 우려가 표명되기도 했다. 과학자들은 또한 협동 연구에 대한 노력의 일환으로 국제적인 인간게놈기구$^{Human \ Genome \ Organization, \ HUGO}$를 설립했는데, 그런 협동 연구는 특히 유럽과 일본에서 진전을 이루었다. 과학계 내에서, 그리고 국립보건원과 에너지부 사이에서 상당한 논쟁이 있은 후, 인간게놈프로젝트의 주요 내용은 염기서열 분석보다 지도 작성에 초점을 맞추는 것으로 변경되었다. 인간이 아닌 대상에 대한 연구 또한 의학적 관심을 받는 특정한 유전적 결함에 초점을 맞추게 되면서 인간게놈프로젝트에 통합되었다. 인간게놈프로젝트에 대한 제안들이 확대되면서, 결국 그것은 미국 내에서도 해외에서도 과학계로부터 충분한 지지를 얻게 되었다.

1988년에 국립보건원 산하 국립인간게놈연구소National Human Genome Research Institute, NHGRI 소장으로 제임스 왓슨이 임명되었다. 인간게놈프로젝트의 점증하는 예산에 대해 미국 정부와 과학계 언론 내에서 상당한 논쟁이 있었음에도 불구하고, 그 프로젝트는 국립보건원과 에너지부가 당해 연도에 사용할 수 있는 총 8670만 달러의 예산과 더불어 1990년에 시작되었다. 30억 염기쌍으로 추정되는 전체 인간게놈의 염기서열을 밝혀내기 위한, 그리고 인간게놈에 존재하는 10만 개로 추정되는 유전자를 발견하기 위한 국제적인 활동도 진행 중에 있었다. 이탈리아는 영국과 마찬가지로 1987년에 인간게놈프로젝트 참여를 발표했다. 이탈리아의 프로그램은 1989년 4월에 3년짜리 프로젝트로 시작되었는데, 처음에는 염기서열 분석 장비의 자동화와 특별한 관심을 두었던 DNA 영역에 초점이 맞춰졌다. 1990년에는 인간게놈기구가 코디네이터 역할을 맡은 연구에 웰컴트러스트가 중대한 재정적 기여를 했다. 러시아와 프랑스에서도 독일과 덴마크처럼 좀 더 소규모이기는 했지만 게놈 프로그램이 등장했다. 일본 또한 인간게놈프로젝트에 참여했다.

유럽에서는 민간의 주도성이 매우 중요한 역할을 했다. 특히 프랑

스의 경우가 그러했는데, 민간에서 설립한 인간다형성연구센터Centre

d'Etude du Polymorphisme Humain, CEPH[21]는 역시 민간단체인 프랑스근육퇴

행위축협회Association française contre les myopathies, AFM와 제휴를 맺고 텔

레톤telethon[22]을 통해 모금된 거액의 자금을 기반으로 제네통Généthon

---

21) 다형성(多形成)이란 같은 생물 종 내의 개체들이 형태와 형질 등에서 다양성을 나타내는 상
    태를 말하며, 개미나 벌 등에서 대표적으로 관찰된다. 인간의 ABO식 혈액형도 다형성의 한
    예라고 할 수 있다.
22) '텔레비전'과 '마라톤'의 합성어로, 미국에서 처음 그 용어가 만들어질 때는 주로 동정을 불러
    일으키는 특정 인물을 내세워 장시간에 걸쳐 진행하는 자선기금 모금 방송을 지칭했다. 최
    근에는 주제나 내용보다는 형식에 초점을 맞추어, 철야로 진행하는 선거 개표 방송이나 재해

을 창립했다. 영국에서는 두 개의 중요한 민간 기금인 웰컴트러스트와 영국암연구기금Imperial Cancer Research Fund이 게놈 연구에 자금을 제공했는데, 1993년에 웰컴트러스트의 재정 지원은 영국 정부를 능가했다.

1970년대 내내 유전학 분야에서 상업적 이익이 증가해 왔음을 생각한다면, 그리고 관련 프로젝트에서 나타나는 불가피한 국제적 경쟁과 더불어 질병의 약학적·기술적 치료 및 진단에서 그러한 경쟁이 초래하는 영향을 생각한다면, 인간게놈프로젝트 및 이와 관련된 염기서열 분석 활동에서 논란이 지속된 것은 어찌 보면 당연한 일이다. 그것은 특히 소유권을 둘러싼 무수히 많은 투쟁을 수반했다. 왓슨이 1991년 국립인간게놈연구소 소장에서 사임하게 된 것은 국립보건원 원장인 버나딘 힐리Bernadine Healy와의 오랜 다툼 때문이었다. 힐리는 국립보건원의 특허 취득 정책에 대해 (그녀는 특허 취득에 찬성하고 왓슨은 이에 반대하면서) 둘 사이에 격렬한 의견 대립이 있던 시기, 왓슨의 주식 및 채권 보유 현황에 대한 조사를 실시했다.[23] 영국암연구기금의 이

관련 모금 방송도 텔레톤이라 불리고 있다.

23) 여기서 힐리가 국립보건원의 특허 취득에 찬성한 것은 (본문의 다음 절에서 간접적으로 드러나겠지만) 민간이 특허 취득을 통해 유전자 및 게놈을 상품화하는 것을 예방하기 위함이었다. 왓슨에 대한 주식 및 채권 조사를 실시한 것은 그가 생명공학 회사들과 사적인 이해관계를 맺고 있을 것이라는 혐의를 두었기 때문이라 할 수 있다. 그러나 특허 취득 및 소유권을 둘러싼 갈등은 단순히 공공과 민간 사이의 대립이라는 이분법적 구도로 환원할 수 없는 복잡한 양상을 지닌다. 예컨대 단일염기다형성 지도 제작 프로젝트와 이를 위한 컨소시엄은 공적인 게놈 연구자들과 거대 제약회사들의 합작품으로(단일염기다형성에 대해서는 이 장 각주 38) 참조), 민간 회사들이 유전자 염기서열 변이성 정보에 대한 특허를 내지 못하도록 그것을 공공 영역에 두는 것을 목표로 했다. 이런 구도가 형성되는 것은 거대 제약회사들의 입장에서는 게놈 관련 정보가 공공 영역에 존재해야만 신약 개발에 사용된 게놈 정보에 대해 별도의 로열티를 지급하지 않고 이윤을 극대화할 수 있기 때문이다. 신약 개발의 상류에 위치하는 생명공학 회사들과 하류에 위치하는 제약회사들이라는 미국적 지형에 대한 좀 더 자세한 설명으로는 『생명자본: 게놈 이후 생명의 구성』(카우시크 순데르 라잔, 안수진 옮김, 그린비,

사이자 인간게놈기구의 거물이었던 월터 보드머Sir Walter Bodmer가 『월 스트리트 저널』에서 인정했듯, "소유권의 이슈가 우리가 진행하는 모든 일의 핵심에 자리하고 있었다".[24]

거대한 지구적 프로젝트가 공적 영역과 상업적 영역 양쪽에서 전 개되었고, 이는 유전병의 확인과 치료에 상당한 성과를 가져왔다. 크 레이그 벤터Craig Venter가 민간 회사인 셀레라 지노믹스Celera Genomics Inc.를 설립하자 이에 대한 반응으로 인간게놈프로젝트에 대한 자금 지 원은 1998회계연도에[25] 1억 6910만 달러까지 다시 증가했는데, 그 회 사는 전체게놈산탄총whole genome shotgun 방식이라고 불렸던 정확도가 다소 낮은 [그러나 속도는 월등히 빠른] 상이한 염기서열 분석 기술을 활용할 작정이었다.[26] 셀레라사는 인간게놈프로젝트가 사용하려는 비 용의 극히 일부에 지나지 않는 3억 달러를 가지고 3년 내에 게놈의 염 기서열을 밝혀내는 것을 목표로 했다.[27] 그 회사는 또한 관심의 대상이

2012)의 서론과 1장을 참조하라.

24) Richard C. Lewontin, *Biology as Ideology: The Doctrine of DNA*, Harmondsworth: Penguin, 1991, p. 75.

25) 원서에는 1993년으로 표기되어 있으나 셀레라사의 설립 연도는 1998년이다.

26) 미국국립보건원 내에서 염기서열 분석의 1인자로 평가받던 벤터 박사는 연구에서의 입장 차 이로 인간게놈프로젝트에 참여하지 못하게 되자, 1998년 한 생명과학 장비 제조사의 후원 아래 셀레라사를 설립했다. 벤터 박사팀은 1995년에 헤모필루스 인플루엔자의 게놈을 분석 한 바 있는데, 이는 세포로 이루어진 생명체로는 세계 최초였다. 이때 이용한 기술이 인간게 놈프로젝트와는 달리 전체 게놈을 잘게 쪼갠 뒤 곧바로 염기서열을 분석하는 전체게놈산탄 총 방식이었다. 하지만 인간게놈의 크기는 180만 염기쌍인 헤모필루스의 1000배도 넘기 때 문에 전체게놈산탄총 방식이 인간게놈 분석에서도 통할지는 미지수였다. 그러나 벤터 박사 팀이 1999년에 이 기술로 1억 6500만 염기쌍인 초파리의 게놈 분석에 성공하여 그 결과를 2000년 2월 『사이언스』지에 발표하자 인간게놈프로젝트 측은 크게 긴장했고, 양측의 경쟁 은 한층 가열되었다.

27) 인간게놈프로젝트에서는 소요 예산을 30억 달러로, 연구 기간은 15년으로 추정하고 있었다.

되는 유전자들에 대한 특허를 취득하고, 전체 게놈을 정기 이용료 납부 방식으로 시장에서 판매하려는 계획을 세웠다. 인간게놈프로젝트 측은 공공 데이터베이스를 구축하는 것으로써 이에 대응했으며 특허 취득의 실행을 비난했다. 이러한 경쟁과 갈등 와중에 미국의 빌 클린턴Bill Clinton 대통령과 영국의 토니 블레어Tony Blair 총리는 개방형 데이터에 대한 그들의 약속을 개략적으로 담은 모호한 성명만을 내놓았다. 동시에 클린턴 대통령은 과학에 대한 재정 투자를 촉진하기 위해 특허권 보호에 대한 자신의 지지를 다른 곳에서 좀 더 상세히 표명하기도 했다. 그렇지만 그의 이런 노력이 상승하던 주식 시장의 하락을 막기에는 역부족이었기에, 생명공학 산업의 주식 가치는 수십억 달러가 날아가 버렸다. 유전학을 둘러싼 경제적 현실은 정계와 과학계의 지도자들이 공익과 상업적 이익 사이에서 줄타기를 해야만 함을 의미했다. 인간게놈프로젝트의 지도자들 또한 내키지 않았음에도 불구하고 셀레라사와 협상할 수밖에 없었다.

그들은 표면적으로 민간과 공공 게놈프로젝트 간의 '시너지 효과'에 대해 말하기는 했지만, 웰컴트러스트와 국립보건원은 각자의 게놈 분석 완성 기간을 단축하기 위해 자금 지원을 늘리는 방향으로 나아갔으며, 2001년 말까지 작업 초안을 만들고 2003년까지는 인간게놈지도를 완성할 것이라고 발표했다. 그러나 인간게놈을 구성하고 있는 것으로 여겨지는 (애초 예측했던 것보다 상당히 적은 숫자인) 약 3만 개의 유전자에 대한 작업 초안은 훨씬 더 일찍 완성되었다. 2001년 2월에 인간게놈프로젝트 측은 염기서열의 최초 분석 결과를 『네이처』지에 발표했으며, 셀레라사도 작업 초안을 『사이언스』지에 발표했다.

프랜시스 콜린스^{Francis Collins}[28]는 두 개의 인간게놈지도를 발표하는 백악관 기자 회견에서 염기서열 분석의 대부분은 사실 최근 15개월 동안 이루어진 것이라고 언급했다. 이러한 공동 발표는 게놈을 둘러싼 민간과 공공의 관계를 상징적으로 보여 준다. 셀레라사와 인간게놈프로젝트 측은 상호 적대적인 관계 속에서도 하나로 묶여 있었다. 소유권 및 표준과 관련한 갈등이 존재하기는 했지만, 두 집단은 홍보나 복제 가능성의 실현에 관한 한 서로 협력해야만 했다. 인간게놈프로젝트 측은 게놈 중 수익성이 있는 부위에 초점을 맞춘 민간 부문의 프로젝트와는 대조적으로 '전체 참조 게놈'entire reference genome이라고 불리는 것의 개발을 목표로 하고 있었다. 인간게놈프로젝트 측의 개방형 데이터 정책은 셀레라사 같은 민간 회사들에 의해 제공되는 이용료 지불 방식의 서비스와 대조를 이루었지만, 인간게놈프로젝트 측은 자신의 개방형 데이터가 민간의 게놈 지도 작성에 토대가 된다고 주장했다. 이런 상황은 민간 및 공공 부문 간의 지속적인 갈등 —— 다음에 간략히 논하게 될 것처럼 특히 특허 취득과 관련된 경우에 —— 을 만들어 냈지만, 인간게놈프로젝트의 웹사이트에서 옮겨 온 다음의 인용문이 보여 주듯 전반적인 수사는 공공과 민간의 파트너십을 강조하고 있었다.

이 프로젝트의 중요한 특징은 민간 부문으로의 기술 이전에 대한 연방 정부의 장기간에 걸친 헌신이었다. 민간 회사들에게 기술 사용을

---

28) 프랜시스 콜린스는 제임스 왓슨 후임의 국립인간게놈연구소 소장으로, 당시 인간게놈프로젝트를 이끌었던 인물이다.

허가하고 혁신적 연구에 보조금을 지급함으로써, 그 프로젝트는 수십억 달러 규모의 미국 생명공학 산업에 촉매제 역할을 함과 동시에 새로운 의료적 응용의 발전을 촉진하고 있다.

게놈의 작업 초안을 발표하는 기자 회견에서 클린턴과 블레어는 공공과 민간의 파트너십을 강조했다. 그리고 정부의 역할을 그런 기술이 (블레어의 말을 빌리자면) "인간을 그들 자신의 창조자로 만드는" 데, 혹은 사생활을 침해하거나 차별을 조장하는 데 오용되지 않고 공공선을 위해 사용되는 것을 보장하기 위한 기술 개발의 촉진자이자 중재자라고 규정했다. 그들은 또한 그와 같은 기술의 역사적 중요성에 대해 이야기했으며, 클린턴은 인간게놈지도가 인류의 공통성을 보여주는, 지금까지 만들어진 것 중 가장 중요한 지도라고 평했다.

그러나 서방의 정부들에게 가장 큰 관심 대상은 게놈의 상업성이었다. 벤터가 같은 기자 회견에서 언급했던 것처럼, PE바이오시스템PE Biosystems은 셀레라사의 사업에 10억 달러 이상을 투자했다. 아이비엠IBM, 컴팩Compaq, 듀폰DuPont과 주요 제약회사들 모두가 그러한 사업 영역에 투자했으며, 좀 더 규모가 작은 많은 회사들도 당시 유전자 데이터와 그 데이터의 적용에 대한 연구를 수행하고 있었다. '영리 목적의 게놈학'은 탐색적 연구 단계에서부터 대부분 진단 기술과 신약 개발에 초점을 맞춘다. 데이비드 말라코프David Malakoff와 로버트 서비스Robert F. Service가 논평한 것처럼, 그런 회사들의 주식 가치는 대개 실제로 이루어진 기술 혁신보다는 시장 잠재력에 기반을 두고 있다.[29] 공공 데이터베이스가 확대됨에 따라 셀레라사 같은 유전자 브로커들의 미래는 사실 불확실한 것이었다. 다인성 질병multifactorial disease의 치료를 위한 신약 개발에 참여했던 밀레니엄제약Millenium Pharmaceuticals 같은 회사들의 제품은 그 개발에 여러 해가 걸릴 수 있었다. 그렇지만 염기 서열 분석 기술을 판매하는 '도구 제작사들'은 이윤을 내기 시작했으며, 회사들로 하여금 많은 수의 유전자를 신속하게 확인할 수 있도록 해주는 DNA 칩[30] 기술은 신약 개발에 걸리는 시간을 단축시켜 줄 것으로 예상되었다.

유전자 특허 취득

유전자에 대한 특허 취득이 보여 주듯, 게놈학 전반에 걸쳐 상업적 이익의 추구는 명백한 것이었다. 1998년에 미국특허청은 1만 3000건 이상의 생명공학 관련 특허 출원을 받아 2000건에 대해 특허를 발급했는데, 이 중에는 생쥐 유전자 85건, 토끼 유전자 3건, 양과 젖소 유전자 각각 1건이 포함되어 있었다. 그중에서도 가장 논란을 일으켰던 것 중하나는 존스홉킨스대학교의 연구원이었던 존 기어하트John Gearhart가

---

29) David Malakoff and Robert F. Service, "Genomania Meets the Bottom Line", *Science* 291(5507), 2001, pp. 1193~1203.

30) 유리나 플라스틱 기판 위의 아주 작은 공간에 적게는 수백 개부터 많게는 수십만 개의 DNA를 고밀도로 집적시켜 놓은 것을 말한다. 인간게놈프로젝트에 의해 30억 염기쌍으로 이루어진 인간게놈의 95% 이상이 분석되었지만, 3만 개에 이르는 유전자가 어떤 역할을 하는지는 완전히 밝혀지지 않았다. 이는 유사한 염기서열을 지닌 다른 종 DNA와의 혼성화 반응을 통해 점차 밝혀지고 있는데, DNA 칩은 이 혼성화 반응을 한꺼번에 많은 양을 할 수 있도록 고안된 장치라 할 수 있다. '유전자 칩'이라고도 불린다.

출원한 특허였는데, 그는 인간 신체의 일부를 여분용으로 만들어 내기 위해 유산된 배아로부터 얻은 세포를 활용하는 절차에 대해 특허를 출원했다(그는 제론사Geron Corporation의 후원을 받고 있었다).

특허는 또한 선주민의 DNA와 희귀 유전병을 지닌 사람들의 DNA에 대해서도 취득되었다. 선주민을 대표하는 단체들은 그러한 특허 취득의 실행에 항의했으며, '생물해적행위'biopiracy의 종식을 요구했다. 이런 논란들로 인해 결국 인간게놈다양성프로젝트Human Genome Diversity Project, HGDP는 공식적인 프로젝트가 되지 못했지만, 전 세계에 걸쳐 샘플은 계속해서 수집되었고 유럽연합집행위원회European Commission는 '유럽 인구의 생물학적 역사'에 대한 연구에 자금을 제공했다. 유전학 연구에 참여했던 몇몇 가족들 또한 자기 아이들의 DNA가 이용되는 것에 항의했다. 예컨대 카나반병Canavan's disease[31]을 지닌 아동이 있는 가족들은 유전자 검사의 개발을 돕기 위해 조직 샘플을 제공하며 미국 마이애미아동병원Miami Children's Hospital의 연구자들에게 협력했지만, 그들이 협력했던 과학자와 병원이 그 질병의 보인자 검사와 더 진전된 연구에 대한 접근을 제한하면서 해당 유전자의 특허를 취득하는 데까지 나아갔음을 알게 되었던 것이다.

유전자 특허가 필연적으로 그와 관련된 연구나 검사를 제한하는

---

31) 신경세포의 수초탈락(demyelination)으로 인해 척수나 뇌의 다른 부분으로 신호를 보내는 뇌백질(腦白質)이 스펀지처럼 퇴화하는 유전병이다. 테이-삭스병처럼 아슈케나지 유대인에게서 가장 빈번히 발병하지만(대략 6400명당 1명) 다른 민족에게서도 나타날 수 있다. 태어난 지 몇 달 이후부터 지적장애, 시력·청력장애, 경련 발작, 운동능력 상실이 진행되며 많은 경우 5세 무렵 사망한다.

것은 아니다. 낭포성섬유증 유전자 검사에 대한 특허를 취득한 토론토대학교와 미시간대학교는 검사당 2달러의 명목상 이용료만을 부과했는데, 이처럼 유전자 특허가 반드시 배타적인 사용권 계약을 수반할 필요는 없다. 또한 그것이 반드시 학문적 연구를 제한해야 할 필요도 없다. 존스홉킨스대학교의 연구자들인 버트 보겔슈타인Bert Vogelstein과 케네스 킨즐러Kenneth W. Kinzler 및 그의 동료들은 질병과 관련된 유전자를 확인하는 기술에 대한 특허를 지니고 있었는데, 학자들이 그 기술을 무료로 사용할 수 있도록 허가해 주었다.[32] 그렇지만 영리 목적의 특허 취득은 큰 사업이었다. 영리 목적으로 특허가 취득된 질병 유전자들 가운데에는 (듀크대학교가 특허를 취득하고 글락소 웰컴Glaxo Wellcome과 사용권 계약이 체결된) 알츠하이머병 관련 유전자와 (밀레니엄제약이 특허를 취득하고 호프만-라로쉬Hoffman-LaRoche와 사용권 계약이 체결된) 비만 관련 유전자가 포함되어 있다. 미리어드 제네틱스Myriad Genetics와 유타대학교는 유전성 유방암 및 난소암 관련 유전자인 BRCA-1과 BRCA-2[33]에 대한 특허를 소유하고 있으며, 약 1500파운드의 비용이 드는 검사를 개발했다. 그들은 특허권을 행사하여 전 세계의 다른 병원들이 자체적인 검사를 사용하는 것을 중단시키고 미

---

32) Justin Gillis, "Celera to Offer Data on Disease", *The Washington Post*, 26 September 2000, p. E03.

33) BRCA는 'Breast'와 'Cancer'의 각 첫 두 문자를 딴 것이며, BRCA-1은 17번 염색체의 장완(long arm)에, BRCA-2는 13번 염색체의 장완에 위치한다. 이 BRCA 유전자는 유방과 난소의 종양을 억제하는 기능을 지니고 있기 때문에, BRCA 유전자에 돌연변이로 인한 이상이 있을 경우 유방암 및 난소암의 발병 가능성이 높아지게 된다. BRCA에서의 돌연변이는 상염색체 우성의 방식으로 유전되며, 이런 돌연변이 BRCA를 지닌 여성은 유방암 발병 확률이 60~80%, 난소암 발병 확률이 20~40%에 이르는 것으로 알려져 있다.

리어드 제네틱스의 검사를 사용하도록 강제하려 했다.[34] 영국 정부가 BRCA-2 유전자에 대한 유럽 특허를 소유하고 있는 암연구캠페인 Cancer Research Campaign[35]과 NHS에서는 무료 검사를 허용해 주는 협정을 맺기는 했지만, 이는 지구적인 게놈학 시장에서 통칙이라기보다는 하나의 예외에 불과했다.

당시 대기업 또한 소규모의 생명공학 신생 기업을 사들였으며, 빌 게이츠[Bill Gates]를 포함한 벤처 자본가들도 생명공학 산업에 막대한 투자를 했다. 게이츠는 다윈 몰레큘러[Darwin Molecular]의 주요 투자자였는데, 그 회사는 조로[早老]와 관련된다고 여겨지고 베르너증후군[Werner's syndrome][36]이라 불리는 희귀 질환의 원인이 되는 유전자에 대한 특허를 보유하고 있었다. 셀레라사의 활동은 생명공학 산업 부문에서의 향후

---

34) BRCA-1과 BRCA-2 유전자에 대한 미리어드 제네틱스의 특허권은 2013년 6월 13일 내려진 미연방대법원의 판결에 의해 상실되었으며, 그 판결문의 요지는 '인간의 자연적인 유전자에 대한 특허권은 무효'라는 것이었다. 이 소송은 미국시민자유연맹(ACLU)과 공공특허재단(PPF)에 의해 2009년 처음 제기된 후 1심과 2심에서 엇갈린 판결이 나오며 4년을 끌어온 세기의 재판이었다. 최종 판결이 나오기 얼마 전 할리우드 톱스타인 안젤리나 졸리가 바로 이 유전자 검사의 결과에 따라 유방절제수술을 받아 더 큰 세간의 주목을 끌기도 했다. 미연방대법원은 "특정 DNA가 어떤 특성을 지녔는지 발견한 일이 아무리 획기적이고 또 어렵게 분리해 낸 것이라고 해도, DNA 자체는 자연의 산물로 특허의 대상이 될 자격이 없다"고 만장일치로 판시했으며, 다만 실험용으로 DNA를 가공해 만든 일종의 '인공 DNA'는 특허의 대상이 될 수 있다고 예외를 인정했다. 이로 인해 기업이나 대학 등의 기관들이 소유하고 있던, 미국특허청에 등록된 인간 유전자 4000여 종에 대한 특허권도 소멸하게 되었다.
35) 암 퇴치와 예방을 목적으로 1923년 설립된 재단으로, 기금을 통해 암 예방 캠페인, 치료, 연구, 장비 제공 등의 활동을 범세계적으로 펼치고 있다.
36) 오토 베르너(Otto Werner)가 1904년에 쓴 박사 학위 논문에서 처음 기술하여 베르너증후군이라는 이름이 붙었다. '성인조로증'이라고도 한다. 수십 년간 전 세계에서 보고된 환자가 약 1000명일 정도로 희귀 질환인데, 그중 800명 이상이 일본에서 보고되었다. 사춘기까지는 정상적으로 성장하지만 그 이후부터 급격히 노화가 진행된다. 10대에 성장이 일어나지 않아 작은 키를 갖게 되며, 20대나 30대가 되면 머리카락이 빠지고 쉰 목소리가 나며 피부 경화가 진행된다. 암이나 심장질환 등으로 사십대 후반이나 오십대 초반에 사망하는 경우가 많다.

상업적 관행에 대해 얼마간의 단서를 제공한다. 회사는 이용료를 지불하는 고객에게 자사의 연구 성과에 기반을 둔 유전자 데이터베이스의 접근권을 제공한다. 이런 서비스가 누구나 무료로 이용할 수 있는 인간게놈프로젝트의 염기서열 정보와 경쟁하기는 하지만, 그것은 계속해서 상업적 실행 가능성을 유지한다. 셀레라사는 몇몇 중요한 고객들을 지니고 있는데, 여기에는 대학, 연구소, 생명공학회사 및 제약회사들이 포함된다. 셀레라사는 또한 그 회사의 경영자인 제임스 펙James Peck의 말에 따르자면 "생명과학 연구자들을 위한 원-스톱 쇼핑 장소"가 되는 것을 목표로 하여, 자사 데이터베이스의 상업적 호소력을 높이기 위해 다양한 추가 데이터베이스를 사들였다.[37]

인간게놈프로젝트의 대규모 공공 데이터베이스인 유전자은행 Genebank은 이와 같은 생명의 상품화를 약화시키는 것을 목표로 삼았다. 10개의 거대 제약회사들과 웰컴트러스트 사이에서 이루어진 단일염기다형성single nucleotide polymorphism, SNP[38] 지도 제작 프로젝트 같은 민간과 공공의 파트너십 또한 제작한 지도를 누구나 사용할 수 있도록 만들고자 했으며, 그렇게 함으로써 (다른 이들이 동일한 정보에 대한 특허를 취득하는 것을 예방하기 위해) 특허를 취득하지만 그러한 특허권

---

37) Justin Gillis, "Gene Research Success Spurs Profit Debate", *The Washington Post Online*, 30 December 2000, pp. AO1-7.
38) 30억 염기쌍의 인간게놈을 개개인별로 비교하면 0.01%의 염기순서는 차이가 있어 유전적 다양성(인종차 및 개인차)이 나타나게 되는데, 이 부분을 단일염기다형성이라고 한다. 이 중 어떤 것은 발병의 소인이 되며 약제의 효과 및 부작용의 차이와도 밀접한 관련성을 지닌다. 따라서 이에 대한 연구가 진행되면 신약 개발에 원천 정보를 제공할 뿐만 아니라, 개개인의 체질에 맞는 주문 제작 형태의 의료가 가능할 것으로 기대되고 있다.

을 행사하지 않으려 했다. 국제탄력섬유성위황색종협회PXE International 같은 환자 단체들 — 탄력섬유성위황색종pseudoxanthoma elasticum, PXE 은 피부, 눈, 동맥에 경화를 발생시키는 희귀 유전질환이다 — 또한 개발된 모든 검사들이 저렴한 비용으로 널리 사용되는 것을 보장하기 위해, 해당 질환과 관련된 유전자를 찾아내는 연구팀을 운영하면서 공동으로 특허를 출원하기 시작했다.[39]

그러나 이런 노력들이 상업적 특허 취득 활동의 규모가 늘어나는 것을 막을 수는 없다. 마틴 보브로Martin Bobrow와 샌디 토머스Sandy Thomas가 언급한 것처럼, 수천 개의 인간 DNA에 대한 특허가 출원되고 또 실제로 발급되어 왔다. 게놈의 작업 초안에서 확인된 3만 1000개의 유전자는 애초 예측했던 10만 개에는 많이 미치지 못하지만, 그럼에도 다수의 유전자들이 커다란 상업적 잠재력을 지니고 있다. 유전자 특허 취득은 또한 규제 환경이 느슨해짐에 따라 더욱 번창할 공산이 크다. 이와 관련해 보브로와 토머스는 다음과 같이 논평한다.

중대한 입법 조치가 부재한 가운데, 관련 정책은 거의 대부분 제한된 집단 내에서 이루어지는 대화를 통해 발전해 왔다. 상업적 이익은 특허청에 잘 반영되었지만, 좀 더 광범위한 공익을 대변하는 이들에 의해 견제되지 못했다. 그 결과 생명공학 분야의 발명에서는 새로움, 독창성, 유용성에 대한 문턱을 낮춰 주면서 특허 요건을 완화하는 방향

---

39) Paul Smaglik, "Tissue Donors Use Their Influence in Deal Over Gene Patent Terms", *Nature* 407, 19 October 2000, p. 821.

으로 제도가 '슬금슬금 나아가려는' 내재적 경향이 지속되어 왔다.[40]

약물게놈학pharmacogenomics[41]에서의 개발, 특히 이 부문의 성배인 암 같은 다인성 질환에 대한 유전자 기반 치료라는 수익성 있는 시장은 이런 쟁탈전을 강화하며 질병을 상품화할 뿐이었다.

유전자 치료와 약물게놈학

2000년 5월에 프랑스 연구자들이 중증복합면역결핍증severe combined immunodeficiency, SCID[42]을 지닌 두 아기를 대상으로 유전자 치료에 성공했다는 보고가 있었다. 그들은 해당 환자의 줄기세포에 레트로바이러스retrovirus[43]를 주입해 결함을 지닌 유전자의 정상적 복제유전자를 만들어 제공함으로써 그 아기들을 치료했다.[44] 그렇지만 유전자 치료 연

---

40) Martin Bobrow and Sandy Thomas, "Patents in a Genetic Age", *Nature* 409, 15 February 2001, pp. 763~764.

41) 약물이 유전에 미치는 영향이나 유전적 요인에 따라 약물에 대한 반응에서 나타나는 개인차를 연구하는 학문 분야를 약물유전학(pharmacogenetics)이라고 한다. 이 약물유전학과 게놈학이 결합하면서 새롭게 형성된 학문 분야가 바로 약물게놈학이라고 할 수 있다.

42) 림프구계 줄기세포의 발생 장애로 T세포, B세포 두 계통에 선천적인 결손 혹은 결함이 나타나 세포성 면역과 액성 면역 체계 양자가 기능하지 못하는 유전질환이다.

43) 'retro-'는 '거꾸로'라는 의미이며, 일반적인 유전 정보의 흐름과는 반대로 RNA로부터 DNA가 합성되는 과정을 역전사(reverse transcription)라고 한다. 레트로바이러스는 유전 물질이 RNA로 구성되어 있으며 역전사효소(reverse transcriptase)를 지니고 있어, 숙주세포에 들어간 후에는 자신의 RNA를 DNA로 역전사시킨 다음 이 DNA를 숙주세포의 염색체에 삽입시켜 번식한다. 백혈병을 일으키는 RNA종양바이러스와 인체면역결핍바이러스(HIV)가 가장 대표적인 레트로바이러스다.

44) Roger Dobson, "Gene Therapy Saves Immune Deficient Babies in France", *British*

구 분야는 임상 대상이 되었던 사람들의 사망, 이와 연루된 연구자들에 의한 사망 소식 은폐, 기술 개발사에 대한 연구자들의 주식 소유권으로부터 야기된 이해관계 갈등으로 어두운 그림자가 드리워져 왔다.

1999년 9월과 이후 몇 개월 동안, 『워싱턴 포스트』는 유전자 치료 연구자들이 임상시험 지원자들의 사망을 국립보건원에 보고하지 않았던 사례들을 폭로했다. 그러한 보고는 연방 법률에 따른 의무였다. 의회의 조사는 이런 관행이 광범위하게 퍼져 있음을 밝혀냈다. 유전자 운반의 수단으로 잠재적인 유독성 바이러스를 사용한 것에 대해서는 부분적으로 책임이 드러났지만, 대다수 죽음의 구체적인 이유는 해명되지 않은 채 남아 있었다. 이는 미국에서 수많은 유전자 치료 임상시험의 보류로 이어졌는데, 이 중 일부는 자발적인 지원자가 있어 계획된 것이었고 또 다른 일부는 미국 식품의약품안전청의 지시에 의한 것이었다.

좀 더 최근에 형성되었으며 잠재적으로 수익성을 지닌 연구 분야는 약물게놈학이라고 할 수 있는데, 이는 환자의 유전자형에 기초하여 '개인의 약물유전학적 프로필'을 확립하는 것, 그리고 유전 정보에 기초한 약물을 가지고 암이나 심장병 같은 흔한 다인성 질병을 치료하는 것을 목표로 한다. 제약회사들은 약물의 부작용을 예방하기 위해서, 특정 환자들에 대한 약물의 안정성을 좌우하는 유전변이의 연구와 신약 개발에 대한 게놈학적 접근법에 막대한 양의 자금을 쏟아붓고 있다. 예컨대 스칸디나비아에서는 정신질환의 치료에 사용되는 약물의

Medical Journal 320, 2000, p. 1225.

투여량 선택을 돕기 위해 CYP2D6 유전자형에 대한 약물게놈학적 검사가 활용되고 있다.[45]

약물게놈학을 연구하는 회사들 중 가장 눈에 띄는 곳 중 하나는 디코드 제네틱스인데, 그 회사는 아이슬란드 정부로부터 전체 인구에 대한 건강, 유전자, 가계도 정보를 통합하는 전국적 데이터베이스 구축을 허가받았다(개인들이 그 데이터베이스의 기록을 삭제하기 위해서는 복잡한 절차를 거쳐야만 했다). 이는 정부와 민간 부문 간의 시너지 효과가 발휘된 또 하나의 사례인데, 디코드사는 다른 회사와 상업적 협정을 체결하는 권한을 제외하면 그 데이터에 대한 독점권을 지니게 되었으며, 정부는 이런 데이터베이스의 개발이 가져올 아이슬란드 경제에 대한 부양 효과를 기대할 수 있었다.

물론 이 분야의 발전 가능성을 둘러싼 상당히 떠들썩한 관심은 주가 부양에서 그것이 지닌 역할을 고려해 볼 때 조심스럽게 다루어져야만 한다. 질병의 복잡성과 신약 개발의 잠재적 부작용도 가볍게 다룰 수 있는 문제가 아니다. 그리고 좀 더 장기적인 시각에서 보았을 때, 약물게놈학은 결국 점점 더 많은 사람들이 유전자 검사를 받게 됨을 의미할 수 있다. 우리가 이후 논하게 될 것처럼, 특히 보험회사와 고용주가 그 검사 결과에 커다란 관심을 보이게 될 가능성이 높다. 흔한 질병으로 초점이 이동함에 따라, 희귀 유전질환을 지닌 사람들이 피해를

---

45) C. Roland Wolf, Gillian Smith and Robert L. Smith, "Pharmacogenetics", *British Medical Journal* 320, 2000, pp. 987~990. [CYP2D6는 CYP2C9 및 CYP2C19과 더불어 항우울제, 항응고제, 항궤양제 등의 약물을 대사시키는 데 필요한 효소를 만드는 대표적인 유전자 중 하나다. 우리나라에서도 2011년 하반기에 이 세 가지 유전자로부터 변이된 형태의 19개 유전자 진단법이 개발되어 식품의약품안전평가원에 의해 제공되고 있다.]

볼 수도 있다. 약물게놈학은 또한 이원적 보건의료 시스템을 향한 움직임을 강화할 수 있으며, 그런 시스템 내에서 특정 약물에 '유전적으로 적합하지' 않은 사람들은 그처럼 적은 인구를 위해 대안적 약물을 개발하는 것은 이윤 창출이 어렵다는 이유만으로 치료에서 배제된다.

유전자 치료 분야에서 또 다른 우려스러운 개발의 흐름은 게놈의 시대가 도래하면서 생식계열 유전자 조작이 다시 활기를 띠고 있다는 것이다. 후세에 대대로 전달될 유전자를 이식할 목적으로, 수정 이전의 정자 및 난자 세포나 초기 배아의 분화되지 않은 세포를 변경하기 위해 생식의학 분야의 개발과 유전학 연구에서의 개발이 결합될 수 있다. 이러한 기술은 이미 실험용 동물에게 사용되고 있으며, 체세포 유전자 치료는 인간 배아를 대상으로도 시도되어 왔다. 생식계열 유전자 조작 기술의 실행은 많은 수의 난자가 필요하고, 사전에 알 수 없는 유해한 형태의 유전자 조합으로 귀결될 수 있는 등 수많은 방해물이 존재한다. 그렇지만 저명한 여러 유전학자들과 지원 그룹들은 그 기술의 개발을 요구하기 시작했으며, 기술의 실행에 대한 국제적 금지도 존재하지 않는다. 치료 내지 요법과 신체적·정신적 형질 향상 사이의 불분명한 경계는 이런 기술의 잠재적 활용과 관련하여 한층 더 큰 우려를 낳고 있다.

재생산 복제를 향하여

핵이식 분야에서의 개발들 또한 우생학의 또 다른 꿈이었던 재생산 복제 reproductive cloning에 대한 길을 열어 주었다. 죽은 양으로부터 얻은 젖샘 세포를 핵이 제거된 난자와 결합시킨 결과, 1997년에 복제 양 돌리가 탄생했다. 클린턴 대통령은 곧바로 그 기술을 활용한 인간복제 연구에 대해 연방의 자금 제공 중단을 선언했다. 그러나 그 이후 미국 회사인 어드밴스드 셀 테크놀로지Advanced Cell Technology는 4세포기에서 6세포기 사이의 복제된 인간 배아를 생산하는 데 유사한 기술을 사용했다고 주장했다. 이 분야에서 활동하는 과학자들의 목표는 파킨슨병Parkinson's disease[46]이나 치매 같은 질병을 장래에 치료하기 위해 개인의 신체 일부를 여분용으로 생산하는 기술을 개발하는 것, 소위 치료용 복제therapeutic cloning를 실현하는 것이다. 영국은 이 기술이 배아줄기세포를 만들어 내는 데 사용될 수 있도록 기술 실행 과정에 대한 제한을 완화했다. 비록 이러한 과정에서 사용된 배아들은 14일 후에 폐기되어야 했지만 말이다. 이 기술의 개발이 배아의 증여나 조직 및 신체 기관의 복제라는 형태로 이루어지는 몸의 상품화에 대한 우려만을 낳았던 것은 아니다. 이 기술은 재생산 복제를 추구하는 가운데 채택될 수도 있었다. 이것이 비록 영국 같은 나라들에서 현재 불법이기는 하지만, 전 세계적으로 금지되어 있는 것은 아니다. 하나의 클론을 만들어 내기 위해 버려져야 할 수많은 난자들, 임신 기간이나 출산 후에

---

46) 뇌의 신경세포 손상으로 운동능력이 감소됨과 동시에 근육의 긴장이 증가하고, 손가락, 목, 입술 등에 떨림이 발생하는 질환이다. 음식을 먹거나 말하는 등의 동작이 원활치 않게 되고, 심할 경우에는 일상의 동작이 전혀 불가능해질 때도 있다. 최근 연구 결과에 따르면 파킨 (parkin)이라는 단백질을 생성하는 유전자의 이상이 발병과 관련이 있는 것으로 밝혀지고 있다. 신경 전달 물질의 하나인 도파민(dopamine)을 만들어 내는 뇌세포가 점차 손실되면서 증상이 심각해진다.

발생하는 상당수 태아의 죽음, 최종적으로 만들어진 클론들에게 나타나는 빈번한 유전질환은 인간 복제의 가능성을 심각하게 제한한다. 그럼에도 불구하고 이 기술의 개발을 목표로 하는 과학자와 의사의 수는 늘어나고 있다.

인간을 복제하겠다는 의사를 공개적으로 표명한 최초의 인물은 리처드 시드^{Dr. Richard Seed}였다. 한국의 불임클리닉에 있던 연구자들이 곧 그의 뒤를 이었는데, 그들은 1998년에 인간을 성공적으로 복제했지만 윤리적 거리낌 때문에 그 배아를 폐기했다고 주장했다.[47] 라엘리언^{Raelians}이라고 불리는 무명의 종교 집단 또한 인간 배아를 복제하겠다는 계획을 발표했다. 그 실험에 기꺼이 참여하고자 하는 50명의 여성이, 그리고 복제에 사용될 죽은 아이의 DNA를 제공하려는 미국인 커플이 있다고 주장하면서 말이다.[48] 그리고 2001년에는 이탈리아, 이

---

47) 1998년 12월 14일, 경희대의료원 불임클리닉의 이보연 교수 연구팀은 자신들이 세계 최초로 인간배아 복제에 성공했다고 발표했고, 이는 국내외에 큰 반향과 논란을 불러일으켰다. 이 연구팀은 2명의 여성에게서 난자 6개를 얻어 체세포 핵이식 방식으로 배아를 복제해 이 가운데 1개가 4세포기까지 진행되었다고 보고했다. 그러나 대한의학회에서 파견된 실사팀에게 제출된 연구 증빙자료는 4세포기 분열 사진뿐이었고, 불충분한 자료와 윤리적 논란으로 인해 재연 실험을 해보겠다는 연구팀의 제의는 받아들여지지 않았다.

48) 라엘리언의 정식 명칭은 국제라엘리언무브먼트(International Raelian Movement, IRM)로, 프랑스 출신의 자동차 경주 선수 클로드 보리롱 라엘(Claude Vorilhon Rael)이 자신이 외계인을 직접 만났다고 주장하면서 1975년 설립한 종교단체다. 라엘과 그의 신봉자들은 2만 5000년 전 외계로부터 온 과학자가 유전자 조작을 통해 인간을 탄생시켰다고 믿는다. 또한 라엘이 만났다는 외계인인 엘로힘(Elohim)이 이미 한 개인의 개성, 기억, 경험까지 모두 복제할 수 있는 기술을 지녔고 복제를 통해 영원한 삶을 살고 있다고 주장하면서, 인간도 같은 방식으로 영생을 누릴 수 있다고 말한다. 라엘은 그가 주장해 온 '인간 복제를 통한 영생'을 실행하기 위해 1997년 직접 클로네이드(Clonaid)를 설립했으며, 이 회사는 2002년 2월 불임부부 등을 위해 세계 최초의 인간복제를 시도할 것이라고 밝힌 바 있다. 그리고 2002년 12월에 최초의 복제인간이 출산됐다고 발표했으나, 복제아의 DNA 같은 증거를 내놓지 못해 그 진위 여부는 밝혀지지 않았다.

스라엘, 미국의 불임 치료 전문가들로 구성된 한 연구팀이 최초의 복제 인간을 만들어 내겠다는 계획을 발표했다. 이 연구팀의 일원인 세베리노 안티노리Severino Antinori 교수는 시드나 라엘리언과는 달리 이탈리아생식의학회Italian Society of Reproductive Medicine의 회장이자 로마에서 여러 개의 체외 수정 클리닉을 운영하고 있는 저명한 인물이다. 재생산 복제의 가능성이 비록 희박하다고는 하지만, 관련 기술을 개발하기 위한 이런 활동들을 무시하는 것은 어리석은 일이 될 것이다.

임상유전학의 성장

인간게놈프로젝트가 시작된 이래로 중요한 질병 유전자들이 다수 발견되어 왔다. 그 모두가 인간게놈프로젝트의 지원하에서 이루어진 것은 아니지만, 그 프로젝트가 질병 유전자의 발견에 크게 기여한 것은 의심할 바 없는 사실이다. 인간게놈지도 초안이 발표되기 바로 전 해인 2000년에도 연구자들은 인간게놈프로젝트 데이터베이스를 활용해서 12가지 이상의 질병 유전자를 발견했다. 유전자 검사 또한 이 시기에 급속도로 개발되었다. 유전자 검사를 제공하는 전 세계의 실험실에 대한 정보를 안내하는 진테스트GeneTests의 웹사이트(www.genetests.org)에서는 2001년 7월 현재 유전자 검사가 이루어질 수 있는 819가지 장애disorder의 목록을 제시하고 있다.[49] 상업적으로 시행되

---

49) 이 목록은 이후 매해 급속히 증가해 왔으며, 2017년 5월 1일을 기준으로 유전자 검사가 이루

고 있는 것이든 연구의 일부분으로서든 말이다.

유전자 검사는 일반적으로 다섯 가지 주요 범주로 구분된다. 즉 진단 검사, 예측 검사, 산전 검사, 산후 검사, 보인자 검사로 나누어 볼 수 있다. **진단** 검사는 해당 환자가 이미 뚜렷한 증상을 지니고 있을 경우, 의심되는 유전질환을 확정하거나 적어도 어떤 질환은 아님을 확인하기 위해서 사용된다. 반면에 **예측** 검사는 특정한 증상의 발현 이전에 실시되는 검사다. 그것은 우선 (특별한 치료법이 없는) 헌팅턴병 같은 후발성後發性 질환에 대해 실시될 수 있다. 그리고 가족력에 의한 유방암 및 난소암 같은 다른 질병에 대해서도 실시될 수 있는데, 이 경우 예측 검사는 환경적 요인이 또한 일정한 역할을 한다고 했을 때 해당 보인자의 암 발병 가능성이 어느 정도인지 그 평가치를 제공한다. 이는 발병 가능성이 높은 사람들의 경우에는 그들의 생활양식을 변경하거나 정기적인 검사를 받을 수 있음을 의미한다(비록 이런 사례에서 어린 여성들에 대한 반복적인 유방조영술이 가져다 줄 수 있는 이득은 거의 없겠지만 말이다).

테레사 마르토Theresa M. Marteau와 로버트 크로일Robert T. Croyle이 특히 영국의 경우에 대해 언급하고 있는 것처럼, "현재 시행되고 있는 유전자 검사의 대다수는 태어날 아이에게 유전질환이 존재할 가능성에 대한 정보를 제공하는 재생산 검사들이다".[50] **산전** 검사는 현재 영국

어질 수 있는 장애는 4977가지에 달했다. 이 웹사이트는 도메인을 'www.gene-tests.org'로 바꾸고 전면 개편한 이후로는 더 이상 이와 관련된 정보를 제공하고 있지 않다.

50) Theresa M. Marteau and Robert T. Croyle, "Psychological Responses to Genetic Testing", *British Medical Journal* 316(7132), 1998, p. 694.

과 미국의 대다수 분자유전학 실험실에서 낭포성섬유증, 헌팅턴병, 취약X염색체증후군fragile X syndrome[51] 같은 유전질환 병력을 지니고 있는 가족들을 대상으로 실시될 수 있다. 이러한 질병의 대부분은 매우 희귀하며, 산전 검사가 더 많은 임신부들에게 제공됨에 따라 점점 더 희귀해지고 있다. 예를 들면 영국에서 뒤셴형 근육퇴행위축의 출현율은 유전상담이 처음 시작되었던 해의 6000명당 1명에서 1999년에는 9000명당 1명으로 떨어졌다.

산전 검사는 보통 임신 10주에서 15주 사이에 통상적인 방법 — 융모막 융모 생검chorionic villus sampling, CVS[52]이 양수 천자보다는 더 조기에 실시될 수 있다 — 에 따라 실시된다. 이는 특정 질병에 대한 가족력으로 인해 유전질환의 위험성을 지닌 임신부를 검사하는 데 사용될 수 있다. 드물게는 해당 질환의 영향을 완화하기 위해서 아기가 자궁 내에 있을 때나 출산 중에, 혹은 태어난 직후에 일정한 처치가 이루어질 수도 있다. 그렇지만 보다 일반적으로는 낙태가 권해진다. 영국의 경우 '심각한 핸디캡'을 이유로 한 낙태에는 임신 기간의 상한이 존재하지 않는다. 미국에서는 태아의 생존 가능성에 대한 결정이 개별 의사들에게 맡겨지는 경향이 있으며, 주의 입법기관이 생존할 수 없

---

51) 다운증후군 다음으로 발생 빈도가 높은 지적장애의 원인으로 유전성을 지닌다. 지적장애를 지닌 남자 중 5.9%, 여자 중 0.3%를 차지하는 것으로 알려져 있다.
52) 태아와 양수를 둘러싸고 있는 융모막은 수정란에서 유래되기 때문에 태아와 거의 유사한 염색체 구성을 나타낸다. 융모막 융모 생검은 이 융모막의 융모를 채취해 세포유전학적 분석 및 DNA 분석과 효소 분석을 하는 산전 유전자 검사법의 하나로, 통상 임신 10~12주 사이에 실시된다. 양수 검사보다 조기에 시행될 수 있는 반면, 태아의 유산 위험성은 조금 더 높은 것으로 보고되고 있다.

는 태아에 대한 낙태를 막는 것은 연방 법률에 의해 금지된다. (비록 낙태수술의 제공을 제한하거나 지연시킬 수 있는 다른 방법들이 존재하기는 하지만 말이다.) 산전 검사 결과를 받아 보는 데 발생하는 시간의 지연(혹은 미국의 경우, 의사 결정이 지연되도록 하는 여타의 요건들)은 태아의 이상을 이유로 한 낙태수술이 대개 임신 중기에 실시된다는 것을 의미한다.

산전 검사가 점점 더 많은 인구에게 실시되고 있지만, 다양한 유전질환들 모두에 대해 공통적으로 그런 것은 아니다. 비록 과학계의 많은 이들이 산전 검사의 확대에 찬성한다 할지라도, ── 예컨대 미국에서 국립보건원은 낭포성섬유증 선별 검사를 추진하고 있다 ── 검사의 비용뿐만 아니라 민족적 차이를 고려했을 때의 유효성에 대한 우려 때문에 선별 검사가 대중적이지 않을 수도 있다. 공적으로 자금이 지원되는 국가 차원의 보건 서비스가 붕괴된 것 또한 그 검사의 실행 가능성을 제한한다. 그렇지만 몇몇 선별 검사 프로그램은 일정한 집단들, 예컨대 민족적으로 어떤 유전병의 발병 가능성이 높다고 여겨지는 집단을 대상으로 실시될 수 있다. 영국에서 이루어지고 있는 지중해빈혈증 선별 검사 서비스가 그런 프로그램 중 하나다.

산후 유전자 검사는 어떤 유전질환의 위험성이 있다고 여겨지는 신생아를 대상으로 실시된다. 특히 페닐케톤뇨증 같은 유전질환의 경우에는 모든 아기들을 대상으로 산후 선별 검사가 실시되는데, 그 대부분은 치료가 가능하다. 미국에서는 일정한 유전병들에 대해 신생아 선별 검사가 법률에 따라 의무적으로 실시된다. 모든 주가 페닐케톤뇨증 검사를 실시하지만, 다른 질병 검사들의 경우에는 주마다 다르다.

각 주들은 선천성갑상선기능저하증congenital hypothyroidism,[53] 갈락토오스혈증galactosemia,[54] 단풍당뇨증maple syrup urine disease,[55] 호모시스틴뇨증homocystinuria,[56] 비오틴분해효소결핍증biotinidase deficiency,[57] 겸상적혈구빈혈증, 선천성부신과형성congenital adrenal hyperplasia,[58] 낭포성섬유증, 타이로신혈증tyrosinemia[59] 등에 대해 다양하게 검사를 실시한다. 이와 관련해 엘런 라이트 클레이턴Ellen Wright Clayton은 다음과 같이 논평한다.

---

[53] 갑상선 호르몬은 태아기부터 두뇌 발달에 필수적인 호르몬이며, 출생 후에는 소아의 전신 성장과 발달을 촉진시킨다. 선천성 갑상선 기능 저하증은 크레틴병(cretinism)이라고도 하는데, 태아기의 갑상선 형성 부전이나 갑상선 호르몬 합성 장애 등의 원인에 의해 갑상선 기능이 저하되는 상태를 말한다. 조기에 발견하여 갑상선 호르몬 보충 요법을 시행하지 않으면 지능 저하 및 성장과 발달 지연이 초래될 수 있다.

[54] 유당(lactose)의 일부인 갈락토오스(galactose) 및 그 대사 산물이 정상적으로 분해되지 못하고 체내에 축적되는 선천성 대사이상이다. 조기에 치료하지 않으면 구토, 황달, 설사뿐만 아니라 지능장애와 백내장 등을 일으키게 된다.

[55] 류신(leucin), 이소류신(isoleucin), 발린(valine) 등 분지아미노산의 산화적 탈탄산화를 촉진시키는 효소가 결핍되어 나타나는 선천성 대사이상이다. 소변, 땀, 침, 눈물 등에서 단풍나무 시럽의 냄새가 나고 경련과 경직, 전반적인 근육 이완, 혼수상태 등의 증상이 나타난다.

[56] 시스타티오닌 합성효소가 결핍되어 메티오닌과 호모시스틴이 체내에 축적되는 선천성 대사이상이다. 수정체 탈구, 골다공증, 골격계 기형, 지능장애, 혈관의 혈전이나 색전 형성 등 다양한 증상이 나타날 수 있다.

[57] 비오틴은 동식물의 생육에 필요한 비타민B 복합체의 일종으로, 단백질과 결합된 비오틴은 비오틴분해효소에 의해 가수분해된 후 체내에 흡수된다. 따라서 비오틴분해효소결핍증에 걸리게 되면 비오틴을 흡수할 수 없을 뿐만 아니라, 독성 물질이 체내에 축적되면서 발작, 발육 지연, 습진, 청각 상실 등이 나타날 수 있다. 우리나라에서는 발견된 예가 아주 적고 세계적으로도 비교적 회소한 선천성 대사이상의 하나다.

[58] 부신(adrenal gland)과 성선(sex gland)의 스테로이드 호르몬이 부족해지는 유전질환이다. 이 질환에 걸리면 유전적으로는 남성이지만 성호르몬을 생산할 능력이 없어 여성의 외부 생식기를 갖게 된다. 치료하지 않으면 스테로이드 호르몬이 부족해져 심한 화학적 불균형과 탈수, 유아기 사망을 초래한다.

[59] 단백질의 일종인 타이로신의 대사가 정상적으로 이루어지지 않아 체내에 독성 물질이 축적되는 유전질환으로, 특히 간과 신장이 치명적인 손상을 입어 결국 사망에 이르게 된다.

그렇지만 페닐케톤뇨증 신생아 선별 검사에 대해 잘 발달된 인프라를 갖게 됨으로써 나타난 한 가지 결과는, 이런 프로그램에 다른 질환에 대한 선별 검사의 추가를 고려해 보는 것이 훨씬 더 쉬워졌다는 것이다. [⋯] 이제 다른 질환에 대한 검사도 추가하라는 압력이 상존하게 되었다. 그러나 새로운 이상에 대한 선별 검사의 제안을 아무리 사려 깊게 분석한다 하더라도, 왜 어떤 특정한 검사가 그런 인프라에 추가되어야만 하는가라는 질문에 대한 적절한 답변을 찾는 데는 대개 실패하고 만다.[60]

영국에서는 페닐케톤뇨증 등의 대사이상들에 대한 산후 선별 검사가 시행되고 있으며 비용 대비 효과적인 것으로 여겨진다. 뒤센형 근육퇴행위축이나 낭포성섬유증 같은 다른 질환들에 대한 신생아 선별 검사는 위음성 false negative 결과가 가져올 수 있는 잠재적 문제들과 조기 진단의 이득이 입증되지 않았다는 점 때문에 좀 더 논란이 되고 있다. 그러나 영국 정부는 낭포성섬유증에 대한 전국적인 신생아 선별 검사 프로그램의 확립 계획을 추진했다.

보인자 검사는 특정 유전질환에 대한 인자를 지니고 있지만 발병되지 않은 사람을 찾아내는 검사다. 몇몇 경우에 그 검사는 결혼이나 임신에 앞서 어떤 이들이 보인자 상태에 있음을 알려 주기 위해 사용될 수 있다(예컨대 미국과 영국에서는 아슈케나지 유대인들을 대상으로

---

60) Ellen Wright Clayton, "What Should Be the Role of Public Health in Newborn Screening and Prenatal Diagnosis?", *American Journal of Preventive Medicine* 16(2), 1999, p. 112.

네이-삭스병에 대한 보인자 검사가 실시될 수 있다).

영국에서 가장 심각한 유전질환들에 대한 유전자 검사는 주로 지역 차원의 유전학적 서비스를 통해 제공된다. 1980년대에 영국의 대다수 지역 유전학센터들은 진단 서비스를 제공하기 위해 임상분자유전학 실험실을 설치했다. 1988년에는 임상분자유전학회Clinical Molecular Genetics Society, GMGS라는 전문가 단체도 만들어졌다. 진단을 실시하는 클리닉은 임상분자유전학회에 의해 설립된, 품질 보증 기관을 포함한 다양한 기관들의 규제를 받는다. 현재 이런 기관들은 클리닉의 직원들에게 인가된 교육프로그램을 제공하는 독립된 단체에 의해 운영되고 있으며, 여기서 교육을 받은 사람들은 그들의 전문 분야에 따라 국가 차원의 등록위원회들 중 하나에 등록된다. 실험실 또한 인가를 받아야만 하며, 정부의 유전자검사자문위원회Advisory Commission on Gene Testing, ACGT가 유전자 검사의 안전하고 윤리적인 사용을 감독한다. NHS의 지역 유전학센터들은 여러 관련 분야를 종합적으로 다루며, 일반의나 소아과 의사 같은 다른 상담사로부터 의뢰받은 모든 클라이언트들에게 상담이 제공된다. 유전학센터들은 서로 협력하지만, NHS에 내부시장화internal market[61] 정책이 도입된 이래로 국가 차원의 전략은 아직 등장하지 않았다. 대신 협력은 연구를 감독하고 조정하거나 서비스의 실행을 감사하기 위해 만들어진 전문가 단체와 컨소시엄을 통해 이루어

---

61) 대처 정부에서 추진된 개혁 정책 가운데 하나로, 시장성 시험(market-testing) 결과 공공 부문에서 제공하는 것이 효과적이라고 판명된 서비스라 할지라도 정부 기관 간 경쟁을 통해 서비스 공급권을 부여하는 것을 말한다. 서비스 제공자를 민간 부문에서 찾는 것이 효과적이라 판명된 경우에는 외부계약(contracting out)을 통해 서비스가 제공되도록 조치가 취해졌다.

지는 경향이 있다.

미국의 유전자 검사 서비스는 대학에 부속되어 있거나 민간 회사에 의해 설립된 유전학 클리닉에서 제공되는데, 그 대부분은 영리를 목적으로 운영된다. 클라이언트들의 의뢰는 대개 그들의 의사에 의해 이루어진다. 임상 검사를 실시하는 클리닉들은 1988년의 「임상실험실 개선법」Clinical Laboratory Improvement Act, CLIA하에서 인가를 받아야만 한다. 비록 이 인가 절차가 유전자 검사에 대한 구체적인 지침을 제공하지는 않지만 말이다. 미국에서는 특허 관련 법률 때문에 이런 실험실들이 실행하는 검사에는 일정한 제한이 존재한다. 검사 비용은 검사의 복잡성, 검사 전략, 검사를 받는 사람들의 수, 채취되는 시료의 유형에 따라 100달러 이하에서부터 2000달러 이상에 이르기까지 다양하다. 미국 정부는 유전자 검사의 사회적·윤리적 측면에 대한 많은 연구들 ── 예를 들면 이제는 없어진, 인간게놈프로젝트의 일부였던 윤리적·법률적·사회적 영향 프로그램Ethical, Legal and Social Implications Programme, ELSI ── 에 자금을 지원했지만, 검사와 관련된 문제만을 전문적으로 다루는 연방 차원의 위원회는 존재하지 않는다. 그렇지만 유전자검사태스크포스Task Force on Genetic Testing가 새롭게 제안된 검사들의 유효성을 입증할 수 있는 조직의 필요성을 포함하여 다양한 권고를 했다. 미국 식품의약품안전청은 제품의 형태로 출시된 검사에 대해서는 안전성을 심사했지만, 서비스의 형태로 제공되는 검사는 심사하지 않았다.

이런 유전자 검사 및 선별 검사 프로그램들이 너무나 급속하게 개발되어 오다 보니, 유전병을 특징짓는 데 존재하는 매우 실질적인 난점들 중 상당 부분은 가려지고 말았다. 대부분의 유전병은 그 증상에 영향을 미치는 다양한 유전자 및 유전자형과 관련되어 있기 때문에 매우 복합적인 성격을 지니며, 해당 질병이 얼마나 중한 것인지는 간단히 이해되기 어렵다. 선별 검사 프로그램에 수반되어야 할 충분한 정보에 근거한 동의의 결여에 관한 우려, 그리고 불충분하거나 지나치게 지시적인 상담 —— 특히 유전상담사들이 아니라 산부인과 의사에 의해 상담이 수행될 때 —— 에 관한 우려도 제기되어 왔다. 양성 검사 결과가 광범위한 가족 구성원들에게 미치는 영향, 특히 아동이 검사를 받으면서 그 검사 결과가 부모의 유전적 상태에 관한 정보를 노출시키는 것이 가져오는 문제 또한 많은 이들로 하여금 윤리적 영향에 대한 충분한 사전 숙고 없이 이루어지는 유전자 검사의 확산을 비판하도록 만들었다. 신기술에 대한 비판자들은 유전자 진단이 병들거나 장애를 지닌 사람들에 대한 적절한 돌봄과 지원을 대체하고 있다는 우려 역시 제기했다. 우리는 다음 장들에서 이러한 모든 이슈를 좀 더 심도 있게 살펴볼 것이다.

행동유전학에서 행동게놈학으로

임상유전학 및 분자유전학 분야에서의 발전과 나란히, 행동유전학도 여러 형질 가운데 특히 동성애, 알코올중독, IQ, 범죄성에 대한 연구에 새로운 분자적 기술들을 적용하면서 꾸준히 진화해 왔다. 정신유전학 psychiatric genetics 또한 꽃을 피웠다. 쌍둥이와 입양 연구는 계속해서 많은 논란이 되었다. 그리고 우울증 같은 질환이 발생한 가계에서 특정한 표지를 발견하기 위해 이루어지는, DNA 분석에 기초한 유전적 연관성 연구도 다른 연구에서 동일한 결과가 반복되지 않는 난점이 존재했기에 문제가 많은 것이었다. 이런 연구들 중 가장 악명 높은 것은 아마도 딘 해머Dean Hamer의 '게이 유전자'에 대한 연구일 텐데, 이 연구에서 그는 X염색체상의 DNA에서 게이 형제들이 공유하고 있는 부분을 발견했다고 주장했다. 그러나 샐리 레먼Sally Lehrman이 지적한 것처럼, 그의 연구는 어떠한 통제 집단도 수반하지 않았고, 연구 대상들이 게이 공동체를 대표할 수 없었을 뿐만 아니라, 다른 연구들에서 동일한 결과가 반복되지도 않았다.[62] 생쥐들의 공격성에 대한 연구와 같은 동물 연구 또한 행동 유전형질에 대한 확정적 증거를 제시하는 데 실패했다.

그러나 정신게놈학psychiatric genetics이 지닌 잠재력에 대한 대대적인 선전은 지속되고 있다. 대중매체들이 주로 이런 과대 선전에 책임이 있지만, 이를 선도하는 것은 과학계다. 과학계는 다중 유전자 체계와 환경적 영향을 강조하면서 행동의 복잡성에 관한 세련된 논쟁을 촉진하고 있지만, 그럼에도 불구하고 그들은 "모든 행동의 영역에서 유전변이가 표현형 변이의 상당한 원인이 된다"는 것을 보여 주는 쌍둥이와 입양 연구 결과의 신뢰성을 계속해서 강조해 왔다.[63] 또한 "인간 게놈의 염기서열 분석이 심리학과 정신의학 분야에 대변혁을 가져올

---

62) Sally Lehrman, www.dnaprofiles.org/about/pgm/topic.html.
63) Peter McGuffin, Brien Riley and Robert Plomin, "Towards Behavioural Genomics", *Science* 291(5507), 2001, pp. 1232~1249.

것"이고 정신장애와 행동장애에 대한 관용도 증대시킬 것이라고 주장한다. 다음 장에서 좀 더 충분히 논하게 될 것처럼, 우리는 유전자가 행동에 모종의 역할을 한다는 것을 받아들이기는 하지만 행동유전학의 주장은 몹시 과장된 것이라고 여긴다. 복잡한 환경적·가계적·사회적 과정들과 상호작용하는 수천 개 유전자들 사이의 상관관계를 도표로 제시하기란 극히 어려운 일이다. 어떤 행동적 차이를 만들어 내기 위해 유전의학을 통해서 개입한다는 것은 예측 가능한 미래에는 불가능한 일일 것이다.

구래의 우생학이 지닌 인종주의와 엘리트주의는 행동유전학에 관심을 지닌 소수의 과학자들에게 계속해서 받아들여질 수 있으며, 사회 전반의 우익 분자들로부터도 다수의 지지자를 되찾고 있다. 리처드 헌스타인과 찰스 머레이Charles Murray는 1994년 『종형 곡선』The Bell Curve을 출간했는데, 이 책에서 그들은 자신들이 '인지적 최하층 계급' cognitive underclass이라고 부른 이들 사이에서의 높은 출산율로 인해 미국이 발육부전dysgenesis을 겪을 것이라고 예측했으며, 흑인이 백인보다 지능이 낮다는 의견을 제시했다. 미국의 발육부전에 대한 내용은 격분을 불러일으키기도 했지만,[64] 다수의 주목할 만한 지지자를 획득했다. 마이클 린드Michael Lind가 논평한 것처럼, "『종형 곡선』이라는 책의 뜻밖의 출간은 보수주의자들이 이미 지지해 왔던 복지 폐지 정책에 대하여 그들에게 유용한 근거를 제공해 주었다".[65] 보다 최근에 제

---

64) Steven Fraser, "Introduction", ed. Steven Fraser, *The Bell Curve Wars: Race, Intelligence and the Future of America*, New York: Basic Books, 1995, p. 2.
65) Michael Lind, "Brave New Right", ed. Steven Fraser, *The Bell Curve Wars: Race,*

임스 왓슨은 임신한 태아가 동성애자인 것으로 판명될 경우 여성들이 낙태할 수 있도록 허용해야만 한다고 주장하기까지 했다.[66] 진화심리학 또한 스티븐 핑커Steven Pinker나 헬레나 크로닌Helena Cronin 같은 대중매체 친화적인 학자들에 의해 두각을 나타내게 되었다. 이러한 전통에 서 있는 필자들은 여성이 가정주부의 역할을 하도록 유전적으로 프로그램되어 있다는, 과거 사회생물학이 견지했던 입장을 부활시키고 있다. 그리고 강간, 유아 살해, 클린턴 대통령의 성적 스캔들을 포함한 많은 인간의 행동에 대해 진화론적 설명을 제시한다. 우리가 다음 장에서 논하게 될 것처럼, 비록 이런 종류의 이론을 비웃어 주는 것은 쉬운 일이겠지만, 그것은 복잡한 문제들에 대해 간단명료한 해결책을 제시하기 때문에 대중매체로부터 높은 관심을 받고 있다. 그 해결책이란 다름 아닌 인간게놈학의 유전자 결정론을 한층 더 강화하는 것이다.

구래의 우생학과 새로운 우생학

오늘날의 게놈학은 분명 과거의 우생학과는 매우 다르다. 특히 기술적·상업적 세련됨과 규모의 면에서 말이다. 그러나 현대의 몇몇 유전학 옹호자들도 주장하는 것처럼, 과거의 우생학과 현재의 게놈학 사이에 깔끔한 경계선을 긋는 것은 불가능한 일이다. 이 책의 곳곳에서 우

Intelligence and the Future of America, New York: Basic Books, 1995, p. 176.

66) Victoria Macdonald, "Abort Babies with Gay Genes, Says Nobel Winner", *Electronic Telegraph* 632, 16 February 1997.

리는 과서에 우생학이 전체주의 체제뿐만 아니라 민주주의 체제의 특징이기도 했음을 보여 주었다. 전성기에 우생학은 많은 전문가들이 참여했고 폭넓은 대중적 지지를 받았다. 그것은 결코 편향된 사이비 과학이 아니었다. 현재 그 초점이 단종수술이나 안락사보다는 낙태 쪽으로, 그리고 사회적 일탈보다는 질병 쪽으로 이동했을지 모르지만, 이런 접근법들 간에는 종이 한 장 차이만이 존재할 뿐이다. 유전학적 서비스에서 많은 사람들이 경험하는 현실 또한 개인의 권리와 충분한 정보에 근거한 선택이라는 자유주의적 수사와는 거리가 멀다. 그것이 일정한 결점을 지닐 수밖에 없는 하나의 이상理想이라고는 하지만, 사람들의 선택이 이루어지는 사회적 환경에, 그리고 그 선택이 더 광범위한 사회에 미치는 영향에 너무나 적은 관심이 기울여지고 있다.

장애인의 권리를 강화하기 위해 차별금지법anti-discrimination legislation, ADL이 미국(1990년)과 영국(1996년) 양쪽 나라에서 도입되었고 구식의 정신질환자 시설도 지역사회 돌봄[67]에 대한 지지 속에서 거의 모두 폐쇄되기는 했지만, 장애인에 대한 차별과 낙인화는 보건의료 서비스와 그 외의 영역에서 지속되고 있다. 단종수술, 강요된 피임, 치료에 대한 접근권에서의 차별도 여전히 남아 있다. 파이퍼가 언급한 것처럼, 미국의 몇몇 주에서 법원들은 여전히 강제적 단종수술을 명령

---

67) '지역사회 돌봄'(community care)은 '시설 보호'(institutional care)와 대비되는 개념으로, 격리된 시설이 아닌 지역사회와 가정을 기반으로 클라이언트에게 돌봄 서비스를 비롯한 각종 지원 서비스를 제공하는 것을 말한다. '지역사회 기반 재활'(Community-based rehabilitation, CBR)과 유사한 맥락을 지니고 있으며, 장애인 자립생활운동의 확장과 더불어 유럽과 미국에서 일반화되었다.

할 수 있고, 학습적 장애인이나 정신장애인들의 결혼할 권리를 제한할 수 있으며, 낮은 IQ, 청각 및 언어 장애, 심지어 뇌전증 등의 장애를 지닌 부모들로부터 아이들이 분리되도록 할 수 있다.[68] 양쪽 나라에서는 여전히 장애를 지닌 아동 및 성인이 치료가 이루어질 수 있는 경우에도 죽음에 이르도록 방치되는 경우가 존재한다. 그리고 장애 여성들은 유전자 검사 결과가 장애 아동을 낳게 될 것임을 예측했음에도 낙태하고 싶지 않다는 바람을 피력할 경우, 흔히 충격적이며 믿을 수 없다는 반응과 맞닥뜨린다.

가계에 유전질환이 있는 사람들 또한 자신이 보험에 가입하지 못하며 일자리를 얻을 수 없는 현실에 놓여 있음을 확인하게 된다. 아마도 그런 상황을 예방하기 위해 만들어졌을 몇몇 법률과 실천 강령이 존재함에도 말이다. 그리고 과학수사 및 생의학 데이터베이스를 활용해 이루어지는 첨단화된 감시의 강화는 범죄 성향에 대한 새로운 형태의 생의학적 통제를 예고하고 있다.

이 시기에 개성 및 경영적 마인드에 대한 강조와 더불어 이루어진 정치적 신자유주의의 발흥 또한 인간게놈프로젝트에 이어 등장한 새로운 형태의 유전학적 감시와 잘 맞아떨어진다. 사람들은 점점 더 그들 자신의 건강과 복지에 대해 스스로 책임지는 역할을 떠안게 되었으며, 국가는 감시자와 기회의 제공자라는 역할을 맡고 있다. 비록 국가의 규제들이 기술의 진보에 대처할 수 있을 만큼 신속하게 바뀌지 않는다는 주장이 종종 제기되지만, 그러한 규제 변화의 완만함은 기술의

---

68) Pfeiffer, "Eugenics and Disability Discrimination".

적용 및 상업적 확장에 대한 가능성을 열어 주기 위한 의도된 전략이라고 할 수 있다.

완전히 새로운 생명윤리가 게놈학과 나란히 발전해 왔는데, 그것은 대개 우리가 용인할 수 있는 것의 경계를 확장하고 생식계열 유전자 조작같이 논란의 여지가 많은 기술의 실행을 옹호하는 경향이 있다. 비판적 입장을 지닌 논평가들도 산업에 압도적으로 지지적인 규제 환경에 의해 근본적인 제약을 받는다. 비록 인간게놈프로젝트의 윤리적·법률적·사회적 영향 프로그램이나 영국에서 좀 더 나중에 구성된 정부 위원회인 인류유전학위원회Human Genetics Commission, HGC는 그들이 자신들의 과업을 얼마나 중대하게 여기고 있는지 강조하지만, 그들의 영향력은 유전자 기술 및 서비스의 표준화와 대중교육에 주로 초점이 맞춰진 제한된 소관 사항으로 인해 무뎌져 있다. 그러는 사이 상업적 게놈학은 급속도로 확장을 거듭해 왔다. 이제 우리는 유전학의 문화적 표상에서 시작하여 이런 이슈들을 보다 더 심층적으로 논의할 것이다.

7장 _ 문화로서의 유전학

오늘날 유전학이 작동하는 방식을 이해하려면, 우리는 현재의 문화가 유전학을 표상하는 방식을, 그리고 무언가를 상징적으로 표현하기 위해 유전학에 의존하는 방식을 이해할 필요가 있다. 유전학 또한 문화의 영향을 받는데, 이는 우리가 문화에 의해 형성되는 우선순위와 방식들에 따라 질병과 행동을 이해하기 때문이다. 이러한 사실은 우리가 과거를 유념하는 것과 동시에, 유전학 및 대중문화 양자에 존재하는 어떤 연속성과 새로운 변화에 민감할 것을 요구한다. 우리는 유전학이 장애와 행동에 대한 우리 사회의 뿌리 깊은 가치관에 줄곧 영향 받아 왔던 방식을, 그리고 그런 유전학이 다시 장애인과 장애인의 가족, 빈민, 소수 민족 같은 주변화된 집단에 대한 대중의 인식과 대우를 형성해 왔던 방식을 알아야 한다.

이 장에서 우리는 유전학과 현대 문화의 세 가지 측면을 살펴볼 것이다. 우리는 대중매체와 대중담론에서 유전학이 묘사되는 방식을 고찰하는 것에서 시작한다. 그러고 나서 캐나다의 보건 연구자인 애비 리프먼이 '유전화'라고 부른 경향을 고찰하는데, 이 유전화에서는 다양한 인간의 문제들이 유전변이로 환원된다.[1] 이는 우리가 논하게 될 것처럼, 대중매체, 유전학에 자금을 지원하는 영리 회사 및 민간 기금, 유전학자들 자신의 이해관계를 반영하고 있다. 우리는 또한 대중매체가 이런 방식으로 유전학을 묘사하는 것이 좀 더 광범위한 사회 내에서 미치는 영향을 검토할 것이다. 그것이 보건 및 복지에 대한 사회적 원인과 책임을 다루기보다는 건강관리health surveillance에 대한 개인의 책임을 강화하고 있음을 논하면서 말이다. 이런 과정을 설명하기 위해 우리는 행동유전학과 진화심리학을 고찰할 것이다. 그러나 우리는 또한 현대 유전학의 지배적인 메시지들과 그 영향들이 새로운 분자의학에 대한 대중의 회의적 태도와 직접적인 경험에 의해 와해되는 몇몇 방식들도 지적할 것이다.

문화적 표상들

유전학이라는 과학과 그러한 과학의 실천은 문화적 상징의 풍부한 원천이다. DNA나 여타의 형질 전달 메커니즘이 발견되기 이전에도 유전학을 둘러싼 문화적 담론은 존재했다. 인종, 유전[물려받음] inheritance, 가계라는 관념은 인간의 문화에서 수세기 동안 중심적인 위치를 차지해 왔다. 이 책 전반부에서 이루어진 우생학에 대한 논의는

---

1) Abby Lippman, "Prenatal Genetic Testing and Genetic Screening: Constructing Needs and Reinforcing Inequalities", *American Journal of Law and Medicine* 17, 1992, pp. 15~20.

새로운 과학들이 퇴보 및 인종적 오염에 관한 전통적 믿음과 두려움을 활용함에 따라 이런 관념들이 어떻게 활성화되었는지를 보여 주었다. 적자생존이라는 은유 —— 사회학자 허버트 스펜서가 만들어 냈지만, 다윈의 진화론 패러다임과 강력하게 연결되어 있는 —— 는 사회적 다윈주의의 다양한 요소들에 대한 정당화였으며, 잘 알려져 있다시피 아돌프 히틀러에 의해 『나의 투쟁』에서 환기된 바 있다.

많은 과학자들이 이제는 과학적인 것과 사회적인 것을 구분하는 일이 가능하다고 주장한다. 그들은 자신들의 작업이 가치로부터 자유로우며 중립적이라고, 논란은 과학 그 자체가 아니라 과학적 발견의 사회적 오용을 둘러싸고 일어나는 것일 뿐이라고 말한다. 그렇지만 이런 관점은 사회연구자들과 문화분석가들에 의해 강하게 논박된다. 유전학 분야는 분자적 과정을 설명하고 유전학에 대한 지지를 획득하기 위해 다양한 은유와 비유를 전략적으로 사용한다. 유전학은 문화의 외부가 아니라 문화의 일부분이다. 예컨대 게놈은 '성배', '생명의 서'Book of Life, '암호의 암호'로 칭해지고 있다. 유전학이 어떻게 작동하는지 설명하기 위한 시도들은 'DNA는 언어와 같다', '게놈은 도서관이다', '유전학은 청사진이다'와 같은 은유에 의지한다. 유전병을 야기하는 변화들은 '오식'misprint이나 '철자법의 오류'라고 불린다. 이러한 모든 은유들은 성경의 권위나 언어·글쓰기의 사회적 관습뿐만 아니라, 좀 더 최근의 정보통신 기술에 대한 대중적 욕구 같은 일련의 혼합된 요인들에 의지하면서 문화적으로 자리매김되어 있다.

『DNA라는 숭배의 대상』The DNA Mystique: The Gene as a Cultural Icon에서 도로시 넬킨과 메리 수전 린디Mary Susan Lindee는 미국 사회에서 유

전자가 하나의 문화적 아이콘이 되었다고 말한다. "과학자들의 언어와 대중문화에서 사용되는 비유 양쪽에서, DNA라고 불리는 생물학적 구조는 그것을 통해 인간의 삶과 운명이 설명되고 이해되는 강력하고 신성한 대상으로서 거의 종교적 중요성을 띠게 되었다."[2] 대중매체들은 알코올중독 유전자, 새로움을 추구하는 성향 유전자,[3] 비만 유전자, 동성애 유전자에 대한 연구를 보도하면서, 유전자가 단지 광범위한 영역의 질병뿐만 아니라 다양한 행동 또한 결정한다는 관념을 부추기고 있다. 이와 관련해 넬킨과 린디는 다음과 같이 논한다.

> 이기적 유전자, 쾌락 추구 유전자, 폭력성 유전자, 유명인 유전자, 게이 유전자, 카우치 포테이토couch-potato[4] 유전자, 우울증 유전자, 천재성에 대한 유전자, 절약성에 대한 유전자, 심지어 죄악성에 대한 유전자까지도 존재한다. 이러한 대중적 이미지들은 일상적인 행동과 '삶의 비밀' 양자를 이해하는 데 유전자가 유력하고 결정적이며 중심적인 것이라는 심상을 인상적으로 전달한다.[5]

---

2) Dorothy Nelkin and Mary Susan Lindee, *The DNA Mystique: The Gene as a Cultural Icon*, New York: W. H. Freeman, 1995, p. 57.

3) 현대 정신의학과 행동과학에서 사용되는 기질 및 성격 검사(Temperament and Character Inventory, TCI)는 인간의 성격을 7가지 차원으로 나누는데, 그중 새로움을 추구하는 성향(Novelty Seeking, NS)은 도파민과 관련이 있다고 설명한다. 1996년에 11번 염색체에서 도파민 D4 수용체(Dopamine Receptor D4, DRD4) 유전자가 발견되었는데, 바로 이 DRD4 유전자가 '새로움을 추구하는 성향 유전자' 혹은 '호기심 유전자'라고 불린다. 주의력결핍과잉행동장애도 이 유전자와 일정한 관련이 있는 것으로 알려져 있다.

4) 1980년대 말 미국에서 만들어진 용어로, 일과 후나 휴일에 소파에 앉아 감자칩을 먹으며 TV만 보는 사람을 가리킨다. 즉 밖에서 활동적인 일을 하고 새로움을 추구하기보다는 익숙한 것에 안주하고 수동적인 성향을 지닌 사람들을 지칭한다고 할 수 있다.

5) *Ibid.*, p. 3.

유전에 대한 은유들은 건강과 행동이라는 영역에 한정되지 않는다. 이는 점점 더 많은 광고들이 유전적 혹은 진화적 함의에 어떤 식으로 의존하는지를 보면 알 수 있다. 한 자동차 제조사는 자사의 새로운 모델을 판촉하기 위해 영국의 유전학자이자 미디어학자인 스티브 존스Steve Jones를 광고에 활용하기까지 했다. '~에 대한 유전자'라는 개념은 소위 타고난 능력이라고 하는 것을 설명하기 위해 삶의 많은 영역에서 사용되는 하나의 은유가 되었다. 어떠한 생물학적 연관성이 제시되지 않은 경우조차 말이다. 요세 판데이크José Van Dijck가 그녀의 저서 『상상: 유전학의 대중적 이미지』Imagenation: Popular Images of Genetics에서

언급한 것처럼, 이와 같은 과장된 은유들은 대중적 지지를 획득하기 위하여, 그리고 30억 달러 규모의 인간게놈프로젝트라는 형태로 추진된 유전학적 빅 사이언스big science[6]에 정부의 자금 지원을 받기 위해 개발되었다. 연구자들에게 있어서는 그들의 작업을 유전공학, 환경적 위험, 프랑켄슈타인 박사의 조작이라는 대중적 이미지들로부터 멀리 떨어뜨려 놓는 것이 필수적이었다.

신생물학은 자신의 정당성을 확보하기 위해 유전학 연구의 잠재적 이득으로서 건강 및 사회의 개선이라는 알리바이를 개발해야만 했다. 판데이크는 이와 관련된 수사들은 흔히 과학자들을 영웅으로 만들어 내는 것을 중심으로 이루어진다고 언급한다. 제임스 왓슨과 프랜시스 크릭이 DNA의 구조를 발견한 이래, 용감무쌍한 신세계 탐험가로서의 유전학자라는 관념이 매우 강력하게 유포되어 왔으며, 특히 왓슨 스스로가 자기 과시적인 이야기를 담은 『이중나선』[7]에서 그러했다. 물론 이러한 과학자의 이미지는 허버트 조지 웰스와 쥘 베른Jules Verne[8]의 작품들이 보여 주는 것처럼 유전학이 등장하기 이전부터 존재했다. 그러나 유전학자들은 이런 식의 표상에 특별한 관심을 가졌다. 유전학을 정당화하기 위해서는 인도적인 연구자와 무책임한 프랑켄슈타인

---

6) 원자력, 우주 개발, 해양 개발, 전자 유체 발전(magneto hydrodynamic generation) 등과 같이 대규모의 인력과 예산을 들여 장기간에 걸쳐 이루어지는 연구 및 기술 개발을 일컫는 용어로, 거대 기술(big technology)도 거의 같은 의미로 사용된다.

7) [국역본] 제임스 D. 왓슨, 『이중나선』, 최돈찬 옮김, 궁리, 2006.

8) 19세기 프랑스의 소설가로 근대 과학소설(SF)의 선구자다. 대표작으로 『지구 속 여행』(1864), 『달 세계 일주』(1865), 『해저 2만리』(1870), 『80일간의 세계 일주』(1873), 『15소년 표류기』(원제: 2년간의 방학, 1889) 등이 있으며, 특히 130년 만에 원고가 발견된 『20세기 파리』(1863)는 미래를 묘사함에 있어 탁월한 선견지명을 보여 준 작품으로 평가받고 있다.

박사를 구별 짓는 것이 중요했다. 그리고 그 작업의 일부분은 과학 자체를 과학의 응용과 구별 짓는 것을 포함했다. 즉 연구자들은 종종 그들의 연구 결과에 대한 '윤리적 논의'를 요청하기도 하지만, 연구 자체가 윤리적인 논란의 대상이 되는 것은 거부한다. 현시대에 임상의들은 영웅으로 여겨지곤 하는데, 왜냐하면 그들의 작업이 다른 사람들을 질환에서 벗어나게 해주며 불임인 이들도 가족을 이룰 수 있도록 해주기 때문이다. 영국에서 체외 수정 분야의 개척자인 로버트 윈스턴Lord Robert Winston에 대한 대중매체의 커다란 관심은 판데이크가 기술하고 있는 내용과 잘 들어맞는다. "통속적인 기사들 속에서 그 유전학자는 무엇보다 한 명의 임상의로, 그리고 질병을 근본적으로 제거할 수 있을 뿐만 아니라 유전자 치료에 대한 윤리적 반대와 입법부의 반대도 극복할 수 있을 만큼 전문성 또한 지닌 헌신적인 의사로 등장한다."[9]

과학자가 한 명의 영웅으로 간주되고 나면, 내러티브의 플롯은 자연스럽게 탐험이라는 개념에 기반을 두고 구성된다. 전형적인 탐험 이야기인 성배의 전설이 흔히 참조 대상이 된다. 크리스토퍼 콜럼버스Christopher Columbus나 메리웨더 루이스Meriwether Lewis와 윌리엄 클라크William Clark[10] 같은 실제 지구 탐험가들이 인간게놈프로젝트의 본질을 설명하기 위해 활용된다. "전설적 탐험의 재전유는 거룩한 소명으로

---

9) José Van Dijck, *Imagenation: Popular Images of Genetics*, London: Macmillan, 1998, p. 183.

10) 메리웨더 루이스는 버지니아 출생의 미국 탐험가로 1801~1803년에 미국 3대 대통령인 제퍼슨의 사설 비서를 지냈다. 제퍼슨의 위촉을 받아 윌리엄 클라크와 함께 탐험대를 꾸려 1804~1806년에 루이지애나 지방을 탐사하면서 그 지방의 지세, 동식물상, 인디언족의 상태를 밝혔다. 이후 루이지애나 총독을 역임했으나 1809년 자살로 생을 마감했다.

서의 게놈 연구라는 이미지를 증폭시키고, 인간 생명의 본질과 육체의 구성이 철저히 탈신비화될 수 있고 되어야만 할 대상이라는 관념을 강화한다."[11] 흔히 이러한 탐험은 하나의 경주로 간주된다. 예를 들어 왓슨의 『이중나선』에서는 라이너스 폴링이 이끄는 연구팀과 DNA의 구조를 발견하기 위한 경쟁이 진행되고 있다고 상정됨으로써 어떤 긴박감이 상당히 그럴싸하게 제공된다. 판데이크에 따르면 그 책은 또한 고전적인 탐정 소설의 플롯에 의지하고 있다. 제임스 왓슨 스스로가 위대한 탐정 역할을 맡고 있으며, 이에 반해서 결정학crystallography[12] 연구자인 로절린드 프랭클린Rosalind Franklin은 방해자이자 악한으로 등장한다. 그녀의 연구는 DNA의 구조를 발견하는 데 필수적인 것이었음에도 불구하고 경시된다. 역사는 승자에 의해 쓰인다.

손꼽히는 과학자들과 의사들이 우생학적 개량에 관해 위험천만한 사회적 견해를 표명했을 때, 그들은 유전학이라는 드라마에 대한 이런 묘사가 불러일으키는 정복감에 도취되어 있었다고 할 수 있다. 예를 들어 왓슨은 1997년에 다음과 같이 말했다.

우리는 히틀러가 지지했던 것이라면 모두 반대하는 어리석은 함정에 빠져서는 안 된다. 히틀러가 정신병을 사회에 대한 재앙으로 여겼던 것은 결코 부도덕한 일이 아니다. […] 히틀러가 지배 인종

---

11) Van Dijck, *Imagenation*, p. 130.
12) 결정의 기하학적 특징 및 내부 구조와 그에 따른 성질에 관해 연구하는 자연과학의 한 분야다. 결정학을 연구하는 데 필수적인 도구는 X선 회절장치이며, 각종 사진 촬영 방법을 통해 결정을 구성하는 원자들의 배열 상태를 알아낸다.

Herrenrasse[Master Race]이라는 용어를 사용한 것 때문에, 우리가 인간을 오늘날보다 좀 더 유능한 존재로 만드는 데 유전학이 사용되기를 결코 원치 않는다고 말해야만 하는 것처럼 느껴서는 안 된다.[13]

우리가 이미 언급한 것처럼, 왓슨 이전에도 미국의 유전학자 멀러는 1959년에 불임[에 대한 개입]이 "포지티브 우생학에 대한 돌파구를 마련할 수 있는 훌륭한 기회"를 제공한다고 말했던 바 있다. 또한 DNA의 공동 발견자인 프랜시스 크릭은 1960년대에 예비 부모들이 재생산을 하기 위해서는 자격증을 발급받을 필요가 있다고 말했다. 사람들이 이런 극단적 견해를 접하면 분명 아연실색하겠지만, 사실 매우 많은 의사들과 연구자들은 유전학 연구가 건강에 이득을 가져다주게 될 것이라고 말해 왔으며, 그들에게 그 이득이란 장애 아동의 출산을 피하기 위해 선별적으로 임신중절을 실행할 수 있는 가능성을 의미했다. 몇몇 전문가들은 다운증후군을 지닌 아기의 출산을 예방하는 것이 돈을 절약할 수 있음을 보여 주기 위해 비용-편익론을 발전시켰다. 앨런 라이언Alan Ryan이 논한 것처럼, "현대의 과학자들은 때때로 그들만이 받아들이고 있는 지나치게 단순한 공리주의적 전망을 다른 사람들은 공유하지 않는다는 사실은 깨닫지 못하는 것처럼 보인다".[14]

건강 개선의 내러티브는 주로 장애인을 이 세계에서 제거하는 것

---

13) James D. Watson, "Genes and Politics", *Journal of Molecular Medicine* 75, 1997, p. 624.
14) Alan Ryan, "Eugenics and Genetic Manipulation", ed. Justine Burley, *The Genetic Revolution and Human Rights*, Oxford: Oxford University Press, 1999, p. 127.

에 기반을 두고 있다. 그런데도 과학자들은 대개 장애인들의 경험과 견해에 대해 무지하며, 임신부와 그 가족들에게서 나타나는 낙태의 트라우마를 무시하는 듯하다. 그렇다고 해서 [장애차별주의적인] 문화로부터 분리되어 있는 과학자들을 추려 내려는 것은 부적절하고 엉뚱한 일이 될 것이다. 때때로 과학자들이 표명하는 견해는 기분 나쁠 정도로 냉정한 정확성을 지닌 듯 보일지 모르지만, 그들도 사회 전반의 대다수 사람들처럼 장애에 대한 편견과 두려움을 공유하고 있다. 따라서 때때로 환경론자, 급진적 페미니스트, 장애운동가들이 유전학자를 권력에 광적으로 집착하는 음모가로 그려 내거나 유전학을 절멸 프로그램으로 묘사하는 것과 같이, 과학자들과 임상의들을 악마화하는 것은 별로 도움이 되지 않는다.

장애를 비극으로 여기는 광범위한 문화적 태도는 분명 신유전학이 가져다줄 이득에 대한 과대 선전을 증가시킨다. 그뿐만 아니라 이런 태도는 또한 유전학자들이 무엇을 우선순위에 놓게 되는가를 결정하면서 유전학의 실천에 영향을 미친다. 예컨대 만일 다운증후군을 지닌 사람들이 낙인화되지 않고 단지 조금 다를 뿐이라고 여겨졌다면, 그런 이상의 원인을 확인하는 데, 그리고 다운증후군을 지닌 태아를 제거하기 위하여 더 나은 선별 검사 기술을 개발하는 데 그처럼 많은 시간과 돈을 허비하지는 않았을 것이다. 판데이크가 언급하는 것처럼 "유전학의 대중적 호소력은 이미지들의 유동적인 동원에 달려 있지만, 우리의 상상이 유전학의 이론, 실천, 수단, 적용에 어떻게 투영되는가에도 달려 있다".[15] 과학 내부에서의 사회적 과정들 또한 유전화를 강화한다. 유전화는 단지 대중매체에서 유전학이 제시되는 방식의 특징인 것만이 아니라, 유전학 연구의 실행에서도 나타나는 특징이다. 조앤 후지무라 Joan H. Fujimura가 말한 것처럼, 유전학은 의학 및 과학 연구에서 하나의 중요한 밴드왜건bandwagon이 되었다.[16] 특정한 이상이나 형질을 연구하기 위해 자금을 구하는 연구자들은 유전학의 문제들을 중심으로 연구보조금 제안서의 틀을 짜는 경향을 나타낸다. 그러나 의학 및 과학 연구에서 이처럼 유전학에 우선성이 부여되는 것이 전적으로 이타적인 것은[즉 특정한 이상이나 형질을 지닌 타인들을 위한 것은] 아님을 잊지 말도록 하자. 유전학 연구 분야에는 큰돈이 굴러다니고 있으며, 과학자들 자신들이 그중 많은 부분을 챙겨 간다. 부유한 거대 제약회사에서 일하는 것을 통해서뿐만 아니라, 직접 회사를 설립하고 특허를 취득하는 것을 통해서 말이다.

유전화는 흔히 주장되는 것처럼 단지 대중매체의 오해나 선정주의가 아니라 과학 그 자체에서 비롯된다. 과학자들은 새로운 연구를 시작하고, 특효약의 개발을 약속하고, 긍정적인 언론 보도를 이끌어 냄으로써, 기업의 주식 가치가 상승하고 정부나 개인 투자자들로부터 더 많은 자금이 제공될 수 있도록 보장한다. 예를 들어 판데이크는 불

---

15) Van Dijck, *Imagenation*, p. 12.

16) Joan H. Fujimura, "The Molecular Bandwagon in Cancer Research: Where Social Worlds Meet", *Social Problems* 35, 1988, pp. 261~283. [여기서 밴드왜건은 '밴드왜건 효과'를 염두에 두고 이해하면 된다. 밴드왜건은 서부 개척 시대에 사용되던 악대마차로, 이 악대마차가 요란한 연주로 사람들을 불러 모아 금광이 발견되었다는 소식을 전하면 사람들이 몰려들어 이 마차를 쫓아갔다. 즉 밴드왜건 효과란 어떤 대세가 형성되면 사람들이 이를 따라가게 되는 일종의 편승 효과를 말한다. 정치학에서는 선거운동에서 우세를 보이는 후보 쪽으로 투표자가 가담하는 현상을 지칭하며, 경제학에서는 다수의 사람들이 어떤 상품을 구매하여 사용하면서 유행이 형성되면 그 수요가 더욱 늘어나게 되는 현상을 가리킨다.]

임이 역병 같은 끔찍한 천형이라는 인식틀의 설정, 그리고 도움을 필요로 하는 '자포자기한' 불임 여성이라는 이미지가 어떤 식으로 체외 수정 산업의 급성장을 뒷받침했는지 설명하고 있다. 그 결과 체외 수정은 이런 필요에 대한 인도적인 해결책으로서 시장에서 판매되었으며, '축복받은 기술'로서 별다른 문제제기 없이 당연시되었다. 이러한 담론 내에서 '유행병처럼 번지는 불임'이라는 비논리적인 관념이 대중 매체와 의학 관련 출판물에 의해 구성되고 재생산되었다. "불명료하고 복잡한 의료적 문제의 명료하고 복잡하지 않은 해결책"에 대한 수요를 입증하기 위해서 말이다.[17]

우리가 이미 논했던 것처럼, 폴 마틴 또한 특정 질병들(암, 심장병, 알츠하이머병)을 유전적인 것으로 재개념화한 것이 유전자 치료의 잠재력을 확대시켰음을 보여 준 바 있다. 유전자 치료의 초기 단계에서는 제약회사들이 무관심했지만, ── 부분적으로는 그 잠재적 치료법이 극소수의 사람들만 걸리는 잘 알려지지 않은 질환들과 관련되어 있었기 때문에 ── 일단 흔한 질병들이 유전적 병리 상태의 견지에서 재규정되고 나자 산업계가 관심을 갖게 되었다. 1996년이 되자 유전자 이식 기술을 활용한 약물 개발을 추구했던 제약 산업에 의해 10억 달러 이상의 자금이 소규모 유전자 치료 회사들에 투자될 정도였다.

마이클 멀케이가 논의한 바 있는 배아 연구 관련 법에 대한 논쟁 또한 이런 재정의의 과정을 잘 보여 준다. 그는 배아 연구에 대한 대중

---

17) José Van Dijck, *Manufacturing Babies and Public Consent: Debating the New Reproductive Technologies*, Basingstoke: Macmillan, 1995, p. 10.

매체의 매우 긍정적인 표상들 ― 의료적 관점의 무비판적인 수용에 기반을 둔 ― 에 의해, 결함을 지닌 태아의 낙태에 찬성하지 않는 사람들의 배아 연구 반대가 어떤 식으로 무력화되고 논의의 장에서조차 배제되는지 설명한다.

이런 종류의 기사들에서 배아 연구는 정당화된다. 단지 운이 좋은 몇몇 개인들이 아니라, 이 새로운 재생산 기술을 이용하길 바라는 누구라도 경험하게 될 보다 나은 미래를 환기시키는 것에 의해서 말이다. 이 텍스트들 내에 구성된 세계에서는 고통의 경감과 기쁨 및 행복의 증가란 당연히 과학적 지식의 발전으로부터 오는 것이다.[18]

재생산 및 유전학 기술에 대한 대중적 인식을 형성하기 위해, 이러한 연구에 관여하는 과학자들과 의사들은 '진보'Progress라는 이름의 단체를 설립했다. 그리고 [생식학 및 유전학의 이익 촉진을 목표로 설립된] 진보교육기금Progress Educational Trust처럼 그 단체도 최근의 과학적 진보를 긍정적인 것으로 제시하고, 규제는 불필요하며 감소되어야만 한다고 계속해서 주장했다.

우리는 과학자들이 중립적인 존재로 여겨지기보다는 사회의 일부로 간주되어야 한다고 주장한다. 또한 그들이 선택된 저널리스트들을 대상으로 정보의 흐름을 통제하는, 그리하여 결국 대중에 대한 정보의 흐름을 통제하는 문지기로 간주되어야 한다고 주장한다. 미국의 사회

---

18) Mulkay, *The Embryo Research Debate*, p.72.

학자 바바라 카츠 로스먼은 여론에 영향을 미치는 과학자들과 의사들의 역할을 지적한다. 그들은 중립적이고 공정한 관찰자가 아니다. 그들 자신이 문화를 생산해 내며, 이런 활동은 때때로 책, 기사, TV 프로그램이라는 형식 속에서 명시적으로 이루어진다. 애비 리프먼은 생의학 전문가들을 유전이라는 복잡한 현상을 이해하기 쉬운 내러티브로 만들어 내는 스토리텔러 ─ 소재를 가공해 이야기를 들려주는 소설가와 같은 ─ 로 간주한다.[19]

대중의 관심을 끌어올리고 규제적 법률을 약화시키는 데 열중하는 기업가적인 과학자들과 더불어, 대중매체는 유전학과 환원주의적 설명을 정당화하고 대중화하는 데 의심할 여지 없이 중요한 역할을 한다. 헌팅턴병, 왜소증, 근육퇴행위축, 낭포성섬유증, 유방암 및 대장암 같은 신체적 이상들과 관련된 유전자의 발견은 저널리스트들 사이에서 모든 종류의 행동과 특성을 유전자 탓으로 돌리고자 하는 경향을 부채질했다. 1990년대에 '~에 대한 유전자'를 다루는 기사들은 아주 흔했다. 언론의 주요 뉴스들은 동성애, 새로움을 추구하는 성향, 야뇨증, 알코올중독, 비만뿐만 아니라 인간 삶의 전 영역에 걸친 다양한 사회적 경험들'에 대한 유전자'를 앞다투어 보도했다. 저널리스트들은 또한 '게이 유전자'나 '유방암 유전자'에 대해 이야기하면서 부정확한 형태의 축약된 기술을 한다. 마치 그런 것이 있기라도 한 것처럼, 마치 단 하나의 유전적 원인이 존재하는 것처럼, 그리고 마치 그 유전자를

---

19) Abby Lippman, "Led (Astray) by Genetic Maps: The Cartography of the Human Genome and Health Care", *Social Science and Medicine* 35(12), 1992, pp. 1469~1476.

갖고 있으면 예외 없이 게이가 되고 유방암이 발병하게 되는 것처럼 말이다. 미국의 사회학자 피터 콘래드Peter Conrad는 뉴스들이 어째서 '유전학 낙관론'이라는 인식틀을 채택하고, 기대와 불일치하는 내용에 대한 후속 보도는 하지 않는 경향을 보이는지 설명한다. 콘래드는 이런 경향이 뉴스 자체의 논리를 반영하고 있음을 논한다. 즉 새로운new 것의 발견은 뉴스news이지만, 새로운 것을 발견하지 않으면 뉴스가 아닌 것이다.[20]

이런 종류의 유전화에 대한 좋은 예는 레슬리 헨더슨Lesley Henderson과 제니 키친저Jenny Kitzinger에 의해 제시되고 있다. 그들은 유방암이 대중매체에서 보도되는 방식을 살펴보았는데, 유방암의 위험성에 초점을 맞춘 기사의 3분의 1에서 유전학이나 유전이 주된 주제였을 뿐만 아니라 그 밖의 많은 관련 기사에서 역시 지나가는 말로라도 언급되고 있음을 확인했다.[21] 그렇지만 BRCA-1과 BRCA-2 유전자의 영향이 발병의 원인인 경우는 전체 유방암의 15% 미만에 지나지 않는다. 대중매체에서의 유전에 관한 기사들은 단순한 뉴스 보도를 넘어 특집 기사, [오피니언 리더들의] 기고문, 개인적 이야기들을 포괄한다. 개인적 경험의 기술은 유전성 유방암이 발병했던 가계 내의 구성원이 겪는 유전자 검사 및 예방적 유방절제수술을 둘러싼 딜레마에 초

---

20) Peter Conrad, "Uses of Expertise: Sources, Quotes and Voice in the Reporting of Genetics in the News", *Public Understanding of Science* 8, 1999, pp. 285~302.

21) Lesley Henderson and Jenny Kitzinger, "The Human Drama of Genetics: 'Hard' and 'Soft' Media Representations of Inherited Breast Cancer", eds. Peter Conrad and Jonathan Gabe, *Sociological Perspectives on the New Genetics*, Oxford: Blackwell, 1999.

점을 맞추는 경향을 보인다. 핸더슨과 키친저는 유방암을 다루는 유전에 관한 기사들이 광범위한 언론 보도에 침투해 있음을, 그리고 그것이 '가벼운'(즉 인간적인 관심과 동정을 유발하는) 뉴스거리로 큰 가치가 있다고 여겨짐을 확인했다. 이는 유방암을 다루는 유전학이 죽음, 섹스, 모성, 선택, 비밀, 사별, 비극 같은 대중매체의 유력한 테마들을 언급해 주기 때문이다. 관련 단체와 발병한 환자들로서는 그런 보도가 유전인자의 역할을 부풀릴 뿐만 아니라 유방암의 드라마틱하고 비극적인 요소들을 과장한다고 생각할 수밖에 없다.

유전화의 영향

지금까지 우리는 유전학의 중요성을 과도할 정도로 강조하는 데에 관심을 지닌 일련의 집단들이 존재함을 보여 주었다. 이런 집단들의 존재는 유전자가 인간의 경험에 매우 중심적인 것처럼 보이도록 만든다. "우리는 한때 우리의 운명이 별들에 기입되어 있다고 생각했었다. 이제 우리는 그러한 운명이 대부분 유전자에 기입되어 있다는 것을 알고 있다"라는 제임스 왓슨의 논평에서 드러나는 것처럼, 지나치게 과장된 유전에 대한 은유들은 대단히 환원주의적인 성격을 띤다. 리처드 도킨스가 인간을 유전자 재생산을 위한 로봇으로 묘사했을 때와 마찬가지로, 컴퓨터라는 은유는 우리가 DNA의 프로그램에 따라 움직이는 수동적인 행위자임을 의미한다. 게놈을 '생명의 서'라고 칭하는 것은 생물학적 요인과 더불어 우리의 경험에 실질적 원인으로 작용하는 다른 모든 과정들을 무시해 버린다. 바바라 카츠 로스먼은 청사진이라는 은유에 이의를 제기하는데, 이는 그 은유가 시간과 발달에 대한 어떠한 참조도 포함하고 있지 않기 때문이다. 시간과 발달이 유전학과 재생산에 중심적인 것인데도 말이다. 대신 그녀는 레시피 혹은 더 정확히는 악보로서의 DNA라는 은유를 제시한다.[22] 번역본으로서의 인간 게놈프로젝트라는 관념도 부정확한 것이다. 분자생물학자들은 단지 게놈을 다른 문자로 옮기는 데까지만 — 마치 키릴 알파벳을 로마 알파벳으로 옮겨 적는 것처럼 — 성공한 것이다. 즉, 그들은 게놈이라는 문자를 해독한 것이 아니라, 단지 그 문자를 음독한 것일 뿐이다.

그렇지만 이런 과대 선전은 의심할 여지 없이 대중의 마음속에 유전학에 대한 믿음을 불어넣는 동시에 사람들의 삶에도 직접적인 영향을 미친다. 유전학과 유방암에 대한 핸더슨과 키친저의 연구는 포커스 그룹의 응답자들 대다수가 유전이 유방암의 원인 중 50% 이상을 차지한다고 추정함을 확인했는데, 이는 실제 수치인 10%대보다 훨씬 높은 것이다. 응답자들은 유방암이 발병한 친척이 있는 경우에는 자신도 위험하다고 느꼈던 반면, 그렇지 않은 경우에는 유방암의 위험성에 무관심했다. 그리고 많은 이들이 대중매체에 실린 인간적인 관심과 동정을 유발하는 특정 기사들에 대한 생생한 기억을 지니고 있었다. 이는 유전화의 영향을 보여 주는 분명한 사례들이라 할 수 있다. 즉 많은 건강한 여성들이 자신도 어쩌면 위험할 수 있다고 여기는 것이다. 유전화

---

22) Barbara Katz Rothman, *Genetic Maps and Human Imaginations: The Limits of Science in Understanding Who We Are*, New York: W. W. Norton, 1998, p. 23.

는 또한 어떤 치료법의 활용이 임박해 있다는 사람들의 기대를 높일 수 있지만, 의사들은 그런 것을 제공할 능력이 없기에 좌절감을 느끼게 된다.

조지프 앨퍼Joseph S. Alper와 조너선 벡위드Jonathan Beckwith는 유전자 운명론genetic fatalism의 위험성을 한층 더 강조하고 있는데, 유전자 운명론에서 유전자란 무언가를 결정짓고 야기하는, 결코 바뀔 수 없는 특성으로 간주된다.[23] 이는 건강 불평등을 조장하는 사회적 상황에 대응할 수 있는 연구 및 지원 계획에 대한 자금 제공을 축소시키면서, 질병과 '반사회적 행동'의 사회적 원인들에 주의를 기울이지 않도록 한다. 예를 들어 제2형 당뇨병[24]의 경우, 식습관과 환경이 결정적인 역할을 한다는 것은 이미 잘 알려져 있다. 그러나 여전히 유전적 요인을 찾기 위한 상당한 규모의 작업이 지속되고 있다. 과학자들은 행동이나 사회적 환경을 바꾸기 위해 노력하기보다는 특정한 문제들에 대한 유전적 해결책을 촉진하는 경향이 있다. 유전적 해결책은 대개 상품화되면서 이윤을 창출할 수 있는 반면, 사회 변화와 건강의 증진은 상업성을 지닌 분야가 아니기 때문이다. 이에 대한 또 다른 사례는 알코올 중독 문제와 관련해 찾아볼 수 있다. 캘리포니아대학교 샌프란시스코

---

23) Joseph S. Alper and Jonathan Beckwith, "Genetic Fatalism and Social Policy: The Implications of Behavior Genetic Research", *Yale Journal of Biology and Medicine* 66, 1994, pp. 511~524.

24) 제1형 당뇨병은 '소아 당뇨'라고도 불리며 혈중 포도당의 수치를 낮춰 주는 인슐린이 췌장에서 아예 분비되지 않아 생긴다. 반면 제2형 당뇨병은 인슐린은 분비되지만 인슐린 저항성(insulin resistance)이 나타나 세포가 포도당을 효과적으로 연소하지 못하기 때문에 생기며, 성인에게 발병하는 당뇨병이 대부분 이에 해당한다.

캠퍼스의 어니스트 갤로 클리닉·연구센터Ernest Gallo Clinic and Research Center는 지역사회의 한 와인 제조업자로부터 연구 자금을 제공받은 후, 알코올중독에 대한 유전적 원인을 찾아냈다. 이는 상업적 주류 생산자로부터 책임을 제거해 주는 동시에 이러한 사회문제를 한층 더 의료화했다.

복잡한 인간의 문제를 유전적 결함으로 환원하는 것은 사회정책 분야에서 광범위한 정치적 영향력을 발휘했다. 이는 20세기 초반의 우생학에서 가장 분명하게 나타나는데, 우생학에서는 빈곤, 범죄, 사회적 혼란 등이 문제가 있는 가계나 전반적인 인종적 퇴보 탓으로 돌려졌다. 그러나 이 책의 곳곳에서 주장했던 것처럼 이런 관행은 먼 과거에만 한정되지 않는다. 우리가 이미 논했듯, 1960년대의 몇몇 연구들은 제정신이 아닌 상태로 범죄를 저지른 인구들 사이에서 상당히 높은 수준의 염색체 이상이 나타난다는 결과를 제시했다. 그 인구들 사이에서 XYY 유전자형의 출현율이 20배나 높다고 주장되었던 것이다. 이는 대중매체에서 커다란 센세이션을 불러일으키며 대중의 관심을 야기했고, 그런 이상을 선별해 내기 위한 진지한 계획의 수립으로 이어졌다. 하지만 결과적으로 XYY 염색체를 지닌 남성의 96%가 범죄와 전혀 무관하며, 선별 검사가 단지 낙인과 차별을 증대시킨다는 것만 입증됐을 뿐이다. 9장에서 좀 더 충분히 논하게 되겠지만, 그 이후에도 니컬러스 로즈Nikolas Rose가 '생물학적 범죄성'biocriminality이라고 부른 것과 관련된 새로운 발상들이 불평등과 차별을 부추길 가능성이 농후한 방식으로 사회정책에 영향을 미치고 있다.

유전화의 영향은 범죄와 관련된 이들에 대한 사회정책에 한정되지 않는다. 조너선 카플란Jonathan Michael Kaplan이 지적한 것처럼, 예컨 대 비만과 기분–정동장애mood-affective disorder에 대한 유전학 연구는 일 정한 사회적 상황 속에서 '고르지 못한 뇌 화학 작용'이 나타나기 쉬운 개인적 소인素因을 강조한다. 이에 따라 성실히 약을 복용할 '환자'의 책임만이 남게 되는 표적화된 약물적 해결책을 제시하고, 환자를 둘러 싼 환경을 변화시키거나 다양한 기질과 신체 사이즈에 대해 관용적인 사회를 조성하려는 노력을 약화시킨다.[25] 물론 이러한 이상들 중 아주 심각한 것을 치료하는 데 일정한 약물이 지닌 가치를 인정하지 않거 나, 그 이상들이 환자에게 부과하는 어려움을 경시하는 것은 어리석은 일이다. 그러나 우리는 우울증이나 비만 같은 이상의 범주들이 확장되 고 환경보다는 유전자가 강조되는 것이, 차이와 고통에 대한 보다 전 체론적이고 관용적인 접근법을 약화시키는 상황을 경계해야만 한다.

유전자 기술 및 치료뿐만 아니라 유전학 담론도 기존의 편견을 강 화시킬 수 있다. 미국에서 도심지 빈민가inner-city 아프리카계 미국인 들의 보잘것없는 학력과 제한된 사회경제적 전망은 소위 유전적인 지 적 열등함에 의해 설명되는 악명 높은 경향을 나타내 왔다. 찰스 머레 이와 리처드 헌스타인의 『종형 곡선』에서 그랬던 것처럼 말이다. 찰 스 머레이는 최근 "유전학은 남성과 여성이 각자 상이한 사회적 역할 에 적합하다는 것을 증명함으로써 좌파의 평등주의를 허물어뜨린다. […] 미국에서 빈곤선 아래에 있는 인구들은 그에 상응하는 유전자 구

---

25) Jonathan Michael Kaplan, *The Limits and Lies of Human Genetic Research: Dangers for Social Policy*, London: Routledge, 2000.

성의 형태를 지니고 있으며, 이는 빈곤선 위에 있는 인구들의 그것과
는 상당히 다르다"라고 주장했다.[26] 인종적 소수자들이나 빈민들이 그
들의 생물학적 결함 때문에 불운한 것이라면, 국가와 지배층은 소득을
재분배하거나 복지서비스를 제공할 어떠한 의무로부터도 자유로워지
게 된다. 범죄가 유전의 산물이라면, 궁핍이나 사회적 배제에 대한 원
인 분석이나 개혁도 필요 없다. 넬킨과 린디가 논한 것처럼 "유전적 소
인이라는 관념은 사회적 부정의에 대한 수동적 태도, 지속되는 사회문
제들에 대한 무관심, 현상 유지에 대한 변명과 핑계를 조장한다".[27]

사회적 행동의 영역에서뿐만 아니라 질병의 유전적 요인과 관련
해서도 이러한 유전자 결정론적 담론에 대응하는 것은 중요하다. 우리
가 앞서 말했듯 '~에 대한 유전자'라는 표현은 매우 부정확한 것이다.
게이 유전자나 범죄자 유전자는 존재하지 않는다. 생물학자인 패트릭
베이트슨Patrick Bateson과 폴 마틴은 이 점을 반복해서 강조한다. "특정
한 행동 패턴이나 심리적 특성과 개인의 유전자 사이에는 어떠한 단순
대응 관계도 발견되지 않는다. 단백질의 아미노산 서열을 코드화한 정
보를 유전자가 저장하고 있다는 것, 그게 전부다. 유전자는 신경계의
어떤 부분을 코드화하지 않으며, 결단코 특정한 행동 패턴을 코드화하
지도 않는다."[28] 그러므로 '~에 대한 유전자'란 표현은 너무나 지나치
게 단순화된 것이다. 그 표현이 의미할 수 있는 것은 두 집단 간 유전

---

26) Charles Murray, "Genetics of the Right", *Prospect*, April 2000, p. 30.

27) Nelkin and Lindee, *The DNA Mystique*, p. 101.

28) Patrick Bateson and Paul Martin, *Design for a Life*, London: Jonathan Cape, 1999, p. 66.

자의 차이가 행동에서의 차이와 관련이 있다는 게 전부다. 관련이 있다 해도 결정적인 것이 단일 유전자인 경우는 좀처럼 존재하지 않는다. 예컨대 다인자발현polygeny은 다수의 유전자가 하나의 변이에 영향을 미치는 과정이다. 대부분 유전자들의 특정한 조합이 특정한 결과를 가져온다. 하나의 유전자가 다른 유전자들보다 어떤 식으로 우선적인 영향을 미치는지를 설명하기 위해 침투도浸透度, penetrance라는 개념이 사용된다. 다면발현pleiotropy은 하나의 유전자가 다양한 행동과 형질에 영향을 미치는 과정이다. 유전자들의 조합과 더불어 거의 언제나 환경이 중요한 역할을 한다. 베이트슨이나 마틴과 마찬가지로 스티븐 로즈와 다른 많은 손꼽히는 생물학자들도 OGOD, 즉 '하나의 유전자에 하나의 질병'one gene, one disease이라는 표현은 제한적인 과학적 타당성을 지닐 뿐이라고 설명한다.

대중매체와 대중담론은 형질이 '유전된다'는 통념을 설명하기 위해 멘델식 유전의 지나치게 단순화된 형태를 강조한다. 멘델의 유전 패턴이 많은 희귀 질환(약 5000개의 단일 유전자 결함)을 설명할 수 있을지는 모르지만, 평범한 것이든 복잡한 것이든 다수의 유전자와 환경의 상호작용에 의존하는 현상들에 대해서는 유용한 모델이 아니다.

그렇지만 우리는 이러한 단순화에 대한 책임을 대중매체와 무지한 대중에게 돌리려는 몇몇 유전학자들의 시도를 경계해야만 한다. 사실 많은 유전학자들이 통속적 과학과 보도 자료의 과도한 수사 속에서 단순화된 유형의 사고를 조장하고 있다. 우리는 또한 OGOD적 수사에 대한 몇몇 유전학자들의 비판에 대해서도 신중할 필요가 있다. 왜냐하면 이런 비판이 유전학 연구의 대부분은 하나의 유전자 이상을 다

부기 때문에 문제가 되지 않으며, 대중이 그 복잡성을 이해할 수만 있으면 좋겠다는 식의 메시지를 함축할 수 있기 때문이다. 그리고 다중 유전자 간의 상호작용과 환경적 변인에 대한 기사들 역시 결정론적인 것일 수 있다. 여기서도 유전과 환경에 대한 균형 잡힌 접근법은 거의 찾아볼 수 없으며, 연구의 초점이 되는 것은 환경이 아니라 대개 유전자라는 점에는 변함이 없다. 유전자에 대한 연구가 질병과 행동에 대한 환경적 측면을 이해하는 하나의 경로처럼 보도되고 있는 것이다. 질병과 행동에 관한 지식에서의 가변성과 불확실성에 대해서는 너무나 적은 주의만을 기울인 채로 말이다. 환원주의적 패러다임은 분자생물학뿐만 아니라 행동유전학이나 정신유전학 등의 관련 학문 분야에서도 지배적인 영향력을 행사하고 있다. 여러 개의 유전자가 어떤 이상에 대한 원인으로 작용한다는 것이 확인된 경우조차 말이다. 인간게놈 초안에서 애초 예상했던 10만 개의 유전자가 아니라 3만 1000개의 유전자가 확인된 것이 유전자 결정론의 종말을 의미하게 될 것이라는 주장은 극히 비현실적인 것이다. 다중 유전자적 설명 역시 대개는 유전학적 해결책을 함축하고 질병과 행동의 형성에서 환경의 역할은 경시하는 경향을 지닌 유전자 중심의 설명일 수 있기 때문이다.

사회적 다윈주의와 행동유전학

사회적 다윈주의와 행동유전학은 우리가 논의해 왔던 유전화의 과정에 대한 좋은 예다. 행동유전학과 진화심리학 모두 심리적·사회적 현상들에 대해 생물학적인 설명을 추구한다. 진화심리학은 유전적 요인을 원인으로 보는 일정한 가설에 대해 어떤 구체적인 메커니즘의 증거도 제시하지 않으며, 행동유전학에서 생산되는 연구의 대부분은 동일한 결과를 반복해 얻을 수 없는 것들이라 그 타당성에 의구심이 제기될 수밖에 없다. 그러나 새로운 분자유전학 기술들과 인간게놈 초안은 특히 행동유전학자들에게 그들의 주장을 외견상 뒷받침하는 경험적 증거를 가지고 연구의 신빙성을 향상시킬 수 있는 기회를 제공한다.

행동유전학은 심리학, 정신의학, 분자유전학과 연결되어 있는 비교적 신생의 연구 분야다. 다운증후군이나 취약X염색체증후군 같은 정신적 장애에 대한 유전학의 기여는 논란의 여지가 없는 것이지만, 행동유전학자들은 정신건강이나 성격의 다른 영역들까지 유전자에 기초한 추정을 시도한다. 예컨대 조현병이나 우울증이 주로 유전적 요인으로 인해 발생한다고 흔히 주장되곤 한다. 몇몇 유전자들이 이런 이상들과 관련이 있는 것으로 확인되었지만, 그 유전자들은 단지 소수의 환자들에게 미세한 영향을 미칠 뿐이며 다른 사람들에게서 동일한 결과가 반복적으로 나타나는 경우도 드물다. 유의미한 유전학적 데이터의 부재 속에서, 행동상의 변이에 대한 생물학적 기반을 옹호하는 주장들은 흔히 유전율heritability의 추정에 의존한다. 유전율이란 개체들 사이에서 나타나는 특정 변이에 있어 얼마나 많은 부분이 환경, 영양, 양육[즉 환경변이environmental variation]이 아닌 유전변이로부터 기인하는지를 나타내는 수치다. 그렇지만 이것은 문제가 많은 개념이다. 패트릭 베이트슨과 폴 마틴이 설명하고 있는 것처럼, 유전율은 표본조사가 이루어진 개체들의 구체적인 집단과 같은 변수에 의존한다. 예블 들어 키는 광범위하고 다양한 환경들로부터 추출된 사람들보다 영양 상태가 좋은 사람들로 이루어진 집단에서 유전율이 더 높게 나타난다. 또한 유전율은 어떤 특이성들은 반영하지 못한다. 예컨대 두 다리로 걷는 것이나 두 개의 귀를 지니고 있는 것의 유전율은 0으로 표시된다. 이는 여기서의 통상적인 변이원이 환경적 상해이기 때문이다. 하지만 두 개의 귀와 다리는 명백히 유전적 요인에 의존한다. 베이트슨과 마틴이 결론 내리고 있는 것처럼 "유전율이 낮다고 해서 어떤 발달이 유전자의 영향을 받지 않음을 분명히 의미하는 것은 아니다".[29]

유전율이라는 조악한 수치의 위험성은, 그것이 환경적 요인과 유전적 요인의 단순한 합이 특정한 결과를 만들어 내는 것처럼 말하고 있다는 데 있다.[30] 하지만 그 두 요인은 언제나 상관적이다. "어떤 특정한 일련의 유전자들이 미치는 영향은 그 유전자들의 영향이 어떤 환경하에서 표출되는가에 결정적으로 의존하며, 동시에 어떤 특정한 종류의 환경이 미치는 영향도 해당 개체가 지니고 있는 유전자들에 의존한다."[31] 유전 혹은 환경 중 어느 한쪽을 지지하는 양자택일적 논거를 만들어 내려는 시도는 결국 실패하게 되어 있다. 유전적 요인과 환경 양쪽 다 중대한 역할을 하며, 행동이라는 복잡한 현상을 '~에 대한 유전자'라는 조악한 표현으로 환원하는 것은 위험천만한 짓이다.

---

29) *Ibid.*, p. 59.

30) 유전율을 산출하는 구체적인 공식은 아래와 같다. 이 공식에서 h^2가 유전율, V_G는 유전변이에 의한 분산, V_E는 환경변이에 의한 분산이다.

$$h^2 = \frac{V_G}{V_G + V_E}$$

31) *Ibid.*, p. 60.

그러나 우리는 행동유전학과 정신유전학이 종종 유전과 환경에 대한 정교하고 균형 잡힌 접근법을 요구하는 데 앞장섰음을 다시 한번 주목할 필요가 있다. 예컨대 로버트 플로민Robert Plomin은 유전적 요인 및 유전에 과도하게 관심을 가졌던 과거(우생학이 주류였던 시대)와, 이에 대한 반발로서 연구가 갑자기 반대의 극단으로 전환되면서 환경이 부적절하게 특권화되었던 1960/70년대의 진자 운동에 대해 이야기한다. 그는 이제야 우리가 행동유전학과 정신유전학을 활용해, 유전자와 환경 양자가 균등히 고려되는 어떤 균형점에 도달했다고 주장한다. 균형과 중립에 대한 수사는 이런 종류의 연구에 대한 언론 보도에서 일반적으로 사용되고 있으며, 책임감과 엄격함이라는 전문가적 이미지를 발전시키는 데 중요한 역할을 해왔다. 그러나 우리는 이 분야의 연구가 균형 잡힌 것과는 거리가 멀다고 주장한다. 환경이 아니라 유전자와 유전이 연구의 초점이 되는 경향을 나타내고 있기 때문이다.

유전율이라는 수치는 대개 쌍둥이 연구에 기반을 두고 있으며, 그것이 행동유전학의 주된 연구 활동이라 할 수 있다. 쌍둥이 연구의 전 과정은 지금까지의 기만의 역사를 생각한다면 대단히 논란의 여지가 많은 것이다. 그렇기 때문에 토머스 부샤드Thomas Bouchard 같은 현대의 쌍둥이 연구자들이 연구 결과에 이의를 제기하는 이들에게 설문 조사의 모든 데이터를 공개하길 꺼려 왔던 것은 어찌 보면 당연한 일이다. 일란성 쌍둥이가 이란성 쌍둥이보다 훨씬 더 유사성을 나타낼 경우, 그 유사성의 근원은 유전적인 것임에 틀림없다고 행동유전학자들은 추정한다. 그들은 특히 서로 떨어져 양육된 —— 예를 들면 입양으로 인해 —— 일란성 쌍둥이에게 관심을 갖는다. 그들이 유사한 형질을 나타낸다면, 이것은 유전자의 영향에 대한 이론의 여지 없는 증거라고 상정된다. 그렇지만 이 아이들이 태아기에 동일한 환경을 공유하며 대개 그들 인생 최초의 시기에 함께 양육된다는 사실은 이러한 주장의 기반을 약화시킨다. 더욱이 쌍둥이가 서로 떨어져 양육되는 경우에도, 그런 분리된 양육은 종종 친가족과 비슷한 입양가족들 — 때로는 유전적으로도 관련이 있는 — 로 구성된, 매우 유사한 가정환경에서 이루어진다. 소위 상관관계라고 하는 것 중 많은 부분 또한 순전히 우연의 일치일 수 있지만, 그것은 대중의 마음을 끊임없이 매혹하는 요소로 지속되고 있으며 변덕스러운 언론 보도의 화제로도 빈번히 오르내린다. 그리고 이 변덕스러움은 언론 보도에서 작동하고 있는 강력한 유전자 결정론을 감춘다.

심리학자들과 정신과 의사들 사이에서는 IQ라는 유전형질에 대한 상당한 관심 또한 유지되고 있다. '지능'의 유전율이 약 50%임을 보여 주는 쌍둥이 연구에서의 증거에 기초하여, 로버트 플로민 같은 연구자들은 지능에 대한 단일한 측정치 'g'가 존재하며, 그것이 IQ 검사를 통해 측정될 수 있다고 주장한다. 이것이 지능에 대한 하나의 유전자가 존재함을 말하는 것은 아니지만, 양적 형질 유전자좌quantitative trait loci, QTL 분석을 통해 서로 상호작용하면서 지능을 지배하는 유전자들을 찾아낼 수 있다는 것이다. 그렇지만 이런 주장은 대단히 논란의 여지가 많은 것이다. 많은 심리학자들과 사회과학자들은 지능이라고 불리는 어떤 단일한 자질이 존재한다는 사실을 받아들이지 않는다. 더욱이 IQ가 선천적으로 타고나는 유전적으로 결정된 현상이라면, 제2차 세계대전 이후의 시기에 IQ의 평균치가 어떻게 그렇게 빨리 상승할 수 있었는지를 설명하기 어렵다. 스티븐 제이 굴드는 『인간이라는 잘못된 척도』[32]에서, 켄 리처드슨Ken Richardson은 『지능의 형성』 The Making of Intelligence에서, 그리고 그 밖의 다른 많은 이들 또한 문화적 측면에 크게 의존하는 IQ 검사의 전 과정에 의구심을 제기한다. 따라서 인지장애라는 측면에서 IQ에 대한 대중적·전문가적 가정에 다시금 관심을 두는 연구자들을 보게 되는 것은 그리 놀라운 일은 아니다. 그렇지만 주의력결핍과잉행동장애attention deficit hyperactivity disorder, ADHD ── 학교에서 행동장애 치료의 수단으로 리탈린Ritalin[33]의 사용이 확산됨으로 인해 그 개념 자체가 대단히 많은 논란이 되고 있는 ── 와 같은 이상의 연구를 통해, 행동유전학자들은 건강 연구에 관여하는 것과 더불어 의사들의 구미에 잘 맞는 역할 내에서 인지에 대한 그들 나름의 작업을 계속해 나가고 있다.

우리가 앞서 언급한 것처럼, 미국국립보건원의 연구원인 딘 해머는 동성애가 유전적 요소를 지니고 있다는 훨씬 더 논란의 여지가 많은 주장을 했다. 그의 연구팀은 몇몇 쌍둥이 연구에서 확인된 남성 동성애의 높은 유전율을 통해 사람들의 주의를 환기시키면서, 다른 남성 동성애자 친척을 지니고 있는 남성 동성애자들을 모집했다. 연구팀은 그들의 가계도를 검토하면서 X염색체상에 유전적 요인이 위치해 있

---

32) [국역본] 스티븐 J. 굴드, 『인간에 대한 오해』, 김동광 옮김, 사회평론, 2003.
33) ADHD에 가장 흔히 처방되는 약물로 주성분은 메틸페니데이트(methylphenidate, MPH)이며, 작용 기전은 마약인 코카인과 유사하다. 중추신경을 활성화함으로써 집중력을 강화시켜 주는 효과가 있어 '공부 잘하게 하는 약'으로 오용되기도 한다. 그러나 식욕 저하, 구역질, 불면증, 두통, 복통, 우울감 등의 부작용이 나타나는 것으로 보고되고 있다.

다는 가설을 세웠다. 그리고 이것이 어떤 사람이 게이일 때 그의 외삼촌, 그리고 외숙모의 아들이 게이인 확률이 더 높게 나타나는 사실을 설명해 준다고 주장했다. 연구팀은 통계적 기법을 통해 표본을 분석하면서, 어떤 특정한 표지가 게이 피험자들과 유의미한 상관성을 나타냄을 확인했다. 해머는 Xq28 부위에서 결국 게이 유전자가 발견될 것이라고 말했다. 그렇지만 이 연구는 매우 적은 표본의 남성 동성애자들을 대상으로 수행되었다. 더욱이 그 연구는 가설을 확증하는 데 실패했다. 대중매체들의 상당한 과대 선전에도 불구하고, 동성애에 유전적 기반이 존재한다고 주장하는 것은 시기상조인 것처럼 보인다. 그러나 비록 해머가 동성애에 대한 '하나의 유전자'가 존재한다는 가설을 기각하기는 했지만, 이것이 그 자신이나 그에게 우호적인 대중매체가 연구 결과의 유의미성을 선전하는 데 기울였던 관심을 약화시키지는 않았다. 오히려 그는 이 연구가 동성애자들에 대한 박해를 종식시킬 것이라고 주장하기까지 했다. 그리고 콘래드가 보여 주었듯이 대중매체들은 연구 결과의 부당성을 증명하는 내용에는 훨씬 더 적은 관심만을 기울였으며, 그리하여 동성애에 대한 유전학적 설명이 만들어 낸 이미지는 대중의 마음속에 사라지지 않고 남아 있게 되었다.

행동유전학의 미심쩍은 측면을 보여 주는 세 번째 예는 터너증후군을 지닌 소녀들을 대상으로 수행된 성역할에 대한 연구다.[34] 언론의 주요 뉴스들은 이 연구 또한 흥분된 어조로 보도했다. 터너증후군으

---

34) D. H. Skuse et al., "Evidence from Turner's Syndrome of an Imprinted X-Linked Locus Affecting Cognitive Function", *Nature* 387, 1997, pp. 705~708.

로 제한된 발육 상태를 나타내는 소녀들은 하나의 X염색체만을 — 때로는 아버지로부터, 그리고 때로는 어머니로부터 물려받은 — 지니고 있기 때문에, 연구자들은 그들에게서 나타나는 성격 차이들이 일반적인 남성과 여성 간의 성격 차이에 대한 유전적 기반의 확고한 증거를 제공한다고 말했다. 그러나 이런 추정에는 몇 가지 문제점이 존재한다. 첫째, 그 연구는 (평균 연령이 13세인) 80명의 장애 여성에 대한 표본으로부터 전체 인구에 대한 결론으로 나아가는 지나친 비약을 하고 있다. 둘째, 장애 여성들이 직면해 있는 사회적 고립과 그 밖의 곤경들이 터너증후군을 지닌 여성들의 성격에 대한 원인으로 작용할 수 있다. 그 여성들은 [저신장장애나 골격계 이상 같은] 매우 가시적인 손상을 지니고 있으며, 대개의 경우 교육을 받는 데에도 어려움을 지니고 있기 때문이다. 셋째, 성격에 관한 연구자들의 주장은 부모들이 작성한 설문지로부터 도출된 것인데, 그 내용에는 "사람들에게 시간을 너무 많이 요구하는", "혼란에 빠졌을 때 논리적으로 설명하기 어려워하는", "명령에 따르지 않는"과 같은 것들이 포함되어 있다. 사실 이런 모든 특징들은 13세의 아동 일반에게서 나타나는 지극히 흔한 것일 수 있다. 특히나 경도의 학습적 장애를 지니고 있는 아동들이라면 말이다. 후속 연구들이 더 유의미한 데이터를 생산하거나 특정한 유전적 요인을 발견할지는 모르겠다. 그렇지만 그 전까지는 이런 유형의 연구들을 신중하고 회의적인 태도로 대해야만 한다고 우리는 생각한다.

우리는 또한 행동유전학자들과 정신유전학자들이 유전자 데이터를 가지고 연구의 신빙성을 향상시키려는 활동을 벌이는 것에 대해 신중한 태도를 취해야만 한다. 이러한 활동은 더 많은 수의 표본을 필요로 할 뿐만 아니라, 마이클 오언Michael J. Owen과 알라스테어 카드노Alastair G. Cardno가 '유전적 위험도 지수'indices of genetic risk[35]라고 부른 것을 확인하기 위해서 아무런 증상도 없는 개인들을 유전학적 감시의 시선 아래 놓이도록 한다.[36] 그들은 이에 대해 다음과 같이 말한다. "이런 종류의 연구들은 환경적인 관련 데이터의 수집과 더불어 역학에 기반을 둔 많은 수의 표본에 대한 확인을 요구하게 될 것이다. 이제는 이 작업이 장래에 사용하기 위해 저장해 놓은 DNA를 가지고 시작될 수 있다."[37] 이는 상당히 광범위한 규모의 인구에 대한 감시를 수반하게 될 것이다. 그리고 우리가 이후의 장들에서 논의하게 될 것처럼, 유전자 데이터를 장래에 사용하는 것에 대한 충분한 정보에 근거한 동의, 비밀 유지, 유전 물질에 대한 특허 취득, 사람들의 과거 및 현재를 부적절하게 캐내고 염탐하는 것과 관련된 많은 문제들 또한 야기하게 될 것이다. 정신적·행동적 이상들에 대한 모든 유전자가 발견된다면, 지배적인 문화적·사회적 세태는 결국 그 이상들에 대해 유전자 검사를 받고 적절한 완화 조치 —— 전형적으로는 약물적 해결책 —— 를 취해야 할 개인의 책임을 점점 더 강조하는 쪽으로 흘러가게 될 것이다. 일련의 위험 요인에 대한 현재의 강조는, 그것이 인구의 많은 부분을 아무런 증상이 없음에도 불구하고 의학적 감시의 시선 아래 놓이도록 하기

---

35) 유전적 위험도 지수란 부모가 유해 유전자를 보유하고 있거나 돌연변이가 유발 요인에 노출된 경우 그 자손에게서 유전적 영향이 발현될 가능성을 수치로 나타낸 것을 말한다.
36) Michael J. Owen and Alastair G. Cardno, "Psychiatric Genetics: Progress, Problems and Potential", *The Lancet* 354(Supplement 1), 24 July 1999, p. 13.
37) Ibid., p. 14.

때문에 특히 우려스럽다. 이는 건강과 책임에 대한 사람들의 의식에 영향을 미칠 뿐만 아니라, 임신에 대한 유전자 진단 및 중재가 좀 더 필요한 게 아닐까라는 불안을 야기하면서 잠재적 부모로서 그들이 수행해야 할 의무에도 영향을 미친다.

행동유전학이 성격의 유전적 요인에 대한 증거를 찾으려 하는 반면, 진화심리학은 석기 시대의 남성과 여성에게 가해진 진화의 압력이라는 견지에서 현대의 인간 행동과 사회 제도를 설명하려는 가설을 전개한다. 이러한 가설 전개는 리처드 도킨스가 1976년 그의 책 『이기적 유전자』에서 전개한 논법으로부터 유래한다고 볼 수 있다. 그 저작은 윌슨과 다른 1970년대의 사회생물학자들이 인간 사회를 '설명하기' 위해 다양한 곤충, 새, 포유류의 행동으로부터 추론을 시도한 것과 마찬가지로, 생물학적 원리를 인간 종에게 적용하고 있다. 우리는 20세기 초의 사회적 다윈주의가 좌파와 우파 양자를 포괄하고 있었음을 알고 있다. 그러므로 진화심리학이 언제나 인간과 사회에 대한 보수적 사고와 연결된다고 상정한다면, 이는 잘못된 일일 것이다. 이는 현재에도 마찬가지로 진실이다. 예를 들면 진화심리학의 지지자인 공리주의적 생명윤리학자 피터 싱어Peter Singer는 '좌파를 위한 다윈'을 옹호하는 주장을 펼쳤으며, 사회학자인 헬레나 크로닌은 사회주의적 잡지인 『레드 페퍼』Red Pepper에서 '페미니즘을 위한 생물학'의 복권을 주장했다. 그녀는 또한 런던정치경제대학교에 기반을 둔 자신의 동료들과 더불어 중도 좌파적 싱크 탱크인 데모스Demos를 위한 보고서를 작성하면서 다윈주의적 접근법을 촉진했다.

진화심리학의 창시자라는 위상을 지닌 존 투비John Tooby와 레다

코스미데스Leda Cosmides는 그들이 '표준적인 사회과학 모델'로 부르는 것에 대해 반복적으로 경멸적인 비난을 쏟아 냈다. 그들의 프로젝트는 문화의 모든 측면을 심리 작용으로 환원하는 것, 그리고 모든 심리 작용을 석기 시대에 있었던, 다윈주의에서 이야기하는 적응이라는 견지에서 설명하는 것이다. 그들은 사회구조 및 사회적 행동의 다양성과 변화 가능성에 대한 사회과학적 논거에 이의를 제기하면서, 이러한 사회역사적인 설명을 폐기하고 인간의 본성은 고정적이고 보편적이라는 주장을 내세운다. 따라서 진화심리학자들은 사회적 과정들의 전 영역 —— 젠더적 차이, 계부에 의한 아동 학대, 결혼에서의 연령 차이, 유아 살해 —— 이 자연선택의 압력에 기반을 두고 있다고 주장한다.

진화심리학의 접근법이 지닌 주된 문제점은 그것이 인간의 모든 행동을 설명하는 것으로까지 확대된다는 데 있다. 이 분야의 필자들이 현대의 인간 행동을 해석하고, 이러한 행동이 지녔을 석기 시대의 기능이 무엇인지에 대한 가설을 세우는 데 사용하는 '역공학'reverse engineering[38] 기술이 방대하고 다양한 주제들에 적용되고 있는 것이다. 그렇지만 사회과학자들뿐만 아니라 자연과학자들도 진화심리학의 모든 핵심적인 주장들을 약화시키는 내용을 제출해 왔다. 생물학자인 스티븐 로즈와 가브리엘 도버Gabriel Dover는 도킨스와 그의 추종자들의 작업에서 그 기저를 이루는, '빈 백'bean bag 개념[39]을 비판했다. 진화심

---

38) 완성된 제품을 분석하여 제품의 기본적인 설계 개념과 적용 기술을 파악하는 것, 즉 '설계 개념→개발 작업→제품화'의 통상적인 추진 과정을 역으로 수행해 내는 것을 말한다.
39) 빈 백은 커다란 부대 같은 천 안에 작은 플라스틱 조각 등의 내용물을 채워 의자처럼 쓰는 것을 말하는데, 채우는 내용물에 따라 그 느낌과 성질도 달라진다. 즉 유전학에서 사용되는 빈

리학은 특정한 유전자와 특정한 행동 간에 어떤 대응 관계가 있는 것처럼 주장하지만, 이에 대한 증거는 존재하지 않기 때문이다. 신경과학 연구자들은 뇌가 핑커 등이 주장하는 것처럼 고정되고 기능적인 용도에 맞춰진 '스위스 군용 칼'[40]이 아님을 입증했으며, 대신 뇌의 발달과 유연성의 역동적 역할을 강조하는 설명을 발전시켰다.[41] 진화론자들도 그들이 '적응에만' 배타적으로 초점을 맞추는 것과 자연선택의 복잡성을 이해하지 못하는 것을 비판했다. 사회과학자들은 인간 사회와 인간 행동에는 인간 본성이라는 고정 관념이 상정하는 것보다 훨씬 더 많은 다양성이 존재함을 보여 주었다.[42]

그러나 진화심리학은 강력한 호소력을 발휘한다. 투비와 코스미데스는 잘 알려진 이름이 아니지만, 스티븐 핑커나 맷 리들리^{Matt Ridley} 같은 추종자들이 쓴 저서(핑커의 『마음은 어떻게 작동하는가』[43], 리들리의 『붉은 여왕』[44]과 『미덕의 기원』[45] 등)들은 1990년대 베스트셀러 목록에 이름을 올렸다. 부분적으로 이는 리처드 도킨스와 마찬가지로 이

백이라는 개념은 유전자에 따라 형질과 행동도 변화하게 됨을 비유적으로 표현하는 것이라 할 수 있다.

40) 다양한 날과 연장이 갖추어진 다목적 칼로, 우리에게 흔히 '맥가이버 칼'로 알려진 것을 생각하면 된다. 스위스 군용 칼은 각 부분이 작은 날, 큰 날, 줄, 나사돌리개, 병따개, 깡통따개, 가위, 코르크마개뽑이 등으로 그 기능이 정해져 있는데, 핑커는 뇌 각 부분의 기능이 정해져 있음을 이에 비유한 바 있다.

41) 과거에는 인간의 뇌가 한번 성숙되고 나면 구조적으로 거의 변하지 않는다는 것이 정설이었다. 그러나 최근의 연구는 뇌가 외부의 자극과 경험에 따라 언제든지 그 신경망과 연결 구조가 새롭게 재조직화될 수 있고 새로운 기능도 활성화될 수 있음을 밝혔는데, 뇌의 이런 변화 가능성을 '뇌 가소성'(brain plasticity)이라고 한다.

42) Hilary Rose and Steven Rose eds., *Alas Poor Darwin*, London: Jonathan Cape, 2000.

43) [국역본] 스티븐 핑커, 『마음은 어떻게 작동하는가』, 김한영 옮김, 동녘사이언스, 2007.

44) [국역본] 맷 리들리, 『붉은 여왕』, 김윤택 옮김, 김영사, 2006.

45) [국역본] 맷 리들리, 『이타적 유전자』, 신좌섭 옮김, 사이언스북스, 2001.

런 저자들이 이해하기 쉽고 흥미로우며 잘 짜인 내러티브를 만들어 내는 데 재능이 있었기 때문이다. 그러나 이는 또한 부분적으로 그들이 유전의 세계에 대해 많은 사람들이 지닌 가정을 강화하는 단순한 설명을 제공했기 때문이기도 하다. 사회과학자들은 사회와 행동에 관한 대중적 텍스트를 쓰는 일을 사실상 포기함으로써 진화심리학이 훨씬 더 손쉽게 활개를 칠 수 있도록 만들어 주었다. 1980년대와 1990년대에 사회이론과 문화이론은 일상적인 경험과 행동에 대한 통찰을 제공하기보다는, 대개 텍스트 자체에 초점을 맞춘 포스트구조주의적이고 탈근대적인 논의로 퇴행하면서 극단적으로 학리적이고 난해해졌다. 이로 인해 생긴 공백을 스티븐 핑커, 맷 리들리, 로버트 라이트Robert Wright(『도덕적 동물』),[46] 제프리 밀러Geoffrey Miller(『짝짓기 마인드』)[47] 같은 필자들이 치고 들어왔다. 구조와 사회경제적 특징보다는 개인과 생물학적 특징에 초점을 맞춘 그들의 설명은 신자유주의 정치사상 및 새로운 개인주의와 잘 조화를 이루었다. 더욱이 진화심리학의 성공은 외형상 과학적인 증거에 기반을 두고 독자들을 안심시키는 이야기를 제공하는 것에서 연유한다. 사람들이 믿을 만한 무언가를 찾고 있지만 전통적인 종교도 정치적 진보에 대한 희망도 모두 버린 상황에서, 다윈주의 사회이론의 간단명료한 주장은 『바로 그 이야기들』[48]의 호소

---

46) [국역본] 로버트 라이트, 『도덕적 동물』, 박영준 옮김, 사이언스북스, 2003.

47) [국역본] 제프리 밀러, 『연애』, 김명주 옮김, 동녘사이언스, 2009.

48) 노벨문학상 수상자인 『정글북』의 작가 조지프 러디어드 키플링(Joseph Rudyard Kipling)이 쓴 『바로 그 이야기들』(최인자 옮김, 문학세계사, 2001)은 작가가 딸에게 들려주기 위해 쓴 짧은 12편의 이야기를 엮은 책이다. 「낙타의 혹은 어떻게 해서 생겨났을까?」, 「표범의 얼룩은 어떻게 생겨났을까?」, 「아기 코끼리의 코는 왜 길어졌을까?」와 같이 마치 동물의 진화에 대

력을 신앙의 형이상학과 결합시켜 냈던 것이다.

물론 사회에서 생물학적 요인이 지닌 역할을 도외시하는 건 잘못된 일일 것이다. 인간은 진화에 의해 형성되어 왔으며, 자연선택의 압력에서 비롯되는 기본적인 행동들이 존재한다. 그렇지만 이는 현대의 남성과 여성이 석기 시대와 '굳게 연결되어' 있다고 말하는 것과는 전혀 다른 것이다. 다른 동물들과는 달리 인간은 배우고 혁신할 수 있는 능력, 그리고 말과 글을 통해 세대 내에서뿐만 아니라 세대 간에 소통할 수 있는 능력에 기반을 두고 고도로 복잡한 문화를 발전시켜 왔다. 이에 따른 사회 발전은 인간 사회가 다윈주의자들이 상정하는 본능적 욕구의 차원을 크게 넘어서도록 했으며, 남성과 여성이 선택권을 행사하고, 의미를 창출하고, 종종 자연선택을 거스르는 방식으로 행동할 수 있도록 해주었다. 종교적 독신주의자가 되는 것, 동성애자로 살아가는 것, 위험한 행동에 참여하는 것, 자살을 하는 것은 이에 대한 구체적 예들이라고 할 수 있다.

마찬가지로 조현병이나 우울증 같은 이상들은 분명히 뇌의 수준에서 작동하지만, 이는 그런 이상들이 유전적 요인에 의해 결정된다고 말하는 것과는 전혀 다른 것이다. 지적 손상이 종종 유전적 특징에서 기인하기는 하지만, 이 또한 지능이 주로 유전적 요인에 기원을 둔 단일한 인지적 능력이라고 말하는 것과는 다른 것이다. 여기서 우리의 요점은 유전자가 존재하지 않는다거나 생물학적 요인이 행동 또는 질

한 이야기처럼 보이는 단편들은 실제 사실과는 무관하며, 아이들이 신나고 흥미를 느낄 만한 이야기들을 기발한 상상력을 동원하여 그럴듯하게 지어낸 것이다.

병을 형성해 내지 않는다는 게 아니다. 그러나 우리는 행동에 대한 생물학적 영향력을 우리가 존재하고 있는 사회 세계와 분리된 아르키메데스적 관점에서 해석할 수 없으며, 그 점에 대해서는 질병도 마찬가지다. 우리가 이상이나 질병을 분류하는 방식은 문화에 의해 형성된다. 과학과 의학의 문화뿐만 아니라, 과학자들과 의사들 또한 그 일부를 이루고 있는 훨씬 더 광범위한 문화에 의해서 말이다. 여러 면에서 현대 문화는 사회학적 설명보다 유전학적 설명을 선호한다. 우리가 논했던 것처럼, 유전학적 설명에 편향된 기사들은 유전에 대한 뿌리 깊은 관념과 생물학적 토대주의foundationalism를 활용할 뿐만 아니라, 유전학이 하나의 밴드왜건이 되었음을 — 즉 과학과 의학 내에 유전학에 대한 강력한 기술적 요청이 존재함을 — 반영한다고 할 수 있다.

결론

문화적 표상은 재생산 및 유전자 기술의 새로운 영역들을 정당화하는데, 그리고 자금의 지원과 규제로부터의 자유를 획득하는 데 필수적이다. 행동과 질병에 대한 유전학적 설명은 과학자와 의사, 자금 제공 단체, 정부, 대중매체, 민간 부문을 포함한 다양한 이해관계 집단에 의해 촉진된다. 이는 무엇이 연구될 것인지, 그 연구가 어떻게 수행될 것인지, 그리고 광범위한 보건 서비스 내에서 어떤 검사와 치료가 채택될 것인지에 영향을 미치는, 일정한 형태의 실천뿐만 아니라 과대 선전을 통해서도 이루어진다. 그것은 차별과 불평등을 완화하기보다는 오히려 강화하는 경향을 띠면서, 과학 연구의 실행과 사회정책에 영향을 미친다. 그러나 이러한 헤게모니에 맞서 저항하고 이를 무너뜨리는 것과 관련하여 조심스럽게 낙관적 입장을 지닐 수 있는 몇 가지 근거들이 존재한다.

우리는 유전학자들과 대중매체들이 유전자의 영향력과 관련하여 제기하고 있는 주장에 대해 대중의 회의적인 태도가 증가하고 있음을 주목해야 한다. 대중과 의회의 견해가 형성되는 데 문화적 담론이 지닌 중요성을, 그리고 법적·정치적 논쟁이 유전에 관한 대중적 이해에도 그에 상응하는 영향을 미친다는 점을 우리도 인정하지만, 대중매체의 시청자와 독자들을 수동적인 수용자일 뿐이라고 상정하는 것은 위험하다. 몇몇 비평가들은 시청자와 독자들이 유전학에 관한 문화적 메시지들을 받아들이는 방식에 대해, 그리고 넬킨과 린디의 논지가 과장된 것은 아닌지에 대해 의문을 제기했다. 셀레스트 콘딧Celeste M. Condit 은 대중매체에서의 표상이 넬킨과 린디의 연구가 시사하는 것처럼 결정론적이거나 차별적인 것은 아니라고 주장한다. 콘딧은 137명의 대학생을 대상으로 수행한 한 연구에서 단지 소수의 인원만이 청사진이라는 은유가 함의하는 결정론적 해석을 견지하고 있음을 확인했다. 즉 대다수 학생들은 유전적 요인의 영향을 개연적이고, 결정적이지 않으며, 부분적이고, 변화 가능한 것으로 간주하고 있었다. 고무적이게도 응답자들은 장애를 전적으로 바람직하지 않다거나 장애인이 좋지 못한 삶의 질을 지니고 있다고 여기지 않았다.[49] 우리는 이 연구의 대상이 한정되어 있음을 인식해야 하겠지만, 또한 그것을 시청자·독자에 대한 후속 연구의 필요성을 나타내 주는 하나의 신호로 간주해야 한다. 유전화와 같은 지배적인 문화적 메시지들이 대중에 의해 재해석되고 때로는 근본적으로 와해되는 방식을 인식하는 그런 시청자·독자 연구 말이다.

우리는 또한 유전학에 관한 한 대중이 어쩔 수 없이 무지하거나 불합리하다고 주장하는 것은 오만할 뿐만 아니라 지나치게 단순한 것임을 인식해야 한다. 앤 커와 그녀의 에든버러대학교 동료들에 의해 수행된 연구는 유전학이 제기하는 주장에 대해 대중이 수준 높은 반응을 나타낼 수 있음을 보여 준다. 사람들은 지나치게 단순화된 유전에 관한 기사들이나, 유전자 치료 및 해결책에 대한 과장된 주장에 이의를 제기할 수 있도록 이끌어 주는 (가계, 보건의료, 교육에 대한) 다양한 경험을 지니고 있다. 또한 유전학 연구의 한복판에서 이루어지는 민간 부문과 국가의 결탁에 대해 점점 더 회의적인 반응을 나타내고 있으며, 유전자 특허 취득과 보험회사들이 지니고 있는 유전 정보 접근권에 대해서도 매우 비판적이다.[50] 10장에서 논하게 될 것처럼, 우리는 여론 조사 산업을, 그리고 그것이 진정한 대중적 의견 수렴이 부재한 상황을 가릴 수 있음을 경계해야 한다. 하지만 대중은 유전학에 관한 정책 입안에 훨씬 더 많이 관여할 수 있을 만큼 충분히 수준이 높다고,

---

49) Celeste M. Condit, "How the Public Understanding Genetics: Non-Deterministic and Non-Discriminatory Interpretation of the 'Blue-Print' Metaphor", *Public Understanding of Science* 8, 1999, pp. 169~180.

50) Ann Kerr, Sarah Cunningham-Burley and Amanda Amos, "The New Human Genetics and Health: Mobilising Lay Expertise", *Public Understanding of Science* 7(1), 1998, pp. 41~60; Ann Kerr, Sarah Cunningham-Burley and Amanda Amos, "Drawing the Line: An Analysis of Lay People's Discussions about the New Human Genetics", *Public Understanding of Science* 7(2), 1998, pp. 113~133.

그리고 이것이 건강과 행동에 대한 훨씬 덜 결정론적인 접근법을 발전시킬 수도 있다고 주장할 만한 충분한 근거가 존재한다.

유전자 결정론이 가계 내의 유전병에 의해 질병을 갖게 된 개인들에게 영향을 미치는 경우라 하더라도 그런 결정론은 와해될 수 있다. 카를로스 노바스Carlos Novas와 니컬러스 로즈가 헌팅턴병과 관련된 연구에서 보여 주었던 것처럼, 사람들은 그들의 이상을 다양한 방식으로 해석한다.[51] 유전적 요인에 대한 그들의 이해는 건강, 인생, 가계에 대한 그들의 태도 일반과 따로 분리될 수 없다. 그리고 우리가 다음 장에서 논하게 될 것처럼, 어떤 이들은 그들의 질병 상태를 알아보지 않는 쪽을 선택하기까지 한다.

우리는 또한 유전학의 메시지가 대중문화 내의 다른 수사 및 관념들과 더불어 공존함에 주목해야 하는데, 대중문화에서 환경과 양육에 대한 관념은 여전히 중요한 역할을 한다. 지능의 유전적 요인 연구에 대해 대중매체나 여론 조사에서 나타나는 강한 반감은 유전학의 메시지들이 언제나 백지 위임장carte blanche을 부여받는 것은 아님을, 그리고 어째서 그러한지를 보여 주는 한 예다. 유전자 기술에 대한 비판자들 또한 상당한 언론 보도에서, 특히 전통적인 토론 형식의 프로그램에서 나름의 자리를 확보하고 있다. 그리고 행동유전학 같은 분야에서 이루어지는 일부 연구들에 대해서는 매우 비판적인 유전학자들이 존재하는데, 그들은 때때로 그들이 지닌 의구심을 공개적으로 표명한다.

---

51) Carlos Novas and Nikolas Rose, "Genetic Risk and the Birth of the Somatic Individual", *Economy and Society* 29(4), 2000, pp. 485~513.

대안적 담론과 이해를 발전시키고, 그럼으로써 유전화의 기반을 약화시키기 위해서는 다양한 접근법이 요구된다. 요세 판데이크는 인식을 높이고 토론을 야기할 수 있는 일련의 문화적 전략을 선호하는데, 이는 특히 주변화된 집단을 논의의 장으로 끌어들이기 위해서다. 이런 문화적 활동의 목적은 그들로 하여금 어느 편을 선택하거나 결정하도록 만드는 것이 아니라, 사유하도록 만드는 것이 되어야만 한다. 예들 들어 톰 셰익스피어는 뉴캐슬대학교 생명센터Center for Life에서 진행되었던 정책·윤리·생명과학 프로젝트의 코디네이터 역할을 수행했는데, 그 프로젝트는 다양한 연령대의 사람들이 새로운 유전자 및 재생산 기술에 대해 사유하고 그런 기술이 사회에 미칠 수 있는 영향을 고려할 수 있도록, 전속 작가도 한 명 두고 시각예술 활동도 발전시켰다. 예술적 접근법은 과학적 데이터가 유일하게 타당한 지식의 형태는 아님을 말해 준다. 신기술 개발 과정에 피험자 등으로 참여했던 사람들의 태도와 경험에 대한 사회과학 연구도 유전학의 실제 적용과 관련하여 중요한 이야기를 들려준다. 장애인, 여성, 아동들의 개인적 이야기 또한 새로운 과학이 가져오는 기회와 위험에 대해 보다 균형 잡힌 관점을 발선시키는 데 중요하다. 우리는 이어지는 장들에서 이런 생각들을 좀 더 구체적으로 논할 것이다.

8장 _ 사회적 맥락 내에서의 선택

민주주의 국가들은 사람들의 자유로운 선택이 정당성의 근거라는 가정에 기반을 두고 있다. 사람들의 정체성을 규정하는 것은 유권자로서의 선택이라기보다 점점 더 소비자로서의 선택이 되어 가고 있다. 직업, 정치적 견해, 종교 같은 전통적 요인들보다 소유하는 물건, 생활양식, 여가 활동이 당신이 누구인지에 대해 더 많은 것을 말해 준다. 영국에서 마거릿 대처Margaret Thatcher의 정책은 시장에서 경쟁하고 어떻게 살아갈지 스스로 결정할 수 있는 자유로운 개인이라는 관념에 기반을 두었다. 뒤이어 집권한 정부들도 개인의 선택에 대한 강조를 견지했다. 그 결과 영국은 경쟁적 개인주의라는 미국적 이상에 훨씬 더 근접하게 되었으며, 선택이 하나의 중심적 윤리로 확고히 자리 잡아 갔다.

회의적인 논평가들은 아마 선택이라는 개념이 실제적인 것이라기보다는 이데올로기적인 것이라 주장할 것이다. 우리도 이미 영국, 미국, 스칸디나비아 국가들의 우생학에 대한 논의에서 민주주의 국가들이 반드시 자유로운 선택을 수반하는 것은 아님을 보았다. 특히 재생산과 관련된 행위에서 말이다. 우생학은 종종 자발적 단종수술이라는 형태로 제시되기도 했지만, 사람들이 강요를 당했다는 것은 거의 의심의 여지가 없다. 그리고 우리는 소위 서구의 '자유세계'에서조차 공공연한 강요가 우생학적 실천의 특징으로 존속되어 왔음을 기억해야만 한다. 비록 오늘날 우리가 국가에 의해 어떤 경험을 공공연히 강요당하는 경우는 줄어들었지만, 대부분의 사람들은 대부분의 시간에 단지 한정된 범위에서만 자율권을 행사할 수 있을 뿐이다. 어쨌든 돈을 가지고 있지 않다면, 자유 시장에서 선택을 통해 얻을 수 있는 혜택은 아무것도 없는 것이다. 영국과 미국에서 자유화는 사회적 불평등과 상대적 빈곤의 증가를 동반해 왔다. 사회적 제한의 실재 ─ 사회가 기회들을 구조화하는 방식 ─ 는 선택의 자율성을 상쇄시키는 중요한 힘이다. 이런 제약들은 보건의료 영역에서도 작동하며, 특히 유전학 영역에서 그러하다. 이 책이 제기하는 주장들 중 하나는 환자의 자율성이라는 개념이 이론적으로는 좋아 보이지만, 실제로는 여러 문제들을 가린다는 것이다. 개인은 외부와 단절된 상태에서 무언가를 선택하는 것이 아니라, 사회의 가치와 태도에 영향을 받으며 선택한다. 의료 전문가, 가족, 친구뿐만 아니라 훨씬 더 광범위한 대중까지도 환자가 어떤 관점을 견지하고 어떤 결정을 내리게 되는가에 영향을 미친다. 더 나아가 선택이라는 개념 자체도 문제적이고 논쟁적인 것일 수 있다. 어느 정도까지 선택권이 행사되어야 하는가? 개인의 재생산 자율권에 대한 윤리적 한계는 무엇인가? 이런 한계는 누가 결정해야 하는가?

'충분한 정보에 근거한 선택'이라는 개념은 선택뿐만 아니라 정보에 관한 문제를 제기한다. 유전학은 새로운 형태의 복잡한 정보를 제공해 왔는데, 그것은 해석하는 데 어려움이 따를 수 있다. 우리가 논했던 것처럼, 유전자는 현대 문화에서 하나의 강력한 이미지가 되었다. 과거에 비평가들은 의료화에 대해 우려했다. 의료화가 복잡한 사회적 경험들을 개인의 생물학적 병리 상태로 환원하는 것을 말이다. 이제는 유전화를 둘러싼 우려가 확산되고 있는데, 유전화에서는 유전자가 인간 정체성의 이해와 신체적·사회적 문제의 해결에 대한 열쇠로 간주된다. 이런 이유 때문에 유전자 분석에 의해 제공되는 정보는 상당히 위험한 상황을 초래할 수도 있다. 그 정보가 임신부, 부모, 질환과 손상을 지닌 사람들에 대한 지식 전반을 대체해 버릴지도 모르는 것이다. 사람들은 그들 자신의 삶에 있어 전문가이며, 그들의 지식은 유전학적 증거나 의사들의 임상적 견해만큼이나 가치 있게 여겨져야만 한다.

이 장은 유전자 검사의 이용 가능성이 점점 더 증가하는 상황과 관련하여 선택이라는 문제를 살펴본다. 우리는 이미 유전학의 과학적 지식이 1960년대와 1970년대에 어떤 식으로 발전했는지, 그리고 1990년대에 인간게놈프로젝트와 더불어 어떻게 엄청난 도약을 이루었는지 논했다. 그 프로젝트는 2001년 2월에 최초의 인간게놈 초안을 발표한 바 있다. 같은 시기에 초음파 검사, 혈청 검사, 양수 천자, 융모막 융모 생검 같은 일련의 산전 검사 기술들이 도입되거나 개발되어 왔다. 우리는 이제 과거 어느 때보다 우리의 유전형질이나 임신기 태아의 유전형질에 대해서 더 많은 것을 알 수 있는 능력을 갖게 되었다.

현재의 유전 표지에 기초하여 어떤 사람의 향후 건강 상태를 예측할 수 있는 기술적 능력은 두 가지 새로운 욕구를 창출했다. 그것은 사람들로 하여금 자신들이 향후 건강한 삶을 살아가고 정상적인 출산을 할 수 있는 가능성이 얼마나 되는지 알아보도록 자극했다. 그리고 결함의 원인을 알아내기 위해 사용되는 바로 그 기술이 치료 또한 가능하게 할 것이라는 기대를 불러일으켰다.[1]

그러나 아는 것이 반드시 힘이 되는 것은 아니다. 특히 검사가 이루어진 이상을 완화하거나 치료하기 위해 아무것도 할 수 없는 경우에는 말이다. 어느 쪽이든 검사를 받은 사람은 그들 자신 내지는 그들 자식의 향후 건강이나 행동에 대한 책임이라는 무거운 짐을 지게 된다. 새로운 유전학 지식은 새로운 딜레마를 야기한다. 사람들은 그들 자신의 삶에서 유전학의 힘을 어떻게 이용해야 하는가? 사람들은 유전 정보가 그들의 재생산 선택권에 어떤 식으로 영향을 미치게 해야 하는가? 다른 누군가가 그 정보에 접근해서 유전질환을 지닌 사람들을 차별하는 데 사용할 수도 있지 않은가? 그들을 치료하기 위해 아무것도 할 수 없다면, 향후 갖게 될 질환에 대해 알아봐야 무슨 소용인가? 사람들은 유전적 위험성을 판단하고 대처할 수 있는가?

유전질환이나 발달장애에 대해 알 수 있는 현대 사회의 능력은, 그런 이상을 치료하거나 개선시킬 수 있는 능력을 넘어섰다. 어떤 가족이 특정한 유전질환에 걸릴 가능성이 높기 때문이든 선별 검사 프로그램의 결과 때문이든, 임신 중인 태아나 어떤 사람에게 유전질환 검사가 이루어진다 하더라도 취할 수 있는 조치에서는 제한된 범위의 선택지만이 존재한다. 현재로서는 치료법이 아예 없거나 효과적인 치료법

---

1) Van Dijck, *Imagenation*, p. 97.

이 극히 제한된 다수의 유전질환이 있다. 예고되었던 많은 유전자 치료의 혜택은 그 어디에서도 찾아볼 수 없으며, 향후 수십 년간 대다수 장애인들에게도 다가올 세대들에게도 별 도움이 되지 않을 것이다.

때로는 유전적 소인에 대한 정보가 개인들로 하여금 유해한 행동이나 환경을 피하도록 도울 수 있을지 모른다. 예를 들어 알파-1 항트립신 결핍증alpha-1 antitrypsin deficiency은 공해에 대한 민감성을 증가시키는데, 이를 지닌 것으로 확인된 누군가가 흡연을 하거나 몇몇 제조업 분야에 종사하는 것은 경솔한 일이 될 것이다. 또한 유방암의 위험성을 지닌 것으로 확인된 누군가가 조기에 종양을 발견하기 위해 정기적인 검진을 받거나 유방절제수술을 받기로 결정할 수도 있을 것이다. 그러나 이런 경우에서도 유전적 소인을 아는 것이 가져오는 주된 결과란 불안감의 증대일 수 있는데, 왜냐하면 선별 검사는 물론이고 유방절제수술조차도 제한적인 효과만을 지닐 수 있기 때문이다. 그렇지만 가장 논란의 여지가 많은 쟁점들은 획득된 정보가 태아와 관련되어 있는 경우, 즉 선별적 임신중절이라는 선택지가 존재할 때 발생한다.

재생산 선별 검사 프로그램의 목적은 무엇인가?

재생산 선별 검사 프로그램에 대한 막대한 투자의 이유와 관련해서는 어떤 모호함 내지 혼동마저 존재하는 것처럼 보인다. 과거에 의학계는 결함을 지닌 아동의 출산을 방지하고자 하는 의도를 숨기지 않았던 반면, 현재는 우생학적 오용과의 비교를 피하고자 하는 바람과 자율성이라는 지배적 윤리로 인해 임상적 수준과 정책적 측면 양쪽 모두에서 선별 검사의 목적을 얼버무리려 하고 있다.

산전 초음파 검사의 광범위한 실행은 이에 대한 하나의 예다.[2] 초음파 검사는 일종의 감시 기술이다. 거의 모든 임신에 대해 초음파 검사를 실시하려는 추동력을 발생시킨 주요 동기는 출산을 앞둔 엄마에게 예쁜 아기 사진을 제공하고자 하는 바람이 아니다. 그 검사는 태아의 이상을 탐지하고 유전적 결함이나 발달상의 결함을 지닌 아기의 출산을 예방하는 주된 방법의 하나로서 비용-편익론의 견지에서 정당화된다. 초음파 검사는 많은 사람들에게 임신이라는 긍정적 경험의 일부분이 되었지만, 피검자들 중 일부에게는 임신중절에 대한 사전 검사로 기능한다. 초음파 검사의 이런 숨겨진 역할은 좀처럼 명시적으로 인정되지 않는다. 이는 괜한 불안감을 야기하고 싶지 않기 때문일 수도 있다. 어쨌든 초음파 검사를 받은 여성들 중 단지 아주 낮은 비율만이 결함을 지닌 태아를 임신한 것으로 판명될 테니까 말이다. 그러나 사전 검사가 제공하는 정보에서 그 의도가 좀 더 직접적이고 노골적으로 드러난다면, 많은 커플들이 그런 진단 프로그램에 접근하지 않는 쪽을 선택할지 모른다는 것 또한 사실일 수 있다.

앵거스 클라크는 유전학적 선별 검사 프로그램의 공언된 목표, 그 프로그램의 성격, 프로그램을 평가하는 데 사용되는 성과 척도 간에

---

2) Janelle S. Taylor, "Images of Contradiction: Obstetrical Ultrasound in American Culture", eds. Sarah Franklin and Helena Ragoné, *Reproducing Reproduction: Kinship, Power and Technological Innovation*, Philadelphia: University of Pennsylvania Press, 1998.

복잡한 관계가 존재함을 논한다.[3] 그는 선별 검사에 세 가지 목표가 있을 수 있다고 말한다. 많은 비용이 드는 이상을 예방하는 것, 결함을 지닌 아동이 겪을 고통을 예방하는 것, 충분한 정보에 근거한 재생산의 결정을 촉진하는 것이 그것이다. 공중위생 경제학의 맥락에서는, 모든 선별 검사 프로그램이 그로부터 발생될 비용 대 얻게 될 편익이라는 견지에서 정당화된다. 산전 선별 검사 프로그램은 관련 인구에 대한 검사를 실시하는 데 드는 총비용이, 검사를 안 했더라면 태어났을 병들거나 손상을 지닌 아기의 의료비 및 복지 비용보다 적다는 것이 논증될 수 있을 때 도입된다. 우리는 재생산의 의사 결정에 적용되고 있는 이런 방정식이 매우 비도덕적인 것이라고 생각한다. 그 방정식은 장애인이나 차이를 지닌 사람들에 대한 편견을, 그리고 결함을 지닌 아이를 배태한 여성들에 대한 임신중절의 압력을 증가시키는 데 기여한다. 이런 유형의 비용-편익 분석에는 장애인에 대한 사회적 비용이 단종수술뿐만 아니라 결함을 지닌 아동과 성인의 살해에 대한 근거로까지 활용되었던 과거와의 뚜렷한 공명이 존재한다. 우리는 이제 임신중절을 좀 더 효율적으로 조기에 실행할 수 있는 방법을 지니고 있지만, 이것이 선별 검사를 도덕적인 것으로 만들어 주지는 않는다. 클라크가 논한 것처럼, 산전 선별 검사가 왜 이윤을 창출해야만 하는 보건의료 서비스의 일부분으로 존재해야 하는가? 우리는 이런 접근 방식이 위험천만하게도 우생학적일 수밖에 없다는 그의 판단에 동의한다.

---

3) Angus Clarke ed., *Genetic Counselling: Practice and Principles*, London: Routledge, 1994, p. 16ff.

임신과 관련하여 충분한 정보에 근거한 선택을 할 수 있는 예비 부모의 권리나 소비자의 요구 또한 선별 검사 프로그램을 정당화하기 위해 활용된다. 그러나 현실에서 사람들의 선택은 결코 가치로부터 자유롭지 않다. 클라크가 논한 것처럼, 그리고 우리가 아래에서 설명하게 될 것처럼, 선별 검사와 산부인과 서비스는 충분한 정보에 근거한 동의와 공정한 결과의 가능성을 약화시킬 수 있다. 이는 특히 검사의 관례화 경향과 임신중절이 이상의 진단에 대한 불가피한 대응이라는 가정 속에서 명백하게 드러난다. 선별 검사 프로그램은 일단 운영되기 시작하면 보건의료 시스템 내에 공고히 자리를 잡게 된다. 이렇게 되고 나면 클라이언트들도 비평가들도 이 프로그램에 적극적으로 이의를 제기하기 어렵다. 그것은 또한 선별 검사의 인프라뿐만 아니라 문화 또한 확립됨으로 인해, 점점 더 많은 의료적 검사들을 각각의 선별 프로그램에 '결합하기'가 훨씬 더 용이해진다는 것을 의미한다. 소비자의 다양한 요구에 대해 보건의료 서비스 제공자들과 사회 전반이 나타내는 상이한 반응을 고찰해 보면, 이러한 문화 내에 존재하는 임신중절에 대한 가정이 적나라하게 드러난다. 어떤 예비 부모가 성별에 근거해 태아를 선택하길 원한다면 이는 비윤리적인 것으로 간주될 것이다. 어떤 장애인이 자기 자신과 같은 이상 — 예컨대 농 같은 — 을 지닌 아기를 갖기 위해 태아를 선택하길 원한다면, 이 또한 비윤리적인 것으로 간주될 것이다. 다시 말해서 전문가들은 어떤 소비자의 선택이 그들의 생각에 합리적이고 윤리적인 한에서만 그 선택을 지지할 것이다. 많은 장애인 논평가들에게 있어 이는 곧 어떤 이중 잣대가 존재함을 말해 주는 것이다. 그것은 또한 유전학적 선별 검사 프로그램의 근본적인 동기가 선택권을 제공하는 것이 전혀 아니며, 오히려 장애 아동의 출산을 예방하려는 우생학적 목적에 있음을 말해 준다.

아동이나 성인에 대한 증상 전 선별 검사presymptomatic screening의 경우 외형적으로는 이런 우생학적 함의들 중 많은 것들을 피해 가는데, 왜냐하면 그 검사가 증상의 발현을 예방하거나 늦추기 위해 생활 양식이나 건강을 좀 더 효과적으로 관리할 수 있도록 사람들에게 정보를 제공하는 것에 기반을 두고 있기 때문이다. 예를 들어 대장암에 대한 유전학적 선별 검사는 그 질병의 소인을 확인할 수 있고, 그에 따라 소인을 지닌 개인은 암의 징후를 조기에 탐지하기 위해 정기적인 대장내시경 검사를 받을 수 있다. 마찬가지로 유전성 유방암 및 난소암의 위험성을 지닌 여성들은 좀 더 정기적인 유방조영술이나 예방적 유방절제수술 및 자궁적출수술까지도 받을 수 있을지 모른다. 그러나 이런 종류의 선별 검사 프로그램은 언뜻 보기만큼 그리 좋은 것은 아니다. 다음 장에서 논하게 될 것처럼, 유전 정보는 자신의 보험이나 취업뿐만 아니라 다른 가족 구성원들에게까지 영향을 미치기에 강력한 힘을 갖는다. 또한 증상 전 검사는 헌팅턴병의 경우처럼 재생산 행위에 영향을 미칠 수 있다. 헌팅턴병에서의 일화적 증거는 만일 태아가 그 질병의 유전자를 지니고 있는 것으로 확인된다면 사람들이 태아를 낙태시킬 것이라는 전제하에서 산전 진단이 제공되고 있음을 말해 준다. 헌팅턴병은 '후발성' 질병이어서, 어떤 사람의 경우 아무 증상 없이 40대나 50대까지 잘 살 수 있음에도 불구하고 말이다. 더 많은 증상 전 검사가 개발되면서 재생산 검사 분야에서는 '부가적 상품' 또한 등장했고, 그와 더불어 산전 선별 검사에 수반된 많은 문제점들도 드러났다.

우리는 선택에 대한 제약과 우생학적 결과가 단지 산전 선별 검사 서비스에만 한정되지 않는다는 점에도 주목해야만 한다(비록 이것이 가장 문제적인 서비스 영역이라는 것에는 의심의 여지가 없기는 하지만 말이다). 우리가 앞서 말했듯이 유전 정보는 가계와 관련된 정보이다. 따라서 이상이 있는 것으로 확인된 가족 구성원의 존재 자체가 그의 친척들에게도 검사의 압력을 가할 수 있다. 여기서의 선택은 정보의 양과 질, 그리고 의사와 간호사의 태도라는 측면에서 산전 선별 검사와 유사한 방식으로 한층 더 제약된다. 이는 증상 전 검사가 가져올 이득이 전혀 분명하지 않은 경우조차 사람들이 이런 검사를 받게 됨을 의미할 수 있다. 한층 더 강화된 건강관리, 예방적 수술, 생활양식 관리가 단지 불안감만을 증가시킬 뿐 질환이 없는 삶을 보장하는 것과는 거리가 멀 수도 있는 것이다. 심지어 유방을 제거하고 난 후 뒤이어 난소암이 발병하는 몇몇 여성들의 경우에서처럼, 그들이 예방하고자 했던 유전병이 재발할 수도 있다.

이와 같은 이유 때문에 우리는 추가적인 유전학적 선별 검사 프로그램의 도입에 신중한 입장을 취한다. 특정한 병력을 지닌 가족들 내에서의 유전자 검사는 덜 문제적일 수도 있다. 이 경우에는 검사를 받음으로써 해당 질환에 대해 더 많은 것을 알게 될 것이고, 상담의 기회역시 더 많아진다. 그러나 선별 검사들이 확대됨에 따라 정보와 서비스 제공에서의 문제들도 함께 수반된다. 일종의 막무가내식 정보 수집이 되어 버린, 전체 인구를 대상으로 한 선별 검사는 특히 문제가 많다. 이런 검사에서는 어떤 커플이 임신한 태아에게 존재하는 거의 모든 이상들을 탐지할 수도 있으며, 검사를 받은 커플은 관련 손상에 대한 편향되고 부정확한 정보를 제공받게 될 수도 있다. 결국 산전 검사 서비스의 관례화는 충분한 정보에 근거한 동의의 가능성을 더 약화시킬 수 있다. 따라서 우리는 추가적인 유전학적 선별 검사의 제한과 기존 서비스들에 대한 주의 깊은 재검토를 지지한다.

이런 종류의 입장에 대해 흔히 제기되는 반론은 사람들이 어디에서 살아가든 선별 검사 프로그램에 대한 권리를 가져야만 한다는 주장이다. 다시 말해 서비스의 제공에 형평성이 존재해야만 한다는 것이다. 공공정책연구소Institute for Public Policy Research가 최근 이런 주장을 내놓았고, 영국의사협회British Medical Association는 불충분한 선별 검사 서비스와 불공평한 접근권이 소위 유전적 최하층 계급의 생성으로 이어질 수 있다는 우려를 표명했다. 즉, 중산 계급의 사람들은 좀 더 건강한 아이를 갖기 위해 유전학적 서비스들을 이용할 수 있는 반면, 사회적 약자 집단의 사람들은 계속 질환이나 손상을 지닌 아이들을 갖게 된다는 것이다. 우리는 이원적 선별 검사 시스템의 위험성을, 특히 보건의료의 은밀한 민영화 경향에 존재하는 위험성을 인식하고는 있지만, 이것이 NHS 전반에 걸쳐 불충분하고 지시적인 서비스가 제공되고 있는 이유는 아니다. 우리는 또한 부와 기회의 불평등은 중산 계급 사람들이 선별 검사 서비스를 받을 가능성이 더 크다는 것을 의미할 수도 있지만, 다른 한편으로 그들이 장애 아동을 양육할 수 있는 보다 많은 자원을 지니고 있음을 의미할 수도 있다는 것을 지적해야만 할 것이다. 평등을 촉진하기 위해 필요한 것은 유전질환을 지닌 사람들에 대한 기존의 선별 검사와 보건복지 서비스의 주의 깊은 재검토라고 할 수 있는데, 왜냐하면 이 두 가지가 서로 분리될 수 없기 때문이다.

사람들은 충분한 정보에 근거한 선택을 할 수 있는가?

유전학적 선별 검사 및 유전자 검사의 목표와 구조는 사람들이 검사를 받기로 결정을 내리는 데 뚜렷한 영향을 미친다. 그리고 유전학적 선별 검사 및 유전자 검사와 관련하여, 충분한 정보에 근거한 자유로운 선택을 할 수 있는 사람들의 능력을 크게 약화시키는 데에는 세 가지 주된 요인이 존재한다. 사람들이 제공받는 정보, 의료진의 태도, 산전 검사 서비스의 관례화가 그것이다.

첫째, 실질적인 선택권을 행사하기 위해서는 유전질환이나 발달 장애의 진단 및 예후에 관한 충분한 정보가 필수적이지만, 여러모로 이런 정보는 결여되어 있다. 예컨대 유전병은 '끔찍한 질환'으로 과장되게 그려지곤 한다. 한 연구 프로젝트는 예비 부모들에게 낭포성섬유증의 영향에 대해서 과도하게 비관적인 설명이 제시되고 있음을 확인했다.[4] 그들에게는 이미 달성된 것보다도 훨씬 더 낮은 기대 수명 추정치가 제시되었다. 유전질환에서 나타나는 중증도의 차이나 증상의 다양한 유형 또한 모든 부모들에게 설명이 이루어지지 않았다. 각각의 부모들은 서로 다른 정보를 제공받았다. 또 다른 연구는 출산 후 다운증후군을 지닌 것으로 판명된 아기의 부모들보다 산전 검사와 선별적 낙태의 기회를 제공받고 있는 부모들에게 훨씬 더 부정적인 예후가 제시되고 있음을 확인했다.[5] 우리가 다음 절에서 논하게 될 것처럼, 해당

---

4) J. Britton et al., "Screening for Cystic Fibrosis", *The Lancet* 338, 1991, p. 1524.
5) Abby Lippman and Benjamin S. Wilfond, "'Twice-Told Tales': Stories about Genetic Disorders", *American Journal of Human Genetics* 51, 1992, pp. 936~937.

질환에 대한 유전 정보가 특정 개인에게서 나타나는 증상의 중증도나 다양성을 예측할 수 없다는 것 또한 대개의 경우 사실이다.

임상 정보는 전체적인 상황의 단지 일부분일 뿐이다. 예비 부모들이 산전 진단의 함의를 이해하기 위해서는 그들에게 장애인들의 사회적 경험에 관한 정보가 제공되어야만 한다. 예비 부모들은 아마 특정한 이상을 지닌 사람들이 좋은 삶의 질을 지니고 있는지, 그들이 일반 학교에 다닐 수 있는지, 어떤 취업의 선택지가 활용 가능한지, 자립생활과 복지 급여에 대해서는 어떤 선택지가 있는지 알길 원할 것이다. 많은 장애인들에게 손상은 엄연한 삶의 일부이지 의료적인 비극이 아니다. 그들은 좋은 삶의 질을 지니고 있으며 비장애인들과 동일한 삶의 목표를 달성해 나간다. 많은 장애인들은 그들이 직면하는 주된 문제가 그들의 손상이 아닌 사회에 의해 야기된다고 주장한다. 장애에 대한 해결책은 사회적 장벽과 편견을 제거하는 것이지, 장애인을 사회에서 제거하는 것이 아니다. 이러한 관점은 장애인 당사자들, 즉 직접 손상을 지닌 채 살아가는 사람들의 증언을 경청하는 것이 특히 중요할 수 있음을 시사한다. 산전 선별 검사와 재생산 선택권에 대해 연구했던 장애인 활동가 루스 베일리Ruth Bailey는 다음과 같이 주장한다.

정치가들, 과학자들, 의사들 모두가 장애인들이 산전 검사에 진정 특별한 이해관계를 지니고 있으며, 따라서 산전 검사에 관한 논쟁에 조직적으로 참여해야 한다는 것을 인정해야만 한다. 이러한 참여는 손상과 장애의 경험이 지닌 복잡한 특징들에 대한 몇 가지 일반적 통찰을 제공할 것이며, 현재의 오해들 중 많은 부분을 바로잡을 수 있도록

도울 것이다.[6]

그러나 장애인들의 목소리는 산전 검사가 결정되는 상황에서 거의 경청되지 않는다. 그 상황은 의사들과 간호사들에 의해 지배된다.

사실 많은 사람들이 장애에 대해 알지 못한다. 그들은 어떠한 장애인도 알고 있지 않을 수 있고, 장애에 대해 깊은 두려움을 지니고 있을 수 있으며, 장애가 누군가의 인생에서 일어날 수 있는 최악의 것임에 틀림없다고 생각할 수도 있다. 그러나 우리가 논했던 것처럼, 장애인들은 보통 이와 같이 생각하지 않으며 장애 문제에 대해 공민권적 접근법을 발전시켜 왔다. 그렇지만 의학계의 구성원들은 대개 이런 사회적 접근법을 공유하지 않는다. 그들은 질환과 손상을 의료적 중재를 통해 해결해야만 할 문제로 여기도록 훈련받아 왔다. 어떤 이상이 치료될 수 없다면, 그런 이상은 예방되어야 한다는 생각은 그들에게 비논리적인 것이 아니다. 그러나 선천적 손상의 경우, 이는 단지 그 질병을 제거하는 것이 아니라 그 사람 자체를 제거한다는 것을 의미한다.

어려운 결정에 직면한 사람들은 대개 전문가의 안내를 원하게 된다. 결정에 대한 책임이 그들 혼자 짊어지기에는 너무 무거울 수 있는 것이다. 그러나 상담과 지원이 아예 없거나 혹은 불충분할 수도 있다. 이런 현실은 유전학적 선별 검사를 고려하고 있거나 실제로 검사를 받는 사람들에게 제공되는 정보의 양과 질에 영향을 미친다. 조지펀 그

---

6) Ruth Bailey, "Prenatal Testing and the Prevention of Impairment: A Woman's Right to Choose?", ed. Jenny Morris, *Encounters with Strangers: Feminism and Disability*, London: Women's Press, 1996, p. 164.

린Josephine M. Green은 산전 검사의 가장 흔한 형태인 다운증후군에 대한 혈청 선별 검사와 관련하여, 산부인과 의사의 45%가 여성들을 상담하는 데 충분한 자원을 지니고 있지 않다고 답변했음을 확인했다.[7] 좀 더 희귀하고 복잡한 이상에 대해서는 정보와 조언도 훨씬 더 제한될 수밖에 없다. 또한 그린의 연구는 여성들이 새로운 검사들에 대해 혼란스러워 하고 있음을 확인했다. 산부인과 의사들의 81%가 "그 검사를 이해하지 못하는 여성들"이 문제라고 주장했던 것이다. 이런 문제들이 과거에는 한정된 선별 검사 프로그램에서만 발생했다. 더 많은 여성들이 더 많은 산전 이상에 대해 선별 검사를 이용할 수 있게 됨에 따라, 자원과 서비스의 부족 문제도 훨씬 더 심각해질 것이다.

이러한 상황은 우리로 하여금 선택에 대한 두 번째 제약의 지점, 즉 의료 전문가들의 태도에 눈을 돌리게 한다. 의사와 간호사가 비지시적이라는 생각은 근거 없는 통념이다. 비지시성이 상담의 목표이기는 하지만, 이에 대한 연구는 대개의 경우 그런 목표가 실제로 달성되지 않음을 확인했다. 지시적인 정도는 관련 전문가들에 따라 다르다. 테레사 마르토와 그녀의 동료들은 유전상담사와 간호사가 가장 덜 지시적이고, 산부인과 의사가 가장 지시적이며, 유전학자는 그 둘 사이의 어느 지점에 위치해 있음을 확인했다. 산부인과 의사들이 보여 주는 지시성의 정도는 특히 우려스러운 것이었다. 유전학 전문가들과 달리, 산부인과 의사들은 장애인들과 직접적으로 함께 선택의 작업을 수

---

7) Josephine M. Green, "Serum Screening for Down's Syndrome: The Experience of Obstetricians in England and Wales", *British Medical Journal* 309, 1994, pp. 769~772.

행하려는 경향을 나타내지 않는다. 그들은 '완벽한 아기'가 태어나도록 하는 데 관심을 갖는다. 그들은 대다수의 손상에 대해 선별적 임신중절이 좋은 선택이라고 믿는 경향이 있다. 예를 들어 다운증후군이 탐지된 경우, 유전클리닉 간호사의 94%, 유전학자의 57%가 비지시적이었음에 반해, 산부인과 의사는 단지 32%만이 비지시적인 방식의 상담을 한 것으로 보고되었다. 산부인과 의사 대다수는 이분척추증^{spina bifida 8)}, 무뇌증^{anencephaly}, 헌팅턴병, 다운증후군, 뒤셴형 근육퇴행위축을 지닌 태아의 임신중절에 찬성했고, 다수는 아니지만 상당수가 낭포성섬유증, 겸상적혈구빈혈증, 연골무형성증, 페닐케톤뇨증, 혈우병을 지닌 태아의 임신중절에도 찬성했다.[9] 웬디 파란트^{Wendy Farrant}는 1985년 수행한 한 연구에서 산부의과 의사들 사이에 퍼져 있는 우생학적 신념 ── 예컨대 유전자 검사는 사람들이 건강하지 못한 아기 대신 건강한 아기를 갖는 것을 가능하게 해주기 때문에 좋은 것이라는 신념 ── 에 대한 증거를 확인했다. 그들은 일정한 이상을 지닌 사람들에 대해 부정적인 가치를 부여했고, 그런 이상을 지닌 태아의 출산은 막는 것이 바람직하다고 여겼으며, 동성애에 대한 유전적 소인이 확인

---

8) 태아 발달기에 척추가 완전히 밀착하지 못하고 갈라져서 생기는 선천성 척추 결함이다. 완벽히 닫혀 있지 않은 틈 사이로 척수가 삐져나와 신경 손상과 마비를 일으키고, 결함이 있는 아래쪽으로 다양한 형태의 기능장애가 발생한다.

9) Theresa Marteau, Harriet Drake and Martin Bobrow, "Counselling Following Diagnosis of Fetal Abnormality: The Differing Approach of Obstetricians, Clinical Geneticists, and Genetic Nurses", *Journal of Medical Genetics* 31, 1994, pp. 864~967; Theresa Marteau, Mariana Plenicara and Jane Kidd, "Obstetricians Presenting Amniocentesis to Pregnant Women: Practice Observed", *Journal of Reproductive and Infant Psychology* 11, 1993, pp. 5~82.

될 수 있고 이를 이유로 한 선별적 임신중절도 용납될 수 있다는 생각을 지니고 있었다.[10] 조지핀 그린이 1995년 수행한 후속 연구는 이런 태도가 일정 부분 변화되었음을 확인했지만, 여전히 산부인과 의사들의 3분의 1은 만일 어떤 여성이 태아가 손상을 지니고 있음에도 임신중절 수술을 받는 데 동의하지 않는다면, 그런 여성들에게는 굳이 진단 검사를 제공할 필요가 없다고 생각하고 있었다.[11]

호주의 몇몇 사례는 산부인과의 의료 행위에서 나타나는 지시성의 정도를 적나라하게 실증한다. 2000년에 빅토리아주의 검시관은 아기가 저신장장애인이 될 가능성이 높다는 것을 알고 난 후 임신 32주 차에 왕립여성병원Royal Women's Hospital에서 임신중절 수술을 받은 한 40세 여성의 사례에 대해 조사를 지시했다. 제한된 발육 상태는 생명을 위협하는 이상이 아니다. 사실 그것은 어떤 사람의 삶의 질에 비교적 미미한 영향만을 미치며, 제한된 발육 상태를 나타내는 사람들 대다수는 행복하고 충족된 삶을 살아간다. 그렇지만 머독아동연구소Murdoch Children's Research Institute가 수행한 현황 연구에서 산부인과 의사의 80% 가까이가 태아에게 왜소증이 있다면 임신중절을 지지할 것이라 답변했다. 초음파 검사를 통한 왜소증 진단 분야의 전문가였던 그 78%의 산부인과 의사들은 임신 13주 차에 대해서는 만장일치로 임

---

10) Wendy Farrant, "Who's for Amniocentesis?", ed. Hilary Homans, *The Sexual Politics of Reproduction*, London: Gower, 1985.

11) Josephine M. Green, "Obstetricians' Views on Prenatal Diagnosis and Termination of Pregnancy: 1980 Compared with 1993", *British Journal of Obstetrics and Gynaecology* 102, 1995, pp. 228~232.

신중절을 지지했다. 임신 24주 차일 경우 왜소증을 지닌 태아의 낙태 지지율은 빅토리아주의 산부인과 의사들 사이에서는 78%에서 14%로 상당히 많이 떨어졌다. 그러나 (왜소증에 대한 진단이 이루어지는 주된 방법이라 할 수 있는) 초음파 검사 분야의 전문가인 임상 유전학자들 및 산부인과 의사들을 대상으로, 빅토리아주 산부인과 의사들과는 별도의 설문 조사를 호주 전반에 실시했을 때에는 임신 24주 차일 경우에도 임신중절에 대한 지지율은 70% 이상으로 높게 유지되었다.[12]

의료 관련 전문가들로부터 가해지는 이런 종류의 압력은 정보가 어떤 식으로 제시되고 의사가 클라이언트의 결정에 어떻게 반응하는가에 근본적인 영향을 미치기는 하지만, 그것이 반드시 공공연하게 행사될 필요는 없다. 앤 커와 그녀의 에든버러대학교 동료들이 인터뷰를 했던 장애를 지닌 한 임신부가 다음과 같이 기술했던 것처럼 말이다.

> 나는 태아의 장애에 대한 검사가 하나의 선택으로서 제시되는 것 같지 않아요. 내가 검사받기를 원하지 않는다고 말하자 그 의사는 충격을 받은 듯한 표정을 지었어요. 그리고 그녀는 그것이 아주 쉬운 검사고, 요즘에는 누구나 그 검사를 받으며, 아주 간단하게 끝날 테니 검사를 받는 게 어떻겠냐고 설득하려 노력했어요. 거기에 어떤 선택의 여지가 있었던 것 같지 않아요. 받을 수 있는 검사는 다 받도록 우리에게 모종의 압력이 가해진다고 생각해요.[13]

---

12) Mary-Anne Toy, "Doctors Endorse Dwarf Abortion", *Sydney Morning Herald*, 4 July 2000.
13) Anne Kerr, Sarah Cunningham-Burley and Amanda Amos, "The New Genetics and

전문가들이 지니고 있는 견해는 사람들의 결정에 중요한 영향을 미친다. 임상의들이 선택지들을 제시하는 방식은 사람들로 하여금 특정한 행위에 가담하도록 조장한다. 그러나 의사들이 나쁜 사람인 것은 아니다. 사실 그들의 견해는 대중 다수의 견해를 반영한다고 할 수 있다. 따라서 오히려 문제는 의사들과 간호사들은 그저 평범한 보통의 사람들일 뿐인데, 때때로 우리가 그들이 현명하고 깨어 있기를 기대한다는 것이다. 의사들은 그들의 클라이언트들이 검사를 받도록 세뇌시키거나 강요하고 있지 않다. 그런 노골적인 영향력 행사의 과정에 대한 증거는 존재하지 않는다. 사회학자인 스티븐 룩스Stephen Lukes는 개별적인 방식이 아니라 구조적인 방식으로 행사되는 권력에 대해 이야기한다. 이는 공공연한 갈등을 수반하는 것이 아니라 문화적 과정과 사회적 패턴에 기반을 둔다고 할 수 있다. 따라서 이러한 권력의 행사는 합의에 기초한 것처럼 보일 수 있다.

A는 B가 원치 않는 것을 하게 만듦으로써 B에 대해 권력을 행사할 수도 있지만, A는 또한 B가 원하는 것 그 자체를 형성해 내고, 거기에 영향을 미치고, 그렇게 하도록 스스로 결정하게 만듦으로써 B에 대해 권력을 행사할 수도 있다. 다른 사람이나 타자들이 가져주길 원하는 바로 그 욕망을 그들이 실제로 갖도록 만드는 것, 그것이 바로 최고의 권력 행사가 아니겠는가?[14]

Health: Exploring Lay Conception", paper presented at BSA Medical Sociology Conference, 1996, p. 21.

14) Steven Lukes, *Power: A Radical View*, London: Macmillan, 1974[스티븐 룩스, 『3차원적

유전학 클리닉에서 이루어지는 권력의 행사는 복잡하고 미묘한 것이기는 하지만, 그것은 늘 상존한다.

우리가 여기서 초점을 맞추고 있는 선택에 대한 세 번째 제약은 선별 검사 및 진단 검사의 관례화다. 산부인과의 검사 절차는 컨베이어 벨트에 비유될 수 있는데, 여기서 그런 검사는 해당 임신부에 대한 지식이 없는 상태에서 이루어지거나 혹은 하나의 관례적인 절차로 제시될 수도 있다. 수없이 많은 여성들이 NHS의 산전 서비스와 산부인과 서비스를 경험하고 있지만, 시간과 자원은 그들이 충분한 정보를 제공받고 자유롭게 동의하는 것을 보장할 수 있는 방식으로 할당되지 않는다. 태아의 이상에 대한 어떤 검사의 존재 자체가 그 검사 기술을 사용하도록 하는 압력을 생성할 수 있다. 검사와 선별이 바람직한 결과를 가져온다는 함의를 사람들에게 전달하면서 말이다. 따라서 기술이 중립적이라고 말하는 것은 나이브한 태도일 수밖에 없는데, 왜냐하면 산전 유전 정보의 입수 가능성은 필연적으로 이전에는 존재하지 않았던 새로운 문제와 해결책을 동시에 생성해 내기 때문이다.

관련 연구는 또한 산전 클리닉에서 여성들이 통제권을 행사하도록 독려받고 있지 못함을, 그리고 그들이 자신의 상담사가 지닌 전문 지식을 상당히 신뢰하고 있음을 보여 준다.[15] 파란트는 그녀의 초기 연구에서 상담사들의 4분의 1이 자신들의 방침은 혈청 선별 검사의 목

권력론』, 서규환 옮김, 나남출판, 1992], p. 23.

15) Maureen Porter and Sally Macintyre, "What is, Must Be Best: A Research Note on Conservative or Deferential Responses to Antenatal Care Provision", *Social Science and Medicine* 19(11), 1984, pp. 1197~1200.

적에 대한 어떤 설명이나 그런 선별 검사 프로그램의 참여 여부에 대한 어떠한 선택권도 제공하지 않고, 그냥 관례대로 검사를 제공하는 것이라고 말했음을 확인했다. 마르토와 그녀의 동료들이 수행한 또 다른 연구는 이분척추증을 탐지하기 위한 혈청 선별 검사를 제공받았던 임신부의 3분의 1은 자신들이 그런 검사를 받았는지 정확히 기억해 낼 수 없었음을 확인했다.[16] 가장 광범위하게 이루어지는 선별 검사 프로그램인 다운증후군 선별 검사 또한 이런 문제들 대부분을 지니고 있다. 첫째, 35세 이상의 여성들에게는 관례적으로 혈청 검사가 실시된다. 이는 아무런 위험이 없는 간단한 혈액 검사다. 그것은 확정적인 어떤 사실이 아니라 단지 더 높은 위험성을 나타내 줄 뿐이지만, 어쨌든 그 검사를 받지 않아야 할 이유는 없는 것 같다. 그것은 모두가 받는 검사니까 말이다. 물론 혈청 선별 검사는 음성 결과가 나온 이후에도 지속되는 불안감, 그 검사 절차의 의미와 관련된 혼란이나 정신적 고통 같은 문제를 수반하지만, 어떤 여성이 검사를 받을 때 이런 문제들은 논의되지 않고 넘어가는 경향이 있다. 둘째, 혈청 선별 검사의 결과가 양성일 — 즉 다운증후군을 지닌 태아를 임신했을 가능성이 높은 것으로 판단될 — 경우 해당 커플은 양수 천자를 받게 된다. 양수 천자는 유산의 위험성을 높이는 것과 무관하지 않은 침습적 검사다.[17] 그

---

16) Theresa M. Marteau et al., "Development of Self-Administered Questionnaire to Measure Women's Knowledge of Prenatal Screening and Diagnostic Tests", *Journal of Psychosomatic Research* 32, 1988, pp. 403~408.

17) 침습적(invasive) 검사란 신체 조직에 손상을 유발하고 그로 인해 잠재적으로 부작용을 동반할 수 있는 외과적 형태의 검사를 말하며, 이에 반해 비침습적(non-invasive) 검사란 이러한 신체 조직의 손상을 발생시키지 않는 초음파나 CT 등의 검사를 말한다.

렇지만 혈청 검사를 받는 것이 지닌 유일한 의미는 양수 천자가 필요한지 여부를 알아보는 것이다. 혈청 검사를 받고 양성 결과가 나왔다면 당연히 다음 단계는 양수 천자를 받는 것이라고 할 수 있다. 레이나 랩은 자신의 저서 『여성을 검사하기, 그 태아를 검사하기』*Testing Women, Testing the Fetus*에서 미국에서는 커플들이 이런 검사를 받을지 말지 결정하기 전에 한 시간가량 상담을 갖는다고 말한다. 그러나 영국에서는 대개의 경우 공식적인 상담이 거의 또는 전혀 제공되지 않는다.

양수 천자를 받은 이들이 상당한 시일을 기다린 후, 그들 중 아주 낮은 비율에서는 태아가 다운증후군을 지니고 있다는 결과가 나오게 될지 모른다. 이 단계에서 해당 커플은 검사 결과에 따라 태아를 낙태시킬 것인지 말 것인지 결정해야만 한다. 그리고 재생산에서의 다른 많은 선택과 마찬가지로, 그들은 충분한 시간을 갖고 결정을 내릴 수 없다. 고민할 겨를도 없이 낙태를 선택하게 될지도 모른다. 그러나 혈청 검사를 받기로 하는, 그다음 다시 양수 천자를 받기로 하는 사소한 것처럼 보이는 선택 속에서, 그들은 사실상 임신중절이라는 커다란 결정을 내리고 있는 것이다. 의료진은 분명히 이런 결과를 예견하고 있을 것이다. 어쨌든 검사 결과에 따라 조치를 취할 마음의 준비가 되어 있지 않다면, 도대체 왜 양수 천자 같은 위험한 검사를 받겠는가? 사람들이 단지 사실을 알고자 할 뿐 임신중절을 원하지 않을 수 있다는 생각은 선별 검사 서비스의 맥락 내에서 그다지 설득력을 갖지 못한다.

이러한 시나리오의 그 어느 지점에서도 커플들이 강요를 받았다거나 세뇌를 당했다고는 말할 수 없다. 그렇지만 그들이 그 검사 절차가 시작될 때 검사의 결과 중 하나가 임신중절이라는 말을 언제나 명시적으로 들었던 것도 아니다. 즉 그들은 모든 검사의 결과가 양성으로 나올 경우 어떻게 할 것인지를 미리 결정하도록 요청받지 않았다. 영국에서 커플들은 보다 나은 결정을 하기 위해 일정한 시간적 여유를 가질 수 있는 제대로 된 상담조차 제공받지 않는다. 이와 같은 상담을 제공하는 것은 어쩌면 수많은 커플들을 불안하게 만드는 일이 될 것이고, 그리하여 어떤 커플로 하여금 괜히 어려운 결정에 대한 마음의 준비만 더 많이 하도록 만들 수도 있다. 그렇지만 검사는 그 자체로 사람들을 이미 불안하게 만든다. 결국 문제는 그들이 사전에 충분히 생각해 볼 수 있는 시간을 갖지 못했다는 것, 그래서 최종적으로 양성 결과를 받은 일부 사람들은 시간의 압박하에서 어려운 결정을 내릴 수밖에 없다는 것, 그런데 그런 조건에서는 그들 중 다수가 결정에 대한 책임을 지지 않아도 되기를 바란다는 것이다. 관련 연구에서 제시된 증거는 이와 같은 상황에 놓인 커플의 90%가 다운증후군을 지닌 것으로 간주된 태아의 임신중절을 실행했음을 보여 준다. 물론 태아의 이상을 이유로 임신중절을 고려하지 않을 것이라고 말한 30%의 여성들 대다수는 처음부터 이런 경로를 밟지 않았을 가능성이 높다. 조지핀 그린과 헬렌 스테이섬Helen Statham은 선별 검사의 관례적 사용이 의미하는 바에 대해 다음과 같이 말할 때, 이 지점을 잘 포착해 내고 있다.

임신부가 선별 검사 및 진단 검사를 받을 때 반드시 충분한 정보에 근거한 결정을 내리는 것은 아니다. 그들은 어떤 결정을 하는 것 자체가 적절하지 않다고 여길 수도 있다. 그들은 어떤 결정을 내려야 하는지에 대한 정보를 제공받지 않을 수도 있고, 그들이 제공받은 정보를 제대로 해석하거나 이해하지 못할 수도 있으며, 그들이 검사를 받고 있다는 사실 자체를 알지 못할 수도 있다.[18]

우리는 산전 선별 검사에서의 재생산 선택권 행사와 관련하여 제기되는 세 가지 근본적인 우려 지점에 대한 논거의 개요를 서술했다. 우리가 제기한 우려들 중 상당 부분은 또한 증상 전 검사 및 선별 검사의 확대에도 적용된다. 우리가 주장하는 바를 분명히 해두는 것이 중요할 것 같다. 우리는 유전자 검사를 받으려고 하는 사람들이 어떠한 선택권도 부정당하게 됨을 말하고 있는 것이 아니다. 또한 그들이 강요를 당하거나 속아 넘어간 것이라고 말하려는 것도 아니다. 그런 것이 아니라 우리는 정보의 불충분함, 의사들의 역할, 검사의 관례화가 충분한 정보에 근거한 자유로운 선택이 가능하지 않은 상황을 맥락적으로 생성해 냄을 말하고 있는 것이다. 우생학에 대한 통상적인 정의 중 하나는 '강압에 기반을 둔 인구 정책'이다. 현재는 대다수 상황에서 개인의 결정이 수반된다. 그러나 상당수의 유전학적 선별 검사 프로그램들 내에서 사실상의 인구 정책이 전개되고 있다. 이러한 개인적 결정들 중 다수는 충분한 정보에 근거하거나 자유로운 것이 아닐 수 있으며, 그렇기에 우리는 우생학적 결과가 초래될 수 있는 중대한 위험성이 존재한다고 주장하는 것이다. 선별 검사에 대한 비용-편익론적

---

18) Josephine Green and Helen Statham, "Psychosocial Aspects of Prenatal Screening and Diagnosis", eds. Theresa Marteau and Martin Richards, *The Troubled Helix: Social and Psychological Implications of the New Human Genetics*, Cambridge: Cambridge University Press, 1996, p. 143.

정당화를 고려할 경우 이런 상황은 한층 더 우려스러운 것이라 할 수 있는데, 비용-편익론적 정당화에서는 선별 검사에 의해 장애를 지닌 생명의 다수가 예방되고 그런 조치를 통해 사회가 비용을 절감할 수 있다는 점이 강조된다. 이는 명백히 우생학적인 주장이다. 비록 선별 검사 프로그램을 옹호하는 전문가들은 우생학적 의도를 부인하겠지만, 그리고 선택과 자율성의 필요에 대한 의례적인 주장을 하겠지만, 그러한 정책과 프로그램의 효과는 오히려 선택권을 약화시키는 것일 수 있다. 다시 한번 이야기하지만, 이런 지적은 보건의료 전문가들을 악마화하려는 것이 아니라, 그들의 실천에 영향을 미치는 구조와 가정을 문제 삼고자 하는 것이다. 이러한 문제들을 방지하기 위해서는, 그리고 커플들에게 제대로 된 선택권을 부여하기 위해서는 유전자 검사와 선별 검사 절차를 시급히 개혁할 필요가 있다. 우리는 이런 쟁점들이 해결될 때까지는 새로운 선별 검사 프로그램들이 도입되어서는 안 된다고, 그리고 기존의 프로그램들을 이전과 같은 방식으로 그냥 계속해서 운영할 것이 아니라 긴급히 재고해 보아야만 한다고 주장한다.

불확실성과 위험성

어떤 의미에서 보자면 선택권에 대한 제약은 현재와 같은 형태의 유전 정보 자체에도 내재해 있다고 주장될 수 있다. 이러한 제약은 불확실성으로부터 발생한다. 유전에 대한 지식이 부단히 발전하고 있기는 하지만, 여전히 불완전한 채로 남아 있다. 유전자들의 상호작용과 그것이 발달에 미치는 영향은 대단히 복잡한 것이다. 멘델의 유전 패턴과 '하나의 유전자에 하나의 질병'이라는 단순한 시나리오는 제한적인 설명력만을 지닐 뿐이다. 유전자형(어떤 개인의 유전자 구성)과 표현형 (이것이 어떻게 해부학적·생리학적 특질이나 일정한 중증도를 지닌 특정한 증상들로 나타나는가) 간의 차이는 상당히 클 수 있다. 이는 유전자 검사가 내재적인 결함과 한계를 지니고 있음을 의미한다.

단일 유전자 질환조차도 대단히 복잡한 양상을 나타낸다. 몇 가지 예를 들어 보자. 헌팅턴병의 경우 위험 유전인자를 지닌 사람들 중 2~3%는 발병 여부가 불확실한 회색지대에 존재하게 된다. 낭포성섬유증을 유발할 수 있는 독립적인 돌연변이는 최소 900가지가 존재한다. 유방암에 대한 소인이 되는 BRCA 유전자에는 200가지 이상의 돌연변이가 존재하지만, 돌연변이 유전자를 지니고 있다고 해도 유방암에 걸릴 위험성은 50%에 지나지 않을 수도 있다. 이런 상황들 내에서 인과관계라고 하는 것은 매우 복잡해진다. 각양각색의 유전자들은 상호작용하면서 서로를 변화시킬 수도 있다. 유전자들은 또한 환경과도 계속해서 상호작용한다. 이는 위험 유전인자를 지닌 어떤 사람에게 실제로 해당 질환이 발병할 것인지, 발병한다면 어느 정도나 심할지를 예측하는 것이 대개 어려운 일임을 의미한다. 겸상적혈구빈혈증에 대한 바바라 카츠 로스먼의 논의는 이런 측면을 잘 설명해 준다.

유전학적으로 보았을 때, 이 질환은 대략적으로만 이해되고 있을뿐더러 어떤 부분은 지금까지도 이해해 가고 있는 중이다. 그런 이해는 예측이라고 할 만한 것을 거의 제공해 주지 않으며, 치료법이라고 할 만한 것은 아무것도 제공해 주지 않는다. 왜 한 아동은 극도의 통증을 겪게 되고 다른 아동은 가벼운 증상만을 경험하는가? 그리고 우리는 통증을 겪는 아동을 돕기 위해 무엇을 할 수 있는가?[19]

예비 부모들이 유전적 위험성이라는 문제를 다룰 때, 그들은 위험 유전인자를 지닌 아동에게서 해당 질환이 발병할 것인지, 발병한다면 얼마나 심한 증상이 나타날 것인지와 관련하여 어떤 불확실한 문제를 다루고 있는 것이다. 예컨대 낭포성섬유증을 지닌 어떤 사람은 어릴 때 죽는다. 반면에 어떤 환자는 40대 초반까지 살아간다. 이는 예후에서의 상당한 차이라고 할 수 있으며, 이런 차이는 당연히 사람들이 그 질환을 바라보는 방식과 출산 전에 내리는 선택에 영향을 미칠 것이다. 또 다른 예를 들면, 염색체 이상인 다운증후군도 그것이 미치는 영향은 매우 상이하다. 어떤 다운증후군 아동에게서는 심각한 심장 결함이 나타난다. 모든 다운증후군 아동이 동일한 정도의 지적장애를 갖는 것도 아니다. 어떤 아동은 상당히 제한된 인지 능력이나 의사소통 능력을 지니지만, 또 다른 아동은 훨씬 더 양호한 능력을 지닐 수 있으며 중등교육학력인정시험General Certificate of Secondary Education, GCSE 인증서를 획득하기까지 한다. 이러한 심장 결함의 유무나 지적 능력의 정도와 같은 요인들은 재생산의 선택에 영향을 미칠 수 있지만, 출산 전에 정확히 진단하기는 어렵다.

이는 유전학에서의 답변이 '그렇다'와 '아니다'가 아니라 위험성

---

19) Rothman, *Genetic Maps and Human Imaginations*, p. 120.

과 가능성이라는 견지에서 이루어짐을 의미한다. 예를 들어 취약X염색체증후군은 다운증후군 다음으로 가장 흔한 학습적 장애의 원인이다. 이에 대한 선별 검사는 외형적으로는 간단한다. 그 이상은 주로 남자 아이들에게 나타나며, 여성 보인자의 경우 3분의 1 가량만 약간의 지적 손상을 갖게 된다. 즉, 취약X염색체증후군 유전인자를 보유한 여자 태아의 경우 장애가 나타날 수도 나타나지 않을 수도 있으며, 이는 예비 부모들에게 재생산 선택과 관련하여 어려운 딜레마를 발생시킨다. 다른 여러 이상들의 경우에도, 산전 선별 검사를 통해 탐지될 수는 있지만 그에 대한 진단이나 예후는 불확실성을 지닌다. 예를 들어 초음파 검사에 의해 어떤 이상이 존재하는 것 같다는 의심이 제기될 수 있다. 검사 기사가 통상적이지 않은 어떤 것에 주목할 수 있고, 임신부나 태아 전문의는 어떤 위험성을 느낄 수 있다. 그러면 아마 추가적인 상담에 이어 다시 후속 정밀 검사가 이루어질 것이다. 그동안 예비 부모는 속절없이 기다리며 점점 더 불안과 혼란스러움을 느끼게 될 것이고, 대개의 경우 적절한 정보도 제공받지 못할 것이다. 마침내 어떤 설명이 이루어지겠지만, 그것은 그저 경고와 불확실한 내용만을 담고 있을 뿐만 아니라 아마 이해하기 어려운 표현으로 전달될 것이다. 그래서 어떤 가시적인 이상이나 선천적 결함이 존재한다는 것인가? 존재한다면 얼마나 심각한 것인가? 그리고 어떤 조치가 취해져야 하는가?

대부분의 사람들은 초기 단계에 신뢰할 만한 정보를 얻는 것이 더 나은 것이라고, 그래야만 임신중절이 트라우마를 덜 발생시키고, 태아가 훨씬 덜 발달되어 아기처럼 인식되지 않는 상황에서 문제를 해결하고, 진행되는 절차가 관련 당사자 모두에게 좀 더 수월한 것이 될 수 있다고 여긴다. 우리는 이런 입장에 공감한다. 그러나 여기엔 어떤 위험성이 존재한다. 임신중절이 더 신속하게, 더 수월하게, 더 조기에 이루어지게 된다면, 그것은 더 관례화될 것이다. 바바라 카츠 로스먼은 묻는다. "더 늦게 산전 검사가 이루어지던 때에는, 원했던 임신의 중절을 여성이 어떻게 견뎌 낼 수 있는지가 문제였을지 모른다. 그렇지만 더 조기에 검사를 받게 됨에 따라, 우리는 새로운 문제에 직면한 것은 아닐까? 우리는 어떤 경우에 임신의 지속을 견뎌 낼 수 있는가? 그러니까 얼마나 많은 것을 알고서야 계속 임신을 이어갈 수 있는가?"[20] 후기 임신중절에 수반되는 스트레스와 어려움은 임신에서의 선별이 늘어나는 것을 막는 주요 방해물이다. 임신중절 수술이 더 수월해진다면, 그것은 덜 심한 이상에 대해서도 이루어지고 또 덜 문제적인 것으로 여겨질 수 있다. 이런 상황은 로스먼이 양수 천자에 대한 자신의 연구에서 경고했던 것처럼, 우생학적 결과의 위험성과 일종의 잠정적 임신을 명백히 증가시킨다. 그녀는 여성들이 임신을 하지만, 자신의 아이가 '건강한' 상태임을 입증할 수 있는 일련의 검사들을 받을 때까지는 출산과 어머니가 되는 것에 대한 기대를 유보하게 되는 방식에 대해 논한다. "임신한 여성은 잠정적으로 임신의 상태에 진입한다. 그녀는 임신부다. 그러나 그녀는 자신이 한 명의 아기가 아니라 유전적 사고의 결과를, 어떤 오류 덩어리를 지닌 것일 수도 있음을 알고 있다. 그런 임신은 아기의 탄생이 아니라 낙태로 이어질 수 있다."[21]

---

20) *Ibid.*, p. 192.
21) Barbara Katz Rothman, *The Tentative Pregnancy: Amniocentesis and the Sexual Politics of Motherhood*, London: Pandora, 1988, p. 101.

우리는 또한 성인에 대한 예측 진단에서도 많은 딜레마와 불확실한 지점이 존재한다는 것에 주목해야 한다. 다인성 질환에 대한 현재의 유전학 연구가 가져다주는 이득은 당뇨병, 심장병, 고혈압, 암, 알츠하이머병 같은 매우 흔한 질병의 메커니즘에 대한 이해를 증진시킨다는 것이다. 좀 더 효과가 좋고 표적화된 약물의 제공을 약속하면서 말이다. 그러나 유전자와 환경의 복잡한 상호작용은 개별 환자들에게 어떠한 확정적인 진단 정보를 제시하는 것이 가능하지 않음을, 단지 가설적인 위험성이나 발병 가능성에 대한 경고가 이루어질 수 있을 뿐임을 의미한다. 여기서 '소인'predisposition이라고 하는 것은 '예측'prediction과 동일한 게 아님을 지적하는 것은 중요하다. "어떤 행동이나 질병에 대한 소인을 지닌 것으로 진단받은 사람들은, 마치 운명이 확정되기라도 한 것처럼 취급당하고 있는 자신의 모습을 어느 순간 발견하게 될지 모른다. 유전적 결함의 존재와 그것이 실제 행동이나 질환으로 발현되는 것 간의 관계가 조건에 따라 다르거나 제대로 이해조차 되지 않은 경우에도 말이다."[22] 유전자는 결정적인 것이 아니지만, 실험실, 클리닉, 대중매체에서 이루어지는 유전 정보의 특권화는 사람들을 현혹한다. 그러나 대개의 경우 유전자 검사는 건강 및 질병과 관련하여 어떤 불확실한 정보 이상을 제시하지 못한다.

---

22) Nelkin and Lindee, *The DNA Mystique*, p. 166.

아는 것이 힘인가, 아니면 모르는 것이 약인가?

유전자 검사가 양성 진단 결과에 대한 확실한 정보를 제공하든 보다 불확실한 정보를 제공하든, 어떤 상황에서는 이런 정보를 알지 못하는 것이 더 나을 수도 있다. 그러나 유전자 검사는 빠르게 확산되고 있으며, 그러다 보니 제대로 된 상담도 유지되기 어렵다. 의심할 여지 없이, 유전자 검사가 전달하는 정보는 상당한 스트레스와 불안을 야기할 수 있으며, 우리가 이후 논하게 될 것처럼 비밀 유지의 문제 또한 발생할 수 있다. 최근 들어 더 많은 약물들을 처방전 없이 구매할 수 있게 되었다. 또한 가정 진단법도 예전보다 훨씬 더 손쉽게 이용할 수 있게 되었다. 예컨대 이제는 임신, 혈압, 혈중 콜레스테롤에 대한 가정 검사법을 활용할 수 있다. 이러한 상황은 처방전 없이 이용 가능한, 혹은 우편물을 통한 유전자 검사의 가능성까지도 제기하고 있다. 우편물을 통한 낭포성섬유증 보인자 선별 검사를 출시했던 영국의 한 회사가 이 서비스를 중단하기는 했지만, 시오나^Sciona라는 이름의 또 다른 회사는 신진대사와 관련된 유전자들을 대상으로 한, 개인들이 온라인으로 구매할 수 있는 비밀 선별 검사 서비스를 출시했다. 그리고 검사 결과는 사람들의 건강 및 웰빙 관리를 도울 수 있는 개인별 '행동 계획'을 수립하기 위해 생활양식 프로필상의 내용들과 결합되었다. 그 회사는 이 검사 도구 세트를 헬스클럽, 개인 클리닉, 약국 및 건강식품점에서 처방전 없이 구매할 수 있도록 할 계획이다.

보다 광범위한 상업적 유전자 검사의 사용이 임박해 있는 듯하며, 이는 다양한 문제들을 야기한다.

- 검사의 부정확성, 검사 결과의 불확실성과 잘못된 해석
- 이용할 수 있는 상담과 지원의 불충분함
- 아동들에게마저 검사가 이루어질 가능성
- 고용주와 보험회사에 의한 유전 정보의 부적절한 활용

유전자 검사 시장을 키우기 위해 그 검증력과 유의미성을 과장하는 것은 상업적 제공자들의 이해관계와 맞물려 지속되고 있다. 잘못된 판매와 그릇된 조언의 위험성이 수반될 수밖에 없음에도 불구하고 말이다. 1995년에 영국하원과학기술특별위원회House of Commons Select Committee on Science and Technology는 다음과 같이 경고했다. "부도덕한 회사들이 질병과 유전질환에 대한 대중의 공포를 활용하여 부적절한 검사를 제공할 수도 있는 매우 실질적인 위험이 존재한다. 충분한 상담도 없이, 심지어 정확한 검사의 수행을 보장하는 데 반드시 필요한 검사 설비를 갖추지도 않은 채 말이다."[23] 유전 정보는 보험과 고용에서의 차별에 활용되면서 부정적인 사회적 결과를 가져올 수도 있다. 어떤 개인이 이런 결과가 초래될 수 있음을 인식하지 못한다면, 아마도 NHS의 검사나 상업적 검사를 별생각 없이 선택하고 나서 나중에 검사 결과를 밝혀 달라고 요청받을 때에야 문제에 직면하게 될 것이다.

그러나 유전자 검사가 검사를 받은 사람이 질병 혹은 질병에 대한 소인을 지니고 있음을 드러내지 않을 때조차, 그 검사에는 어떤 고

---

23) House of Commons Select Committee on Science and Technology, *Human Genetics: The Science and Its Consequences*, London: HMSO, 1995.

유한 부정적 측면들이 존재한다. 보인자 검사와 증상 전 검사는 신유전학에 의해서 어떻게 완전히 새로운 환자 계층 ── 이른바 '건강한 환자'the health ill ── 이 생성되어 왔는지를 잘 보여 준다. 예컨대 사람들은 그들이 어떤 열성 유전질환의 보인자인지 아닌지를 확인하기 위해 검사를 받게 될지도 모른다. 아직까지도 멘델식 유전학의 세부 사항들이 광범위하게 이해되고 있는 건 아니기 때문에, 사람들이 보인자 상태라는 개념을 완전히 이해하는 것은 어려울 수도 있다. 관련 연구는 보인자임을 통지받은 몇몇 개인들이 나중에 자신이 건강하지 않다고 느끼게 됨을 확인했다. 그렇게 여길 만한 아무런 임상적 이유가 존재하지 않음에도 말이다. 게다가 1970년대 미국에서 겸상적혈구 형질의 보인자로 진단받았던 아프리카계 미국인들이 그랬던 것처럼, 보인자인 사람들은 낙인화될 수도 있다.

증상 전 진단이 이용 가능하게 되면, 위험 유전인자를 지닌 가계의 사람들은 검사를 받을 것인지 말 것인지를 결정해야 하고, 해당 질병이 자신에게 발병할 가능성이 있는지를 확인하는 데서 오는 스트레스의 문제에 대처해야 한다. 이런 정보는 건강한 사람들을 환자로 바꿔 놓는 힘을 지니고 있다. 그들에게 아무런 증상이 존재하지 않는데도 말이다. 그들은 질환의 형태로 충분히 발현될 수 있는 유전자를 보유하고 있기 때문에, 그들 스스로 자신이 건강하지 않다고 여길 수도 있고 다른 사람들에 의해 그렇게 여겨질 수도 있다.

질병 유전자를 보유하고 있지 않음을 알게 된 가족 구성원들조차 상당한 스트레스를 받을 수 있다. 관련 연구는 난치 유전병력이 있는 가족의 구성원이지만 그들 자신은 발병되지 않음을 알게 된 사람들에게서 '생존자의 죄책감'과 그 밖의 심리적 트라우마가 나타남을 확인했다. 때때로 그런 사람들은 유전적인 위험성 때문에 이성 교제를 하거나 아이를 가질 기회를 포기할 수도 있다. 그리고 이러한 희생이 괜한 것이었음을 알게 되었을 때, 이는 아마 억울함의 감정과 정신적인 고통을 야기할 것이다. 또한 질환을 지니고 있는 가족 구성원과 그렇지 않은 구성원 사이에 여러 가지 갈등이 발생할 수도 있다.

니나 할로웰Nina Hallowell은 유방암 유전형질의 심리사회적 측면에 대한 연구를 수행한 바 있다. 할로웰은 유방암 및 난소암 발병 위험성이 있는 여성들이 그 위험 여부를 정확히 알아낸 후 통제하고자 노력해야 할 책임 때문에 압박감을 느끼고 있음을 확인했다.[24] 현대의 건강 증진 이데올로기는 개인이 자신의 건강에 대한 책임을 져야 한다고 설파한다. 그래서 사람들은 또한 그들이 지닌 위험성을 물려주지 않을 책임이, 그리고 그런 위험성에 관한 정보를 알아내야 할 책임이 있다고 느낀다. 바바라 카츠 로스먼이나 데버라 스타인버그Deborah Steinberg 같은 페미니스트들은 유전병의 위험성을 다음 세대에 물려주지 않아야 한다는 측면과 그 위험성에 대해 친족들과 소통을 해야 한다는 측면 양자에서, 특히 여성들이 책임을 지닌 것으로 간주되고 있음을 논한다. 따라서 여성들은 그들 자신의 '모를 권리'를 포기할 가능성이 높다.[25] 새로운 형태의 예측성 유전 정보는 프라이버시나 책임과 관련된

---

24) Nina Hallowell, "Doing the Right Thing: Genetic Risk and Responsibility", eds. Peter Conrad and Jonathan Gabe, *Sociological Perspectives on the New Genetics*, Oxford: Blackwell, 1999.

25) Rothman, *The Tentative Pregnancy*.

많은 문제를 야기하는데, 왜냐하면 이에 대해서는 사회적 기대 및 관례에 대한 역사가 존재하지 않기 때문이다.

헌팅턴병 유전자를 지니고 있는 사람들 대부분에게 그 질병이 발병하는 것은 불가피하고 어쩔 수 없는 일이다. 이러한 현실로 인해 그들은 자신이 매우 심각하고 고통스러운 질환을 겪게 될 것임을 알고 있으며, 때로는 발병 가능성이 높은 연령도 알게 된다. 유전학 연구자인 (그 자신의 가족에게서 헌팅턴병이 발병한) 낸시 웩슬러Nancy Wexler는 그 질환이 발병 시기의 예상과 고요 속의 불안이라는 부담을 지우게 함을 논한다.[26] 1993년 3월에 헌팅턴병 유전자가 복제되면서 검사가 가능해진 이래로, 예상했던 것보다 훨씬 더 적은 사람들만이 자신의 헌팅턴병 상태를 알아보는 쪽을 선택했다. 발병 위험성이 있는 개인들 중 약 12%만이 말이다.[27] 상당수의 사람들이 좋지 않은 뉴스를 굳이 알려고 하지 않는 것은 충분히 이해할 만한 일이다. 어떤 연구에서는 헌팅턴병 병력이 있는 것으로 알려진 가계 구성원들의 자살률이 평균보다 4배나 높은 것으로 나타기도 했다.[28] 하지만 발병 위험성이 있는 개인들이 아이를 갖길 원할 경우 그들에게는 딜레마가 발생한다. 그들이 그들 자신의 운명을 바꾸기 위해 할 수 있는 것은 아무것도 없

---

26) Nancy S. Wexler, "Genetic "Russian Roulette": The Experience of Being "At Risk" for Huntington's Disease", eds. Seymour Kessler, *Genetic Counselling: Psychological Dimensions*, New York: Academic Press, 1979.

27) Theresa Marteau and Martin Richards eds., *The Troubled Helix: Social and Psychological Implications of the New Human Genetics*, Cambridge: Cambridge University Press, 1996.

28) Marteau and Richards eds., *The Troubled Helix*.

지만 발병 위험성을 지닌 아동을 갖는 것은 피할 수 있다. 그런데 태아가 검사를 받고 헌팅턴병 유전자를 지닌 것으로 판명된다면, 이는 자동적으로 부모도 발병 위험성이 있다는 정보를 제공하게 된다. 유일한 대안은 배제검사법exclusion testing인데, 이 검사를 받으면 태아의 관련 염색체가 발병 가능성이 있는 부모로부터 물려받은 것인지 아닌지 알 수 있다. 만약 물려받은 것이라면 임신중절이 이루어질 수 있다. 이는 일반적으로 헌팅턴병을 지닌 아동을 갖는 것으로 귀결될 가능성이 단지 50%인 많은 경우들에 대해 임신중절 수술이 이루어짐을 의미한다.

산전 유전자 검사는 어려운 딜레마들을 발생시킨다. 이런 경우들 중 어떤 때에는 모르는 것이 더 나을 수도 있다. 신기술은 모든 임신을 이전보다 더 위험하고 어려운 일로 만들어 버렸다. 태아와 산모의 사망률은 역사상 가장 낮은 수치를 기록하고 있음에도 불구하고 말이다. 커플들은 이제 임신 및 출산과 관련된 것들을 그냥 신이나 운명이나 우연성이나 운에 맡겨 놓는 것이 아니라, 불가능한 선택에 대해 스스로 책임져야만 한다. 판도라의 상자나 에덴동산의 아담과 이브 신화가 보여 주는 것처럼, 모든 것을 아는 것이 언제나 좋은 것은 아닐 수 있다. 이에 대해 바바라 카츠 로스먼은 다음과 같이 논한다.

정보화 시대의 요구들은 우리로 하여금 모든 정보를 입수하고, 할 수 있는 한 모든 것을 통제하도록 몰아가고 있다. 그러나 아마도 지혜란 항상 그렇게 하는 데에 존재하지는 않을 것이다. 지혜란 우리가 어떤 정보를 원하고 어떤 정보를 원하지 않는지, 그리고 어떤 선택권을 행사하길 원하고 어떤 선택권은 우리가 행사해야 할 것이 아닌지와 관

련하여 현명히 판단하는 데에 존재할 것이다.[29)]

임신중절이 단지 도덕적 측면에서만 중요한 것은 아니다. 그것은 또한 많은 여성들에게, 대개는 여러 해가 지난 후까지도 지속되는 깊은 트라우마를 남긴다. 이는 선별 검사 및 재생산 선택에 대한 논쟁에서 중요한 요소다. 많은 여성들에게 있어 그들이 마주하고 있는 선택이란 손상으로 인해 고통과 어려움과 의존을 겪을 수도 있는 아이를 갖는 것이 주는 트라우마와 스트레스, 그리고 원했던 임신의 중절이 주는 트라우마와 스트레스 사이에서의 선택일지도 모른다. 우리는 출산 전의 시나리오에 대한 많은 논평들에서 이 양쪽 측면에 동일한 중요성이 부여되고 있다고 생각하지 않는다. 하나의 선택지로서 임신중절 수술을 활용하는 것이 간단하고 아무런 문제가 없는 것으로 간주되는 경우가 많다. 실제로는 그것이 여성들에게 상당한 통증, 죄책감, 고통을 수반하는 선택임에도 불구하고 말이다. 이것이 임신중절에 반대한다는 이야기는 아니다. 그러나 우리는 임신중절이 장애 문제에 대한 하나의 바람직한 해결책으로 제시되는 것에는 커다란 주의와 민감성이 필요하다고 주장한다. 바바라 카츠 로스먼이 논하듯 "어떤 여성이 장애를 지닌, 결함이 있는, 하자가 생긴, 상해를 입은, '폐질 상태의'[무효한]in-valid[30)] 아이를 갖는 비극과 원했던 임신을 중절하는 비극 사이

---

29) Rothman, *Genetic Maps and Human Imaginations*, p. 212.

30) 'invalid'는 의료적 맥락이나 장애와 관련하여 '폐질자(廢疾者)/폐질 상태의'로 옮길 수 있는 단어다. '폐질'은 '고질'(痼疾)과 마찬가지로 더 이상 치료될 수 없는 병을 뜻하는데, 70년대까지는 우리나라의 법률에서도 장애를 지칭하기 위해 이 용어가 사용되었다. 저자는 여기서

에서 선택을 하면서, 그녀는 자신의 선택이 가져오는 비극에 대해 책임을 지게 된다. 그녀가 어느 쪽을 '선택'하든, 그 비극은 선택되었다는 사실 때문에 오히려 더 나빠질 수밖에 없다".[31]

우리는 유전 정보의 발견이 어떤 사람들에게 이득만이 아니라 여러 가지 문제도 야기할 수 있음을 논했다. 우리는 예비 부모들이 태아의 유전적 상태에 대해 모를 권리도 있다고 생각한다. 또한 성인들이 자신에게 존재하는 질병의 소인에 대해 모를 권리도 있다고 생각한다. 이는 아동들에 대한 유전자 검사에는 특별한 주의가 기울여져야만 함을 시사한다. 페닐케톤뇨증이라 불리는 대사이상의 경우처럼, 때때로 산후 검사를 통한 이상의 탐지는 그 질병에 대한 일정한 치료와 관리를 가능하게 해준다. 그러나 조기 중재로부터 얻을 수 있는 이득이 아무것도 없는 경우도 많다. 다른 한편, 아동기 검사는 모를 권리를 앗아가 버린다. 그것은 또한 가족 구성원이나 다른 사람들이 그 결과를 알게 될 경우 유전자 프라이버시를 침해한다. 그리고 꼬리표 붙이기와 낙인 또한 증대시킬 수 있다. 이 지점에서 우리는 앵거스 클라크나 데나 데이비스Dena S. Davis 같은 이들에게 동의할 수밖에 없는데, 그들은 아동들이 스스로 결정할 수 있을 만큼 충분히 나이가 들 때까지는 그들에게 검사가 이루어져서는 안 된다고 주장한다.[32]

하이픈이 삽입된 'in-valid'라는 표현을 사용하여 그 단어가 지닌 '유효하지 않은'(무효한)이라는 본래적 의미를, 즉 폐질자란 결국 쓸모없다고 여겨져 폐기 처분될 수 있는 존재임을 드러내려 했다고 할 수 있다.

31) Rothman, *The Tentative Pregnancy*, p. 180.

32) Angus Clarke and Frances Flinter, "The Genetic Testing of Children: A Clinical Perspective", eds. Theresa Marteau and Martin Richards, *The Troubled Helix:*

선택권은 어디에나 적용될 수 있는 것인가?

우리는 유전자 검사의 확대에 대한 정당화의 주요 근거들을 조명해 보았다. 소비자의 요구, 임신과 관련하여 충분한 정보에 근거한 선택을 할 수 있는 개인의 권리, 자신의 유전질환 발병 가능성을 알 권리 등에 대해서 말이다. 우리는 실제로 선택권이란 상당히 제약된 것일 수 있고, 정보는 불확실할 수 있으며, 종종 아는 것이 가져오는 책임을 지는 것보다 모르는 것이 더 나을 수도 있음을 논했다. 마지막 절에서 우리는 유전학윤리genetic ethics에서 선택권의 득세가 적절하고 바람직한 것인지를 고찰해 보고자 한다. 우리는 출산 전의 시나리오에 초점을 맞추려고 하는데, 이는 재생산 선택권이 가장 큰 도덕적·종교적·정치적 논란을 야기해 왔던 문제이기 때문이다.

우리가 임신중절에 반대하는 것은 아님을 다시 한번 강조해 둘 필요가 있다. 유전학에 대한 비평가들이 우생학의 위험성에 관해 논할 때, 그들은 흔히 낙태 접근권에 반대하는 것처럼 해석되곤 한다. 재생산 선택권에 대한 논쟁이 너무 양극화되다 보니 많은 사람들이 한쪽 극단 아니면 다른 쪽 극단에 서게 된다. 즉 모든 낙태는 잘못된 것이라고 말하거나 아니면 여성들이 선택권을 가져야만 한다고 말하는 것, 그 둘로 나뉘는 것이다. 이러한 양극단 중 어디에 속하는가는 흔히 태아가 권리를 지닌 인격체라고 생각하는지, 아니면 여성이 자신의 몸에

Social and Psychological Implications of the New Human Genetics, Cambridge: Cambridge University Press, 1996; Dena S. Davis, *Genetic Dilemmas: Reproductive Technology, Parental Choices, and Children's Futures*, New York: Routledge, 2001.

대해 제한 없는 통제권을 갖는다고 생각하는지의 여부에 따라 달라진다. 중간 입장을 견지하는 이들은 자신의 입장을 해명해야만 하는 어려운 과제에 직면하게 된다. 상대론이나 중도론보다는 절대론이나 극단론을 고수하는 것이 언제나 더 쉬운 일이다.

그러나 논리적으로 보았을 때 전적으로 선택권에 찬성하거나 아니면 전적으로 선택권에 반대해야 할 필요는 없다. 철학자 로널드 드워킨Ronald Dworkin은 자신의 중요하고도 유용한 논의를 담은 『생명의 지배영역』[33]에서 '태아의 이익'이라는 개념에 대해 반론을 펴고 있으며 임신중절이 비도덕적인 것은 아니라고 여긴다. 그렇지만 그는 이런 입장이 곧 임신중절은 도덕적으로 대수롭지 않은 행위임을 의미하지는 않는다고 주장한다. 임신중절은 일단 시작하게 되면 생명의 중단을 수반하며, 따라서 그런 과정이 결코 가볍게 시작되어서는 안 된다. 임신중절은 도덕적으로 중대한 것이기에, 그것은 다른 대안이 부모와 예비 아동에게 훨씬 더 나쁜 것이 될 경우에 한해서만 선택되어야 한다.

장애운동가이고 과학자이며 탈리도마이드Thalidomide[34] 생존자이기도 한 그레고르 울브링Dr. Gregor Wolbring은 임신할 것인지 말 것인지

---

33) [국역본] 로널드 드워킨, 『생명의 지배영역』, 박경신·김지미 옮김, 로도스, 2014.

34) 1953년 서독에서 개발되어 1950년대 후반과 1960년대 초에 임신부들의 입덧 치료제로 판매되었던 약이다. 그러나 약물을 복용한 임신부들이 팔다리가 없거나 뇌가 손상된 아이들을 출산하면서 사용이 전면 금지되었다. 탈리도마이드의 영향으로 장애를 가진 채 태어난 아이의 수는 전 세계 46개국에서 1만 명이 넘었으며, 특히 유럽에서만 8천 명이 넘었다. 이 때문에 탈리도마이드는 의약품 부작용의 가장 비극적인 사례로 기록되었다. 그러나 한센병 합병증과 다발성 골수종 등에 이 약이 효과를 보이는 것으로 확인되면서, 1990년대 말 이후 다시 제한적으로 사용되고 있다.

에 대한 여성의 선택권은 지지되어야만 한다고 주장한다.[35] 즉, 어떤 여성이 실수로 임신했거나, 임신을 후회하고 있거나, 어쩌면 강간이나 강압에 의해 임신이 이루어졌을 경우 초기의 임신중절은 허용되어야만 한다. 그렇지만 울브링과 몇몇 논자들은 임신하지 않을 선택권을 '어떤 태아를 임신할 것인가'에 대한 선택권과 구별한다. 그들은 이러한 두 번째 선택권은 정당하지 않은 것이라고 주장한다. 울브링은 태아의 형질에 기반을 둔 결정은 그것이 어떤 것이든 차별적이고 비도덕적인 것이라고 여긴다. 태아의 형질은 어떤 임신을 지속할 것인지 말 것인지를 결정하는 데 있어 무관한 것이어야만 한다. 어찌 되었건, 만일 손상 같은 요인들 때문에 임신중절을 허용하고자 한다면, 젠더 및 섹슈얼리티나 여타의 소비자 선호 사항을 이유로 한 임신중절도 허용하는 것이 일관된 것일 수밖에 없다는 게 그들의 논점이다. 에이드리엔 애쉬와 게일 겔러Gail Geller는 여아에 대한 선별과 유전질환을 지닌 태아에 대한 선별은 윤리적으로 다르지 않다고 주장한다.[36] 루스 허버드는 인종주의가 흑인에게 많은 문제를 야기할 수 있다는 점에 근거하여 민족적 다양성을 제거하는 것은 잘못된 일이라고 주장하면서, 손상을 민족적 특성과 비교한다.[37] 애쉬, 겔러, 울브링과 마찬가지로 그녀

---

35) 그레고르 울브링과의 개인적인 대화.

36) Adrienne Asch and Gail Geller, "Feminism, Bioethics, and Genetics", ed. Susan M. Wolf, *Feminism and Bioethics: Beyond Reproduction*, New York: Oxford University Press, 1996.

37) Ruth Hubbard, "Abortion and Disability: Who Should and Who Should Not Inhabit the World?", ed. Lennard J. Davis, *The Disability Studies Reader*, New York: Routledge, 1997, p. 187.

도 손상보다는 억압이 더 문제적이라는 입장을 견지한다. 이러한 비평이 함축하는 바는 완전한 선택권을 허용하고자 한다면 손상뿐만 아니라 여러 형질들도 고려될 수 있어야만 하며, 그렇지 않다면 형질도 무시되고 손상에 대한 선별도 금지되어야 한다는 것이다.

우리는 선택권에 대한 이런 접근법이 두 가지 이유에서 약점을 지닌다고 생각한다. 첫째, 임신 여부에 대한 선택권은 어떤 태아를 임신할 것인가에 대한 선택권과 완전히 분리될 수는 없다. 예를 들어 16세의 소녀가 임신하게 된 가상적 사례를 생각해 보자. 그녀는 젊은 미혼모로서 자신이 잘 대처할 수 있는지 불안해할 수 있으며, 그녀가 이용가능한 자원과 선택지를 고려하게 될지 모른다. 그녀는 공부를 계속하고, 궁극적으로는 자기 자신과 자신의 아이를 부양할 수 있는 직업을 갖기를 열망할 수 있다. 그녀는 임신 때문에 교육과 인생의 기회가 부족해지고 결국 자신의 인생 전체에 제약이 온다면, 임신의 지속을 원하지 않을 수도 있다. 일단 여기까지는 태아의 상태가 아무런 상관이 없다. 다른 한편, 그녀는 비장애 아이를 돌보는 것은 공부하면서 일하는 것과 병행할 수 있다고 여길지 모른다. 그렇지만 아기가 장애를 지니고 있다면, 그런 아기에게 필요한 추가적인 돌봄과 지원이 그녀가 다른 계획을 추진하는 것을 가로막게 될 것이라고 생각할 수도 있다. 또 다른 한편, 그녀는 사람들이 장애 아이의 돌봄을 돕는 것은 더 어려워하고 덜 흔쾌히 하고자 할 것이라는 사실을, 어쩌면 적합한 보육서비스를 찾는 것도 훨씬 더 힘들 것이라는 사실을 알고 있다. 그러므로이 경우에 그 여성의 결정은 단지 임신할 것인지 아닌지의 여부가 아니라, 부분적으로는 그녀가 어떤 종류의 아기를 임신하게 될지를 중심으로 이루어지게 된다.

두 번째 반론은 손상, 젠더, 민족적 특성, 섹슈얼리티, 여타의 성격이나 행동 형질behavioral characteristics 간의 동등성과 관련된다. 우리는 이런 형질들 간에 어떤 유사성이 존재한다고 생각한다. 장애학에서의 사회적 모델 접근법은 많은 장애인들이 겪는 주된 문제가 사회적 장벽, 차별, 편견에서 기인함을 보여 준다. 여성, 소수 민족, 레즈비언과 게이가 사회적·경제적 제약을 경험하는 것과 마찬가지로, 장애인들도 그들이 지닌 손상의 결과가 아니라 사회에 의해서 부과되는 어려움에 직면한다. 이 지점까지는 상당한 동등성이 존재한다고 볼 수 있다.

그렇지만 우리는 손상의 경우에는 그러한 형질 대부분에 내재적인 신체적·정신적 제약이 또한 존재함을 주장하고자 한다. 다른 소수자 집단의 구성원들은 어떤 내재적인 신체적·정신적 제약을 지니고 있지 않다. 장애인들은 다양한 정도의 차이가 있기는 하지만 통상적으로 그런 제약을 지닌다. 예를 들어 테이-삭스병, 레쉬-니한증후군Lesch-Nyhan syndrome[38], 척수성근위축 제2형spinal muscular atrophy type II[39] 같은 손상의 경우, 아기들은 상당히 심하고 고통스러운 증상을 겪거나

---

38) 선천적인 퓨린(purine) 대사이상의 일종으로, 1964년 마이클 레쉬(Michael Lesch)와 윌리엄 니한(William Nyhan)에 의해 처음 보고되었다. 반성유전의 형태를 띠기 때문에 거의 대부분 남아에게 발병하며, 근긴장 이상, 보행장애, 발달 지연, 인지장애, 입술이나 손끝을 물어뜯는 행동 특성, 과요산혈증 등이 나타난다. 과거에는 5세가 되기 전 사망하는 경우가 많았으나, 최근에는 약물 치료와 더불어 적절한 관리가 이루어지면서 40대까지도 생존이 가능해졌다.
39) 척수 전각의 운동신경세포 변성에 의해 근력 저하 및 근위축이 일어나는 유전질환으로, 이러한 과정은 보통 태생기부터 시작되어 소아기를 거쳐 진행된다. 발증 연령과 병의 진행 경과에 따라 3가지 유형으로 분류되는데, 제1형은 급성-중증형이고, 제2형은 만성형이며, 제3형은 후발성-경증형이다.

혹은 어린 나이에 사망할 수도 있다. 이와 같은 극단적인 손상일 경우, 여성들로 하여금 이런 정보에 접근할 수 있도록 허용하지 않는 것은, 그리고 태아의 형질에 근거하여 임신을 중절할 권리를 갖도록 허용하지 않는 것은 비인도적인 일로 여겨질 수밖에 없을 것이다.

물론 모든 손상이 이런 경우에 해당하는 것은 아니다. 구개열이나 경미한 기형과 같은 상당수의 손상들은 비교적 대수롭지 않은 것일 수 있다. 우리는 어떤 사람이 이와 같은 손상을 지닌 태아의 임신을 중절하는 것은 불필요하거나 비도덕적인 일이 될 수밖에 없다고 생각하는데, 왜냐하면 그것은 대체로 이겨 낼 수 있는 것이기 때문이다. 이러한 논의는 다시 얼마나 경미한 손상, 얼마나 사소한 차이 내지는 행동 형질에 대해서 선별적 낙태를 막을 것인가라는 어려운 문제를 제기한다. 이 시나리오에서는 신기술, 정보 접근의 자유, 자율성, 후견주의[부권주의]paternalism가 서로 충돌할 수밖에 없다. 이 지점에서 우리가 내놓는 제안은 다음과 같다. 일단 이런 종류의 정보를 드러낼 수 있는 새로운 검사들이 더 이상 개발되어서는 안 된다. 그렇지만 어떤 경우에는 초음파 검사 같은 기존의 검사로도 관련 정보가 명백히 드러난다. 이 경우에는 임상의가 부모에게 정보를 알리지 않아야 하거나, ── 태아의 성별 정보에 대한 공개가 보통 그래야 하는 것처럼 ── 아니면 해당 정보를 근거로 한 임신중절이 정책을 통해 명시적으로 금지되어야만 한다. 유전자 칩 기술이 더 조기에 훨씬 더 종합적인 진단을 가능하게 할 장래에는, 이런 딜레마들이 점점 더 난제로 다가오게 될 것이다. 이는 유전자 검사 기술의 개발이나 실행에 앞서 그 기술에 대한 정책적 논의가 이루어져야 할 필요성을 더욱 부각시킨다. 생명윤리학자인 아서 카플란은 단지 몇몇 심각한 이상들에 대한 검사만이 존재하는 경우라면 비지시적 상담의 원칙이 훌륭한 것처럼 보일 수도 있었을 것이라고 말한다. 그러나 선별 검사는 훨씬 더 많은 이상들에 사용될 수 있고, 그 모두가 심각하거나 부정적인 것이 아니기 때문에, 비도덕적인 임신 중절의 요청을 단념시키기 위해서는 지시성이 필요할 수밖에 없다. 이 지점에서 임신중절은 도덕적으로 중대한 것이라는 로널드 드워킨의 주장과 임신중절이 트라우마와 장기간의 스트레스를 야기할 수 있다는 증거가 '완벽한 아기'를 갖고자 하는 일부 부모의 욕망과 함께 고려되어야만 한다.[40]

산전 검사와 증상 전 검사 양쪽 모두에서 유전자 검사 정보의 질과 양에 존재하는 제약들은 또한 우리로 하여금 그러한 검사들 대다수가 과연 가치 있는 것인지 질문하도록 만든다. 특히 증상 및 중증도와 관련하여 상당한 불확실성이 존재하고, 장애인이나 환자가 지닌 관점이 반영되지 않으며, 중재의 가치가 불확실한 경우에 말이다. 또한 증상 전 검사는 다음 장에서 논하게 될 것처럼 보험과 고용에 대한 접근성이라는 측면에서 많은 위험성을 갖고 있기에, 검사 서비스를 계획하거나 제공할 때 이런 위험성이 대단히 주의 깊게 고려되어야만 한다.

이는 정책 입안자들이 현재와 향후의 유전자 검사 및 선별 검사 서비스에서 선택권과 정보의 질을 긴급히 재고해야 할 필요가 있음을 의미한다. 유전학은 우리에게 점점 더 미세한 영향력을 지닌 유전자의 역할에 대한 지식까지 제공하게 될 것이다. 그 미세한 영향력이

---

40) Ronald Dworkin, *Life's Dominion*, Oxford: Oxford University Press, 1993.

특정 질환의 발병 가능성을 높이는 것처럼 설명될 수는 있겠지만, 해당 질환을 야기한다고는 말할 수 없다. 그런 유전자들 중 어떤 것은 심지어 수줍음이나 동성애 같은 행동들, 또는 정상 범위 내에서의 차이들 ── 지능이나 음악적 능력 같은 ── 과도 연계될지 모른다. 일부 예비 부모들에게는 이러한 정보들에 접근하고자 하는 강력한 사회적 이유가 존재할 수 있다. 그러나 우리가 다양성과 평등이 지지되는 세계에서 살기를 원한다면, 그와 같은 형질들에 근거한 선별적 임신중절을 막는 것도 마찬가지로 중요하다. 유전 정보가 어떤 유전적 해결책으로, 특히 출산 전의 해결책으로 이어질 필요는 없다. 성별 선택에 대한 요구와 마찬가지로, 거의 대부분 그 해결책은 사회 교육과 차별 금지 조치의 증대에 놓여 있으니까 말이다.

9장 _ 선택의 결과들

이 장에서 우리는 8장의 분석에 기반을 두고 유전 선택권genetic choice
이 가져오는 세 가지 구체적인 사회적 결과를 살펴볼 것이다. 첫째, 산
전 선별 검사의 광범위한 사회적 맥락에 대해 논의한다. 사회적 압력
은 장애 아동을 갖는 것을 점점 더 어렵게 만들고 있다. 동일한 요인들
이 예측 가능한 미래에 '맞춤아기'designer baby[1]를 개발하는 것으로 이
어질지도 모른다. 둘째, 유전 정보를 둘러싼 프라이버시의 침해라는
문제를, 그리고 보험업자와 고용주가 유전 정보에 접근하여 사람들을
부당하게 차별하는 데 그 정보를 활용할 수 있는 위험성을 고찰한다.
셋째, 인구에 대한 유전학적 감시가 증가하고 있는 문제와 그것이 가

---

1) 현재는 주로 희귀 혈액 질환이나 암 등을 앓고 있는 자녀를 치료하는 데 이용할 줄기세포를 얻
   기 위해, 체외 수정 및 착상 전 유전자 진단 기술을 통해 질환을 지닌 자녀의 세포 조직과 완전
   히 일치하고 유전적 이상이 없는 배아를 착상시켜 탄생시킨 아기를 말한다. 2000년 8월 29일
   미국에서 처음으로 이러한 맞춤아기 애덤 내시(Adam Nash)가 탄생했으며, 호주 빅토리아주
   보건 당국은 2002년 4월 3쌍의 부부에 대해 자녀의 질병 치료를 목적으로 한 맞춤아기 출산
   을 허용했다. 영국에서도 유전성 희귀 빈혈을 앓고 있는 4살 아들을 치료하기 위해 맞춤아기
   출산을 희망해 온 부부가 소송을 제기했고, 2003년 4월 영국 고등법원으로부터 '아이의 생명
   을 구할 수 있다면 맞춤아기 출산은 새로운 기술의 합법적 사용'이라는 판결을 받은 바 있다.

져올 개인의 자유에 대한 잠재적 대가에 대해 살펴본다.

진정 더 나은 아기를 선택하게 되는가

앞 장에서 우리는 커플들이 그들 자신이나 임신한 태아의 유전 정보를 알아보기로 결정하게 되는 맥락을 살펴보았으며, 선택권이라는 수사가 어떤 식으로 충분한 정보의 결여를, 그리고 때로는 장애 아동의 출산을 방지하려는 은밀한 사회적 압력을 은폐하는지 보여 주었다. 그러나 이런 직접적인 맥락뿐만 아니라, 개인들로 하여금 장애를 선별하는 검사를 받도록 몰아가는 훨씬 더 광범위한 사회적·문화적 과정들 또한 존재한다. 때때로 이는 경제적 또는 법적 압력과 관련되어 있다. 예컨대 어떤 나라에서 시민들이 장애 아동의 돌봄 및 의료비용에 대한 지원을 건강보험에 의존하고 있을 경우, 산전 검사나 결함을 지닌 태아의 임신중절을 거부한다면 그러한 지원도 받지 못하게 될 수도 있다. 필립 베리아노Philip Bereano는 미국에서 어떤 임신부의 태아가 낭포성섬유증에 양성 반응을 보일 경우, 그녀는 가족의 의료보험증권하에서 자신의 HMO[2]로부터 낙태에 대한 비용은 지급받겠지만, 출산일까

---

2) 잘 알려져 있다시피 미국은 민간 의료보험을 근간으로 한 의료서비스 체계를 유지해 왔다. 다수의 의료서비스 공급자들과 협약 관계를 맺고 있는 미국식 민간 보험사인 MCO(Managed Care Organization)를 통해 이루어지는 의료서비스를 매니지드 케어(Managed Care)라고 부른다. 매니지드 케어의 가장 큰 특징은 의료비용 절감과 서비스의 질 향상이라는 명목으로, 의료서비스 제공 과정에 MCO가 개입해 의료 이용의 적절성을 관리한다는 점이다. MCO에는 포괄적인 의료서비스의 이용이 가능하지만 협약 관계에 있는 공급자 내에서 이용자가 선택

지 임신을 유지하는 쪽을 선택한다면 태어난 아기는 보험 적용을 받지 못한다는 점을 언급한다. 혹은 의료서비스 공급자들이 온갖 종류의 검사를 받도록 강하게 요구할지도 모르는데, 왜냐하면 그렇게 하지 않을 경우 장애 아동을 낳은 부모로부터 '원치 않은 출산'wrongful birth 소송에 휘말리게 되지 않을까 두려워하기 때문이다.[3] 비록 이런 상황을 예방하기 위한 조치들이 취해져 왔고, 이와 관련된 주법 및 연방법의 다양한 조항들도 존재하지만, 법을 무시하는 보험회사의 사례 또한 무수히 많이 존재한다. 동시에 많은 장애인들이 처한 빈곤한 상황과 경제적으로 생산적이지 않은 이들에 대한 기회의 결여는, 부모들이 장애 아동을 갖는 것을 하나의 긍정적인 선택으로 여기기 훨씬 더 어렵게 만든다. 많은 장애인들과 장애인의 부모들은 손상을 지닌 이들이 겪는

하도록 제한을 두는 HMO(Health Maintenance Organization)와, 의료서비스 공급자의 선택에 제한을 두지는 않지만 협약 관계에 있지 않은 공급자를 이용할 경우 진료비 부담이 높아지는 PPO(Preferred Provider Organization) 등이 있다.

3) 우리나라에서도 이와 같은 소위 '원치 않은 출산'에 대한 상반된 판례가 존재한다. 서울서부지법 민사 11부는 2006년 12월 6일, 척추성근위축증(Spinal Muscular Atrophy, SMA)을 지닌 자녀를 출산한 김모 씨 부부가 학교법인 연세대학교를 상대로 낸 손해배상청구소송에서, 피고 병원은 원고들에게 1억 6000여만 원을 지급하라는 원고 일부 승소 판결을 내렸다. 이는 유전질환을 갖고 있는 태아에 대해 낙태를 선택할 부모의 권리를 인정하고, 의사가 산전 검사를 잘못하여 낙태를 할 수도 있었는데 못 했을 경우 이에 대한 위자료는 물론 재산상의 손해에 대한 법적 책임까지도 인정한 사례다. 반면 지난 2013년에는 이와 반대되는 판결이 나오기도 했다. 곽모 씨의 첫째 아이에게는 장애가 있었으며, 2005년 7월 태어난 둘째 아이마저 아무런 이상이 없다던 병원의 검사 결과와는 달리 지적장애 1급 판정을 받았다. 이에 2012년 '장애아인 것을 알았더라면 아이를 낳지 않았을 것인데 병원 측 과실로 장애아를 낳고 키우게 됐다'며 병원 측을 상대로 총 2억 4000만 원의 손해배상청구소송을 냈다. 그러나 2013년 6월 대전지방법원 천안지원은 '태아의 질환은 「모자보건법」이 허용하는 낙태 사유가 아닌 점'—장애와 관련한 「모자보건법」 상의 낙태 사유는 "본인 또는 배우자가 대통령령으로 정하는 우생학적 또는 유전학적 정신장애나 신체질환이 있는 경우"다—을 들어 "곽 씨가 둘째 아이의 장애를 알았다 하더라도 아이를 낙태할 결정권이 없다"며 원고 패소 판결을 내렸고, 2014년 7월 대전고등법원 역시 원고의 항소를 기각했다.

주된 어려움은 제한된 사회적 선택권 및 인생의 기회와 관련되어 있다고 이야기한다. 하지만 정책 입안자들은 점점 더 장애 문제에 대한 적절한 대응이 서비스를 제공하고 통합에 대한 장벽을 제거하는 것보다는 출산 전에 장애인을 선별해 내는 것이라 판단하게 될지도 모른다.

이런 경제적 이슈뿐만 아니라, 장애는 방지되는 쪽이 더 낫다는 문화적 가정 또한 흔히 존재한다. 예컨대 테레사 마르토와 해리엇 드레이크Harriet Drake는 산전 선별 검사를 거절한 여성이 다운증후군을 지닌 아이를 출산했을 경우, 결과적으로 그 결정에 대해 비난받을 가능성이 훨씬 더 높다는 것을 확인했다. 많은 사람들이 장애에 대해 무지하고 장애를 두려워하기 때문에, 그리고 장애인으로서의 삶은 상상조차 할 수 없다고 여기기 때문에, 종종 장애인으로 사는 것보다 죽는 것이 더 낫다는 식의 이야기를 한다. 이런 이유 때문에 사람들은 산전 선별 검사를, 그리고 또한 자발적 안락사를 지지하게 된다.

고정관념이나 편견에 도전할 것이라 기대되는 철학자들이 종종 장애가 인격체에게 일어날 수 있는 최악의 것이라는 생각을 믿기도 한다. 예컨대 월터 글래넌Walter Glannon은 중증의 질병이나 장애를 야기하는 유전적 이상이 있는 배아의 발달을 종료시킬 것을 우리가 도덕적으로 요청받는다고, 왜냐하면 통증과 괴로움이 그 배아의 생명을 살 가치가 없는 삶으로 만드는데도 세상에 존재토록 하는 건 잘못된 일이기 때문이라고 주장한다.[4] 존 해리스John Harris는 경미한 장애가 아닌 이상 장애를 지닌 아동을 일부러 낳는 것은 비난받을 만한 일이라고 주

---

4) Walter Glannon, "Genes, Embryos and Future People", *Bioethics* 12(3), pp. 187~211.

상한다.[5] 앨런 뷰캐넌Allen Buchanan과 댄 브록Dan W. Brock 같은 미국의
저자들은 원치 않은 출산을 다룬, 그리고 선별 검사를 거부한 부모가
그들의 아이들에게 끼친 피해를 다룬 문헌의 목록을 증가시켰다.[6] 이
분야의 몇몇 손꼽히는 의료 전문가들이나 과학자들과 마찬가지로, 이
러한 필자들도 커플들을 향해 결함을 지닌 태아의 임신은 중절해야 한
다는 압력을 강화하고 있는 것이다.

　　하지만 대부분의 경우 장애는 이런 종류의 비극이 아니다. 물론 유
전질환 중에는 끔찍한 괴로움과 이른 죽음으로 귀결되는 사례들이 있
으며, 이것이 그들의 주장 중 일부를 정당화할지도 모르겠다. 그러나
장애인의 압도적 다수는 그처럼 낮은 삶의 질을 경험하지 않는다. 손
상과 무관하지 않은 괴로움이 존재하는 경우에도, 그것은 대개 사회적
기회의 제한과 더 많이 관련되어 있으며, 상이한 방식으로 작동하는
몸이나 마음의 결과가 아니다. 즉, 사회가 그런 문제를 야기하는 것이
라면, 우리에게 요청되는 것은 사회적 불리함을 겪는 피해자의 출산을
예방하는 것이 아니라 사회 변화를 이루는 것이어야 한다. 그렇지 않
으면 우리는 빈민들이 재생산하지 못하도록 조장했던 과거의 우생학
으로 되돌아가게 되거나, 소수 민족 공동체들에게 인종주의 문제는 유
감스럽지만 당신들이 아이를 갖는 것은 무책임한 짓이라는 조언을 해

---

5) John Harris, *Clones, Genes and Immortality: Ethics and the Genetic Revolution*,
　Oxford: Oxford University Press, 1998.

6) Allen Buchanan et al., *From Chance to Choice: Genetics and Justice*, Cambridge:
　Cambridge University Press, 2000[앨런 뷰캐넌 외, 『우연에서 선택으로: 유전자 시대의 윤리
　학』, 강명신 외 옮김, 로도스, 2017].

줄 수밖에 없게 될 것이다.

　우리는 많은 장애인들이 사회적 제한뿐만 아니라 의료적 이상으로 인한 신체적 문제 또한 실제로 경험한다는 점을 인정한다. 그러나 이런 문제들은 일정한 맥락 내에 놓여야만 한다. 모든 생명체의 삶에는 어느 정도의 괴로움이 수반된다. 이는 단지 붓다의 사성제[四聖諦7)]에만 나오는 이야기가 아니다. 불편하게 들릴 수는 있겠지만, 진지하게 받아들여져야 할 있는 그대로의 사실에 대한 진술이다. 손상보다도 더 나쁜 것들이 많이 존재한다. 어떤 비장애인들은 어떤 장애인들보다 훨씬 더 어렵고 힘겨운 삶을 살아간다. 문제는 장애와 관련된 괴로움이 다른 형태의 어려움보다 훨씬 더 현저한 것으로 간주된다는 점이다. 하지만 많은 장애인들은 그들이 직면한 문제에 잘 대처하고, 삶은 계속되며, 그들이 지녔던 제한은 점차 그들과 무관한 것이 된다.

　많은 장애인들이 고통을 전혀 겪지 않는다는 점 또한 언급되어야만 한다. 즉 그들이 지닌 이상에는 통증이나 질환이 수반되지 않는다. 감각의 손상이나 학습적 장애를 지닌 사람들도 서로 차이가 있고 또 일정한 제약을 경험하겠지만, 그들이 지닌 장애 때문에 반드시 고통을 겪는 것은 아니다. 여기서 철학자들은 재빨리 이런 형태의 삶은 열등하다거나 비극적으로 제약되어 있다는 딱지를 붙이려 들 것이다. 어쨌든 농인은 결코 바흐의 음악을 즐길 수 없고, 휠체어 이용자는 결코

---

7) 영원히 변하지 않는 '네 가지 성스러운 진리'라는 뜻으로 사제(四諦)라고도 한다. ① 인생의 현실은 괴로움으로 충만해 있다(苦聖諦), ② 괴로움의 원인은 번뇌[集] 때문이다(集聖諦), ③ 번뇌를 없애면 괴로움이 없는 열반의 세계에 이르게 된다(滅聖諦), ④ 열반에 이르기 위해서는 팔정도(八正道)를 실천해야 한다(道聖諦)는 네 가지 언명으로 이루어져 있다.

산 정상에 올라 느끼는 흥분을 경험할 수 없으며, 다운증후군을 지닌 사람은 위대한 문학 작품을 읽지 못할 가능성이 높다고 말이다. 이상적인 세계에서라면, 우리는 절대적인 선택권을 완전히 행사하고 우리가 원하는 모든 것을 성취할 수 있을 것이다. 그러나 현실에서는 우리 대다수가 제약된 삶을 영위하며, 그런 이상적인 세계가 제공하는 모든 것을 경험하지 못한다. 맹인이나 지적 제약을 지닌 사람이 어떤 경험들을 놓치게 된다는 것은 분명 사실이다. 그러나 이것이 그들의 생명을 살 가치가 없는 것으로 만들지는 않으며, 그러한 경험의 누락이 가져다주는 보상적인 형태의 이점이나 가능성까지도 존재할 수 있다.

인간이라 함은 무엇을 말하는가, 사회는 어떤 식으로 작동해야 하는가에 대한 관점은 우리의 삶들 속에 실재하는 장애에 의해 확장될 필요가 있다. 우리가 개인주의적인 관점을 취한다면, 그리고 삶이라고 하는 것을 무슨 수를 써서라도 성공하고 번창하기 위한 경쟁적 투쟁으로 여긴다면, 장애인의 삶이 비장애인의 삶보다 불가피하게 열등하다는 것도, 사회의 나머지 부분에 부담이 된다는 것도 사실일지 모른다. 그러나 예컨대 우리가 공동체적 관점이나 인본주의적 관점을 따른다면, 삶의 가치는 우리가 상호 간에 맺고 있는 관계 내에 존재하게 될 것이다. 장 바니에Jean Vanier는 자신의 책 『인간되기』[8]에서 학습적 장애인들이 우리 모두가 더 나은 인간으로 존재할 수 있게 해준다고 말한다. 우리는 어려움을 갖고 살아갈 수 있는 가능성에 대해, 그리고 또한 서로를 우리가 만들거나 팔 수 있는 것 때문이 아니라 우리의 내재적인

---

8) [국역본] 장 바니에, 『인간되기』, 제병영 옮김, 다른우리, 2010.

가치와 사회적 관계를 이유로 소중하게 여길 수 있는 가능성에 대해 언제나 열린 마음을 가져야만 한다. 이런 관점이 바니에로 하여금 라르슈 공동체L'Arche communities를 설립하도록 추동했으며, 그곳에서 장애인들과 비장애인들은 서로 어울려 함께 살아간다. 루돌프 슈타이너Rudolf Steiner의 철학이 유사한 형태의 캠프힐 공동체Camphill communities로 이어졌던 것과 마찬가지로 말이다. 많은 사람들이 근대 서구 사회의 이기심과 얄팍한 소비자주의에 환멸을 느끼고 있다. 각각의 개인과 서로를 존중하고 가치 있게 여기는 상이한 삶의 방식들은 현대 유전학과 연계된 우생학에 도전할 뿐만 아니라, 우리가 처한 곤경으로부터 벗어나 새롭게 전진해 나갈 수 있는 길을 제시해 준다.

개인의 선택, 유전화, 신기술의 결합은 차이가 용인되지 않는 미래로, 그리고 건강에 대한 책임을 좋지 못한 건강 상태를 야기하는 광범위한 사회적·경제적 제도가 아니라 개별 가족에게 부과하는 미래로 우리를 몰아간다. 엘리자베스 벡-게른스하임Elizabeth Beck-Gernsheim은 질문한다. "미래의 책임감 있는 부모들도 여전히 그들의 아이가 핸디캡을 지닐 수 있다는 사실을 받아들일 마음의 준비가 되어 있을까? 오히려 그들은 아이에게 어떠한 손상도 존재하지 않는 것을 보장하기 위해 힘닿는 데까지 할 수 있는 모든 것을 하려고 하지 않을까?"[9] 그녀는 신기술이 작동하는 방식에 대한 개요를 서술한다. 일단 몇몇 사람들이 신기술을 이용하게 되면, 다른 사람들은 그런 기술에 접근할 수 없

---

9) Elizabeth Beck-Gernsheim, "Changing Duties of Parents: From Education to Bio-Engineering?", *International Social Science Journal* 42, 1990, p. 455.

거나 그 기술을 이용하지 않을 경우 자신만 불리해지는 것이 아닌가라는 느낌을 갖게 된다. 서서히 새로운 기준이 확립된다. 신기술은 이전에는 존재하지 않았던 추가적인 필요를 발생시키는 원인으로 작용한다. 부모들은 빠르게 변화하는 사회에서 새로운 검사와 치료를 받아야만 한다는 압력하에 놓인다. 이에 대한 하나의 역사적인 예는 지난 20년 동안 이루어진 치과교정술과 성형수술의 확산이다. 누군가 예쁜 치아를 위해 투자하지 않는다면, 이제는 더 이상 [결혼이나 고용 같은] 삶의 많은 영역에서 성공하는 것이 불가능하다. 이전 세대에는 그냥 하나의 특징이었던 고르지 못한 치아가 현세대에서는 사회적 불리함이 되었다. 마찬가지로 못생긴 용모를 보완하거나 나이 든 티를 감추기 위해 남들처럼 성형수술을 받으라는 압력이 점점 더 커지고 있다. 동일한 과정이 리 실버Lee Silver가 『에덴동산을 다시 만들기』Remaking Eden에서 제시하고 있는 설명의 중심에 놓여 있다. 그는 진단 능력과 체외수정의 결합이 배아의 강화된 선별을 가능하게 만들 것이라고 말한다. 질환이나 손상을 피하기 위해서가 아니라, 더 총명하고, 아름답고, 강건하게 자라날 더 나은 아기를 선택하기 위해 이루어지는 선별을 말이다. 엘리자베스 벡-게른스하임은 다음과 같이 결론 내린다. "관련 기술은 중립적인 외양을 띤다. 그런 기술은 누군가에게 절멸이나 말살의 위협을 가하지 않는다. 그것은 '지배 인종'의 세계 제패를 돕기 위해 개발된 것이 아니다. 그것은 우리의 양심에 저해되지 않는다. 그런 만큼 그것이 지닌 매력은 빠르게 확산된다."[10] 개인의 선택을 촉진하고 불

---

10) Ibid., p. 459.

필요한 괴로움을 피하는 것과 관련하여 동일한 논거들이 장차 이러한 기술의 개발을 정당화하기 위해 활용될 것이다. 그것이 많은 비용을 요구하는 중재일 가능성이 높다는 점을 고려하면 모든 이들이 이를 이용할 수는 없을 것이고, 따라서 사회적 불평등은 증가할 것이다.

유전학을 둘러싼 많은 과장에도 불구하고, 종합적인 선별 검사가 이루어진다 해도 어떤 부모들은 장애 아동을 낳게 될 것이다. 대다수의 보인자 검사가 모든 돌연변이를 탐지하지는 못할 것이며, 모든 부모들이 산전 진단을 받지도 않을 것이다. 더욱이 대부분의 손상은 선천적인 것이 아니라 노화와 사고의 결과이기 때문에 언제나 장애인은 존재할 것이다. 의료과학은 현재 사람들을 점점 더 오래 살 수 있도록 만들고 있다. 노년기 삶의 질이 나아지기는 하겠지만, 좀 더 허약한 노인들 또한 많이 존재하게 될 것이고, 그들 중 다수는 아마도 손상을 갖게 될 것이다. 그러므로 사회는 장애와 장애인을 받아들여야만 하며, 제거를 중심으로 한 정책을 수립해서는 안 된다. 생애 주기의 모든 단계에서 공민권과 사회적 통합이 반드시 보장되어야 한다. 장애를 지닌 태아의 임신을 지속하기로 결정한 부모들에게는 충분히 그렇게 할 수 있도록, 낙태수술을 받기로 결정한 부모들 못지않게 지원이 이루어져야만 한다. 현재 인간게놈프로젝트의 수사가 약속하고 있는 것처럼 유전병이 언제나 방지할 수 있는 것으로 간주된다면, 유전질환의 보인자들이나 장애인 당사자들은 사회적으로 고립되거나 낙인화될 위험성이 크다. 이와 관련해 허버드는 다음과 같이 논평한다.

그러므로 다시 한번 강조하건대, 물론 여성에게는 그 이유가 무엇이든 간에 임신을 중절할 수 있는 권리가 있어야 하지만, 그녀는 또한 임신을 중절하지 않을 수 있는 권한을 지니고 있다는 느낌을, 그녀와 그녀의 아이가 충족된 삶을 살아갈 수 있도록 사회가 할 수 있는 조치들을 취할 것이라는 확신을 지닐 수 있어야만 한다. 출산 전의 중재가 장애인에 대한 사회적 편견에 따라 행해진다면 그것은 재생산 선택권을 확장하지 않는다. 그것은 선택권을 제한한다.[11]

유전적 최하층 계급인 것을 오히려 반겨야 하는가

유전 정보를 알아내고자 하는 결정은 그 결정을 내린 개인에게만 영향을 미치는 것이 아니다. 그의 예비 자녀에게도 영향을 미친다. 또한 개인은 다른 가족 구성원들과 유전 형질을 공유하고 있기 때문에, 사람들이 그의 발병 가능성에 관한 정보를 알게 될 경우 이는 다른 가족 구성원들에 대한 그의 책임성이라는 문제를 야기한다. 그는 자신이 알게 된 사실을 자신의 형제·자매들에게도 통지해야만 하는가? 프라이버시의 원칙에 따르자면 어떤 사람이 유전 정보를 다른 사람들과 공유해야 할 의무는 없다고 말할 수 있을 것이다. 하지만 동시에 누군가가 다른 사람들이 어떤 질병의 발병 가능성을 지니고 있음을 알게 되었을 때는, 그들에게 그 사실을 알릴 책임이 있다고 주장될 수 있다. 예를 들자면 이런 것이다. 어떤 사람은 이러한 정보에 비추어 특정 질병에 걸

---

11) Hubbard, "Abortion and Disability", p. 199.

릴 위험성을 최소화하기 위해서 자신의 행동을 변화시키길 원할 수 있다. 그는 아이를 갖고자 했던 자신의 선택을 재고하는 것까지도 원할지 모른다. 유전병에 걸린 많은 사람들은 실제로 자신의 가족과 친척들에게 그 질병의 영향을 설명하곤 한다. 그렇지만 연락이 끊기거나 소원한 상태에 있는 가족 구성원에게는 어떻게 해야 하는가? 그리고 유전질환의 발병 가능성에 대해 알고 싶어 하지 않을 수도 있는, 그냥 모르는 상태로 지내고 싶어 하는 친척들에게는 어떻게 해야 하는가? 유전 정보를 전달하거나 전달하지 않는 것은 가족 관계를 시험대에 올리거나 변화시킬 수도 있다.

유전학이 가족과 친족이라는 변화하는 관념을 조명하는 방식은 흥미롭고 중요하기는 하지만, 많은 논평가들은 가족 외부의 제3자에 의한 유전 정보 접근을 더 크게 우려한다. 유전 정보는 고유하게 개인적인 것일 뿐만 아니라 높은 예측성을 지닐 수 있기 때문에 확실히 다른 의료 정보와는 다르다고 해야 할 것이다. 그런 이유에서 유전 정보는 고용주와 보험회사에게 상당한 함의를 갖는다. 그러한 제3자들은 개인들의 유전자 구성을 알아내는 데 어떤 이해관계를 지닐 수 있다. 따라서 특정 질병에 대한 유전적 소인을 지니고 있고, 그로 인해 고용이나 보험 가입이 거부될 수도 있는 사람들의 차별을 방지하기 위해 비밀과 유전자 프라이버시를 유지하는 것은 특히 중요하다. 이런 이유 때문에 1997년 유네스코 총회에서 채택된 「인간게놈과 인권에 관한 세계 선언」Universal Declaration on the Human Genome and Human Rights은 유전 형질에 근거한 차별을 금지하고(제6조) 유전 데이터의 비밀 유지를 장려하고 있으며(제7조), 유럽평의회Council of Europe의 「인권과 생의학에 관한 협약」Convention on Human Rights and Biomedicine[일명 유럽생명윤리협약]도 유전적 차별을 금지하고(제11조) 프라이버시 — 알 권리와 모를 권리 양자의 측면에서 — 를 옹호하고 있다(제10조). 미국의 몇몇 주들 또한 유전 정보에 대한 건강보험 회사들의 접근을 제한하는 법률을 도입했다. 이 책이 집필되고 있을 당시 조지 부시George W. Bush 대통령은 유전자 프라이버시를 보호하는 계획을 발표했으며, 영국 정부도 이런 이슈를 다루는 법률의 도입을 논의 중에 있었다.

이러한 영역에는 여전히 많은 잠재적 문제들이 남아 있다. 예를 들어 영국의 법률에는 프라이버시에 대한 보편적 개념이 존재하지 않는다. 보험업자들은 이미 진료 기록에 대한 접근을 요구할 수 있으며, 유전 데이터도 기존의 의료적 검사 및 검사 결과나 가족력에 관한 정보와 전혀 다르지 않다고 주장한다. 보험회사들은 유전병의 위험성이 큰 이들은 건강보험이나 생명보험에 들 가능성이 불균형적으로 높다는 점을 우려할 수밖에 없다고 주장한다. 역으로 질병에 걸릴 위험성이 낮음을 알게 된 이들은 보험에 들 가능성이 낮을지 모른다. 이러한 '역선택'[12]의 문제는 보험 시장의 작동을 약화시키고 보험료를 빠르게 상승시킬 수도 있다. 확실히, 영국보험인협회Association of British Insurers, ABI는 바로 이것이 우려 지점이라고 말했다. 그렇지만 피터 하퍼Peter S. Harper 교수는 유전적 요인이 영국의 보험업자들에게 문제를 야기한다고 생각할 필요가 없으며, 따라서 보험업계가 유전자 검사 결과에 대

---

12) 시장에서 거래가 이루어질 때 경제 주체 간 정보의 비대칭으로 부족한 정보를 가지고 있는 쪽이 불리한 선택을 하게 되는 경우를 말한다.

한 접근을 주장하는 것은 잘못된 것임을 논한다.[13]

보험은 결국 위험을 분산시키는 메커니즘이라고 할 수 있으며, 이는 미래를 알 수 없다는 사실에 의존한다. 보험업자들은 사람들의 흡연 여부나 거주 지역 같은 요인들에 따라 현재 보험료를 가중시키고 있는 것처럼, 유전적 위험성에 따라 보험료를 가중시키고 싶어 한다. 이는 그들로 하여금 동일한 보험료가 부과되는 구성원들로 묶인, 서로 다른 위험 공동부담 집단risk pool에 보험 신청인들을 할당할 수 있게 해준다. 이는 일종의 호혜성 모델이라 할 수 있으며, 관련 정보의 공개에 의존한다. 이런 이유로 보험업자들은 유전 정보의 공개가 보험 시장을 운영하는 가장 공정한 방식이라고 주장한다. 보험업계의 이해를 대표하는 로버트 포코르스키Robert J. Pokorski[14]는 보험업자가 유전 정보에 접근하는 것이 불공정하지 않다고 주장한다. 그에 따르면, 어쨌든 이런 접근은 보험 신청인들이 가족 프로필을 기입하고 의료적 검사를 받아야 하는 것에서 이미 거칠게나마 이루어지고 있다는 것이다. 유전 데이터는 다른 가족의 지표나 행동적 지표에도 불구하고 증대된 위험성을 지니고 있지 않음을 보일 수 있는 이들에게는 사실 이득이 될 수도 있다. 포코르스키는 합리적 보험 기준을 다음과 같이 주장한다.

보험 신청인의 향후 예상 사망률 및 질병률이 적절히 평가되고 보험

---

13) Peter S. Harper and Angus Clarke, *Genetics, Society and Clinical Practice*, Oxford: BIOS Scientific Publishers, 1997.
14) 그는 미국의 젠 리 라이프 앤 헬스(Gen Re Life & Health) 부사장 출신의 의학 박사로, 삼성 생명이 2006년 설립한 라이프케어연구소의 부사장으로도 재직한 바 있다.

료율에 반영될 때, 위험도 선택risk selection도 적절히 이루어지고 '공정한' 차별이 존재하게 된다. 반대로 '불공정한' 차별은 허용되지 않으며 허용되어서도 안 된다. 위험도가 분류되는 방식에 믿을 만한 보험 통계적 근거가 존재하지 않을 때, 보험의 맥락에서 불공정함이 발생하게 된다.[15]

---

15) Robert J. Pokorski, "Use of Genetic Information by Private Insurers", eds. Timothy F. Murphy and Marc A. Lappé, *Justice and the Human Genome Project*, Berkeley: University of California Press, 1994, p. 106.

그렇지만 다른 이들은 이러한 양쪽 유형의 차별이 모두 금지되어야 한다고 주장했다. 루스 허버드와 일라이자 월드Elijah Wald는 "유전자 검사의 광범위한 활용은 영리를 목적으로 하는 건강보험에 내재된 부정의를 악화시킬 가능성이 크다"고 주장한다.[16] 현재 영국에서는 보험업자가 유전자 검사의 결과를 요청하는 것에 대한 자발적인 금지가 존재하기는 한다. 하지만 보험업자들이 규정을 피해 가는 건 사실 그다지 어려운 일이 아니다. 예컨대 그들은 유전 정보를 자진해서 제공하는 사람들에게 좀 더 낮은 보험료를 제시할 수 있다. 피터 하퍼는 대부분의 통상적인 생명보험과 모기지mortgage에서 보험업자가 유전자 검사 결과를 요구하거나 의사들이 검사 결과를 공개할 필요가 없음을 논한다. 그는 보험금이 큰 생명보험 신청의 경우에 한해서는 유전자 검사가 필요할지 모르지만, 이런 경우에는 일정한 상한액을 두자고 제안한다.[17] 어쨌든 조기에 발병하는 질환은 유전자 검사가 필요 없다는 것이 명백하기 때문에, 그는 단지 헌팅턴병 같은 우성의 후발성 질환만이 역선택으로 이어질 수 있음을 논한다. 그런 경우라 하더라도, 대다수의 단일 유전자 질환은 극히 희귀하다. 예컨대 매해 약 200명 정도의 헌팅턴병 환자만이 보고되고 있다. 이런 질병을 지닌 사람들을 보험에 가입시키는 것이 보험 산업의 기반을 약화시킬 수는 없다.

유전적 요인과 보험의 문제는 특히 미국에서 첨예한데, 왜냐하면

---

16) Ruth Hubbard and Elijah Wald, *Exploding the Gene Myth: How Genetic Information is Produced and Manipulated by Scientists, Physicians, Employers, Insurance Companies, Educators, and Law Enforcers*, Boston: Beacon Press, 1993, p.142.

17) Harper and Clarke eds., *Genetics, Society and Clinical Practice*.

미국에서는 대부분의 사람들이 민간 의료보험에 들기 때문이다. 영국은 집단적 사회보험 시스템을 지니고 있어서, 모두가 NHS의 적용을 받고 국민보험과 과세를 통해 보험료를 납부하며 위험은 공동으로 부담한다. 몇몇 개인이 다른 사람들보다 더 높은 유전적 위험성을 지니고 있다는 사실은 문제가 되지 않는다. 이는 연대책임 모델solidarity model이라고 불린다. 즉 모두가 포괄되고, 위험성과 혜택은 균등하게 분배된다. 이에 대해서 몇몇 논평가들은 유전적 위험성과 역선택의 문제가 미국 보험 산업을 파괴하고, 결국 영국과 유사한 국민건강보험 모델의 발전을 강제하게 될 것이라고 말해 왔다. 그러는 와중에 유전병 환자들은 차별로 인해 고통받고 있으며, 이러한 차별은 불충분한 보건의료 서비스와 조기 사망으로까지 귀결되고 있다. 미국에서 민간 의료보험에 가입되어 있는 낭포성섬유증 환자와 그렇지 않은 환자들의 평균 수명을 비교한 최근의 연구가 보여 주는 것처럼 말이다.[18]

영국의 경우에도 민간 보건의료의 확대를 경계해야만 할 이유들이 존재한다. 영국에서도 노동당의 구성원들을 포함한 상당수의 사람들이 보건 및 복지 서비스의 제공에서 민간 보험 기반 모델이 더 큰 역할을 수행해야 한다는 데 찬성하고 있다. 공공정책연구소Institute for Public Policy Research에 의해 작성된 보고서는 이런 추세가 유전학적 예측이 더 큰 영향력을 행사하게 된다는 맥락에서 여러 문제들을 야기할

18) J. Randall Curtis et al., "Absence of Health Insurance is Associated with Decreased Life Expectancy in Patients with Cystic Fibrosis", *American Journal of Respiratory and Critical Care Medicine*, 155(6), 1997, pp. 1921~1924.

수 있다고 제언한 바 있다.[19] 예컨대 알츠하이머병이나 파킨슨병 같은 퇴행성 질환에서 더 많은 유전적 요인이 밝혀질 경우, 보험에 기반을 둔 노인 장기요양 모델은 그 기반이 약화되거나 불공평하게 변화될 수도 있다. 그런 질병의 소인을 지닌 사람들이 장기요양 서비스를 가장 크게 필요로 함에도 불구하고, 그들은 터무니없는 보험료가 책정되면서 장기요양 시장에서 배척될지도 모른다.

고용 분야에서도 유사한 유전적 차별의 위험성이 존재한다. 고용주들은 일정한 법적 제한 내에서는 이미 가장 생산적인 지원자를 선택할 수 있는 권리를 갖고 있다. 유전적 요인은 차후의 질환에 대한 예측력을 갖기 때문에, 현재 유전질환을 앓고 있거나 유전질환이라고 여겨지는 것을 지닌 사람은 차별받게 될지 모른다. 건강하지 못하다고 여겨지는 사람들의 계층이 형성될 수 있으며, 그들은 중년기에 유전병이 나타날 수 있다는 이유로 고용이 거부되거나 저임금의 일자리에만 접근 가능하게 될 것이다. 이미 미국에서 이런 문제가 발생하고 있는데, 미국은 건강보험이 고용 정책의 일부를 형성하고 있으며, 그렇기 때문에 노동자들의 선별을 조장하는 많은 정책이 존재한다.

그러나 유전자 검사 옹호자들은 피고용인에 대한 검사가 바람직한 것일 수 있는 이유들을 제시한다. 예컨대 몇몇 특정한 직업은 개인들을 유독성 화학 물질과 위험에 노출시킬 수 있다. 이런 직종에서는 피고용인들이 발암 물질이나 여타의 위험 요인에 특별한 민감성을 지니고 있는지 알아보는 것이 그들에게도 아마 이익이 될 것이다. 알

---

19) Lenaghan, *Brave New NHS?*.

파-1 항트립신 결핍증이라는 유전질환은 사람들을 폐기종 같은 폐 질환에 취약하게 만든다. 특히 그들이 흡연이나 먼지에 노출될 경우에 말이다. 많은 스트레스나 책임감이 수반되는 직종 —— 예를 들어 군인이나 항공직 —— 에서는 높은 고도나 피로나 스트레스를 견뎌 낼 수 있는 능력이 특히 중요할 수 있으며, 최적의 능률을 발휘할 수 없는 사람들은 배제하는 것이 바람직할지 모른다. 그들이 대중이나 자신의 동료를 위험에 빠뜨릴 수도 있으니 말이다.

그렇지만 특정한 검사를 받을 것인지 말 것인지 결정할 권한은 검사를 강제할 수 있는 고용주의 권력 내에 있는 것이 아니라 해당 개인에게 있어야 한다. 집단 선별 검사는 사람들의 자율성과 프라이버시를 위협한다. 집단검사에서 적절한 상담과 지원이 제공될 가능성은 매우 낮다. 직업 건강 검진의 결과를 해석하는 데에는 대개 어려움이 존재한다. 유전적 취약성의 특정한 영향은 모든 노동자들에게 영향을 미치는 오염이나 다른 위험 요인들의 총체적인 위험성과 비교하면 극히 작을 수 있다. 유전자는 언제나 환경과 상호작용한다. 그러므로 모두를 위하여 환경이 덜 오염되도록 만드는 데 더 높은 우선순위가 부여되어야 한다. 징후를 보이는 몇몇 노동자들을 발견하는 것도 중요하지만, 직장에서 광범위한 유전학적 선별 검사가 실행되는 것은 유익하기보다는 오히려 위험스러운 사태라고 해야 할 것이다.

이는 단순히 과장된 이야기가 아니다. 그 의도가 미심쩍은 검사의 실행에 대한 증거들이 이미 드러나고 있다. 예컨대 책임 있는 유전학을 위한 회의Council for Responsible Genetics는 미국의 벌링턴 노던 샌타페이 레일로드Burlington Northern Santa Fe Railroad가 피고용인들을 대상으로 통지나 동의도 없이 손목터널증후군carpal tunnel syndrome과 관련된 유전자 검사를 실시하고, 혈액 샘플 제공을 거부했던 적어도 한 명의 피고용인에게 (미국 고용기회평등위원회Equal Employment Opportunity Commission, EEOC가 그 사건을 「미국장애인법」American with Disabilities Act, ADA 위반으로 법원에 제소할 때까지도) 해고의 위협을 가했던 사실을 특별히 언급하고 있다. 책임 있는 유전학을 위한 회의의 활동이 없었다면 이런 사실은 결코 알려지지 않았을 것이다. 고용주와 보험회사가 법을 무시하기란 너무나 쉬운 일이다. 레너건이 언급하고 있는 것처럼, 유전자 진단은 빠르게 발전하고 있지만, 영국에는 차별을 예방할 수 있는 제대로 된 법적 안전장치가 존재하지 않으며 미국의 법은 복잡하고 집행되기가 어렵다.[20]

바사 마리아 노퍼스Bartha Maria Knoppers는 고용에서의 차별을 방지하기 위한 몇몇 안전장치를 제안했다.[21] 영국의 「장애차별금지법」Disability Discrimination Act, DDA 같은 기존의 차별금지법은 보인자이거나 증상 전 이상presymptomatic condition[22]을 지니고 있는 사람들에 대한 차별의 예방은 포괄할 수 없다. 그러나 그녀는 직업과 관련된 고용 전 유전자 검사가 개인의 동의가 있을 경우에만 허용되어야 함을 인정한다. 즉 그녀는 이런 검사의 실행 자체가 금지되어야 한다고 주장하는 것

---

20) *Ibid.*, p. 109.

21) Bartha Maria Knoppers, "Who Should Have Access to Genetic Information?", ed. Justine Burley, *The Genetic Revolution and Human Rights*, Oxford: Oxford University Press, 1999.

22) 주요 증상이 아직 발현되지 않아 정확한 진단이 불가능한 질병의 초기 단계를 말한다.

이 아니라 국가 기관이 검사를 통제할 것을 요구한다. 이는 유전 정보의 활용을 통제하기 위한 집단적 연대의 원칙에, 그리고 산업계의 책임 있는 행동에 의존하게 될 것이다. 이는 국가와 산업계 간의 파트너십을 강조한다. 그리고 '유의미한' 유전 정보에 대한 산업계의 접근 및 자율적 규제가 이러한 논의의 장에서 이루어지는 많은 정책적 협의를 특징짓는다. 산업계가 거의 대부분 도덕성보다는 이윤을 더 우선시하고, 약하고 유연한 자율적 규제를 만들어 내며, 집행이 어려운 국가의 규제를 조직적으로 무시한다는 점을 고려한다면, 그런 주장은 놀랄 만한 나이브함을 드러낸다고밖에 할 수 없다.

앞 장에서 논했던 유전자 검사의 확산에 대한 우려들에도 불구하고, 우리는 또한 차별에 대한 두려움이 사람들로 하여금 유전자 검사를 받는 것을 단념하게 만들 위험성이 존재한다는 사실에도 주목해야 할 것이다. 존 번John Burn 교수는 "보험회사가 유전 정보에 접근하도록 허용될 경우, 사람들은 모기지를 이용하지 못하거나 생명보험에 들지 못할까 두려워서 그들의 생명을 구할 수도 있는 유전자 검사를 회피할지도 모른다. 보험회사가 사실상 사람들을 죽이게 되는 것이다"라고 말한다.[23] 비록 유전자 치료의 가능성이 결코 확실하지 않고 체계적 감시나 외과적 중재의 위험성은 인정되어야 하지만, 유전자 진단이 사람들의 건강에 이익이 될 수 있는 사례들은 분명히 존재한다. 미국에서 낭포성섬유증을 지닌 가계 구성원들을 대상으로 한 트로이 더스터와 다이앤 비손Diane Beeson의 연구는, 그런 사람들이 만성 흉부 감염처럼

---

23) Lenaghan, *Brave New NHS?*, p. 101.

증상이 비교적 가볍고 치료가 가능하다고 생각될 경우 낭포성섬유증을 지닌 상태라는 것을 의사들에게 숨긴다는 증거를 확인했다. 고용주와 보험회사에 의한 낙인 및 차별에 대한 두려움 때문에 말이다. 그들은 다음과 같이 언급한다.

> 낭포성섬유증을 지닌 성인들은 공식적으로 진단을 받거나 진단명이 부여되는 것을 회피할 수 있을 경우, 차별을 방지하기 위해서 종종 그렇게 진단을 회피한다. 우리는 낭포성섬유증을 지닌 성인 두 명을 친척으로 둔 한 사람을 인터뷰했다. 한 명은 군인이었다. 다른 한 명은 전문직 종사자였는데, 그는 자신의 상태가 알려질 경우 직장 생활이 위태롭게 될 것을 두려워했기 때문에 외국에서의 치료를 모색하고 있었다. 이들 중 어느 쪽도 자신의 상태가 공개될지 모른다는 두려움 때문에 인터뷰에 동의하지 않을 것이다. 양쪽 경우 모두 고용 가능성과 좀 더 간접적으로는 건강보험의 보장 범위가 우려 지점이었다.[24]

이런 종류의 은폐는 당연히 건강에 실질적으로 도움이 될 수 있는 종합적인 치료와 돌봄이 그들에게 허락되지 않는다는 것을 의미한다. 좀 더 일반적으로도, 실태 조사 결과는 소비자들이 유사한 이유들로 인해 유전자 검사를 꺼릴 가능성이 높다는 것을 드러낸다. 한 여론 조사에서는 응답자의 30%가 정보 공개가 하나의 요건이 되는 경우라

---

24) Troy Duster and Diane Beeson, *Pathways and Barriers to Genetic Testing and Screening: Molecular Genetics Meets the 'High-Risk' Family*, Final Report, Institute for the Study of Social Change, University of California, Berkeley, 1998.

면 유전자 검사를 받지 않을 것이라고 답변했다.[25] 사람들이 검사받기를 단념하게 될 위험성뿐만 아니라, 자신의 유전적 상태를 모르는 채지내기를 원함에도 보험 가입이나 취업을 위해서 검사를 강요받게 되는 문제도 존재한다. 그리고 언제나 그런 것처럼, 검사 절차가 부정확할 수 있는, 혹은 적절한 의사소통과 상담 지원이 부재한 가운데 검사가 이루어질 수 있는 위험성 또한 존재한다.

물론, 많은 유전자 검사의 결과들이 매우 모호하다는 것, 그리하여 보험회사에게 별 도움이 되지 않고 고용주에게도 그다지 유의미하지 않다는 점 역시 언급되어야만 한다. 헌팅턴병 같은 이상들에 대한 증상 전 검사는 고용주와 보험업자에게 상당한 도움이 될 수 있지만, 복잡한 다인성 유전자 질환polygenic disorder에 대한 가벼운 소인을 보여주는 검사들은 거의 의미가 없으며 불공정한 차별로만 이어질 수도 있다. 마찬가지로 우리는 1970년대의 겸상적혈구빈혈증에 대한 논란이 반복되는 것을 목도하게 될지 모르는데, 그 질환의 보인자들 또한 고용주와 보험업자로부터의 차별에 직면해 왔다. 마지막으로 유전자 검사가 임신 중에 요구될 경우, 보험에 대한 고려가 임신중절에 대한 압력으로 작용하면서 결과적으로 유전적 이상을 지닌 태아의 임신 지속 여부에 대한 여성의 선택권을 박탈할 수 있다.

이런 이슈에 대한 실태 조사 결과는 새로운 유전 정보가 대다수 사람들에게 축복인 동시에 재앙이 될 것임을 시사한다. 유전적 결과를

---

25) Lenaghan, *Brave New NHS?*, p. 101에서 인용된 NOP(National Opinion Polls)의 여론 조사.

둘러싸고 상당한 불확실함이 존재하는 많은 경우들에서, 아는 것은 스트레스를 감소시키는 것이 아니라 증가시킬 것이다. 치료법이 없거나 예후가 좋지 못한 질병이 자신에게 발병할 가능성이 높다는 것을 사람들이 알게 될 경우, 불가피하게 그 결과는 스트레스 증가일 수밖에 없다. 정보가 발병 가능성에 대한 것일 경우, 개인들은 건강과 관련된 조언을 따르지 않거나 발병 여부는 결국 운명이라고 생각할지도 모른다. 프라이버시, 동의, 정보의 통제는 모든 경우에 중요하지만, 특히 보험과 고용이라는 맥락에서 각별한 중요성을 갖는다.

인체면역결핍바이러스human immunodeficiency virus, HIV 검사 같은 다른 의료적 검사들도 논란에 휩싸여 오기는 했지만, 유전자 검사는 그것이 지닌 예측력과 다른 가족 구성원들에게 미치는 영향 때문에 여타의 많은 검사들과는 다르다. 그럼에도 유전자 검사를 위한 샘플은 쉽게 입수될 수 있다. 타액, 땀, 머리카락은 검사가 이루어지는 대상에게 알리거나 동의를 구하지 않고도 제3자에 의해 쉽게 채집될 수 있는 것이다. 이는 우리가 진입하고 있는 새로운 유전 정보의 시대가 지닌 의미를 보여 준다. 보건의료 분야 그 자체 내에서도, 피터 하퍼, 앵거스 클라크, 애비 리프먼 같은 유전학자들 및 논평가들은 제안된 많은 선별 검사 프로그램들이 매우 큰 비용이 들고, 거의 아무런 이득도 가져다주지 못하며, 개인들과 사회에 새로운 위험과 문제들을 만들어 낼 것이라는 견해를 피력한다. 우리는 그들의 견해에 동의한다.

감시사회를 향하여

이 장의 마지막 부분에서 우리는 시민들의 감시를 목적으로 유전 정보가 활용되는 새로운 사회적 경향을 살펴보기 위해, 또한 새로운 형태의 유전 정보들로부터, 그리고 사회적 행동에서의 유전적 요인에 관한 새로운 주장들로부터 발생한 위험 및 책임 담론을 살펴보기 위해 초점을 확대한다. 여기서 우리는 서로 독립된 세 가지 주제를 연결시키고 있다. 첫째, 개인들이 유전적 위험성을 아는 것에 의해서 점점 더 그 자신의 건강과 대개의 경우 가족의 건강까지도 해당 개인이 책임지도록 만들어지는 방식에 대해 논의한다. 둘째, DNA 지문감식DNA fingerprinting[26)]의 활용과 유전 정보에 대한 경찰의 접근에 대해 논의한다. 셋째, '생물학적 책임성'biological culpability에 관한 논쟁에 대해, 그리고 범죄를 저지를 위험성이 있는 개인들을 예측하기 위해 행동에 대한 유전 표지를 활용하는 것에 대해 살펴본다. 이와 같은 서로 독립된 사회정책의 주제들이 감시, 예방, 책임이라는 테마에 의해 연결된다. 그런 주제들은 또한 하나의 아이러니를 보여 준다. 의료사회학이 등장했던 초기에, 미국의 기능주의 사회학자 탤컷 파슨스Talcott Parsons는 어떤 개인이 책임질 수 없는 (사회적 규범으로부터의) 일탈의 형태인 질환을, 그와 대조적으로 비난이 가해질 수 있는 일탈의 형태인 범죄와 구

---

26) 6장 각주 38)에서 설명한 단일염기다형성을 보통 약어로 스닙스(SNPs or SNIPs)라고 부르는데, DNA 지문감식은 바로 이 스닙스를 통해 신원을 확인하는 방법이다. 주로 범죄 현장에서 발견된 머리카락, 혈액, 정액 등에서 추출한 DNA를 용의자의 DNA와 비교하여 범인을 확인하는 데 사용된다. '유전자 지문감식'이라고도 한다.

별했다. 그로부터 반세기가 지난 후, 이제 우리 사회는 몇몇 형태의 범죄가 개인의 통제를 넘어선 유전적이거나 신경학적인 요인들에 의해 결정될 수도 있다고 주장하는 것과 동시에, 질환은 개인들이 예방에 대한 책임을 져야만 하는 것으로 간주되는 시대에 살고 있는 것 같다.

○ 유전적 위험성

우리는 이미 유전학이 개인들로 하여금 그들 자신과 가족의 건강을 책임지도록 만드는 방식을 조명했던 바 있다. 예비 부모들에게는 그들의 아기가 유전질환을 갖고 태어나지 않는 것을 보장하기 위한 수많은 선별 검사가 장려된다. 개인들이 어떤 유전병의 위험성을 지닌 것으로 확인될 경우, 그들은 두 가지 종류의 책임을 지게 된다. 첫 번째는 그 위험성을 악화시킬 가능성이 높은 행동들을 피하는 것이다. 이는 의료 전문가들에게 상담을 받고 그들의 조언을 따르는 것에서 시작한다. 사람들은 아마도 정기적인 선별 검사와 검진을 받고, 식습관을 바꾸고, 특정한 위험 행동을 피해야 할 것이다. 이와 같은 양상의 전개는 건강 증진에 대한 좀 더 일반적인 접근법의 일부로 간주될 수 있을 터인데, 이런 접근법에서는 빈곤, 근로 조건, 열악한 주거 환경 같은 광범위한 사회적·경제적 요인들보다 개인적 요인들이 우선순위에 놓이게 된다. 건강관리 행위가 광범위한 문화적·사회적 맥락 내에 놓이기보다는, 개인들이 자신의 나쁜 식습관, 혹은 알코올과 니코틴의 사용으로 인해 비난받는다.[27]

---

27) Alan Petersen and Deborah Lupton, *The New Public Health: Health and Self in the*

둘째, 개인들은 친족들에게 자신이 지닌 유전병의 위험성에 대해 알릴 책임을 진다. 유방암 및 난소암의 유전적 위험성을 지닌 여성들에 대한 니나 할로웰의 연구는 그들이 이러한 책임을 떠맡게 되는 정도가 얼마나 심각한지를 보여 준다.[28] 그들은 그들 자신보다는 다른 사람들의 필요를 더 우선시해야 하는 것에 관해, 가족 구성원들에게 선별 검사를 받도록 권장해야 할 의무에 관해, 그리고 관련 연구와 임상 시험에 참여해야 할 의무에 관해 이야기했다. 특히 그들은 병에 걸리는 것을 피하기 위해 가능한 모든 조치를 취해야 할 (자신의 아이들에 대한) 책임에 관해, 그리고 엄마로서의 책임을 다하지 못하는 것에 관해서도 이야기했다.

질환의 유전적 요소를 발견하고자 하는 추세는 유전성 유방암 및 난소암 같은 희귀 질병을 넘어 다수의 사람들이 노년에 겪는 치매, 당뇨병, 고혈압 같은 일상적인 질병으로까지 확대되고 있다. 이와 같은 복잡한 다인성 질병에 대한 지식을 발전시키기 위해서는 인구의 광범위한 부분으로부터 얻어진 방대한 양의 데이터가 필요하다. 유방암이나 헌팅턴병의 유전자를 발견하는 방법은 다수의 구성원이 해당 질병을 앓은 가족을 찾아서 확인하는 것인 반면, 복잡한 다인성 질병들에서 미세한 영향을 미치는 유전자를 발견하는 방법은 무수히 많은 개인들로부터 샘플과 의료 정보를 입수하는 것이다. 그런 연구 때문에 만들어진 데이터뱅크들이 아마도 약물유전학의 발전을 도울 수 있을 터

Age of Risk, London: Sage, 1996.
28) Hallowell, "Doing the Right Thing".

인데, 약물유전학에서는 주요 퇴행성 질병들의 발병을 중단 또는 지연시키기 위해서 보다 정밀하게 표적화된 약물이 전략적으로 사용된다.

인구 유전자 데이터뱅크population genetic databank가 이미 많이 존재하기는 하지만, 이런 새로운 연구가 필요로 하는 방대한 규모의 정보 수집은 최근에 와서야 진전되었으며 구체적인 계획도 이루어지고 있다. 예컨대 매우 논란이 많았던 한 프로젝트는 디코드 제네틱스라는 영리 회사에 의해 아이슬란드 인구 전체의 유전 및 의료 데이터가 수집되는 것으로 이어졌다. 아이슬란드가 특히 관심을 끄는 것은 그 나라가 민족적으로 동질적이라고 여겨지는 — 비록 지금은 이런 사실이 의심받고는 있지만 — 작은 인구를 지니고 있을 뿐만 아니라, 종합적인 진료 기록들이 여러 세대 동안 보존되어 왔기 때문이다. 에스토니아 같은 다른 작은 나라들은 현재 자국의 인구 데이터뱅크에 대한 접근권을 경매의 형식으로 판매하고 있다. 영국에서는 의학연구위원회와 웰컴트러스트가 약 50만 명의 개인들에 대한 유전 정보를 포함하는 대규모의 인구 유전자 데이터베이스를 제안했다.

이와 같은 감시가 방대하게 확대되는 것은 다양한 윤리적·사회적 문제를 야기하며, 그런 문제들 중 일부는 아이슬란드의료위원회Icelandic Medical Council로 하여금 다음과 같은 입장을 공식적으로 발표하도록 만들었다. "본 [윤리] 위원회는 현재 제출된 법안에 전적으로 반대하며, 아이슬란드의 의사들에게 그러한 데이터베이스의 구축 작업에 참여하지 말 것을 권고한다."[29] 그 데이터뱅크에 대한 첫 번째 우려

---

29) Abi Berger, "Private Company Wins Rights to Icelandic Gene Database", *British*

지점은 비밀 유지에 관한 것이다. 유전 정보를 가장 유효적절하게 활용하기 위해서는 또한 건강 관련 경험과 건강관리 행위에 관한 정보가 필요하다. 따라서 유전자 샘플들은 어떻게 해서든 해당 개인의 건강 기록과 연계되어야만 한다. 영국의 의학연구위원회가 다음과 같이 이야기했던 것처럼 말이다.

> 유전 정보 데이터베이스는 익명으로 처리될 수도 있다. 그러나 질병의 위험성에 영향을 미치는 유전적 요인이나 치료에 대한 반응의 연구를 포함한 대다수의 의학 연구를 위해서는, 개인의 유전 데이터를 성명이나 연락처나 여타의 정보들과 연계하는 것이 가능해야만 한다. 사람들의 건강과 생활양식에 관한 후속 조사에 따라 시시때때로 데이터베이스의 갱신이 이루어질 수 있도록, 개개인을 확인할 수 있는 그런 정보들과 말이다.[30]

이는 우리가 앞서 확인했던 것처럼 제3자가 중요한 유전 정보를 알게 될 수 있는 위험성이 존재함을, 그리고 이것이 차별로 이어질 수 있음을 의미한다. 사람들은 이런 일이 발생할까 두려워 유전자 검사를 받거나 의사와 상담하는 것을 단념하게 될 수도 있다.

유전자 데이터뱅크에 대한 몇몇 옹호자들은 여기에 참여하는 개인들이 누릴 수 있는 직접적인 이득을 들먹인다. 즉 연구자들이 각 개

Medical Journal 318, 1999, p. 11

30) Medical Research Council, Memorandum to House of Lords Select Committee on Science and Technology(영국 상원 과학기술특별위원회 비망록), 6 November 2000.

인들에게 그들이 지닌 유전질환의 발병 가능성에 대해 이야기해 줄 수 있다는 것이다. 그러나 이는 사적인 정보가 공공의 재산이 될 수 있는 위험성을 강화한다. 그것은 또한 개인의 모를 권리를, 즉 노년에 그들을 쓰러지게 만들 수도 있는 질환이 무엇인지 알지 않을 수 있는 권리를 잠재적으로 약화시킨다. 그리고 정보가 적절한 지원과 상담이라는 맥락 내에서 소통되지 않을 위험성도 존재한다.

유전자 데이터뱅크가 지닌 두 번째 주요 문제는 상업적 이용이다. 생명공학 회사들은 아이슬란드의 경우처럼 인구 데이터베이스의 구축에 직접 참여하거나, 영국의 경우처럼 해당 프로젝트와 밀접한 관계를 맺게 될 것이다. 유전자 데이터베이스를 활용해 신약이 개발되기를 바랄 경우, 이러한 작업을 수행하고 이윤을 취하는 것은 다름 아닌 영리 회사가 될 것이다. 비록 아이슬란드의 국민은 그들의 데이터뱅크를 활용해 개발된 신약을 무료로 이용할 수 있을 것이라는 약속을 받기는 했지만, 이런 분야에서 회사들을 추동해 내는 것은 이타주의가 아니라 이윤이다. 더 많은 사람들의 데이터가 접근 가능한 것이 될수록, 더 많은 국가들과 제약회사들이 게놈학 분야에 참여하게 될 것이고 더 많은 치료제가 개발될 것이며, 정보 기증자에 대한 무료 신약이란 가능성이 낮은 시나리오가 될 수밖에 없다.

셋째, 우리가 위에서 논했던 것처럼, 유전자 데이터뱅크의 구축은 건강과 관련된 광범위한 사회적·환경적 요인들보다는 개인의 유전적 요소에 초점을 맞추려는 경향의 일부분이다. 지구적 차원에서 보자면, 의학 연구의 90%가 전 세계 인구의 10%에게만 영향을 미치는 질병들을 대상으로 수행되고 있으며, 더불어 전체 의료 지출의 50%가 전 세계 인구의 5%만을 차지하고 있는 미국에서 이루어지고 있음을 우리는 지적해야만 한다. 이에 따라 의학 연구와 보건의료 서비스가 부유한 소수의 국가들에서 발생하는 (생활양식과 연관된) 후발성 질병이 아니라, 전 세계 인구의 대다수를 차지하는 국가들에서 현재 조기 사망과 고통을 야기하는 (쉽게 예방 가능한) 질병들에 대해 이루어져야 한다는 주장이 강력히 제기되고 있다.

○ 유전학에 의한 치안

의학의 영역 바깥으로 눈을 돌려 보면 DNA 데이터베이스는 이미 많은 서구 국가들에서 활용되고 있다. 유전자 지문감식이 1983년 처음 사용된 이래로 그것은 현대 경찰에게 주요한 수사 도구가 되었으며, 형사들이 절도 같은 일상적 범죄뿐만 아니라 강간이나 살인 같은 강력 범죄를 해결할 수 있도록 해주었다. 그러다 보니 국민 대다수가 DNA 지문감식의 사용을 지지하고 있다. 어쨌든, 아무런 잘못을 저지르지 않았다면 걱정할 일도 없다고 생각하는 것이다. 그리고 누가 이러한 새로운 과학수사 기법이 지닌 범죄 억제 효과의 가능성에 대해서, 그리고 범죄자의 효율적인 적발에 대해서 왈가불가할 수 있겠는가?

그러나 이런 형태의 새로운 유전학적 감시는 다수의 문제를 발생시킨다. 첫째, 감식 절차의 정확성에 대한 문제가 존재한다. 효율성의 문제로 인해 신원 확인의 단위가 전체 게놈이 될 수는 없다. 대신 스닙스[SNIPs]라고 불리는, 서로 독립적인 소수의 다형성들 ──DNA에 존재하는 개인들 간의 차이 ── 에 대한 검사가 이루어진다.[31] 이러한 서로 다른 몇몇 스닙스에서 용의자의 DNA가 범죄 현장에서 채취된 샘플과 일치한다면, 그 용의자는 샘플의 당사자일 가능성이 매우 높다. 하지만 다양한 하위 인구 집단들은 그들의 DNA 구성에서 약간의 차이를 나타내기 때문에, 어떤 특정한 스님이 전체 인구 내에서는 매우 드물지 모르지만 어떤 소수 민족 집단에서는 비교적 흔할 수 있다. 따라서 그 일치 가능성은 언제나 조사가 이루어지는 인구 집단과 상관성을 지닌다. 그러나 이런 점이 증거를 찾는 과정에서는 쉽게 간과될 수 있다.

마찬가지로 샘플을 채취하거나 결과를 기록하는 과정에서도 오류가 발생할 가능성이 있다. 무능함이나 기술의 부족으로 인해 죄가 있는 사람이 적발을 피하거나 무고한 사람이 죄를 뒤집어쓰는 결과가 초래될 수도 있는 것이다. 미국의 45개 실험실을 대상으로 실시된 1993년의 한 연구는, 223개의 검사들 중 18개가 실제로는 용의자의 DNA와 샘플이 일치하지 않는데 일치하는 것으로 결과가 나온 경우임을 확인했다.[32] 개인의 샘플 — 예컨대 머리카락이나 피부 세포 — 을 입수하기는 굉장히 쉽기 때문에, 어떤 무고한 개인의 유전 물질이 범죄 현장에 남겨져 있다가 채집되는 것도 이론적으로 충분히 가능한 일이다. 우연이든 고의든 DNA 지문감식은 충분히 오류를 범할 수 있다. 그러나 많은 사람들은 실험실이 오류를 범할 위험성이 있다는 것을 알지 못한다. 법정에서 DNA 지문감식은 반박할 수 없는 과학적 증거로서의 지위를 지닐지 모른다. 그런 증거가 현대적이고 객관적이며 강력한

---

31) 6장 각주 38) 및 이 장 각주 26)을 참조하라.

32) Dorothy Nelkin and Lori Andrews, "DNA Identification and Surveillance Creep", eds. Peter Conrad and Jonathan Gabe, *Sociological Perspectives on the New Genetics*, Oxford: Blackwell, 1999, p. 203.

것처럼 보이기 때문에, 배심원단이 확신을 갖도록 마음을 움직일 수 있는 것이다.

둘째, DNA 샘플의 채집 및 보유와 관련하여 시민적 자유^{civil liberty}라는 문제가 존재한다. 중대한 범죄로 유죄 판결을 받은 이들에게서 샘플을 채취하는 것에 반대하는 이들은 거의 없겠지만, 아마도 많은 이들이 무죄 판결을 받거나 비폭력적인 범죄에 연루된 누군가로부터 채취한 샘플을 보유하는 것은 잘못된 일이라고 여길 것이다. 그러나 이런 한도는 대개 잘 지켜지지 않는다. 1990년에 미국 의회는 모든 장병들로부터 생물학적 샘플을 채취하는 프로그램에 자금을 지원했는데, 그 주된 목적은 전투 상황에서 발생한 사체의 신원을 확인하기 위한 것이었다. 샘플 채취를 위한 검사를 거부했던 현역 군인들은 군사법원에 회부되었다. 군대의 이런 DNA 데이터는 수사기관도 이용할 수 있다. 미국의 몇몇 주들은 자신의 주경찰 DNA 데이터뱅크가 친자 확인 소송에서 사용될 수 있도록 허가했다. DNA 증거는 미연방수사국^{Federal Bureau of Investigation, FBI}에 의해서 광범위하게 사용된다. 예를 들면 FBI는 1993년 세계무역센터 폭탄 테러의 용의자와 유나바머 Unabomber[33)]의 신원을 확인하기 위해 우표에 남겨진 타액을 분석했다.

---

33) 본명은 시어도어 존 카진스키(Theodore John Kaczynski)로 17세에 하버드대학교에 입학해 3년 만에 졸업한 후 25세에 박사 학위를 취득한 수학 천재였다. 과학기술의 진보가 인간을 피폐하게 만든다는 신념을 가졌던 그는 종신교수직이 보장되었던 버클리대학교 교수를 27세에 사임한 후 은둔 생활에 들어갔고, 1978년부터 18년간 총 16회에 걸쳐 컴퓨터 종사자 등 과학기술과 관련 있는 사람들에게 우편물 폭탄 테러를 감행했다. 초기에 주로 대학과 항공사를 공격해 'University', 'Airline', 'Bomber'의 조합어인 '유나바머'(Un+A+Bomber)로 불렸다. FBI의 추적을 받던 그는 1995년 테러를 중단하는 조건으로 과학 문명에 대한 자신의 견해를 피력한 논문을 유력지에 게재할 것을 요구했고, 이에 따라 『뉴욕 타임스』와 『워싱턴 포

1989년 영국 정부는 영국에 친척이 있다고 주장하는 이민 신청자들에 대해서 이민국 직원들이 DNA 신원 확인 검사를 사용할 수 있도록 허용했다. 그때부터 1만 8000여 차례의 검사가, 대개는 인종적으로 차별적인 방식 속에서 이루어졌다. 1995년 이래로 영국 경찰은 범죄와 관련된 다양한 사람들, 즉 용의자, 기소유예자, 피소인, 유죄 판결을 받은 사람들을 대상으로 거의 100만 건에 가까운 프로필을 수집했다. 매주 약 6000여 건의 새로운 샘플이 추가된 셈이다. 그 프로필은 나중에 무죄 선고가 내려지면 말소가 이루어지도록 되어 있었지만, 실제로는 그렇지 않았다는 증거가 존재한다. 데이비드 컨카^{David Concar}는 영국의 과학수사 DNA 데이터베이스에 약 5만여 건의 불법적인 정보가 저장되어 있다는 추정치를 제시한다.[34] 만일 어떤 사람이 유죄 판결을 받는다면, 그 사람의 데이터는 그가 죽을 때까지 기록된 채 남아 있게 된다. 몇몇 논평가들은 경찰이 은밀히 종합적인 데이터베이스를 구축하고 있을 거라는 우려를 제기한다. 2004년이 되면, 영국 경찰의 데이터베이스는 300만 명에 이르는 사람들의 기록을 보유하게 된다. 그러한 기록의 보유가 몇몇 범죄 사건을 해결하는 데에는 도움이 될지 모르지만, 그것은 또한 프라이버시의 침해이며 국가 감시의 커다란 증대를 의미한다.

스트』에 「산업사회와 그 미래」(Industrial Society and Its Future)라는 232개 항에 달하는 선언문이 실렸다. 동생의 제보가 결정적 단서가 되어 1996년 4월 몬태나주의 산골에서 체포되었는데, 체포 당시 전기도 수도도 없는 움막에서 거주하고 있었다. 1998년에 종신형을 선고받고 현재까지도 복역 중이다. 그가 작성한 선언문의 내용은 『산업사회와 그 미래』(조병준 옮김, 박영률출판사, 2006)에서 확인할 수 있다.

34) David Concar, "The DNA Police", *New Scientist* 2289, 5 May 2001, pp. 10~12.

셋째, 유전 정보의 의료적 사용과 과학수사를 위한 사용은 서로 연계될 가능성이 존재한다. 예컨대 글래스고에서는 의학적 임상시험에 참여했던 어떤 사람의 데이터가 과학수사에서의 사용을 목적으로 경찰에게 넘어갔던 사례가 있었다. 그리고 DNA 지문감식에 사용되는 스닙스가 해당 개인의 유전적 소인에 관한 정보를 전달할 우려도 존재한다. 그런 정보는 비밀이 유지되어야 함에도 불구하고 말이다. 예컨대 어떤 스닙은 당뇨병의 발병 가능성을 확인하는 데 사용되는 표지와 아주 유사하다.[35] 진단 기술들이 향후 더욱 강력해짐에 따라, 유전자 칩 기술을 활용하면 막대한 양의 정보가 경찰의 DNA 샘플에 의해 밝혀질 수도 있다. 웰컴트러스트/의학연구위원회의 데이터베이스 안[36]은 개별 환자의 기록들 ──NHS가 전산화를 계획하고 있는── 이 연구 데이터베이스와 연계될 것임을 시사한다. 그리고 이 기록들과 경찰의 과학수사를 위한 데이터 사이의 경계가 흐려질 위험성 역시 존재한다. 어쨌든 현재도 경찰은 이미 개인의 의료 기록을 찾아볼 수 있는 권한을 지니고 있으니 말이다.

○ 범죄 행동의 유전적 요인

유전학적 감시의 세 번째 마지막 주제는 범죄성의 영역으로 한층 더 깊이 들어간다. 이는 다름 아닌 범죄 행동의 유전적 소인에 대한 검사나 선별 검사의 가능성이다. 우리는 이미 이런 유형의 유전학적 설명

---

35) David Concar, "What's in a Fingerprint", *New Scientist* 2289, 5 May 2001, p. 9.
36) 영국 인구 생의학적 샘플 수집(UK Population Biomedical Collection) 계획을 말한다. 좀 더 자세한 내용은 10장 각주 17)을 참조하라.

이 지닌 타당성에 의구심을 제기한 바 있다. 하지만 그러한 설명이 기반을 두고 있는 증거가 의심스러움에도 불구하고, 우리는 또한 그것이 사람들에게 매력적으로 보일 수 있으며 이 분야에서 관련 기술들의 발전 가능성이 존재함을 인정해야만 한다. 생물학에 기반을 둔 범죄성에 대한 설명에는 악명 높은 체사레 롬브로소Cesare Lombroso[37]의 경우처럼 길고도 미심쩍은 전통이 존재한다. 그리고 이런 종류의 작업은 대개 인종주의적 함의를 지니고 있다. 사회과학자들은 범죄에 생물학적 요인이 존재한다는 생각을 거부해 왔다. 하지만 그런 생각의 옹호자들에 따르면, 현재의 행동유전학은 편견이나 사이비 과학이론이 아니라 과학적 데이터를 제공하고 있다.

범죄의 생물학적 요인과 관련된 현재의 논쟁은 크게 두 부분으로 나누어진다. 첫 번째는 어떤 특정 개인들이 나머지 인구와의 유전적 · 신경적 차이나 호르몬상의 차이로 인해 행동을 통제하는 능력이 떨어진다는 것이다. 이는 그러한 차이를 지닌 범죄자들에게 나머지 인구와 같은 방식으로 그들의 행동에 대한 책임을 물을 수 있는가라는 문제를 제기한다. 미국이나 영국의 소송 사건에서는 형사 책임을 부정하거나, 죄명을 살인에서 과실치사로 낮추거나, 일시적 정신이상이라는 변

---

37) 체사레 롬브로소(1835~1909)는 이탈리아의 정신의학자이자 법의학자로, 범죄인류학의 창시자라 할 수 있다. 범죄자 383명의 두개(頭蓋)를 해부하고 5907명의 체격을 조사한 후, 범죄자에게는 일정한 신체적 특징이 존재하며 이런 특징은 원시인에게 있었던 것이 격세유전에 의해 나타난 것이라고 주장했다. 그리고 범죄인 총수의 약 3분의 1은 그 범죄적 소인으로 말미암아 필연적으로 죄를 범하게 된 것이므로 이에 대한 책임을 지을 수는 없으나, 사회적으로 위험한 존재이므로 국가가 이에 대해 일정한 대책을 강구해야 한다고 역설했다. 주요 저서로 『천재와 광기』(Genio e follia, 1864), 『범죄자론』(L'uomo delinquente, 1876)이 있다.

론을 활용하려는 다수의 시도들이 있어 왔다. 이러한 변론들은 폭력이나 월경전증후군premenstrual syndrome, PMS[38] 혹은 그 밖의 생물학적 과정에 대한 유전적 소인을 지닌 것처럼 보이는 가계에 대한 연구에 의지했다. 그렇지만 생물학적 요인이 범죄성에 대한 이유나 정당화의 근거로 주장되어 성공적으로 받아들여진 경우는 매우 극소수라 할 수 있다. 사법 절차는 개인들이 그들의 행동에 대한 책임을 회피할 수 있도록 해주는 것에 대해 매우 강한 저항성을 나타내 왔던 것이다.[39]

두 번째 논쟁의 주제는 폭력적인 행동이나 범죄 행동의 위험성을 지닌 개인들을 예측하는 것에 대한, 그리고 그들이 범죄를 저지르는 것을 예방하기 위해 교육적·심리적 중재나 약물 중재까지도 받는 것을 가능하게 하는 것에 대한 행동유전학 내지 행동신경과학 연구의 가치와 관련된다. 이런 연구는 일란성 쌍둥이들의 범법 행동 간에 어떤 일치가 존재함을 보여 주며, 이는 그들이 공유하고 있는 유전자가 영향력을 발휘하고 있을 수 있음을 시사한다. 행동유전학자들이 범죄성에 대한 단일 유전자가 존재한다고 말하는 것은 아니며, 양육과 환경의 중요성을 부정하는 것도 아니다. 또한 그들이 민족 집단들 간의 어

---

38) 월경 4~10일 전에 다양한 신체적·정신적 증상이 나타났다가 월경 시작과 함께 완화되는 현상을 지칭한다. 확실한 원인은 알려져 있지 않지만, 생리 주기에 따라 분비되는 세로토닌의 화학적 변화나 여성호르몬의 변화 등이 그 원인으로 추정되고 있다. 미국정신의학협회(APA)의 진단 기준에 따르면 ① 감정의 불안정성 ② 지속적이거나 심한 노여움, 안절부절 ③ 심한 불안감, 긴장 ④ 심한 우울증 ⑤ 일상생활에 대한 흥미 감소 ⑥ 쉽게 피로를 느끼고, 어떤 일도 할 만한 기운이 없음 ⑦ 객관적인 집중력 장애 ⑧ 심한 식욕 변화, 과식 ⑨ 과도한 잠 또는 불면 ⑩ 유방통, 두통, 부종, 체중 증가 중 5개 이상의 증상이 일상생활에 지장을 줄 정도로 있어야 하며, 그중 하나는 반드시 ①~④에 포함되어야만 월경전증후군으로 진단된다.

39) Nikolas Rose, "The Biology of Culpability: Pathological Identity and Crime Control in Biological Culture", *Theoretical Criminology* 4(1), 2000, pp. 5~34.

떤 일반적인 차이를 주장하는 것도 아니다. 그들은 자신들의 연구를 개인들 간의 차이에 한정시킨다. 그렇지만 그들은 (상호작용을 통해서) 반사회적 행동의 위험성을 증가시키는, 미세한 영향력을 지닌 다수의 유전자들이 존재할 수 있음을 주장한다.

이런 주장은 극히 논쟁적인 것이다. 잠재적 범죄자로 진단받은 개인들에게 가해지는 부정적인 사회적 효과는 교육이나 치료가 가져올 수 있는 다른 어떤 긍정적인 효과보다도 클 수 있다. 건강하고 무고한 개인들에게 약물이 처방될 수 있다는 생각은 중대한 시민적 자유의 문제를 제기한다. 예컨대 미국의 학교들에서 ADHD를 지닌 것으로 가정되는 수많은 아동들에게 리탈린이라는 향정신성 약물이 처방되고 있는 현재의 추세는 이미 커다란 우려를 낳고 있다.[40] 폭력적이거나 반사회적일 가능성을 지닌 개인들의 경우에 대해서는 (현재 소아성애자나 조현병 환자로 확인된 이들의 경우에서처럼) 예방적 구금, 전자발찌, 혹은 그 밖의 다른 감시에 대한 요구가 충분히 제기될 수 있다. 행동유전학이 생성해 내는 새로운 데이터의 활용과 관련된 이런 모든 제안들은, 자유 사회에서 자유의 위상뿐만 아니라 자유 의지와 환경의 영향에 대한 우리 사회의 전통적 관념들에도 도전한다. 그것들은 또한 매우 다양한 '위험한 정체성들'을 만들어 내는 것으로 이어질 수 있다. 니

---

40) Richard J. DeGrandpre, *Ritalin Nation: Rapid-Fire Culture and the Transformation of Human Consciousness*, New York: Norton, 2000. [한국에서도 ADHD로 진단받는 아동들의 급증과 이에 대한 약물 치료의 문제는 상당한 문제제기와 논쟁을 야기하고 있다. 이에 대해서는 데이비드 B. 스테인, 『ADHD는 병이 아니다』(*Ritalin is not the Answer*), 윤나연 옮김, 전나무숲, 2019와 김경림, 『이 아이들이 정말 ADHD일까』, 민들레, 2018 등을 참조할 수 있다.]

컬러스 로즈가 결론 내리고 있는 것처럼, "생물학적 범죄학은 범죄 통제에 대한 공중위생학적 전략이 보다 더 전면적으로 발흥하게 된 한 요소라고 할 수 있으며, 그 전략은 공격적이고 위험하거나 극악무도한 반[anti]시민들의 확인과 그들에 대한 예방적 중재에 초점을 맞춘다".[41]

결론

유전자 검사 및 선별 검사에 대한 이 장에서의 재검토는 장애를 지닌 태아를 제거하려는 압력, 장애인에 대한 차별과 낙인이 강화될 가능성, 사람들의 건강과 행동에 대한 유전학적 감시가 증가하고 있는 경향에 초점을 맞추었다. 앞 장에서 우리는 유전자 검사 및 선별 검사에 관한 정보와 선택권이, 유전 정보 그 자체에 내재한 불확실성에 의해서뿐만 아니라 일련의 문화적 가치와 사회적 압력에 의해서 어떤 식으로 제한되는지 그 개요를 서술했다. 현대 게놈학의 이런 측면들은 과거의 우생학과는 다르다. 강요는 덜 명시적으로, 차별은 더 은밀하게 이루어진다는 점에서 말이다. 그렇지만 특히 고용주와 보험회사 및 다양한 영리 회사들은 유전 정보에 근거해 차별을 행하고 있으며, 국가는 공중위생과 공공의 안전을 명분으로 유전학적 선별 검사와 유전학적 감시를 추진하고 있다. 선택권과 형평성에 대한 극히 단순한 방식의 호소가 여전히 먹혀들고는 있지만, 전문가들의 수사와 장애인들의

---

41) Rose, "The Biology of Culpability", p. 24.

실재 경험 간의 간극을 고려해 볼 때 이러한 실천들 모두는 과거와 공명한다고 할 수 있다.

우리는 또한 훨씬 더 심대한 형태의 우생학을 향한 '미끄러운 비탈길'이라고 적절히 불려 왔던 것의 몇 가지 특징들을 조명했다. 유전적이라는 꼬리표가 붙여진 점점 더 많은 이상들에 대해 보다 많은 유전자 검사 및 선별 검사 프로그램들이 실시되고 있는 것, 영리 회사들이 이런 서비스들을 상업적으로 판매함에 따라 사람들이 검사에 응하게 될 가능성이 커진 것, 보건의료 시스템 내에서 기존의 서비스들에 추가적인 유전자 검사들이 '결합되고' 있는 것 등에 대해서 말이다. 이러한 상황은 우생학적 실천의 강화를 막으려면 강력하고도 광범위한 영향력을 갖는 규제가 필요함을 말해 준다. 그러나 게놈학에 대한 현재의 규제는 전혀 충분하지 않다. 다음 장에서 우리는 왜 현실이 그러한지를 검토할 것이다.

10장 _ 게놈학에 대한 규제

신유전학은 복잡한 일련의 법률, 조약, 실천요강 등을 통해 규제되며, 이런 규정들은 연구와 임상서비스 제공에 참여하는 전문가나 단체의 활동에 영향을 미친다. 신유전학의 규제와 관련된 법의 대부분은 유전학에만 특정하게 적용되는 것은 아니며, 의학, 과학, 정보의 활용 일반에 영향을 미치는 것들이다. 영국에서 이러한 법의 예로는 「의약품 관리법」Medicines Control Act이나 과학 연구에서 동물의 활용을 통제하는 규정들이 포함될 수 있을 것이다. 최근 인간게놈학과 배아줄기세포 및 복제 관련 연구의 성장은 의료유전학과 과학의 국제적 규제에 대한 관심을 증대시켰다. 유네스코나 세계보건기구 같은 유엔의 기구들과 유럽연합은 유전학에 대한 조약과 지침을 만들었다. 인간게놈기구나 임상유전학회Clinical Genetics Society 같은 과학자들의 조직도 제3자에 의한 유전 정보의 활용, 환자의 비밀 유지, 유전상담에서의 충분한 정보에 근거한 선택 등에 대한 지침을 지니고 있다. 그러나 각국 정부들은 유전학에서 윤리적으로 문제가 있는 실천들을 줄이기 위한 구체적인 법의 도입을 꺼려 왔다. 법이 시행되고 있는 경우에도 그 내용은 상당히 제한적이다. 예컨대 미국의 법률은 민간 부문이 아니라 정부 부문에서만 고용주에 의한 유전 정보의 활용을 제한한다. 영국의 「인간 수정 및 배아 연구 관리법」Human Fertilisation and Embryology Act은 연구 활동을 (전문가들에 의해 지배되는) 인허가 당국의 인가를 받은 조직들로 제한한다. 그렇지만 정부는 산업계, 전문 과학자, 임상의, 이 분야에 관여하는 관련 전문가들에 의해 이루어지는 자율적 규제에 크게 의존하고 있다. 각종 비법정 위원회가 다양한 대중적 의견 수렴과 보고서 발간 및 권고안 제시를 통해 이런 역할을 수행하지만, 유전학자들과 관련 전문가들이 그러한 위원회의 멤버십을 좌우한다.

초국적인 조약들과 자율적 규제가 유전학에 대한 현행의 규제에서 그 중심을 이루고 있다. 산업계와 과학계에 대한 각국 정부들의 존중을 생각한다면, 그것마저 없을 경우 우리는 아마도 유전학의 영역에서 일종의 규제 공백 상태에 직면하게 될 것이다. 그러나 이런 형태의 규제는 대개 환자와 사회 전체의 이익보다 산업계와 과학계의 이익을 우선시하기 때문에 비효과적이고 반민주적이다. 일반 대중을 대상으로 한 공개적 의견 수렴을 통해 이루어지는 규제의 투명성과 책임성에 대한 최근의 강조를 우리는 얼마간 회의적인 자세로 대할 필요가 있다. 비판이 차단될 뿐만 아니라 의견 수렴 과정이 전문가들의 합의를 뒷받침하기 위해 주의 깊게 관리되고 있음을 고려한다면 말이다.

이처럼 관대한 규제 환경이 조성된 데에는 몇 가지 이유가 존재한다. 의료과학적 진보와 개인의 권리에 대한 신자유주의의 강조는 연구에 대한 제약이 퇴보로 여겨지고, 유전자 검사나 선별 검사에 대한 접근권의 제약은 차별적인 것으로 간주됨을 의미한다. 그러므로 규제는 유전학 연구와 서비스의 확대를 뒷받침하는 방향으로 이루어지는 경향이 있다. 권리에 대한 이와 같은 강조는 건강과 복지에 대한 개인의 책임성이라는 수사의 급증과 결합된다. 사람들이 개인적 관리에 참여하기 위해서는 유전자 검사를 받고 그 결과에 따라 생활양식을 변경할 수 있어야 (또 기꺼이 그렇게 해야) 하며, 유전학적 서비스가 이러한 요망 사항을 충족시킬 수 있을 정도로 확대되어야 한다. 전문가들 또한 자율적 규제, 동료 평가, 비법정 규제위원회 참여 등을 통하여 책임감 있게 행동할 것으로 기대된다. 그러나 전문가들이 그들의 입장에서 규제적 법률이라고 간주되는 것을 도입하기보다는, 유전학 연구 및 서비스를 확대하고 규제의 권한을 더 많이 이양받으려는 성향을 나타내는 것은 전혀 놀라운 일이 아니다. 생명윤리학자들이 담당하는 규제의 역할 또한 커지고 있는데, 그들도 마찬가지로 개인의 권리와 의학적 진보를 매우 중시하는 경향을 나타내며, 그들이 제시하는 의견은 전문가들과 정부에 의해 매우 선호되는 오용 예방의 패러다임과 잘 맞아떨어진다.

신자유주의의 발흥과 연동되어, 시장은 게놈학에 대한 규제의 형성에서도 점점 더 중요해지고 있다. 소비자의 권리가 시민의 권리보다 높게 평가되며, 이는 사실상 충분한 자원을 지닌 비장애인 소비자의 유전자 검사에 대한 권리가 장애인의 평등에 대한 권리보다 우선시됨을 의미한다. 유전학 연구 및 관련 연구가 점점 더 상업적인 환경에서 수행되고 있는 것도 정부가 연구의 실행을 규제하는 것을 매우 어렵게 만든다. 현재 선호되고 있는 한 가지 노선은 국가가 자금 지원을 제한함으로써 간접적으로 연구 의제의 방향을 설정할 뿐 민간 부문을 직접

건드리지는 않는 것이다. 그리고 국가 및 국제 경제에서 생명공학회사와 제약회사가 담당하고 있는 중요한 역할 때문에, 현재 가장 강력한 국가들조차도 좀 더 규제적인 특허 관련 법률의 제정에서 손을 떼고 있다. 국가 경제의 발전이라는 이해관계가 정책 입안자들을 강하게 압박하고 있음을 생각하면, 강력한 규제를 위한 국제적 협력 또한 가능할 것 같지 않다. 상업적 생명공학 및 게놈학의 본질이 점점 더 지구화되는 것 또한 인간 복제같이 윤리적으로 매우 의심스러운 실천조차 국제적으로 금지될 수 없다는 것을 의미한다. 국제조약들이 실행되고 있기는 하지만, 그 조약들의 문구는 보통 다양한 국가들의 이해관계를 충족시키기 위해 의도적으로 모호하고 유연하게 기술되어 있으며, 따라서 규제는 미약하고 대개 비효과적이다.

이 장에서 우리는 유전학 연구, 유전학적 서비스, 유전적 차별과 관련된 법률과 지침뿐만 아니라 조약과 의정서를 고려하면서, 국내적이고 국제적인 수준에서 이루어지는 국가의 활동에 초점을 맞춘다. 우리는 특히 국가와 시장 간의 관계, 의사 결정 권한이 전문가들에게 이양되는 경향, 규제 도구로서 생명윤리의 제도화가 확대되고 있는 것에 대해 우려하고 있다. 우리는 또한 정책 입안에서 여론을 고려하려는 좀 더 최근의 노력들에 대해 논의할 것이다. 그것들이 보다 민주적이고 강력한 규제의 실행을 향한 길을 가리키는 것인지 평가하기 위해서 말이다.

규제력을 지닌 생명윤리

앨버트 존슨Albert R. Jonsen이 『생명윤리의 탄생』The Birth of Bioethics에서 언급했던 것처럼, 생명윤리는 새로운 의학과 생물학에서의 의료윤리에 관한 전후의 우려로부터 자라났으며, 여기에는 우리가 앞서 논의했던 것처럼 허먼 멀러 같은 유전학자들이 표명했던 유전자풀의 질에 대한 우려도 포함된다.[1] 생명윤리가 제도화되기 시작함에 따라 철학자, 신학자, 법률가, 사회과학자들은 1960년대에 미국에서 설립된 다양한 연구센터들을 결합시켜 냈다. 비슷한 시기에 연방 정부는 유전공학, 장기 이식, 인간 및 태아의 생체 조직 연구와 관련된 생명윤리에 관심을 갖기 시작했고, 이런 이슈들을 다루기 위해 다양한 위원회를 설립했다.

이러한 논의들과 다양한 위원회에서 이루어진 청문회로부터 인격체에 대한 존중, 선행, 정의라는 생명윤리의 세 가지 기본 원칙이 등장했다. 생명윤리학자들과 과학자들은 이 원칙들을 인류유전학에 적용하면서, 유전상담사의 중립을 유지해야 할 윤리적 의무 대해 해를 끼치지 말아야 할 책무에 대해 논의했다. 그리고 결함을 지닌 태아의 낙태가 사회에 가져다주는 이익 대 충분한 정보에 근거한 선택을 할 수 있는 개인의 권리 및 이미 장애를 지닌 채 살아가고 있는 사람들의 권리를 비교 평가했다. 유전자 치료 또한 사회와 해당 개인에 대한 비용과

---

1) Albert R. Jonsen, *The Birth of Bioethics*, New York and Oxford: Oxford University Press, 1998.

편익이라는 견지에서 논의가 이루어졌다. 1981년 발간된 한 보고서에서 존슨이 기술한 내용은 이를 잘 담아내고 있다. "『유전질환에 대한 선별 검사와 상담』*Screening and Counselling for Genetic Conditions*은 비밀 유지, 개인의 자율성에 대한 존중, 유전적 요인에 대한 향상된 지식, 편익의 제공, 접근성에서의 형평성[이라는 원칙에 기반을 둔] 유전과 관련된 선별 검사, 상담, 교육 프로그램을 지지한다."[2] 그다음 해에 출간된 또 다른 영향력 있는 보고서인 『생명의 접합』은 생식계열 유전자 치료와 체세포 유전자 치료를 구별짓는 데 중요한 역할을 했다. (6장에서 논의한 바 있는) 배아 연구와 인공 수정에 대해 영국에서 이루어진 조사 또한 상업화를 거부하는 것과 동시에 14일 미만의 태아에 대한 연구에는 제재가 필요하다고 권고하면서, 이런 작업이 기초해야 할 윤리적 기준을 설정하는 데 중요한 기여를 했다.

　미국과 영국 정부는 몇 가지 법률을 제정하는 것으로 위원회의 활동과 조사에 응답했다. 미국은 국가의 자금 지원을 정부의 윤리 지침을 준수하는 연구에 제한하는 경향을 나타냈다. 영국은 연구 활동과 의료 행위를 인가하고 모니터하는 인허가 및 감독 기관의 설립을 선호하는 경향이 있다. 국가의 개입은 특히 의료나 상업적 영역에서 매력적이지 못한 것으로 비춰졌다. 그러다 보니 이러한 제한을 설정하는 데 중요한 역할을 했던 전문가들이 인허가 및 감독 당국을 지배했다. 이는 사실상 국가에 의해 승인된 자율적 규제가 되어 버렸다. 의료계 및 산업계가 국가와 함께 규제의 기준을 설정하는 역할을 떠맡았다.

---

2) *Ibid.*, p. 182.

공익적인 것이라고 간주되는 합법적인 유전학적 서비스의 확대를 촉진하면서 말이다.

하나의 학문 분과로서 생명윤리는 또한 유전적 요인과 관련해 뚜렷한 사고 노선을 발전시켰다. 피터 싱어나 존 해리스 같은 공리주의적 생명윤리학자들에 대한 대중매체의 높은 관심에도 불구하고, 대부분의 생명윤리학자들은 개인에 대한 존중과 질병 치료에서의 의료과학적 진보를 지지하면서 구식의 우생학과 공리주의를 거부한다. 그러나 '선을 행하길' 원하는 개인을 특권화시키는 현행의 개념틀 내에서, 유전적 요인에 대한 생명윤리학적 논의들에는 우생학과 공리주의 양자의 흔적이 넓게 퍼져 있다. 우리가 이미 논의했던 것처럼, 개인의 선택이 유전학적 서비스의 확대에 대한 논거로 흔히 활용된다. 배아 연구와 치료용 복제는 그것이 유전병 환자에게 가져다주게 될 편익이라는 견지에서 정당화된다. 양쪽의 경우 모두에서 '좋은 삶'에 대한 환자와 사회의 이해관계는 동일한 것이라고 상정된다.

따라서 우리는 생명윤리가 우생학의 가장 극단적인 형태들 중 상당 부분을 배제하는 데 중요한 역할을 해오기는 했지만, 그것은 또한 트로이 더스터가 우생학에 대한 뒷문이라고 기술했던 것을 열어 놓기도 했음을 주장하고자 한다. 이는 아서 카플란과 그의 동료들이 쓴 논문에서 발췌한 다음의 인용문에서 잘 설명된다.

어떠한 도덕적 원칙도 개인의 우생학적 목표를 비난할 수 있을 만한 충분한 근거를 제공하지는 못하는 것 같다. 재생산 선택에서 강제나 강압, 강요와 협박이 있어서는 안 되며, 개인적 결정이 부정적인 집단적 결과를 초래할 수도 있다. 하지만 부모들에게 아이의 눈 색깔을 고르거나 수학에 타고난 소질이 있는 태아를 만들기 위해 노력하는 행위를 허용하는 것이, 아이들에게 특정 종교의 가치를 가르치거나 그들을 축구장에 데리고 감으로써 스포츠에 대한 애호심을 심어 주거나 그들에게 피아노를 배우도록 요구하는 행위를 허용하는 것보다 어떤 면에서 덜 윤리적이라고 할 수 있는지는 명확하지 않다. 강압과 강제가 존재하지 않고 개인의 선택에 따라 결정하도록 허용되는 조건에서, 그리고 아이들의 삶을 향상시킬 수 있는 수단에 대한 접근권에 공정함이 존재한다고 가정한다면, 자기 아이의 건강과 복지를 개선하기 위해서 유전 정보의 활용을 선택한 부모들에게 정확히 무슨 문제가 있는지를 이해하기란 어려운 일이다.[3]

여기서는 개인의 선택과 접근권에서의 형평성이 유전학적 증강과 신체적 · 행동적 특질의 선택에 대한 찬성의 논거로 활용된다. 즉 이러한 실천은 아동의 학습이나 사회화와 동일시된다. 카플란과 그의 동료들은 그런 방식의 증강과 선택에 찬성하는 개인들의 결정이 사회에서의 낙인과 차별에 직간접적으로 영향을 받고 있음을 무시하고 있으며, 이 결정들이 야기하게 될 차별의 강화도 거의 고려하지 않는다. 의료과학의 정치경제학 또한 무시되며, 소위 과학적 진보라고 하는 것의 가치는 아무런 의심 없이 받아들여진다. 이런 종류의 추상적 합리화는

---

3) Arthur L. Caplan, Glenn McGee and David Magnus, "What is Immoral about Eugenics?", *British Medical Journal* 319, 1999, p. 1284.

단지 나이브하고 현실을 호도하는 것뿐만 아니라 위험스러운 것이기도 한데, 왜냐하면 그것이 개인의 권리와 선택이라는, 급격히 확대되고 있는 신자유주의의 교리에 호소함으로써 우생학을 정당화하기 때문이다.

생명윤리를 경계해야 하는 또 다른 이유는 그것이 유전학계 주류와 입장을 같이하고 있기 때문이다. 생명윤리는 유전학의 기본 전략에 이의를 제기하거나 유전학 연구 및 임상서비스에 대해 보다 엄격한 형태의 통제와 검열을 촉진하지 않고서도 유전학에 신뢰감을 부여해 줄 수 있다. 예컨대 인간게놈프로젝트와 연결되어 있던 윤리적·법률적·사회적 영향 프로그램은 게놈의 상업화 같은 근본적인 문제들을 정면으로 다루지 않은 것에 대해 많은 비판을 받아 왔다. 그 프로그램에 참여한 학자들이 게놈학의 정치적·경제적 맥락에 의해 전반적으로 제약받아 왔음을 고려한다면, 이런 판단은 조금 가혹한 것인지도 모른다. 그리고 우리는 그들이 그러한 상황 속에서도 얼마간의 중요한 작업물을 생산해 냈음을 기억해야만 할지 모른다. 예를 들어 조지 애너스George J. Annas가 기초한 유전적 차별에 관한 법안의 초안은 연방 차원의 일터에서 유전적 차별을 금지하는 법이 제정되는 데 큰 영향을 미쳤다. 그러나 인간게놈프로젝트가 윤리적·법률적·사회적 영향 프로그램에서 안전한 저지선을 확보한 생명윤리와 더불어 빠르게 진척되었음은 의심의 여지가 없다.

좀 더 일반적으로 말해서, 생명윤리는 과학자들과 의사들에게 그들의 행위와 직업적 가치관에 별다른 이의를 제기하지 않는, 그들이 동의할 수 있을 만한 윤리강령을 제공했다. 생명윤리는 유전학에서 가치 있게 여겨지게 되었는데, 왜냐하면 생명윤리가 충분한 정보에 근거한 선택, 과학적 진보, 유전학적 서비스에 대한 접근권의 형평성을 존중하면서, 이러한 신기술과 새로운 형태의 지식이 제기하는 특정한 상황들과 문제들에 대해 추상적인 추론과 엄밀한 정의를 적용했기 때문이다. 이는 과학자들과 의사들에게 그들의 직업적 가치관과 잘 어울리는 전문적인 용어 및 사고방식을 제공하는 것과 동시에, 그들의 작업이 지닌 효과에 대해 훨씬 더 광범위한 논의가 이루어질 수 있는 수단도 제공했다. 물론 그들의 작업 윤리에 대해 고심하고 있는 과학자들과 의사들을 비난하는 것은 잘못된 태도겠지만, 우리는 좀 더 정교하고 도전적인 윤리적 논의와 정책은 배제한 채 이러한 협소한 형태의 생명윤리를 성공적으로 조장해 왔던 전문가들의 강력한 동맹을 경계해야만 한다. 이제 논하게 될 것처럼, 이러한 동맹은 국제적, 국내적, 학계의 수준에서 확인될 수 있다.

국제적·국내적 수준에서의 조약과 의정서

유네스코의 「인간게놈과 인권에 관한 세계 선언」(1997년 11월 11일 채택)은 인간게놈과 관련하여 만들어진 최초의 국제적 지침 가운데 하나다. 그 선언은 존엄성을 존중받을 개인의 권리를 강조하며 유전자 결정론을 거부한다. 그것은 적절한 상담 서비스와 더불어 중증의 질병에 대한 유전학적 서비스는 지지하지만 재생산 복제는 거부하면서, 윤리적 우려와 과학적 진보 간의 균형을 추구한다. 세계보건기구의 『의료유전학과 유전학적 서비스에서의 윤리적 이슈에 대한 국제적 지침』
Proposed International Guidelines on Ethical Issues in Medical Genetics and Genetic Services(1998)도 충분한 정보에 근거한 선택, 비밀 유지, 접근권의 형평성, 유전학에 대한 대중교육이라는 원칙에 기반을 둔 유전학적 서비스에 찬성하면서 유사한 입장을 취한다. 생명윤리학자들과 유전학자들이 이러한 지침의 입안에서 주도적 역할을 했으며, 그것은 비록 법적 구속력이 없기는 하지만 유전학에 관한 지구적 생명윤리의 출현으로 나아가는 중대한 진전이었다. 우리는 다시 한번 그 지침들이 개인에 대한 존중을 골자로 하고 있음을, 그리고 국제적 합의의 촉진이라는 어려운 사안에 대해 조심스러운 노선을 취하고 있음을 확인할 수 있다. 이는 무색무취하다는 비난으로 이어지긴 했지만, 사실 이런 지침들이 국민국가들 차원에서 이루어지는 실천과 정책 입안에 영향을 미치고자 한다면 타협은 필수적이었다.

국제적인 수준에서 나온 가장 강경한 어조의 비난 성명은 인간 복제에 대한 것이었다. 예컨대 복제양 돌리에 대한 소동에 뒤이어, 세계보건기구총회World Health Assembly는 인간에 대한 복제를 "윤리적으로 받아들일 수 없으며 인간 존엄성과 도덕성에 반하는" 것이라며 거부했다. 그러나 다양한 국제위원회들을 지배하는 윤리학자들과 전문가들은 그들이 과학적 발전에 대한 즉자적인 대응이라고 간주하는 것을 피하고자 하며, 치료용 복제가 가져다줄 수 있는 편익을 강조하면서 이런 이슈에 대해 좀 더 신중한 대응을 선호하는 경향을 보인다.[4]

---

4) Anon.(필자 미상), "WHO Steps Closer to Its Responsibilities", *Nature* 398, 1999, p. 175.

유럽 차원의 규제 틀도 마찬가지로 보수적인 성향을 띤다. 예컨 대 유럽의 「인권과 생의학에 관한 협약」(1997년 4월)은 사회의 위협으로부터 개인의 보호를 추구한다. 그것은 유전학 연구 및 서비스가 가져다줄 수 있는 인류에 대한 편익을 인정하기는 하지만, 인간의 권리가 다른 무엇보다 중요함을 명시하고 있다. 그 협약은 건강 및 관련 연구 이외의 목적을 이유로 한 예측 검사를 포함하여, 유전형질에 근거한 차별을 금지한다. 또한 인간게놈에 대한 개입은 게놈의 향상이 아니라 예방적·진단적·치료적 목적을 이유로 한 것이어야만 함을 명시하고 있다. 그러나 그 협약은 유전자 검사를 이미 실시하고 있는 보험회사가 그 검사를 활용하는 것과, 개인들이 유전 정보를 자신의 보험업자에게 넘기는 일에 동의하는 것에 관해서는 모호한 내용을 담고 있다. (1998년에 추가된) 인간 복제에 대한 금지 또한 '인간'이 무엇을 의미하는지에 대한 결정을 개별 국가들에게 맡겨 두면서 모호한 채로 남겨져 있다. 그리고 그 협약은 의무적인 것이 아니었고, 이로 인해 인간복제와 관련된 연구가 이루어지고 있는 영국 같은 나라들은 그 협약에 서명하는 것을 어렵지 않게 거절할 수 있었다.

유전학에 관해 입장을 내고 있는 또 다른 유럽의 기구는 과학과 신기술에 대한 유럽 윤리 그룹European Group on Ethics in Science and New Technologies, EGESNT이다. 그 기구는 논란의 여지가 많은 주제들에 대한 윤리적 토론을 이끌어 가려는 노력의 일환으로 원탁회의를 열고 '의견서'를 발표한다. 그 기구가 발표했던 의견서 중 하나의 제목은 「인간 줄기세포 연구와 활용의 윤리적 측면」Ethical Aspects of Human Stem Cell Research and Use(2000년 11월 14일)이었다. 인간 존엄성에 대한 존중, 개인의 자율성, 정의, 선행, 연구의 자유라는 표준적인 윤리 원칙이 그들의 결론을 이끌었다. 사용하려는 연구 방법이 추구하는 목표에 반드시 필요한 것이어야 하고 좀 더 일반적으로 용납될 수 있는 이용 가능한 다른 대안이 존재하지 않아야 한다는 측면에서 비례의 원칙[5]이, 그리고 의도하지 않은 결과가 발생할 수도 있음을 염두에 두어야만 한다는 측면에서 예방책의 마련 또한 그 보고서에서 강조되었다. 이는 그 보고서의 결론이 줄기세포의 활용과 관련하여 새롭게 등장하고 있는 국제적·국내적 합의와 매우 잘 일치함을 의미하는데, 이러한 합의에서는 연구를 목적으로 배아를 생성하는 것과 상업화는 문제가 있는 것으로 여겨지지만, 버려진 배아를 연구에 활용하는 것은 위험성-편익 평가risk-benefit evaluation에 따라 정당화된다. 그 기구는 또한 영국의 인간 수정 및 배아 연구 관리청Human Fertilization and Embryology Authority, HFEA을 모델로 한, 중앙집중화된 인허가 기관이 회원국들에서 설립되는 것에 찬성하고 있다.

우리는 이러한 주의 깊은 윤리적 고려를 높이 평가하고, 국제적 수준에서의 규제에 대한 유전학 전문가들의 지배에 이의를 제기하는 것에서 윤리학자들이 중요한 역할을 수행하는 것을 환영해야 하겠지만, 그들의 접근법과 결론은 대개 실망스러운 것이다. 그들의 역할은 입법

---

5) 비례의 원칙이란 일반적으로는 국가의 작용이 국민의 기본권을 제한함에 있어 과도하지 않고 적절성을 유지해야 한다는 것을 말하며, '과잉 금지의 원칙'이라고도 한다. 우리나라의 경우에는 헌법 제37조 제2항의 "필요한 경우에 한하여"라는 구절에서 이 과잉 금지의 원칙이 표현되고 있으며, 구체적으로는 목적의 정당성, 방법의 적절성, 침해의 최소성, 법익의 균형성 등을 들 수 있다.

적이라기보다는 선언적인 것이며, 그렇기 때문에 영향력도 상당히 미약하다. 다양한 이해관계들 간의 균형을 맞추기 위해 일단의 표준적인 도덕 규칙 및 기법을 적용하는 것, 그리고 이와 관련된 결정들에서 개인의 권리에 대한 관심이 지배력을 발휘하는 것 또한 두드러지게 보수적이고 천편일률적인 일련의 권고로 이어지는 경향을 나타낸다. 소위 치료용 복제와 재생산 복제, 체세포 치료와 생식계열 치료, 질병과 행동 간의 경계는 가까스로 규정될 뿐만 아니라 행하는 것과 아는 것 사이에 억지스러운 분할을 부과한다. 그리고 그 경계는 사실상 점점 더 모호해지고 있다. 개인의 선택이 지니고 있는 사회적 맥락과 함의들 또한 적절히 다루어지지 않는다. 회원국들의 도덕적 다원주의를 존중하는 것에 대한 배려와 더불어 이러한 현실은 윤리적 규제가 진보적이고 비판적인 측면을 결여하고 있음을, 그리고 그 규제가 그토록 방지하고자 하는 상업화, 차별, 인간 복제를 멈추도록 하는 데 실패하면서 과학적 진보를 보장하는 데 지나치게 편향되어 있음을 의미한다. 제도화된 생명윤리와 유전학 전문가들의 동맹에 이의를 제기하는 이들을 포함하여 폭넓은 유권자들이 이러한 의사 결정 기구에 참여하는 것은, 신유전학에 우려를 갖고 있는 광범위한 그룹들을 대상으로 한 의견 수렴을 수반하게 됨에 따라 좀 더 정교하고 도전적인 정책 입안으로 이어지게 될 것이다. 그렇지만 이런 기구들과 그룹들의 보수적인 본질은, 게놈에 대한 윤리적 행동주의가 관련 정책과 실천에 어떤 근본적인 영향을 미치려면 지금과는 다른 방식으로 자리매김해야만 함을 의미한다.

국가 차원의 비법정 자문 기구

비법정 자문 기구들 또한 게놈의 시대를 맞아 특히 영국에서 빠르게 확산되고 있다. 영국 정부 —— 존 메이저John Major의 보수당 정권과 토니 블레어의 노동당 정권 시기를 포함하여 —— 는 유전학 분야에 대한 조사를 실시하기 위해 다양한 위원회를 설립했다. 비록 위원회의 권고가 공공과 민간의 파트너십, 개인의 책임, 소비자의 선택권이라는 신자유주의의 이데올로기와 들어맞지 않을 경우 이를 무시하는 경향을 보이기는 했지만 말이다. 1997년에 블레어 정부는 보험회사의 유전 정보 활용을 일시적으로 정지하라는 인류유전학자문위원회Human Genetics Advisory Commission의 권고를 무시했고, 과도한 비방을 받고 있다고 생각한 보험업계의 실천요강을 옹호하면서 또 다른 인허가위원회인 유전학·보험자문위원회Genetics and Insurance Advisory Committee의 설립을 지지했다. 그 위원회는 보다 최근에 인류유전학위원회로 개편되었는데, 인류유전학위원회는 유전자 검사와 유전 정보에 관한 입장을 내는 데 상당히 조심스러운 태도를 취하는 경향을 보여 왔다(아마도 앞선 유전학·보험자문위원회처럼 자신들의 입장이 너무 비판적일 경우 활동이 정지될 수 있다는 것을 경계한 듯하다). 비록 최근에는 영국하원 과학기술위원회House of Commons Science and Technology Committee의 보험 업계에 대한 비판에 함께하고, 유전 정보에 대한 보험회사의 접근권을 제한하는 법률을 요청하기는 했지만 말이다. 비록 입법 일정표가 여전히 불분명하기는 하지만, 영국 정부는 외형적으로 이 법률을 추진하고 있다. 인류유전학위원회는 또한 모든 범죄 용의자 —— 공소가 나중에 취하된 이들까지도 ── 의 DNA 샘플을 확보하기 위해 국가 DNA 데이터베이스와 경찰 과학수사 데이터베이스를 확대하려는 정부의 계획에 비판적인 태도를 취해 왔으며, 예측 검사에 그 데이터베이스가 활용되는 것에 대하여 우려를 제기했다.

이러한 비판적 입장들은 처음에 그 위원회들이 보였던 모습과 상충되지 않는다. 유전학계의 주류는 보험회사의 유전 정보 활용을 유전자 검사 확대에 대한 장벽으로 간주하는 경향이 있으며, 행동유전학계와 국가에 의해 승인된 감시를 의심스러운 눈길로 바라본다. 그 위원회들이 이런 주류적 관점을 대변하고 있음을 생각한다면, 위에서 기술된 입장들은 사실 충분히 이해할 만한 것이다. 인류유전학위원회에 소속된 법률가들도 형사사법 제도에 대한 그들 자신의 경험에 비추어, 국가의 감시와 범죄성 예측에 대한 유전학자들의 의심을 당연히 공유한다. 그러나 이러한 비판들은, 개인의 선택, 유전학적 서비스에 대한 공평한 접근권, 의료과학적 진보라는 통상적인 세 가지 요소를 강조하면서 유전학과 유전의학에 대해 보다 일반적으로는 지지적인 접근법을 취해 온 좀 더 넓은 국제적·국내적 맥락 내에 위치되어야만 한다.

유전학에 대한 지지는 다양한 위원회들의 멤버십에도 반영되어 있는데, 그 멤버십은 (철학자, 신학자, 법률가들을 포함하기는 하지만) 과학자, 의사, 생명윤리학자들에 의해 압도적으로 지배된다. 일반인들이 이러한 유형의 위원회에서 대표자가 되는 경우는 극히 드물며, 설령 그렇다 하더라도 그들은 위원회 멤버십을 통해 전문가로서의 경력을 쌓는다는 의미에서 대개 '전문가적 일반인'으로 간주될 수 있다. 인류유전학위원회에서 영국장애인협의회 국제위원회International

Committee of the British Council of Disabled People를 대표하고 있는 빌 앨버트 처럼 몇몇 비판적인 인사들도 그런 위원회에 참여하기는 하지만 이런 사례는 흔치 않으며, 형식적인 구색 맞추기가 될 위험성을 항상 경계 해야만 한다. 유전학·보험위원회Genetics and Insurance Committee, GAIC는 왜곡된 위원회 멤버십의 가장 나쁜 사례 중 하나라고 할 수 있는데, 그 위원회의 위원들 중 일부는 영국보험인협회와 보험계리사협회Institute of Actuaries에 의해 추천된다. 유전학자인 샌디 레이번Sandy Raeburn은 영 국보험인협회의 자문을 맡고 있으며, 유전학·보험위원회에서 영국보 험인협회를 대표하는 위원으로 활동하고 있다. 이러한 상황에 대해 공 공 부문의 많은 유전학자들이 개탄하고는 있지만, 영국의 경우 정책 입안이라는 측면에서 단연코 가장 큰 영향력을 발휘하고 있는 것은 당 분간 이런 유전학자들일 수밖에 없다. 또한 약물게놈학과 프로테오믹 스proteomics6) 분야가 발전함에 따라 유전학자들과 산업계의 동맹도 필 연적으로 강화될 것이다. 유전학·보험위원회는 영국하원과학기술특 별위원회에 의해서도 많은 비판을 받아 왔다. 그렇지만 이후 간략히 논하게 될 것처럼 우리는 그 위원회의 멤버십이나 소관 사항에 대한 근본적인 정비가 가능할지 의심을 거두지 않고 있으며, 정책 입안에 대한 시장의 점증하는 영향력에 대해 경계하고 있다.

---

6) 'proteome'(프로테옴)은 'protein'(단백질)과 접미사 '-ome'(전체)의 합성어로 단백질체라고 도 부른다. 게놈이 사람이 지닌 모든 유전 정보의 집합체라면, 프로테옴은 특정 세포나 특수 상황에서 만들어지고 작용하는 단백질의 총집합이다. 즉, 프로테오믹스는 게놈에 의해 발현 되는 모든 단백질의 총합인 프로테옴을 분석하고 상호 기능의 관계에 대한 지도를 작성하며, 궁극적으로는 특정 단백질과 이를 만드는 유전자의 기능을 동시에 밝혀내고자 하는 학문 분 야라 할 수 있다.

왜곡된 멤버십, 협소한 기술적 소관 사항, 과학적 진보와 개인의 선택이라는 이데올로기는 정책에 좀 더 간접적인 영향을 미치는 영국의 너필드생명윤리위원회Nuffield Council on Bioethics 같은 다양한 위성 자문 기구들에도 반영되어 있다. 너필드재단Nuffield Foundation, 웰컴트러스트, 의학연구위원회로부터 자금 지원을 받고 있는 너필드생명윤리위원회는 의학과 생물학 분야의 발전으로부터 야기되는 윤리적 이슈들을 고찰한다. 그 위원회의 보고서『유전학적 선별 검사: 윤리적 이슈』Genetic Screening: Ethical Issues(1993)는 충분한 정보에 근거한 동의, 서비스에 대한 용이한 접근, 비밀 유지, 유전학적 서비스와 그 영향에 대한 정부의 감독——규제와 관련하여 늘 이야기되는 것——을 강조했다. 그 위원회는 또한 특정한 상황들, 즉 다른 규제 기구들에 의해 이미 충분히 확립되어 있고, 질병의 특성이 잘 기술되어 있으며, 해당 정보가 고찰 중인 작업 환경이나 정책과 관련을 지닌 상황에서는 유전학적 선별 검사와 보험회사에 의한 유전 데이터의 활용을 찬성했다. 너필드생명윤리위원회는 피고용인/고용주와 보험가입자/보험업자가 부담하게 될 비용의 균형을 추구했으며, 유전학적 선별 검사는 비용이 너무 많이 들어서 고용주가 환경적 위험 요소를 제거할 수 없는 작업장의 경우에만 적절한 것이고, 유전 정보의 활용도 보험금이 '중간 규모'인 보험증권에서만 고려될 수 있을 것이라고 진술했다. 그 위원회가 규제를 '가볍게 다룬 것'이나 비용을 모호하게 정의한 것은, 이후 보험에 대한 규제를 둘러싸고 벌어졌던 희극적 상황을 고려한다면 이제는 부적절해진 것처럼 보인다. 이 분야의 정책네트워크에서 너필드생명윤리위원회 같은 기구들은 너무나 자주 의료과학적 진보에 대한 연막의 역할을 수행하고 있으며, 그들의 결론이 좀 더 비판적인 경우에는 너무나 쉽사리 정부와 시장에 의해 무시되어 버린다.

직업 행동강령

우후죽순처럼 늘어나고 있는, 유전학에 대한 규제의 또 다른 형태는 직업강령이다. 이러한 강령들 중 다수는 유전학적 서비스의 제공과 관련되는데, 어떤 상황에서 어떤 검사가 실시되어야 하는지에 관한 기술적 세부 사항들의 대부분을 다루고 있으며, 소위 '좋은 실천'의 표준화를 목표로 삼고 있다. 그리고 직업강령들 중 일부는 유전학의 좀 더 광범위한 윤리적 영향에 대해서도 언급하고 있다. 다시 한번 우리는 이런 강령들이 충분한 정보에 근거한 동의와 개인의 권리에 기반을 둔 몇 가지 핵심적인 원칙들을 중심으로 밀접히 연결되어 있음을 확인할 수 있다. 이는 그 강령들이 윤리적으로 가장 문제가 있는 실천들 외에는 모든 것을 지지하는 경향이 있음을 의미한다. 예를 들어 보험에서의 유전 정보 및 유전자 검사 활용에 대한 유럽인류유전학회European Society of Human Genetics의 조사 보고서(2000)는 유전 정보가 정확하며 유의미하다고 여겨지는 상황에서는 보험회사에 의한 유전 정보의 활용 금지를 요구하는 데까지 나아가지 않았다. 대신 분명한 정의와 평가 절차, 보험업자와 보건의료 서비스 제공자 간의 협력, 검사 결과의 활용에 대한 보험 신청인 쪽에서의 충분한 정보에 근거한 동의를 요구했다. 그 학회는 고용주에 의한 유전 정보 활용에 대해서도 7년 앞서 보고서를 냈던 너필드생명윤리위원회와 거의 동일한 노선을 취하면서 상당히 안이한 태도를 취하고 있다.

전문가들이 언제나 무비판적이기만 한 것은 아니다. 상당수의 믿을 만한 유전학자들은 유전자 특허 취득을 거부하며, 이 문제에 대해 중요한 로비스트로서 역할을 수행해 왔다. 유전학자들은 또한 아동의 유전자 검사에 대해서는 좀 더 비판적인 경향이 있다. 그들은 충분한 정보에 근거한 동의에 많은 관심을 갖고 있기 때문에 후발성 질환에 대한 아동의 검사를 특히 문제가 있는 것으로 여기며, 그러한 검사 절차에 찬성하지 않는 경향을 나타낸다.[7]

그러나 좀 더 일반적으로 보았을 때, 직업강령과 그에 대한 해설서의 내용은 편협하고 불만족스러운 것이다. 예를 들어 미국인류유전학회는 유전학과 관련된 이슈에 대해 정기적으로 성명을 내는데, 이는 이 분야의 일반적 경향이 지닌 특징을 잘 나타낸다. 미국인류유전학회는 우생학, 재생산의 자유, 유전자 치료, 행동유전학 같은 주제들을 다루면서 엄격한 연구, 충분한 정보에 근거한 동의, 질병의 치료에 대한 책무를 강조한다. 그 학회의 성명들은 우생학적 오용을 과거의 나쁜 과학으로 치부하면서, 유전자 검사·치료·연구 분야에서의 발전들을 지지하는 경향을 나타낸다. 그런 성명들이 초점을 두고 있는 것은 한편으로는 편향되지 않은 정보를 제공할 전문가의 책임이며, 다른 한편으로는 그들의 환자를 보호하는 것이다. 가난하거나 장애를 지닌 사

---

7) Clinical Genetics Society Working Party(임상유전학회 특별조사위원회), *The Genetic Testing of Children*(chair Dr. Angus Clarke), Cardiff, March 1994.

람들에 대한 국가 차원의 보건복지 서비스 후퇴나 특허 취득같이 보다 논란의 여지가 많은 이슈들에 대해서는 훨씬 더 적은 비평만이 이루어진다. 미국인류유전학회는 (아무런 유용성도 입증되는 않은 DNA 염기서열에 대한 특허 취득에 반대하기는 했지만) 구체적인 유용성을 지닌 유전자와 유전 정보에 대한 특허 취득에는 지지를 표명하기까지 했다.[8] 사실 유전학자들은 정부가 그런 것처럼 게놈학의 상업화 중 많은 부분을 지원하고 있다. 이제 우리가 논의하게 될 것처럼 이러한 동맹은 유전학 연구와 발전에 대한 안이한 입법적 접근으로 귀결되었으며, 유전자의 상품화와 인구 전체에 대한 감시를 촉진하기까지 했다.

시장 네트워크

우리는 유전학자들이 국제적·국내적 정책 및 규제 관행에 지침을 제공하는 다양한 자문 기구와 위원회에서 그들이 지닌 지위를 통해 중요한 규제적 역할을 수행한다는 것을 이미 보여 주었다. 그리고 보험에 대한 논의에서는 영국에서 보험계리사들과 결탁된 일부 유전학자들이 보험회사의 유전 정보 활용이 승인되는 데 어떤 식으로 중요한 역할을 했는지 보여 주었다. 물론 유전학자들은 게놈학에 관심을 둔 초기의 생명공학 회사들 중 다수의 설립에서도 중요한 역할을 했으며,

---

8) American Society of Human Genetics(Human Genome Committee), Untitled[Letter] 254(5039), 1991, pp. 1710~1712.

게놈학 분야의 상업적 이용으로부터 많은 것을 얻을 수 있었다. 그러나 6장의 셀레라사와 인간게놈프로젝트에 관한 논의가 보여 주는 것처럼, 게놈학 연구에서 공공 부문과 민간 부문 간의 동맹은 대개 문제점투성이였다.

이러한 문제점은 특히 유전자 특허 취득과 관련해서 두드러진다. 생어센터Sanger Centre의 존 설스턴Sir. John Sulston[9] 같은 영국의 주요 유전학자들과 웰컴트러스트가 유전자 특허 취득을 강하게 비판했음에도 불구하고, 인간게놈프로젝트 측의 개방형 데이터 정책은 특허 출원의 흐름을 저지하지 못했다. 사실 그 정책은 민간 회사들이 그들 자신의 목적을 위해 공공 데이터베이스를 활용할 수 있게 됨에 따라, (인간게놈프로젝트 측과 셀레라사의 대표자들 간에 벌어진 설전에서 주장되었던 것처럼) 오히려 특허를 승인받기 위한 경쟁을 강화했다고도 할 수 있다. 그리고 대개 유전학자들은 유용성이 입증될 수 있는 경우라는 제한된 틀 내에서의 유전자 특허 취득은 지지했고, 이를 조장하기까지 했다. 실제로 다수의 유전학자들은 유럽연합의 1998년 특허 방침을 지지하는 경향을 보였다. 그 지침은 원原 생명체로부터 분리된 생물학적 물질이 하나의 새로운 창안으로 간주될 수 있고, 산업적 적용 가능성을 지니며, 윤리적으로 문제 있는 실천을 수반하고 있지 않다면, 인간 복제나 생식계열 유전자 조작이 이루어진 것을 포함하여 그 생물학적 물질에 대한 특허 취득을 허용하고 있다. 인간게놈기구와 미국인류

---

9) 생어센터는 인간게놈프로젝트 국제 컨소시엄의 영국 측 책임 기관이었다. 존 설스턴은 1992년부터 2002년까지 이 생어센터의 소장을 지냈고, 세포 자살 유전자의 규명으로 2002년 노벨 생리의학상을 수상했다.

유전학회 또한 유전자, 유전자의 기능, 새로운 방식의 유전자 활용은 그 유용성이 "구체적이고, 상당하며, 신뢰할 수 있는" 경우이기만 하다면 특허가 발급될 수 있다는 미국특허청의 입장을 환영했다. 유전학자들이 제시하는 유보 대상은 미지의 기능이나 효용을 지닌 DNA에 국한되는 경향을 보이는데, 그들은 그러한 DNA를 일단 가공되지 않은 원자료로 간주하곤 한다. 그러나 이런 경계는 실제로 유지되기 어렵다. 게놈 관련 회사들이 출원한 수천 건의 특허가 현재 심사 절차를 밟고 있음을 고려한다면, 미국특허청이 쓴맛을 보고 나서야 알게 된 것처럼 위와 같은 결정들은 사실상 대규모의 유전자 특허 취득을 승인하는 것이다. 6장에서 이미 논의했던 것처럼, 정부들도 제한된 틀에서의 유전자 특허 취득을 지원해 왔다. 의약품에 대한 규제 체제가 국가와 시장의 동반자 관계 속에서 강구되어 왔던 것처럼, 특허 취득에 대한 국가의 규제 역시 생명공학 및 제약 산업과의 밀접한 협력 속에서 강구되었던 것이다.

우리는 유전학자들, 국가, 시장을 따로 떼어 놓고 생각하기보다는 그들을 유동적인 관계망의 일부로 생각해야 하며, 이러한 관계망에서는 상호 이익이 법률과 규제 정책의 형성에 있어 근본적인 것이다. 이는 미국의료유전학회American College of Medical Genetics 같은 유전학자들의 협회나 웰컴트러스트 같은 자금 제공 단체의 반대에도 불구하고 유전자 특허 취득에 대한 안이한 규제를 낳았다. 영국에서 보험회사에 의해 유전 정보가 선택적으로 활용되고 있는 것에 대해서도 마찬가지로 이야기될 수 있다. 유전학자들의 다수가 이런 관행에 반대하기는 하지만, 영향력 있는 보험계리사와 유전학자 그룹은 그 관행에 찬성하는 로비 활동을 벌여 이를 지켜 냈다. 이 그룹의 견해는 또한 검사 데이터의 활용을 감독하는 규제 기구에서도 잘 대변되고 있다. 보험에 대한 인류유전학위원회의 최근 보고서도 과학기술부장관인 세인즈버리 경Lord Sainsbury과 영국보험인협회의 협의 속에서 작성되었다. 비록 영국보험인협회가 관련 위원회의 회의들에 이전보다는 영향을 덜 미치고 있지만, 그 협회는 여전히 이런 정책 네트워크에서 중요한 행위자로서 역할을 수행하고 있다.

그러나 상업적인 연계성과 이해관계를 지니고 있는 것이 단지 유전학자들만은 아니다. 우리는 영향력 있는 다양한 정책 입안자들 또한 유전학과 상업적 연계를 맺고 있음을 상기해야만 한다. 예컨대 억만장자 과학기술부장관인 세인즈버리 경[10]은 유전자의 상품화 과정에서 사용되는 핵심 유전자의 관리 회사를 소유하고 있었다(그 회사의 지분은 그가 정부에 입각할 때 백지신탁blind trust[11]에 위임되었다). 노동당 상원의원이자 체외 수정의 개척자인 윈스턴 경은, 정자로 발전하는 남성 생식계열 세포를 유전적으로 변경할 수 있는 기술에 대한 특허를 취득했다. 윈스턴 경은 미국국립보건원의 자금 지원을 받아 로스앤젤레스의 시더스-시나이메디컬센터Cedars-Sinai Medical Center 및 패서디나의

---

10) 그는 영국의 최대 슈퍼마켓 체인인 세인즈버리 슈퍼마켓 그룹의 최고경영자 출신이다. 1998년 토니 블레어 수상의 과학기술부 장관직 제안에 무보수로 국가에 봉사하겠다며 이를 수락했고, 2006년까지 무려 8년 동안 장관으로 재직했다.
11) 공직자의 공적인 결정이 개인의 재산 증식에 영향을 미치지 않도록 하기 위해, 공직자가 재임 기간 동안 자신의 재산(주로 유가증권)을 공직과 관계없는 대리인에게 맡기고 간섭할 수 없게 하는 제도다. 미국에서 처음 도입되어 서구 여러 나라에서 시행되고 있으며, 국내에서도 「공직자윤리법」 개정으로 2005년 11월부터 주식백지신탁제가 시행되고 있다.

캘리포니아공과대학 연구자들과 공동으로 그 기술을 개발했다.[12]

　게놈학에 대한 현재의 규제에서 마찬가지로 우려스러운 경향은 인구 유전 데이터의 수집, 저장, 이용에 있어 국가와 민간 부문 간의 협력이 증가하는 것이다. 이런 경향은 아이슬란드 정부와 디코드 제네틱스 간의 협력에서 가장 잘 예증된다. 1998년 아이슬란드 정부는 「아이슬란드 보건 부문 데이터베이스 법」Icelandic Health Sector Database Act을 통과시켰고, 이어서 디코드사에게 건강 정보 전자데이터베이스의 구축을 배타적으로 허가해 주었다. 그것도 한 번에 12년 동안이나 말이다. 그 데이터베이스는 옵트아웃opt-out[13] 의사를 밝히지 않은 모든 아이슬란드인들에 대한 정보를 포함하게 될 것이며, 디코드사는 그 데이터베이스에 유전 정보와 가계도 정보를 추가할 수 있게 될 것이다. 이와 관련해 보기 안데르센Bogi Andersen과 에이나르 아르나손Einar Arnason은 다음과 같이 언급하고 있다.

　그 법을 통해 디코드사는 과학적 연구 활동의 기본 원칙, 즉 연구를 위해 환자를 모집하기 전 독립적인 윤리위원회에 의해 연구 계획이 평가되고 승인되어야만 한다는 요건을 지키지 않는 것이 허용되었

---

12) Lois Rogers, "Winston Patents Technique for 'Designer Sperm'", *The Sunday Times*, 12 October 2000.

13) 옵트인(opt-in, 선택적 포함)이 당사자가 데이터 수집 허용 의사를 밝히기 전까지는 해당 개인의 데이터 수집이 금지되는 방식인 반면, 옵트아웃(선택적 제외)은 당사자가 데이터 수집 거부 의사를 밝혀야만 그 개인의 데이터 수집이 금지되는 방식을 말한다. 이러한 옵트인/옵트아웃 방식은 불특정 다수에게 무작위로 발송되는 광고 및 홍보성 메일, 그리고 국가 차원의 장기 기증 시스템 등에도 적용되고 있다. 즉 옵트아웃 방식에서는 본인이 메일을 수신하지 않겠다는 의사나 장기를 기증하지 않겠다는 의사를 밝힐 경우에만 대상자에서 제외된다.

다. 디코드사는 공식적 규제 기구인 생명윤리 및 데이터 보호 관련 위원회들의 심사라는 필수 요건을 피해 갈 수 있게 해주는 법의 통과를 원했고, 연구 계획도 제출하지 않은 상태에서 이를 아이슬란드 정부에게 납득시켰다. 정부는 그 법안이 마련된 후 관련 위원회들로부터 의견을 구하기는 했지만, 동의나 배타성 같은 핵심 이슈에서는 위원회들의 권고를 따르지 않았다.[14]

아이슬란드의사협회Icelandic Medical Association, 세계의사협회World Medical Association, 여타 의학 및 과학 기구들의 거듭된 비판에도 불구하고, 아이슬란드 정부는 계속해서 그 프로젝트를 지지했다. 디코드사와 아이슬란드 정부는 그 데이터베이스의 익명성을 주장했지만, 비평가들은 그처럼 작은 인구(27만 5000명)의 데이터베이스를 중앙집중화시킨 것과 정보가 추가될 수 있도록 그 데이터베이스를 열어 놓은 것은 결국 신원 확인이 가능함을 의미한다고 지적했다. 그리고 정보의 암호화는 결코 완전한 익명성을 보장할 수 없다(왜냐하면 누군가는 여전히 그 암호를 보유하고 있어야 하기 때문이다). 옵트인이 아닌 옵트아웃 전략이 채택된 것 또한 많은 비판을 받았다. 이는 특히 옵트아웃에 수반되는 관료적 절차들을 고려할 경우 그 전략은 실행하기가 아주 어려울 뿐만 아니라, 정보가 일단 데이터베이스에 포함되고 난 후에는 삭제될 수 없기 때문이다(이로 인해 지금까지 약 2만 명만이 옵트아웃을 실행했

---

14) Bogi Andersen and Einar Arnason, "Iceland's Database is Ethically Questionable", *British Medical Journal* 318, 1999, p. 1565.

다). 그러나 아이슬란드 정부와 디코드사는 그 프로젝트가 윤리적 기준을 충족시키고 있으며, 이것이 가져다줄 편익을 고려한다면 국민도 이타적인 태도를 취해야만 한다고 주장했다. 아이슬란드의 보건사회보장부Ministry of Health and Social Security 또한 그 데이터베이스가 국제법의 관점에서 충분히 허용될 수 있는 것이라고 생각했다.[15]

앞서 언급했던 것처럼 그 데이터베이스가 특별히 가치 있는 것은 아이슬란드의 인구가 동질적이라고 여겨졌기 때문인데, 그런 동질성은 돌연변이를 추적하거나 질병에 대한 환경의 영향을 파악하는 것을 훨씬 더 용이하게 만든다. 하지만 연구가 진척됨에 따라 많은 비평가들은 처음에 가정되었던 것보다 아이슬란드의 인구가 훨씬 더 이질적임을 지적했다. 보다 근본적인 문제는 아이슬란드에서 이루어지고 있는 데이터의 축적이다. 그 데이터베이스에는 전체 인구에 대한 상세한 진료 기록, 많은 인구의 조직 샘플, 인구 대다수의 가계도 정보가 축적되고 있다.[16] 디코드사는 다수의 특허를 신청했으며, 이용료를 받고 그 데이터베이스에 대한 접근권을 제공한다. 예컨대 디코드사는 제약회사인 호프만-라 로슈Hoffman-La Roche와 독점적인 거래를 진행했다. 12가지 질병의 유전적 근원을 확인할 수 있도록 데이터베이스에 대한 접근권을 허용하면서 말이다. 이런 연구가 발생시킬 경제 부양 효과로부터 아이슬란드 국민이 이득을 얻고, 호프만-라 로슈가 약속한 대로 신약을 무료로 이용할 수 있을 거라는 희망 사항이 존재하지만, 제약 연

---

15) Ruth Chadwick, "The Icelandic Database: Do Modern Times Need Modern Sagas?", *British Medical Journal* 319, 1999, pp. 441~444.
16) Berger, "Private Company Wins Rights to Icelandic Gene Database".

구와 상품 개발의 지구적 본질을 생각한다면 다국적 기업들은 국익에 거의 신경 쓰지 않는다고 보아야 한다. 아이슬란드 국민보다는 산업계가 이러한 벤처 사업으로 이익을 얻을 가능성이 훨씬 더 높은 것이다.

이는 국가가 시장과 결탁해 전체 인구의 상품화가 이루어진, 의심할 바 없이 극단적인 사례다. 그렇지만 DNA 명부DAN register와 생의학적 샘플의 수집이 확산되고 있기 때문에, 그 사례는 훨씬 더 광범위한 기반 위에서 적용될 수 있는 실천들을 내포하고 있다. 영국에서는 정부와 다양한 자문 기구뿐만 아니라 영국상원과학기술위원회House of Lords Science and Technology Committee까지도 의학연구위원회와 웰컴트러스의 영국 인구 생의학적 샘플 수집UK Population Biomedical (Sample) Collection17) 안을 기꺼이 수용했다. 그 데이터베이스는 비록 충분한 정보에 근거한 동의라는 원칙에 확고히 기초해 있고 비영리 기구에 의해 운영되기는 하지만, 신약 개발과 진단법에서 그것이 지닌 잠재력을 실현하기 위해서는 여전히 민간 자본과의 협력을 필요로 하게 될 것이다. 그리고 충분한 정보에 근거한 동의는 결코 부당한 이용을 막아 주는 확실한 보호 수단이 될 수 없는데, 이는 특히 사람들이 종종 스스로가 무엇에 동의하고 있는지 정확히 알지 못하며, 향후 정보가 어떻게

---

17) 약 50만 명의 영국 국민을 대상으로 추진된 유전자 데이터베이스의 명칭이다. 아이슬란드를 필두로 비슷한 시기에 스웨덴과 에스토니아에 등에서 국가 차원의 유전자 데이터베이스가 추진된 것에 자극받아 2000년도부터 본격적으로 계획되었다. 주된 목적은 심혈관 질환이나 암을 유발하는 유전적 요인 및 환경적 조건을 분석하여 해당 질환의 치료 및 예방의 토대를 마련하는 것이라 밝히고 있다. 영국의료위원회와 웰컴트러스트가 NHS와 협력하여 추진했는데, 이처럼 공공 부문과 비영리 재단이 주축이 된 것은 영리기업이 중심이 된 아이슬란드의 사례에 대한 비판을 염두에 둔 것이라 할 수 있다.

사용될시를 언제나 예견할 수 있는 건 아니기 때문이다.

의료 정보의 비밀 유지와 관련된 또 다른 법률 역시 환자의 자율성에 위협이 될 수 있다. 「보건 및 사회적 돌봄 법」Health and Social Care Act(2001)은 보건부장관에게 공익적이고 의료적인 목적의 의료 정보 처리를 강제하는 규정을 통과시킬 수 있는 권한을 부여하고 있다. 영리 회사의 데이터 활용을 정부가 통제할 수 있는 수단으로 제시되기는 했지만, 그 법은 사실상 정부의 대규모 감시를 승인하고 있다. 런던정치경제대학교의 사이먼 데이비스Simon Davies가 지적했던 것처럼, "개인들은 그들의 개인적인 건강 정보가 어떤 목적에 사용되더라도 이에 대한 거부권을 행사할 수 없게 될 것이다. […] 이런 권한은 또한 NHS, 경찰, 사회서비스 담당 부서, 영국 내무성과 급여청Benefits Agency[18] 사이에서 데이터를 맞춰 보는 것을 허용하게 될 것이다".[19] 모든 환자들의 전산화된 건강 기록을 구축하려는 NHS의 계획, 생의학 및 경찰 과학수사 데이터베이스, 공공 서비스와 상업적 시장 간의 점점 더 밀접해지고 있는 관계를 고려한다면, 이 법률이 유전병에 관한 인구 데이터베이스의 상업적 이용을 승인하는 데 활용될 것이라는 예견은 그리 터무니없는 게 아니다. 아마도 범죄성을 포함한 '건전하지 못한 행동'의 의료화 또한 이러한 기관들 간의 협력 및 공공과 민간의 협력에 의해 강화될 것이다.

---

18) 과거 사회보장부(Department of Social Security)였던 영국 노동연금부(Department for Work and Pensions) 산하의 집행 기관으로 1991년에 설립되었으며, 산재급여나 실업급여 등 각종 공적 급여와 관련된 실무를 총괄한다.
19) Anon.(필자 미상), "Trust Me I'm a Health Minister", 13 March 2001.

이러한 예들이 보여 주는 것은 생명윤리학자, 유전학자, 비평가들의 광범위한 비판에도 불구하고, 국가가 국민을 위한 경제적 성취를 약속할 때 그런 국가는 상업적 이익을 지지하는 경향을 보일 것이라는 사실이다. 또한 국가는 공익으로 간주하는 것을 위해 개인의 권리를 무시하고 감시의 권한을 사용할 것이며, 지구적 자본의 시대에 이는 인구의 DNA 같은 국가 자원의 상품화를 의미할 수 있다. 국가는 유전 정보의 오용을 예방할 수 있는 엄격한 법률의 도입은 피하면서, 게놈학 분야를 규제하기 위해 불충분한 특허 관련 법률에 의지하고 있다. 우리는 11장에서 시장이 어떻게 좀 더 효과적으로 규제될 수 있는지 논할 것이지만, 먼저 유전학에 관한 정책 입안에서의 시민 참여를 고찰하고자 한다.

시민 참여

1990년대 이래로 과학자, 정치가, 정부 각료의 연합은 유전학 및 이와 관련된 생의학적 벤처 사업에 대한 대중의 태도에 점점 더 신경을 쓰게 되었다. 유전학에 대해 대중이 두려움을 지니고 있으며 무지하다는 선입견이 동력이 되어, 실질적인 의미에서의 유전학에 대한 대중교육 및 상담 산업이 출현했다. 그러한 교육 및 상담이 충분한 정보, 특히 유전의 패턴 및 확률에 관한 전문적 정보와 함께 제공되기만 한다면, 대중은 유전학이 가져다줄 편익을 올바르게 인식하고 그들이 지닌 불합리한 두려움에서 벗어나게 될 것이라고 주장되었다. 그리고 유전 정보는 또한 우리가 공통적인 유전형질을 지니고 있음을 입증함으로써 우리를 '신우생학'으로부터 보호하게 될 것이며, 사람들의 반사회적 행동이나 좋지 못한 건강 상태의 원인이 그들의 유전자 때문일 경우, 그들이 이런 행동이나 건강 상태로 인해 비난받아서는 안 됨을 보여 줄 것이기에 관용적 태도도 증대시킬 것이라는 주장이 이어졌다.

유전학의 대중적 이해에 대한 이런 '결핍' 모델이 강력한 비판을 받아 오기는 했지만, 대중교육 계획은 결과적으로 훨씬 더 세련돼졌다. 반면 정책 입안에 논리적 의견을 제시할 수 있는 대중의 능력에 대한 근원적인 회의는 지속되고 있다. 전문적 지식은 경험적 지식보다 여전히 높게 평가된다. 게다가 유전학에 관해 잘 알고 있는 비판적 시민단체들은 소위 일반 대중의 평판 내에서는 대개 주변화되어 있으며, 일반 대중의 의견은 현재 정부 기관이나 웰컴트러스트 같은 자금 제공 단체들에 의해 일상적으로 수행되는 다양한 실태 조사와 여론 조사를 통해 접근이 이루어진다. 에이단 데이비슨Aidan Davison과 그의 동료들이 언급했던 것처럼, 시민단체들은 지나치게 편향되고 비전형적인 소수들로 간주되며, 그래서 그들은 논의의 장에서 배제되거나 설령 포함된다고 하더라도 특별하고 유별난 경우로 간주된다. 요컨대 시민단체들이 무시되거나 '이례적인 것으로 취급됨'으로써 여론 조사 결과가 제대로 된 대중적 토론을 대체할 수 있게 된다.[20]

데이비슨과 그의 동료들은 생명공학이 시장과 훨씬 더 긴밀한 관

---

20) Aidan Davison, Ian Barns and Renato Schibeci, "Problematic Publics: A Critical Review of Surveys of Public Attitude to Biotechnology", *Science, Technology and Human Values* 22(3), 1997, pp. 317~348.

계를 맺게 됨에 따라, 설문 조사 응답자들은 점점 더 시민이 아닌 소비자로서 취급되고 있다고 이야기한다. 질문은 일반적으로 폐쇄적인 형태를 띠며, 질문의 방식상 자발적인 의견의 제시나 비판적인 논평을 할 수 있는 여지는 존재하지 않는다. 응답자들은 유전학에 대한 찬반양론의 득실을 비교하도록 요청받는다. '과학'은 압도적으로 긍정적인 방향에서 사용되고 있으며 중립적이고 객관적인 것이라고 편협하게 규정되는 경향이 있다. 대개의 경우 그것은 적절한 규제를 통해 통제하기 어렵지 않은 것으로 제시된다. 그리고 흔히 과학자들은 상업적 이득이 아닌 공익의 주요 동기부여자인 동시에 책임감 있는 전문가로 제시된다. (보통 식품 생산과 관련하여) 산업계에 대한 논의가 이루어질 때, 강조점은 대개 과학이 소비자들에게 더 많은, 그리고 더 나은 선택권을 제공하고 있다는 데 주어진다. 응답자들은 유전학에 대한 지지를 최대화하고 비판을 최소화도록 구성된 특정한 응답의 경로로 이끌려 들어가는 경향이 있다. 예컨대 유전자 치료 등의 기술이 개발되고 있는 상업적 환경에 대한 사람들의 견해를 묻는 질문보다는 "당신은 유전병 치료를 위해 당신의 아이가 유전자 치료를 받도록 허용하시겠습니까?"라는 식의 질문이 이루어진다.

그리고 나서 다수 '여론'은 브라이언 윈Brian Wynne이 논했던 것처럼 그 자체로 하나의 실체 — 행동은 아니지만, 하나의 태도로서 — 가 된다.[21] (과학적 사실에 대한 대중의 지식 수준을 제외하고는)

---

21) Brian Wynne, "The Public Understanding of Science", eds. Sheila Jasanoff et al., *Handbook of Science and Technology Studies*, London: Sage, 1995.

대중이 그들이 알고 있는 것을 왜 알아야 하는지, 혹은 그들이 무엇을 알고 싶어 할지에 대해서는 거의 또는 아무런 주의도 기울여지지 않는다. 그런 다음 여론 조사 결과는 정책 입안의 논의에 동원된다. 그 결과가 지지적일 경우, 이는 비판을 반박하고 과학자들에게 민주주의적인 방식으로 부여된 권한을 강조하기 위해 활용된다. 지지의 정도가 덜 명백할 경우, 흔히 대중매체가 현실을 와전했다는 이유로 비난받으며 더 개선된 교육이 이루어질 필요가 있다고 이야기된다. 부정적인 여론 조사 결과가 정책에 영향을 미치는 경우는 정말 극히 드물다. 최악의 경우, 유전학에 대한 여론 조사는 민주주의나 대중의 권한 강화와는 거의 무관하며, 이견을 억누르고 산업계의 이익을 증진하기 위해 이루어지는 '동의의 조작'manufacturing consent[22]과 밀접히 관련된다. 데이비슨과 그의 동료들이 언급한 것처럼 "여론 조사는 '대중'을 공적인 삶의 일들에 참여시키기 위한 도구가 아니라, 정치의 시뮬라크르simulacre[23]

---

22) 이는 미국의 대표적인 비판적 지식인 노엄 촘스키가 1988년 처음 출간하고 2002년에 개정 판이 나온 저서의 제목이기도 하다(노엄 촘스키·에드워드 S. 허먼, 『여론조작』, 정경옥 옮김, 에코리브르, 2006).

23) '시뮬라크르'는 원래 플라톤에 의해 정의된 개념으로, 그에 따르면 인간이 살아가는 세계는 가치의 원형인 이데아, 이데아의 복제물인 현실, 복제의 복제물인 시뮬라크르로 이루어져 있다. 즉 시뮬라크르는 원본과는 전혀 다른 무가치한 가짜 복제물을 의미한다고 할 수 있다. 그러나 현대 철학자들은 시뮬라크르를 이와는 다른 방식으로 적극적인 의미를 부여해 사용하고 있다. 우선 질 들뢰즈(Gilles Deleuze)에게 시뮬라크르는 원본이나 원본의 복제물과는 전혀 다른 독립성을 가지고 있으며, 원본을 뛰어넘어 새로운 자신의 공간을 창조해 가는 역동성을 지닌 것으로 설명된다. 그리고 시뮬라크르 속에 내면화된 발산하는 두 계열들 중 그 어느 것도 원본이 될 수 없으며 그 어느 것도 복사본이 될 수 없다는 입장을 제시한다. 또 하나의 시뮬라크르 이론은 장 보드리야르(Jean Baudrillard)에 의해 전개된다. 보드리야르에 와서 시뮬라크르 개념은 큰 변화를 겪게 되는데, 그것은 바로 '원본의 상실'이다. 보드리야르는 오늘날 많은 시뮬라크르들이 그 원본 없이도 존재하고 있으며, 원본과 복사본의 경계가 모호해지면서 결국 복제물들이 점차 원본을 대체하게 되는 사회가 현대 사회임을 논한다.

를 창조하기 위한 도구가 되었다".[24]

또한 대중적 의견 수렴 과정들은 개방성과 책임성이라는 공언된 목표에도 불구하고 여전히 다양한 문제를 지니고 있다. 영국에서 인류 유전학위원회와 관련 기구들은 이러한 의견 수렴 활동을 상당 기간 동안 진행해 왔다. 예컨대 일련의 질문들이 열거된 문서를 배포한 다음 응답자들이 위원회에 서면으로 응답할 수 있도록 하는 것을 통해서 말이다. 그 위원회는 또한 공청회에 참고인들을 불러내기도 하며, 그들은 그곳에서 일정한 질문들에 답변한다. 놀랄 만한 일은 아니지만, 대부분의 질문에 묻고 답변하면서 이러한 회합을 좌우하는 것은 전문가들이다. 일반인들이 그들의 견해를 진술하는 일은 정말 극히 드물다. 대중적 의견 수렴에서 나타나는 문제의 한 예는 2000년에 있었던, 착상 전 유전자 진단pre-implantation genetic diagnosis, PGD[25]에 대한 유전자검사자문위원회와 인간 수정 및 배아 연구 관리청의 의견 수렴 과정에서 발견된다. 그 의견 수렴 과정은 착상 전 유전자 진단이 해머스미스병원Hammersmith Hospital에서 개발되기 시작하고 나서 한참이 지난 후에야 이루어졌다. 그것은 피상적인 과정에 불과했다. 또한 의견 개진 마감일이 16개월이나 지난 후까지, 어떤 결과도 발표되지 않았다.

---

24) Davison, Barns and Schibeci, "Problematic Publics", p. 330.
25) 시험관에서 체외 수정된 배아의 유전적 결함 여부를 사전에 진단한 다음, 건강한 배아만을 골라 자궁에 착상하는 기술을 말한다. 1990년대에 상용화된 PGD의 경우 성별과 더불어 약 200종류의 유전적 이상을 검사할 수 있었으나, 2000년대 중반에 이보다 한 단계 업그레이드 된 PGH(pre-implantation genetic haplotyping) 기술이 개발되었다. PGH는 6000종류의 유전적 이상을 사전에 확인할 수 있으며, 이 기술을 이용한 첫 번째 시험관 아기가 2006년 11월 14일 영국에서 태어났다.

물론 [유전병에 걸린 환자들과 그 가족을 대변하는] 유전학이해당사자그룹^{Genetics Interest Group, GIG} 같은 조직들이나 여타의 환자 단체들도 의견 수렴 과정에 참여해 왔다. 그러나 이런 조직들은 그들 자신의 우선 사항을 지니고 있으며 과학계 및 산업계와 연관을 맺고 있다. 예컨대 유전학이해당사자그룹의 이사인 앨리스터 켄트^{Alistair Kent}가 최근 (제약 산업계에 의해 조직된) '유전변이의 활용'^{Capitalising on Genetic Variation}이라는 명칭이 붙은 컨퍼런스에서 연설했을 때, 그의 연설에는 '대중적 정서와 보조를 맞추는 것을 보장하기 위해, 약물유전학적 신약 개발에 대한 정부의 정책에 영향을 미치는 환자 단체들의 힘을 활용하기'라는 제목이 붙어 있었다. 유전학이해당사자그룹 같은 '환자' 조직들은 분명히 정책 입안에 큰 영향력을 행사하며, 그들의 견해는 의심할 바 없이 중요하다. 그러나 그들은 제대로 된 시민 참여를 대체할 수 없으며, 과학적 진보와 상업적 이익에 대해 다소 비판적인 유전질환자들의 견해를 대변하지도 않는다.

우리는 유전학에 대한 대중적 의견 수렴의 현재적 형태들에 비판적이기는 하지만, 그것이 이 분야에서 정책 입안에 대한 시민 참여가 좀 더 일관되고, 비판적이며, 상호적인 방식으로 이루어지도록 하기 위한 가치 있는 수단임을 인정한다. 우리는 이후 이러한 방식들에 대해 간략하게나마 좀 더 논의할 것이다. 또한 생명윤리가 유전학에 좀 더 비판적인 논평을 제공하기 위해서 어떤 식으로 발전될 수 있는지, 그리고 우리가 신유전학의 발흥을 방지하기 위한 규제와 법률을 어떻게 촉진할 수 있는지에 대해서도 논의할 것이다. 그러나 앞 절에서 약술했던 것처럼, 우리는 유전학계, 국가, 게놈학 시장 간의 동맹이 가져올 수 있는 이득에 대해서는 훨씬 더 회의적이다. 산업계의 이익과 비판적 거리를 유지하지 않는다면, 아이슬란드의 경험이 여실히 보여 주는 것처럼 국가는 자신이 대변해야 할 국민을 보호하는 존재로 제대로 자리매김할 수 없다. 대의민주주의가 점점 경직되고 보수화되어 가고 있기 때문에, 우리는 지구적·국가적, 기업적, 전문가적, 정치적 이해관계를 가로지르며 아래로부터 우생학에 도전하는 지역사회 참여와 행동주의로 눈길을 돌려야만 한다. 이것이 의미하는 바를 다음 마지막 장에서 살펴볼 것이다.

11장 _ 결론

유전학자들의 공적 담론 내에서, 중국은 대개 오늘날 우리가 우생학에 대해 걱정할 하등의 이유가 없다는 그들의 원칙적 입장을 증명해 주는 일종의 예외적 사례로 제시된다. 그러나 장애와 유전학에 대한 중국의 정책이 소위 선진화된 북부, 즉 유럽 및 북미의 정책과 정말 그렇게 다른 것일까? 중국에서는 1994년 「중화인민공화국 모영보건법」中华人民共和国母婴保健法[1]이 통과되었고, 그다음 해부터 시행되었다. 그 법률의 원안이 광범위한 국제적 비난을 불러일으키면서 '열등한'이나 '우생학적' 같은 용어들은 삭제되고 단종수술과 낙태가 '의무적'인 것이 아닌 '자발적'인 것으로 수정되기는 했지만, 통과된 법률은 파트너 중 어느 한쪽이 장애를 지니고 있는 경우에는 유전상담을 받게 하고, '심각한 유전병'이나 '관련 질병'을 지닌 태아를 임신한 경우에는 낙태수술이 이루어지도록 하고 있다. 이러한 질병에는 AIDS, 성병, 한센병, 선천적

---

1) '모영'에서의 '영'(婴)은 '영아'를 의미한다. 즉 이 법은 우리나라의 「모자보건법」에 해당하는 법률이라고 할 수 있다.

손상, 조현병, 자립생활을 가로막거나 혹은 다음 세대에 유전될 수 있는 이상들이 포함된다. 장애인들도 (그 장애가 심대한 영향을 끼치지 않는 한) 결혼하고 아이를 가질 수 있지만, 태아에게 어떤 손상이 탐지될 경우 낙태가 권장된다. 정부가 법에서 전달하고 있는 강력한 메시지는 손상이란 바람직하지 않고 비정상적인 것이며, 가능한 한 예방되어야만 한다는 것이다. 선진화된 북부에서는 비록 이처럼 노골적인 법률은 존재하지 않지만, 이 책 전반에서 보여 주었듯 유전학적 선별 검사 프로그램에 대한 공중위생학적 근거와 유전상담 활동에서 이러한 가치관 중 많은 것들이 암시적으로, 때로는 명시적으로 나타나고 있다.

장애인에 대한 중국인들의 태도 또한 북부의 그것과 크게 다르지 않다. 엠마 스톤Emma Stone은 중국의 5100만 장애인들이 처한 상황은 중국잔질인연합회中國殘疾人聯合會[2]에 의해 초안이 작성된 「중화인민공화국 잔질인 보장법」中華人民共和國殘疾人保障法(1990)의 효과로 인해 최근 상당히 많이 개선되었다고 언급한다. 1980년대에 중국은 유엔의 「장애인에 관한 세계 행동 계획」World Programme of Action Concerning Disabled Persons과 통합·재활·예방을 강조하는 여타의 국제 프로그램에 의해 촉진된, 장애에 대한 국제적 접근법을 채택했다. 1980년대 덩샤오핑鄧小平 체제하에서 장애인구에 대한 전국적 실태 조사가 있었으며, 장애인들에게 일자리를 찾아 주고 그들의 삶의 질을 개선하기 위해 '나는 장애인에게 이바지하고, 장애인은 사회에 이바지한다'라는 슬로건 아

---

2) '잔질'은 몸에 남아 있는 질병이라는 뜻으로, 중국에서는 장애인을 잔질인이라고 부른다. 우리 나라도 고려시대와 조선시대에는 장애인을 '잔질자', '폐질자', '독질자'(篤疾者) 등으로 지칭 했다. 특히 '폐질'은 '불구'(不具)와 더불어 1970년대까지도 법률에서 사용되던 표현이다.

래 공동의 노력이 이루어졌다. 1990년의 「중화인민공화국 잔질인 보장법」은 장애인의 공민권, 통합, 참여를 보장하고 있다.[3] 스톤이 논한 것처럼, 중국은 세계의 다른 나라들을 따라했다. "중국의 정책 입안자들은 더도 아니고 덜도 아니고 딱 선진화된 북부 여러 나라의 정책 입안자들이 했던 대로 했다. 더 이상 익숙하게 쓰이지 않는 용어를 사용하는 실수를 저질렀다는 점을 제외하고는 말이다. 결국 '우생학'이라는 단어는 기각되었고, '모영보건'이라는 단어가 채택되었다."[4]

스톤의 분석은 우리가 중국을 북부의 관행과는 너무나 다른 이례적인 것으로 취급하는 시각을 경계해야만 함을 보여 준다. 그녀의 논의는 또한 재생산 중재를 통해 장애를 제거하는 정책이 이미 장애를 지닌 채 살아가고 있는 사람들의 공민권을 증진하기 위한 사회정책들과 무리 없이 공존할 수 있음을 보여 준다. 이는 이러한 두 가지 정책이 언뜻 많이 달라 보이지만, 사실 그다지 다른 것이 아니기 때문이다. 양쪽 정책은 그것이 장애 아동의 출산을 방지하는 것과 관련되든 생산적인 노동을 통해 장애를 극복하는 것과 관련되든, 사람들의 사회적 공헌을 극대화하는 데 관심을 두고 있다. 어떤 의미에서 공민권이란 사람들의 사회적 값어치에 대한 이런 강조의 부산물이다. 그렇기 때문에 장애인의 공민권은 여전히 제한된 형태로 남아 있게 된다. 특히 재생산 선택권과 관련된 경우에는 말이다. 비록 북부에서는 장애인에 대한 차별 정책이 훨씬 덜 공공연하기는 하지만, 우리는 장애인에 대한 보

---

3) Emma Stone, "A Law to Protect, A Law to Prevent: Contextualising Disability Legislation in China", *Disability and Society* 11(4), 1996, pp. 469~484.

4) Ibid., p. 477.

건 및 복지 서비스가 조직되는 방식에서 차별적 태도와 접근법의 자취를 볼 수 있다. 현대 사회가 장애와 유전학에 접근하는 방식의 기반을 형성하고 있는 태도 및 관계성은 우생학적 유산으로부터 온 것이다. 그렇다면 이 유산의 핵심 요소는 무엇인가?

회고

과거와 현재의 유전자 정치 간에는 우리가 여기서 강조하고 싶은 네 가지 중요한 유사점이 존재한다. 첫째, 스톤이 논평한 것처럼 과거와 마찬가지로 오늘날에도 우리는 장애인에 대해 계속해서 모순된 태도를 견지하고 있는데, 이는 주로 두려움과 의구심과 동정의 어떤 혼합된 감정에 기반을 두고 있다. 이런 태도의 심대한 영향 속에서 유전학 연구에 의해 다루어질 문제들이, 그리고 그 문제를 해결하기 위해 개발되는 중재의 방식들이 형성된다. 주류 우생학의 시대와 게놈학의 시대 양쪽 모두에서 '유전병'의 범주들은 확장되어 왔다. 그리고 우생학과 유전학의 역사 전반에 걸쳐 그 초점은 언제나 신체적·정신적 장애를 지닌 사람들이었다. 정신질환자, 약물이나 알코올 중독자, 범죄자, 문제행동을 하는 아동 같은 사회적으로 낙인화된 여타의 그룹들 또한 주류 유전학의 시대와 오늘날의 게놈학에서 그 초점이 되어 왔다. 유전학의 시야는 암이나 심장병 같은 흔한 질병의 전 영역을 포괄하기 위해 한층 더 확장되어 왔다. 그리고 비록 과거의 노골적인 인종주의는 기각되었지만, 질병이나 사회적 일탈에 대한 사람들의 기질적 성향에서 나타나는 인종적 차이들은 계속해서 관심의 대상이 되고 있다.

소위 유전병이나 유전적 이상을 지닌 사람들에 대한 현대 사회의
접근법 또한 그들이 지닌 이상이 치료가 필요한 것으로, 그리고 환경
보다는 유전의 결과로 간주된다는 점에서 과거의 접근법과 유사하다.
이러한 이상들은 진단을 위해 유전자 검사가 이루어져야 하고, 이에
기반을 둔 특정한 종류의 치료가 필요하다는 것이다. 현대의 유전학
발전과 관련하여 두드러지는 점은 실행되고 있는 중재의 대부분이 과
거와 마찬가지로 재생산에 집중되는 경향을 나타낸다는 것이다. 이는
유전자 치료의 개발에 막대한 투자가 이루어지고 있음을 부정하려는
것도 아니고, 산전 검사가 현재 다인성 질환이나 경미한 이상에까지
적용될 수 있음을 강조하려는 것도 아니다. 그러나 아직까지는 일반적
인 형태의 치료는 말할 것도 없거니와 성공적인 유전자 치료보다는 재
생산 중재를 통해 문제를 해결하려고 할 가능성이 훨씬 더 크다.

오늘날 신자유주의적 민주주의에서 유전자 검사에 참여하라는 공
공연한 강요가 이루어지는 경우는 훨씬 더 드물긴 하지만, 사람들이
유전자 검사에 응하도록 압력을 가하는 다수의 직간접적 방식들이 존
재한다. 특히 선별 검사 프로그램에서 말이다. 임상의, 과학자, 정책 입
안자들 사이에 광범위하게 퍼져 있는 견해는, 장애 아동의 출산은 피
하는 게 최선인 하나의 비극이라는 것이다. 과거와 마찬가지로 전문가
가 어떤 종류의 사람이 태어나야만 하는지 판단을 내리며, 그 판단은
유전자 진단을 받은 후 임신 지속 여부에 대한 최종적인 선택을 하는
사람들에게 심대한 영향을 미친다. 좀 더 일반적으로 말하자면, 사회
전반에서 장애인들은 열악한 보건 및 복지 서비스, 낙인, 빈곤을 경험

한다. 그들이 처한 상황이 과거보다 분명 개선되기는 했지만, 차별은 장애인과 장애인 가족들의 삶에 계속해서 큰 영향을 미치고 있다.

둘째, 우생학과 유전학의 역사 전반에 걸쳐 전문가들은 어떤 유전학 연구가 수행되는지, 클리닉과 훨씬 더 광범위한 지역사회에서 유전학이 어떻게 적용되는지, 유전학 연구 및 서비스가 어떤 식으로 규제되는지에 대해 지나치게 큰 권한과 통제권을 행사해 왔다. 우리가 나치 독일의 전체주의, 스칸디나비아의 복지국가들, 주류 우생학이 정점에 있었을 때의 영국이나 미국에서 횡행한 후견주의[부권주의]와 심한 편견, 신자유주의 시대 유전학의 대유행이 지닌 유사점을 단순 병치시켜 비교하려는 것은 아니다. 이런 상이한 맥락들과 시대들 내에서 유전 선택권이 제공되고 실행된 방식에는 분명히 많은 차이점이 존재한다. 그러나 전문가들은 과거와 마찬가지로 오늘날에도 유전학과 관련된 정책 입안에서 핵심적인 위치를 유지하고 있다. 유전학 연구 및 서비스 확대에 존재하는 그들의 이해관계가 이 분야에서의 실천과 정책 대부분을 추동해 낸다. 대체적으로 보았을 때, 직업적 생명윤리학자들 같이 정책 논의에 참여해 온 여타의 핵심 행위자들 또한 점증하는 유전화 및 과학기술의 확대와 관련된 위험성이나 문제들에 대해 낙관적인 태도를 취한다. 유전학 전문가들은 이러한 동맹자들과 더불어 계속해서 사회의 이익과 관련해 입장을 내고 판단을 내리면서, 사실은 그들의 이익에 따라 유전학을 운용하기 위한 정책을 수립하고 있다. 개인과 환자의 선택권이라는 이상이 현재 다른 무엇보다 중요한 것일지 모르지만, 실험실, 클리닉, 정책 입안의 세계에서는 전문가들의 통제가 여전히 근본적인 영향력을 갖는다.

이로써 전문가들의 지배는 과학과 기술을 이해하고 실행하는 몇 가지 결정적인 방식들을 형성하게 되는데, 그 방식들의 기원 또한 유전학과 우생학의 초창기로 거슬러 올라가 규명될 수 있다. 우리가 여기서 강조하고 싶은 과거와 현재의 세 번째 공통성은 기술관료제적 이상이다. 이러한 이상에서는 지식 일반과 과학기술이 구분되는데, 과학기술은 형식상 객관적이고 중립적이기 때문에 그 내용 자체에 이의 제기가 이루어지기보다는 현명하게 사용하면 되는 것으로 여겨진다. 우리가 간략히 논의하게 될 것처럼, 과학과 기술에 대한 이런 인식틀의 설정은 유전학의 진보에 대한 전문가들의 수사와 게놈학 정책 입안에 있어 계속해서 결정적인 중요성을 유지하고 있다. 정책 논의는 여전히 거의 전적으로 유전 정보와 유전자 기술의 사회적 영향에만 초점을 맞추는 경향이 있다. 마치 지식과 기술 자체는 어쨌든 불가피한 것이고 당연히 사회적 비판으로부터 자유롭기라도 한 것처럼 말이다. 그러나 유전학의 역사와 현재는 과학의 내용과 그것이 미치는 영향이 그렇게 쉽게 분리될 수 없음을 보여 준다.

넷째, 전 세계의 우생학과 게놈학은 또한 명백히 하나의 지도 원리를 공유하고 있다. 그것은 다름 아닌 진보다. 사회의 진보를 위해 질병과 고통을 제거하고자 했던 과거의 웅대한 계획은 인간게놈프로젝트나 유전학적 서비스에 대한 논의에서 등장하는 질병 예방이라는 현재의 수사와 닮아 있다. 그리고 비평가들이 진보가 일정한 경로를 따라 타락할 위험성을 지적할 경우, 그런 지적들은 두려움이나 무지에 의한 것이라고 묵살된다. 과학자들은 과학적 진보가 윤리적으로 받아들여질 수 있는 방식으로 이루어지고 있다는 그들의 견해를 강요하기 위해 전문 지식이라는 전가의 보도를 휘두른다. 신유전학이나 여타의 과학 연구 분야에 대한 비평가들이 미래의 개발에서 나타날 수 있는 위험성을 경고할 경우, 과거와 마찬가지로 과학의 옹호자들은 이것이 유언비어를 퍼뜨리는 행위라고 말한다. 또한 '맞춤아기'나 '유전적 최하층 계급' 같은 용어들은 말이 되지 않는 것이라고 거부한다. 국가와 과학계가 충분한 책임감을 지니고 있다고 대중을 안심시키기 위해 존재하는 다양한 독립 기구들이나 국가의 후원을 받는 기구들은, 현 단계의 연구에서 가능하지 않은 것들은 평가조차 하지 않으려는 경향을 보인다. 바바라 카츠 로스먼이 논한 것처럼, "과학자들은 재빠르게 목소리 높여 말한다. 그런 것은 가능하지 않다고, 그와 관련된 유전학의 내용을 당신이 제대로 이해하지 못한 것이라고. 그렇게 그들은 우리를 안심시킨다. 물론 5년 후에는 그것이 **가능해진다**. 그리고 그때는 이미 그것을 할 것인지 말 것인지 결정하기에는 너무 늦다. 어느 순간 정신을 차리고 보면, 우리는 그것이 이미 이루어졌음을 발견하게 된다".[5]

명시적인 규정의 부재 속에서 과학자들은 착상 전 유전자 진단이나 체세포 핵치환(복제) 같은 새로운 절차를 개발할 수 있는 무제한의 자유를 부여받게 된다. 뒤늦게 어떤 위원회가 해당 이슈에 관한 논의를 시작할 수는 있겠지만, 그러한 연구나 실천이 이미 이루어지고 있기 때문에 시간을 되돌려 그것을 막는 것은 불가능하다는 결론을 내리게 될 것이다. 이런 방식이라면 일정한 경로를 따라 기술의 진보가 이루어지는 게 불가피한 것처럼 보이지만, 상황을 그렇게 만드는 것은

---

5) Rothman, *Genetic Maps and Human Imaginations*, p. 37.

권력과 의사 결정 구조이지 지식 그 자체가 아니다.

과거에도 그랬지만 현재에도 우리는 정책 입안에서 진보의 현실이, 만일 처음부터 대중이나 국회의원들에게 그 전모가 제시되었다면 그들이 받아들이지 않았을 상황으로 서서히 나아가는 경향이 존재함을 확인할 수 있다. 이에 대한 하나의 좋은 예는 영국의 배아 연구에 대한 규제다. 희귀 질병에 대한 치료법을 개발하겠다는 장밋빛 약속에 기반을 두고 과학자들이 벌인 효과적인 로비 활동은 1990년의 「인간 수정 및 배아 연구 관리법」으로 이어졌으며, 이로부터 세계에서 가장 자유로운 배아 연구 규제 체제가 생겨났다. 10년이 지난 후, 배아 실험에 대한 근거들은 점차 확장되어 결국 배아줄기세포의 치료적 특성과 치료용 복제에 대한 연구를 허용하게 되었다. 이에 대한 반대자들은 그 연구가 다루고 있는 내용이 1990년에 승인된 기존의 허가 범위를 법률적으로 넘어서지 않는다는 이야기를 듣고 있다. 그러나 그 연구가 체세포 핵이식somatic cell nuclear transfer, SCNT 기술을 개발함에 따라, 반대자들의 주장에도 불구하고 우리는 재생산 복제의 수용을 향해 한 발 더 가까이 다가서게 되었다. 다수의 의사들과 과학자들이 향후 10년 내에 재생산 복제가 이루어질 것이라 여기고 있다. 조너선 글로버가 상이한 맥락에서 언급했던 것처럼, "어렵지 않은 몇 단계만 더 거치고 나면, 우리는 어떤 사람을 처음의 그 온전한 존재로 간주할 수 있는지의 여부를 굳이 생각하지 않아도 되는 세계로 나아갈 수 있다".[6]

연구로부터 임상 행위로 눈길을 돌려 보면, 여기에서도 유사한 형

---

6) Glover, *What Sort of People Should There Be?*, p.14.

태의 점진주의incrementalism가 관찰된다. 의사들은 의학 연구에 대한 일반적인 옹호뿐만 아니라 구체적인 임상 사례들을 통해서도 '슈라우드 웨이빙'shroud waving[7]에 참여한다. 양쪽 다 어려운 상황 —— 불임이나 손상이나 질환 —— 속에서 고통받는 사람들에 대한 우리의 동정심에 호소하면서, 이러한 동정심을 도덕적으로 의심스러운 새로운 과정에 존재하는 모호한 윤리적 경계의 수용, 혹은 그 과정에 대한 공리주의적 정당화의 수용으로 전환시켜 내는 방식을 띤다. 신기술이나 새로운 과정이 너무나 안타까운 상황에 대한 해결책으로 일단 한 사례에 한해서 도입되는 것이다. 하지만 일반적으로 의료기술의 역사는 그런 신기술이나 새로운 과정이 곧 보편화되면서, 처음 예상했던 것보다 훨씬 더 광범위한 환자 그룹에 적용될 수 있음을 보여 준다.

이는 발생학자인 리 실버가 자신의 책 『에덴동산을 다시 만들기』에서 그 개요를 서술했던 것처럼, 개인의 재생산 선택권이 장차 맞춤아기로 이어질 수 있음을 의미한다. 그는 점증하는 과학기술의 힘 —— 진단을 위한 유전자 칩, DNA를 증폭시키기 위한 중합효소연쇄반응, 추가적인 배아의 생성을 위한 복제 —— 과 개인의 선택이라는 수사에 기반을 둔 시장 시스템의 결합이, 지능이나 신체적 능력 및 기질 같은 비병리적인 형질들을 이유로 한 배아의 선택으로 이어질 수 있음을 논한다. 명백히 이러한 형질들 중 그 어떤 것도 직접적으로 유전에 의해 결정되지는 않는다. 하지만 미세한 영향력을 지닌 유전자들도 의

---

7) 주로 영국에서 쓰이는 표현으로, 정부가 의료 영역에 더 많은 재정 지원을 하지 않으면 국민 보건에 문제와 부작용이 발생할 것이라고 경고하는 관행을 말한다.

심할 바 없이 많은 질환과 행동들에서 일정한 역할을 한다. 그리고 현재 자신의 자식을 위해 사교육, 외국어나 테니스 교습, 성형수술이나 치과교정술에 투자하고 있는 많은 야심찬 부모들이 유전자 조작을 바라게 될 것이라 상상하는 것은 그다지 터무니없는 일이 아니다.

소위 유전병 환자에 대한 정의와 치료, 전문가적 권위의 특권화, 기술관료제적 이상, 진보에 대한 맹목적 집착은 과거에도 그랬지만 현재에도 우리 사회가 유전학에 대해 사고하고, 유전학을 규제하고, 유전학을 실천하는 방식들에서 많은 문제를 야기한다. 이는 오늘날 장애와 유전형질에 관한 연구와 서비스에서 우생학이, 규제 시스템뿐만 아니라 문화적 가치와 사회적 관계의 좀 더 일반적인 결합에서도 나타나는 일종의 발현적 속성일 수 있음을 의미한다. 현대 사회의 정책들은 재생산 복제처럼 윤리적으로 의심스러운 연구들이나 국가의 후원 아래 이루어지는 억압 같은 공공연한 우생학의 위험성에 대응하는 데 초점을 맞추고 있다. 하지만 그런 정책들은 유전학적 선별 검사와 낙태에 응하라는 전문가들의 압력 및 훨씬 더 광범위한 사회적 압력, 보험회사와 고용주에 의한 차별, 치료용 복제를 매개로 한 재생산 복제의 가능성 같은 우생학적 결과를 막는 데는 효과가 없다. 사회문제에 대한 생명공학적 해결책의 사용을 제한할 수 있는 확고한 경계 같은 것도 존재하지 않는다. 예컨대 우리는 현재 주로 치료적 목적으로 사용되고 있는 기술들이 점점 더 유전학적 증강이라는 목적을 위해 사용될 것이라고 생각한다. 그리고 전문가, 국가, 시장 간의 결합은 상업화된 우생학의 가능성을 부추기고 있는데, 이는 부와 지위에서의 불평등을 악화시킬 것이다. 바바라 카츠 로스먼이 말하는 것처럼, "시장의 손안

에서 '생명의 서'는 하나의 상품 카탈로그가 된다".[8)]

우생학의 가능성을 축소시키려면 유전학 정책의 입안과 유전학적 실천에 대해 다른 방식으로 생각할 필요가 있으며, 과학과 기술을 보다 광범위한 사회적 맥락에서 이해하는 좀 더 실제적인 평가를 발전시켜야 한다. 우리는 또한 정책 입안 과정을 여타 이해당사자들에게 개방하고 의사 결정에 대한 전문가들의 지배에 도전해야 한다. 좀 더 철학적인 차원에서 말하자면, 선택권, 생명, 장애에 대한 우리의 태도 자체를 재고할 필요가 있다. 우리는 이제 우리에게 열려 있는 대안은 어떤 것이 있는지 살펴볼 것이다. 어떠한 원칙, 실천, 정책이 암울하고 부정적인 미래를 방지할 수 있는, 그리고 과학과 사회 간의 적절하고 윤리적인 관계를 조성하는 유전학의 발전을 뒷받침할 수 있을 것인가?

숙고

미래에 관한 우리의 경고에 어떤 진실이 존재한다면, 마땅히 우리는 인간에 대해 사고하는 더 나은 방식이 존재하는지를 긴급히 성찰할 필요가 있다. 하나의 출발점으로서 일단 우리는 성직자가 되기 전 과학자였던 존 합굿[John Habgood] 대주교가 1995년 헤슬링턴 강의[Heslington Lecture9)]에서 했던 말에 의지해 볼 수 있을 것이다.

---

8) Rothman, *Genetic Maps and Human Imaginations*, p. 218.
9) 헤슬링턴에 메인 캠퍼스를 두고 있는 요크대학교에서 주최하는 명사 강의를 말한다.

첫 번째 원칙, 인간은 그들이 지닌 유전자에 불과한 것이 아닙니다. 유전자는 그저 일련의 방향을 지시할 뿐이지요. 우리는 단지 그 지시대로 구성되고 움직여지는 존재가 아닙니다. 두 번째 원칙, 인간의 본성에는 귀중한 다양성이 존재함을 기억해야 합니다. 세 번째 원칙, 인간이 서로 거래할 때는 정의를 추구해야 하며, 자원을 활용할 때는 공정함을 추구해야 합니다. 네 번째 원칙, 프라이버시와 자율성을 존중해야 합니다. 다섯 번째 원칙, 치료 가능한 질병의 경우에는 그것이 치료될 것이라는 추정을 받아들여야 합니다. 마지막 여섯 번째 원칙, 인간의 본성을 개선한다는 말들은 강하게 의심해 봐야 하며, 어떤 개선이 이루어질 수 있는지 알고 있다고 생각하는 사람들은 한층 더 의심해 볼 필요가 있습니다.[10]

우리는 다양성, 정의와 공정함, 인간 본성의 개선에 대한 거부를 강조하는 합굿 대주교의 입장을 공유하기는 하지만, 그가 지닌 해결책은 여전히 불충분한 것이라 할 수 있다. 합굿 대주교가 질병의 치료와 자율성의 존중을 강조하는 데서 그가 지닌 사고의 학문적 뿌리가 드러난다. 우리는 질병과 장애에 대한 다른 접근법을 발전시켜야 하며 개인의 선택에 대한 호소를 경계할 필요가 있다.

장애와 차이는 제거되어야 할 대상이 아니라 존중되어야 하는 것이다. 우리는 부모들이 몇몇 극심한 유전질환과 연동된 고통을 피하려

---

10) Michael J. Reiss and Roger Straughan, *Improving Nature? The Science and Ethics of Genetic Engineering*, Cambridge: Cambridge University Press, 1996, p. 221.

할 수 있다는 것에 동의하지만, 대다수 유전질환은 이런 종류의 것이 아니다. 장애인들은 장애의 주된 문제는 유전적인 것이 아니라 사회적인 것임을 주장해 왔다. 우리는 손상을 지닌 사람들을 제거하는 것이 아니라, 사람들로 하여금 무언가를 할 수 없게 만드는 환경적·경제적 장벽을 제거해야만 한다. 이와 관련해 페미니스트인 메그 스테이시[Meg Stacey]는 다음과 같이 논한다.

> 몇몇 유전병을 말끔하게 제거한다고 해서 사회가 말끔해지지도 고통이 제거되지도 않을 것이다. 자연을 정복하려 하기보다 자연과 협력하여 살아가는 것으로 과학의 목표를 수정하는 것이 필요한 때가 온 게 아닐까? 태어난 우리 모두는 불가피하게 죽을 것이다. 그것이 인간이라는 유기체의 존재 방식이다. 불가피하게 우리는 병들고, 우리 가운데 누군가는 장애를 갖게 될 것이다. 그러한 협력적인 방식의 기획에서는 의학도 제공할 수 있는 게 많을 것이다.[11]

이런 접근법은 몇몇 생물학자들에 의해서도 지지된다. "유전적 결함은 인간의 유전 과정에서 나타나는 불가피한 특성이다. 그것은 우리를 인간으로 만들어 준 것의 일부다."[12] 즉 진화는 다양성에 의존한다.

---

11) Meg Stacey, "The New Genetics: A Feminist View", eds. Theresa Marteau and Martin Richards, *The Troubled Helix: Social and Psychological Implications of the New Human Genetics*, Cambridge: Cambridge University Press, 1996, p. 346.
12) David T. Suzuki and Peter Knudtson, *Genethics: The Ethics of Engineering Life*, London: Unwin Hyman, 1989, p. 205.

카미유 리모주^{Camille Limoges}가 주장하는 것처럼 말이다. "결국, 우리를 하나의 생물학적 종^種으로 만들어 낸 것은 유전적 '오류들'이다. 우리 인간은 그와 같은 '오류들'의 통합적 집합체인 것이다."[13]

장애와 차이에 대한 이와 같은 대안적인 돌봄 및 측은지심 ^{compassion}의 윤리는 다양성을 가치 있게 여기고, 우리 삶의 틀을 형성 하는 행운과 불운의 공존 및 복잡한 의존 관계를 관대하게 다루는데, 이는 유전의학에 매우 상이한 길을 제시한다. 우리는 이러한 윤리가 현대의 게놈학 내로 쉽사리 이식될 수 있을 것이라 추정할 만큼 나이 브하지 않으며, 게놈학의 현재 모습을 형성해 낸 낙인과 무지 속에 존 재하는 가치들의 대다수가 사회 전체에 널리 퍼져 있음을 인식하고 있 다. 그러나 이것이 우리가 사람들이 지닌 일상적인 돌봄의 윤리에 개 입하지 말아야 한다거나, 유전학에 관한 대중적 논의와 정책 입안 과 정에서 (보다 인도적인 형태의 유전의학을 발전시키고 우생학적 미래를 향한 동인을 약화시키기 위해) 대안적 윤리를 분명하게 표명하려 들지 말아야 함을 의미하지는 않는다.

우리는 또한 개인의 선택에 대해 다른 방식으로 생각할 필요가 있 다. 즉 그것이 어떤 방식으로 표명되며 어떤 결과를 가져오게 되는가 라는 견지에서, 보다 광범위한 사회적 맥락의 일부로 바라보아야 하는 것이다. 그레고리 카브카^{Gregory Kavka}의 상방 위험^{upside risk}이라는 개 념은 우리가 이러한 필요성을 이해하는 데 도움을 준다. 일정한 상황

---

13) Camille Limoges, "Errare Humanum Est: Do Genetic Errors Have a Future?", ed. Carl F. Cranor, *Are Genes Us?: The Social Consequences of the New Genetics*, New Brunswick, NJ: Rutgers University Press, 1994, p. 124.

들에서 어떤 개인은 특정 전략을 추구하는 것으로부터 이득을 얻을지 모르지만, 모두가 동일한 접근법을 따를 경우 사회문제가 발생한다. 하나의 분명한 예는 자동차의 사용이 될 것이다. 각 개인들에게 그것은 합리적인 선택일 수 있지만, 우리 모두가 자동차를 몬다면, 결국 교통 체증과 지구적인 환경 오염에 직면하게 된다. 카브카는 생명공학이 상방 위험으로 이어질 수 있는 방식들에 대한 다양한 예를 제시한다. 첫 번째는 개인의 재생산 결정에 의해 야기되는 인구에서의 집단 불균형이다. 예컨대 어떤 사회들에서는 남아에 대한 선호가 성비의 변화로 이어진 바 있다. 두 번째 예는 앞서 실버에 의해 그 개요가 서술된 시나리오로부터 야기될 사회적 불평등의 증대다. 체외 수정과 배아 생체검사[착상 전 유전자 진단]는 비용이 많이 들기에 대개 부자들만이 이용할 수 있다. 그러므로 아동의 질을 향상시키는 것은 사회경제적 지위가 낮은 집단들을 한층 더 불리하게 만들 것이다. 셋째, 장애 아동의 출산을 방지하기 위해 사람들이 그들의 개인적 선택권을 행사할 경우, 차이와 이상에 대한 관용이 감소하기 때문에 장애에 대한 집단적 태도도 영향을 받게 될 것이다. 우리는 장애를 지닌 태아의 낙태가 이미 장애를 지닌 채 살아가고 있는 사람들의 돌봄과는 아무런 상관이 없다는 이야기를 계속해서 듣고 있다. 그러나 장애가 태어나기 전에 방지되어야 할 하나의 문제로 간주된다면, 장애인에 대한 관점은 더욱 악화되고 그들에 대한 서비스도 더 나빠질 것이다. 우리 사회가 개인들의 경쟁과 시장적 해결책을 강조하고 있기 때문에 '의존적인' 장애인들은 아직도 달갑지 않은 존재로 취급되고 있다. 우리의 공동체가 학습적 장애와 같은 손상을 지닌 사람들을 존중하고 지원한다면, 장애는 그처럼 하나의 문제로만 간주되지는 않을 것이다. 마지막으로 과학적이고 기술적인 해결책에 대한 지나친 강조는 개인들이 증대된 책임을 떠안는 것으로 이어질 수 있는데, 왜냐하면 그들이 어떤 아이를 갖고 아이의 삶을 어떻게 관리할 것인가와 관련하여 점점 더 많은 선택을 해야만 하기 때문이다. 카브카는 이것이 실존주의적 두려움으로, 그리고 선택의 기능이 사실상 마비되는 것으로 이어질 수 있음을 논한다.[14]

이는 우리가 선택권에 대한 다른 방식의 이해를, 즉 개인들의 선택이란 본질적으로 그들이 속한 사회의 영향하에서 이루어지고, 그 선택이 미치는 영향도 그들의 혈육에 한정되지 않는다는 이해를 촉진시킬 필요가 있음을 의미한다. 사람들은 장애 아동을 갖는 선택을 할 수 있어야 하며, 그들이 그렇게 할 수 있도록 자원이 제공되어야만 한다. 낙태에 대한 개인의 선택 모두가 받아들여질 수 있는 것은 아니며, 점점 더 경미한 손상들에 대해서도 선별 검사가 이루어지는 경향을 막기 위해 일정한 경계들이 설정되어야 한다. 요컨대 자유가 방종과 혼동되어서는 안 되며, 방종은 평등에 대한 존중을 통해 조절되어야만 한다.

정책 활용론

생명과 선택권에 대한 이와 같은 대안적인 철학에 더하여, 게놈학을

---

14) Gregory Kavka, "Upside Risks: Social Consequences of Beneficial Biotechnology", ed. Carl F. Cranor, *Are Genes Us?: The Social Consequences of the New Genetics*, New Brunswick, NJ: Rutgers University Press, 1994.

규제하고 우생학을 예방하기 위해 우리가 취할 수 있는 좀 더 실제적이고 구체적인 몇 가지 조치들이 존재한다. 규제 절차에 대해 우리가 지닌 회의론적인 태도에도 불구하고, 현재의 유전학 관련 법률을 그 메커니즘과 결과라는 양쪽 측면에서 개선할 수 있는 얼마간의 여지는 존재한다. 어떤 정책들이 변화되어야 하는지 이미 뻔해 보이기는 하지만, 다시 한번 이를 분명히 해두도록 하자. 우리는 유전 정보에 근거한 차별 및 프라이버시와 관련하여 좀 더 강력하고 효과적인 규제를 필요로 한다. 우리는 국제적이고 국내적인 수준에서 특허 취득을 훨씬 더 강력하게 제한하는 규제를 필요로 한다. 우리는 NHS에서 한층 더 확대된 유전학적 선별 검사 프로그램을 실행하는 것을 한발 뒤로 물러나 생각해 보아야 하며, 현재 제공되고 있는 유전학적 선별 검사도 재고할 필요가 있다. 민간 부문이 좀 더 실질적으로 통제되어야 하며, 그들이 보건 서비스 정책과 의약품 규제 및 신약 개발 정책을 좌우하는 것을 막아야만 한다. 유전자 검사 및 선별 검사 서비스에 대한 상업적 시장은 억제되어야 한다. 우리는 경미한 유전질환이나 행동 형질에 대한 산전 검사가 개발되어서는 안 되며, 그와 관련된 정보가 간접적으로 입수 가능한 경우라 하더라도 그냥 무시되어야 한다고 생각한다. 행동유전학에 대한 연구는 중단되어야 하며, 그렇지 않다면 적어도 엄청나게 축소되어야만 한다.

이러한 '희망 사항 목록'을 제시하면서 우리는 유전학적 실천의 완고한 축소를 추구할 뿐만 아니라 나이브하다는 비판에 스스로를 노출시키고 있는 것인지도 모른다. 그러나 무슨 수를 써서라도 진보를 이루어 내겠다고 약속하면서 완고함과 나이브함을 드러낸 것은 다름 아닌 우리의 비판자들임을 이 책 전반에 걸친 논거가 입증했다고 생각한다. 유전학과 기술에 대한 우리의 평가는 그것이 철저히 사회적 과정의 일부로 존재하며, 따라서 사회 변화로부터 자유로운 것이 아니라 그러한 변화에 노출되어 있는 것임을 보여 준다. 사회적 관계들이 변할 수 있는 것처럼 문화적 가치들도 변할 수 있고, 그에 따라 지금과는 다른 유전학을, 그리고 유전학의 발전 및 그것이 미치는 영향에 대한 다른 방식의 통제를 촉진할 수도 있다. 우리는 우리가 마음에 그리고 있는 유형의 변화가 먼 미래의 일일 수 있음을 인정하지만, 이는 그런 변화를 추구하는 것이 헛된 일임을 의미하지는 않는다. 좀 더 실용적인 차원에서, 우리는 변화를 촉진할 수 있는 몇 가지 구체적인 방법을 확인해 볼 수 있다. 비록 느릴지는 모르지만, 그리고 현재의 주류 권력으로부터 많은 저항이 존재하기는 하겠지만 말이다.

과학, 기술, 진보에 관해 생각해 보는 것에서 시작하기로 하자. 우리는 지식과 기술이 사회적 비판으로부터, 또는 그것이 미치는 사회적 영향으로부터 자유롭다는 사고에 도전해야만 한다. 대신 우리는 사회적 가치들이 우리 사회의 지식과 기술의 구조 속에 깊숙이 묻어 들어가 있다는 점을 인식할 필요가 있다. 일단 이러한 점을 인식하고 나면, 우리는 우리가 이해하고자 하는, 사회의 지식과 기술이 반영하고 있는 가치들에 대해 사고하는 것으로 나아갈 수 있다. 이는 그럴듯한 사회적 명분 속에서 현재 어떤 유형의 연구가 수행되고 있으며, 어떤 기술이 개발되고 또 실행되는지를 우리가 고찰해야만 함을 의미한다. 우리는 특정한 형태의 지식과 기술이 미칠 잠재적인 사회적 영향을, 그것이 이미 작동하기 시작한 후가 아니라 사전에 평가할 수 있는 기법을 발전시킬 필요가 있다. 상업적 시장이란 우리의 집단적 노동의 산물이 (그리고 이제는 점점 더 우리의 DNA가) 유통되는 곳이라는 점을 우리는 이해할 필요가 있는데, 그러한 시장은 단지 우리의 소비만을 통해서 통제될 수 없으며 정부에 의해서도 통제되어야 한다. 그리고 우리는 외견상 분리되어 있는 듯 보이는 기술 및 지식의 경로들 사이에, 그리고 그 경로들 전반에 걸쳐 일정한 연계들이 존재함을 이해할 필요가 있다. 예컨대 기술적·지식적 실천이 어떻게 그것의 원래 소관 사항 너머로 개입해 들어갈 수 있는지, 그리하여 어떻게 보다 많은 검사들이나 인구들을 선별 검사에 종속적인 형태로 포괄해 내는지에 주목하면서 말이다. 이는 정책 입안자들에게 미래를 알아낼 수 있도록 어떤 종류의 육감을 발전시키라고 요구하는 것이 아니다. 그런 것이 아니라 과거에 기술과 인구가 어떤 식의 연관을 맺어 왔는지, 그리고 현재 시장에서 기술과 지식이 어떻게 진화하고 있는지에 대한 증대된 인식과 주의를 요구하는 것이다.

우리는 또한 과학기술의 불가피성이라는 관념이 잘못된 것임을 드러낼 필요가 있다. 이와 관련해 도널드 매켄지는 자신의 책 『날조된 정확성』*Inventing Accuracy*에서 다음과 같이 지적한 바 있다.

과학기술에 생명과 힘을 부여하는 인적·지적·물질적 네트워크의 외부에서 그러한 기술은 존재하기를 멈춘다. 우리는 아마도 자동차의 발명을 번복할 수는 없겠지만, 자동차 공장도 휘발유도 도로도 없는 세계, 살아 있는 그 누구도 자동차를 운전해 본 적이 없는 세계, 존재하는 대안적인 형태의 교통수단이 무엇이든 간에 그에 대한 만족이 존재하는 세계를 상상할 수는 있다. 그런 세계의 도서관에 자동차 사진이나 운동역학에 대한 텍스트들이 존재할 수도 있겠지만, 그것은 자동차가 발명된 적이 없었던 세계라고 보는 쪽이 맞을 것이다.[15]

자동차가 불가피한 것으로 간주될 필요가 없고, 핵미사일은 더더욱 그러한 것처럼, 맞춤아기나 유전적 최하층 계급은 불가피한 것이 아니다. 우리가 이런 미래를 초래할 수 있는 가치와 실천에 도전한다면 말이다.

의사 결정에 더 많은 시민이 참여하고 학계 및 산업계의 전문가와 로비스트에게 덜 의존하는 것은 이러한 대안을 촉진하는 한 방법일 수 있을 것이다. 보다 광범위한 지역사회 내에서 활발하고 서로 모순되며 다원적인 토론과 논의가 이루어지고, 그런 다음 그것이 정책 입안 과정에 분명하고 직접적인 방식으로 반영될 수 있다면, 우리는 이런 과정에 의해 우생학의 위험성이 부분적으로는 미연에 방지될 수 있다고 믿는다. 전문가의 의견은 여전히 표명될 필요가 있겠지만, 그것은 대중의 경험 — 예컨대 질환이나 장애에 대한 경험 — 에 기반을 둔 대안적인 관점들 또한 청취되는 공개 토론에서 이루어져야 한다. 앞서 말했던 것처럼, 우리는 사람들이 단지 눈앞에 닥친 주제에 대해 판단하거나 선택하는 것이 아니라 그 이슈들에 관해 **숙고할** 수 있도록 하는 공공의 장을 제공해야만 한다. 우리는 다양한 영역의 전문 지식을

---

15) Donald MacKenzie, *Inventing Accuracy: A Historical Sociology of Nuclear Missile Guidance*, Cambridge, MA: MIT Press, 1990, p. 426.

발전시킬 필요가 있으며, 일반 대중뿐만 아니라 전문가들 또한 지니고 있는 편견과 무지에 도전해야만 한다. 이는 선택권, 과학, 기술에 대한 보다 맥락적인 이해뿐만 아니라 대안적인 돌봄의 윤리와 사회적 장애 모델을 촉진해야 함을 의미한다. 이미 논했던 것처럼, 우리는 이러한 이해들이 기본적으로 대중의 일상 경험으로부터 온다고 믿지만, 과학 기술 전문가들과 상업적인 과대 선전을 특권화하는 현재의 경향을 약화시키기 위해서는 그러한 이해를 육성할 필요가 있다.

비록 우리가 생명윤리에 대해 매우 비판적인 태도를 견지해 오기는 했지만, 선택권과 진보에 대한 규범적 처방이 아닌, 도덕이 사회에서 — 이사회 회의실에서 클리닉과 도심 번화가에 이르기까지 — 어떻게 행해지는가에 대한 주의 깊은 고려에 기반을 두고 근본부터 철저히 성찰하는 생명윤리는 보다 수준 높은 정책 입안에 필수적인 것임을 또한 강조하고 싶다. 우리는 사회연구자들이 그들의 동료 생명윤리학자들과 이러한 프로젝트 내에서 함께 일할 수 있다고 생각하고 싶지만, 그들이 유전학 연구 및 서비스와 유전학의 영향에 관한 의사 결정 과정에 진정으로 대중을 참여시키는 것이 아니라 대중에 관한 전문가로서의 역할만을 떠맡는 것에 대해서는 신중한 태도를 유지하고 있다.

물론 이러한 '합법적인' 해결책 외에도, 현대적인 형태의 우생학을 약화시키기 위해 추구될 수 있는 좀 더 소규모의 다른 전복적인 방법들도 존재한다. 우리는 이미 사람들을 유전적 차별로부터 보호하기 위한 환자들 및 전문가들의 전략을 언급한 바 있다. 검사를 받지 않는 것에서부터 보험 계약 시 반복적인 검사의 금지를 제도화하는 것, 유전자 검사 결과의 의미를 개인이나 가족이 처한 환경이라는 보다 광범위한 맥락에서 재해석하는 것에 이르기까지 말이다. 환자 단체들과 비판적인 전문가들 또한 특허 취득에 이의를 제기하기 위해 가치 있는 동맹을 형성해 왔다. 때로는 그들 자신이 유전자나 유전자 검사 및 치료 절차에 대한 특허를 취득한 다음, 유전학 연구나 더 개선된 유전자 검사를 촉진할 목적으로 그 특허권이 행사되는 것을 거부하기까지 하면서 말이다. 이런 단체들은 또한 그들 자신의 경험과 관점을 제시함으로써 대중매체의 지나치게 단순한 기사들에서 나타나는 유전자 결정론을 저지하는 데 중요한 역할을 할 수 있다.

좀 더 지구적인 차원에서 보자면, 유전자 조작 식품을 반대하는 데 참여하고 있는 활동가들로부터 배울 수 있는 많은 것들이 존재하는데, 그들은 북부와 남부의 분할을 가로질러 가치 있는 동맹을 형성해 왔다. 마찬가지로 초국적 기업들에 의한 유전자의 상업화와 상품화에 반대하는 운동들, 그리고 생명을 구할 수 있는 신약 —— 개발도상국들에서는 너무 비싸서 이용조차 할 수 없는 —— 에 행사된 거대 제약회사들의 특허권에 대한 성공적인 도전도 유전자 특허 취득과 유전적 차별에 대한 지구적 저항의 방법을 제시해 주고 있다. 그리고 자유무역이라는 주문呪文에 대한 도전 속에서 점증하고 있는 민주적이고 책임 있는 의사 결정의 압력 또한 국제적인 수준에서 유전학적 서비스와 유전학 관련 조약들에 영향을 미쳐 왔다. 게놈학은 지구적이고 지역적인 수준 양쪽에서 민주적 수단을 통한 모니터링과 통제가 요구된다. 그렇지 않으면 우생학은 지구적 차원에서 다시 한번 번성하게 될 것이다.

생명권력과 우생주의, 그리고 장애인의 생명권[1]

살게 만드는 권력이 어째서 사람을 죽게 만드는가

잘 알려져 있다시피 생명권력^{biopower}에 대한 통찰은 기본적으로 프랑스 철학자 미셸 푸코^{Michel Foucault}의 논의에 기반을 두고 있다. 그는 1976년 출간된 『성의 역사 1: 앎의 의지』*Histoire de la sexualité: La volonté de savoir*의 마지막 장과 콜레주 드 프랑스^{Collège de France}에서 행해진 1975~1976년 강의 『"사회를 보호해야 한다"』*"Il faut défendre la société"*의 마지막 11번째 강의에서 생명권력이라는 새로운 개념의 개요를 제시한 바 있다. 푸코는 근대 이전의 군주가 지닌 고전적 주권에도 자신의 인민에 대한 어떤 종류의 생사여탈권이 포함되어 있었지만, 그것은 기본적으로 죽음의 편에서 불균형하게 행사되는 칼의 권리였으며 "죽게 만들고 살게 내버려 두는" 권력이었다고 말한다. 그러나 근대사회로

---

1) 이 해제는 『한국장애학』 1호(한국장애학회, 2016)에 수록되었던 「생명권력과 우생주의, 그리고 장애인의 생명권」을 부분적으로 수정하고 재구성한 것이며, 옮긴이의 저서 『장애학의 도전』 (오월의봄, 2019) 3장의 일부로 포함되어 있음을 밝힌다.

의 전환 이후 국가가 인민에 대해 행사하는 생사여탈권은 오히려 삶의 편에서 불균형하게 행사되는 권리로, 즉 "살게 만들고 죽게 내버려 두는" 권력으로 성격의 변화가 이루어지는데, 푸코는 이를 바로 생명권력이라고 지칭한다.[2) 따라서 생명권력이란 기본적으로는 '살게 만드는' 권력, 생명[生]을 지키는[衛] 권력, 즉 '위생권력'이라고 할 수 있다.

푸코가 명시적으로 설명하고 있지는 않지만, 이와 같은 국가권력의 성격 변화는 근대 자본주의 체제로의 전환에 따라 생산하는 자와 생산수단이 분리되는 것과 밀접하게 연동되어 있다고 볼 수 있다. 전前 자본주의 시대는 기본적으로 생산자인 농민이 생산수단인 토지에 직접적으로 결합되어 식량을 생산하고, 이를 통해 알아서 먹고사는 자급자족 성격의 사회였다. 그러니 군주의 입장에서는 그냥 살게 내버려 두는 것이었고, 죽게 만드는 칼의 권리를 통하여 능동적 권력이 행사된다. 한편 자본주의로의 전환기를 기점으로 생산자는 생산수단으로부터 분리되어 무산자가 되었지만, 이들 중에서 고용이라는 매개 과정을 거쳐 자본가가 지닌 생산수단에 간접적으로 결합되지 않는 대중, 즉 상대적 과잉 인구 내지 산업예비군이 광범위하게 발생한다. 따라서 근대적 권력은 이들을 그냥 죽게 내버려 둘 수 있고, 살게 만들 때 능동적 권력의 행사가 가능하게 되는 것이다. 근대적인 의미에서의 사회복지의 탄생 역시 바로 이런 맥락에서 이해될 수 있을 것이다.

자본주의가 출현하여 자리를 잡아 가던 시기, 국가권력은 인민들이 자본주의적 노동 규율을 내재화하도록 강제하기 위해 일차적으로

---

2) 미셸 푸코, 『"사회를 보호해야 한다"』, 박정자 옮김, 동문선, 1998, 278~279쪽.

'개별적인 신체'에 대한 규율과 훈육에 관심을 두었다. 이로부터 근대적 규율권력disciplinary power이 출현한다. 그런데 감옥, 병원, 구빈원, 학교, 군대, 공장 등의 장치를 통해 이러한 과정이 어느 정도 진척되고 그 메커니즘이 확립되자, 18세기 후반부터는 이와 더불어 '인구'(즉 전체 노동력)의 육성과 관리에 주된 관심을 두는 생명권력이 등장하게 된다. 요컨대 개체의 수준에서 행사되는 규율권력과 인구의 수준에서 행사되는 생명권력이 교차적·상호의존적으로 작동하면서 인간의 생명이 생산에 활용되고 그러한 활용에 순응하게 되었던 것이다.

그런데 여기서 중요한 것은 이러한 생명권력의 대상이, 어떤 위기에 처하거나 생사의 기로에 놓여 일정한 지원이나 보호가 필요한 구체적인 개인들의 생명이 아니라는 점이다. 하나의 "종種으로서의 인간" 내지는 인구 전체의 생명이 그 대상이 된다. 이에 따라 생명권력은 인구의 출산율, 사망률, 평균수명, 발병률 등의 '정상적' 분포를 유지하는 데 지대한 관심을 두게 된다. 의학을 비롯한 생명과학이 근대 권력의 핵심부와 접속하게 되는 이유가 바로 여기에 있다. 그리고 인구의 건강과 생명활동을 유지하고 증진시키기 위해서, 바로 그런 명분과 목적 아래, 때때로 전체 인구 중 열등하거나 해악적이라고 간주되는 특정 집단을 정리해 버리는 잔혹함을 발휘할 수 있게 된다. 즉, 생명권력은 그 자체로 '생물학적 전체주의'의 성격 —— 일종의 "생물학의 국유화"[3] —— 을 띤다고 할 수 있으며, "마치 유기체적 신체에 내포된 부분

---

3) 앞의 책, 277쪽.

이지만 그 신체의 생명을 위협하는 암세포를 제거하듯이"[4] 전체를 위해 살게 할 자와 그럴 가치가 없는 자를 규정해 버리는 것이다.

그렇다면 그처럼 전체 인구의 생명활동을 약화시키는 이들이란 어떤 종류의 인간들일까? 푸코의 설명을 따르자면, 그들은 큰 틀에서 볼 때 자본주의 체제 내에서 생산성을 발휘하지 못하거나 자본주의적 규율에 순응하지 못한다고 판단된 인간들, 즉 '비정상인' 내지는 '일탈자'들이었다. 요컨대 각종 유전병을 비롯한 질병이나 정신·정서·신체상의 장애를 가진 사람들이 '살 가치가 없는 생명'의 일차적인 대상이 된다. 더불어 사회의 규범으로부터 일탈하는 다양한 비행자들과 자활하지 못하는 인간들 또한 언제든지 그러한 집단으로 규정될 수 있다. 그들은 전체를 살리기 위해 소극적인 방식으로 죽도록 방치되거나 적극적인 방식으로 제거될 수 있는 것이다. 토머스 맬서스Thomas Malthus가 1798년에 쓴 『인구론』*An Essay on the Principle of Population*에서 식량은 산술급수적으로 늘어나지만 인구는 기하급수적으로 늘어나므로 잉여 인간들은 죽어야 한다고, 그렇게 남아도는 인간은 "죽게 내버려두는 게 사회 전체의 증대를 이끌 수 있다"고 주장한 것은 바로 이러한 근대적 생명권력의 한 측면을 직접적으로 드러내 준다. 그리고 20세기 전반기의 우생학 운동이나 나치하에서 인종위생학에 기반을 두고 장애인에 대한 학살이 자행된 것 역시, 근대적 생명권력이 가장 능동적으로 작동한 것이라 이해할 수 있을 것이다.

---

4) 정정훈, 『인권과 인권들』, 그린비, 2014, 195쪽.

예외상태에 놓인 생명, 장애인

이탈리아의 정치철학자 조르조 아감벤Giorgio Agamben은 푸코가 제시한 생명권력 개념을 새로운 방향에서 확장하고 심화시켜 낸 인물이라 할 수 있다. 단, 그는 푸코와 달리 생명권력이란 근대 이후에 탄생한 것이 아니라, 고대 그리스 이래의 서구 정치 구조 속에 항상-이미 함축되어 있었다고 주장한다. 거칠게 말하자면 그의 관점에서는 '살 가치가 없는 생명'을 결정하는 생명권력이란 모든 주권 권력의 핵심에 놓여 있는 것이고, 단지 근대 이후에 생명권력의 발현이 좀 더 일상화 내지 전면화된 것이라 할 수 있다. 이러한 아감벤의 생명권력 이론에서 가장 핵심적인 개념이 바로 그가 쓴 유명한 저서들의 제목이기도 한 '호모 사케르'Homo sacer[5]와 '예외상태'state of exception[6]인데, 호모 사케르란 일단 예외상태에 놓여 있는 벌거벗은 생명bare life이라고 정의될 수 있을 것이다. 그렇다면 벌거벗은 생명이란 무엇이며, 예외상태란 또 무엇을 말하는 것인가?

고대 그리스에서는 '삶/생명'을 가리키는 단어가 둘로 구분되어 있었는데, 하나는 '조에'zoē고 나머지는 '비오스'bios다. 조에란 모든 생명체에 공통된 것으로 '살아 있음'이라는 단순한 사실을 가리킨다. 즉 동물적·생물학적 삶/생명이 바로 조에다. 반면 비오스란 어떤 개인이나 집단에 특유한 삶의 형태나 방식을 가리킨다. 즉 정치적·사회적 존

---

5) 조르조 아감벤, 『호모 사케르: 주권 권력과 벌거벗은 생명』, 박진우 옮김, 새물결, 2008.
6) 조르조 아감벤, 『예외상태』, 김항 옮김, 새물결, 2009.

재로서의 삶/생명이 비오스라 할 수 있다. 고대 그리스에서 조에로서의 삶이 영위되는 공간은 '오이코스'(가정)^{oikos}였고, 비오스로서의 삶이 실현되는 공간은 '폴리스'^{polis}였으며, 이 둘은 철저하게 분리되고 구분되었다. 아감벤은 주권 권력에 의해 비오스의 영역에서 추방되고 배제되어 조에로서만 존재하는 생명을 발터 벤야민$^{Walter\ Benjamin}$이 이야기했던 '한갓 생명'$^{bloßes\ Leben}$과 한나 아렌트가 이야기한 '단순한 생명'$^{sheer\ life}$ 개념을 참조해 '벌거벗은 생명'이라고 부른다.

아감벤은 벌거벗은 생명의 대표적인 형상을 고대 로마법에 나오는 호모 사케르에서 찾는데, 로마법에서 호모 사케르는 "희생물로 바치는 것은 허용되지 않지만 그를 죽이더라도 살인죄로 처벌받지 않는" 자로 기술된다. 호모 사케르는 희생물이 될 수 없다는 점에서 신의 법에서도 배제되어 있고, 그를 죽여도 살인죄가 성립되지 않는다는 점에서 세속의 법에서도 배제되어 있는 존재, 즉 법질서의 외부에 있는 존재라고 할 수 있다. 이처럼 호모 사케르가 주권 권력에 의해 법(즉 권리)[7]으로부터 추방되고 배제된 채 벌거벗은 생명으로서만 존재하는 영역이 바로 '예외상태'다.

이러한 예외상태는 좀 단순하게 말하자면 일종의 치외법권 지대라고 할 수 있는데, 여기서 중요한 것은 치외법권 지대로서의 예외상태는 단순히 법으로부터 배제되어 있는 것이 아니라 배제된 채 법에 포함된다는 것이다. 예외상태는 법의 효력이 정지되고 미치지 않는다

---

7) 주지하다시피 독일어의 'Recht'나 프랑스어의 'droit'는 '법'이라는 뜻과 함께 '권리'라는 의미를 지닌다.

는 의미에서는 법의 외부에 있지만, 그 자체가 법에 의해 규정된다는 의미에서는 여전히 법의 내부에 있으며 법과의 관계를 잃지 않는다. 위상학적으로 말하자면 예외상태란 법의 내부와 외부의 경계·극한·문턱, 좀 더 정확히는 내부와 외부의 구분이 불가능해지는 비식별역 zone of indistinction에 해당한다. 결국 호모 사케르 역시 배제의 형식을 통해(서만) 법에 포함되는 존재, 그러한 비식별역에서 주권자의 폭력에 무방비로 노출되어 있는 존재라고 할 수 있다.

이처럼 '예외상태에 놓인 벌거벗은 생명'으로서의 호모 사케르라는 형상을 우리는 바로 산전 검사와 선별적 낙태의 대상이 되는 장애를 지닌 태아에게서 발견할 수 있다. 장애를 지닌 태아가 우리사회에서 '살 가치가 없는 생명'으로 간주되고 임의적인 폭력 앞에 노출되어 왔다는 점에서 그러하며, 낙태와 관련된 법에서 장애가 말 그대로 예외적 조건으로 취급되어 왔다는 점에서 또한 그러하다. 우리나라는 낙태가 실제로는 매우 광범위하게 이루어지고 있음에도 이를 엄격히 제한해 온 나라 중 하나다. 그러나 「모자보건법」은 제14조 ①항에서 합법적으로 낙태(인공임신중절수술)가 이루어질 수 있는 예외적인 경우를 명시하고 있는데, 그중 1호가 바로 "본인 또는 배우자가 대통령령으로 정하는 우생학적 또는 유전학적 정신장애나 신체질환이 있는 경우"다. 이 조항은 태아의 장애 여부를 직접 다루고 있는 것은 아니지만, 매우 명시적으로 장애를 지닌 생명의 가치를 절하하면서 장애아의 출산을 방지한다. 말 그대로 '우생학적'인 규정인 것이다.[8]

---

8) 2019년 4월 11일 헌법재판소의 낙태죄(「형법」 제269조와 제270조) 헌법불합치 판결에 따라,

또한 영국의 「낙태법」은 임신 24주 후에는 임신중절을 금지하지만, 아이가 심각한 신체적 또는 정신적 손상을 지니고 태어날 상당한 위험이 존재하는 경우만은 예외로 하고 있다. 이러한 예외 조항은 표면적으로 태아가 출산 과정의 마지막까지 살아남을 가능성이 희박하거나 또는 신생아기 사망 ─ 태어난 아기가 4주 이내에 사망하는 것 ─ 에 이를 수 있는 경우를 포괄하기 위해 마련된 것이다. 그러나 그 법이 '심각한 핸디캡을 지닌'에 대한 구체적인 정의와 기준을 제시하지 않고 있기 때문에, 심각한 장애와 그렇지 않은 장애의 경계를 어디에서 그을 것인가를 결정하는 문제, 즉 실제로 누가 태아에 대해 '주권자'로 행세하는가의 문제는 최종심급에서 결국 의료권력의 재량에 맡겨지게 된다. 그리고 이런 조건 속에서 그 자체로 생명을 전혀 위협하지 않는 이상인 구개열을 이유로 낙태가 이루어진 경우도 있었다.[9]

우리나라에서는 '부모'가 우생학적 또는 유전학적 정신장애나 신체질환이 있는 경우 합법적으로 낙태가 이루어질 수 있기 때문에, 사실 산전 검사를 통한 장애태아의 선별적 낙태는 성별 선택에 의한 낙태와 마찬가지로 불법이라고 볼 수 있다.[10] 그럼에도 그러한 낙태가 불법/합법의 경계가 모호해지는 일종의 비식별역으로 들어올 수 있었던 것은 「모자보건법」 제14조 ①항 5호가 "임신의 지속이 보건의학적 이

관련 조항인 「모자보건법」 제14조(인공임신중절수술의 허용한계)와 제28조(「형법」의 적용 배제), 동법 시행령 제15조(인공임신중절수술의 허용한계) 등도 이후 개정될 예정이다. 그리고 이러한 개정의 과정에서 '장애'는 어떤 형태로든 다시 한번 중요한 쟁점이 될 것이다.
9) 도나 리브, 「생명정치와 벌거벗은 생명: 손상을 지닌 몸은 호모 사케르의 현대적 예인가?」, 크리스트야나 크리스티안센 외 엮음, 『철학, 장애를 논하다』, 김도현 옮김, 그린비, 2020, 453쪽.
10) 이와 관련한 구체적 판례에 대해서는 9장 각주 3)을 참조하라.

유로 모체의 건강을 심각하게 해치고 있거나 해칠 우려가 있는 경우" 낙태가 이루어질 수 있다고 규정해 왔으며, 의료권력이 손상을 지닌 태아의 임신은 그 정신적 고통과 스트레스로 인해 모체의 건강을 심각하게 해칠 것이라는 자의적 판단을 내릴 수 있는 권한을 부여받아 행사해 왔기 때문이다.[11]

질병관리본부가 운영하는 국가건강정보포털(health.cdc.go.kr)에서는 '산전 기형아 검사' 항목의 개요 부분에서 "임신부나 그 가족은 임신 기간 내내 태아가 건강할까 하는 불안감으로 많은 걱정을 하게 됩니다. 만일 유전적 질환이나 선천적 기형을 갖고 있는 신생아가 태어나면 부모와 다른 가족은 물론 본인도 신체적, 정신적, 경제적 부담으로 고통받기 때문입니다. […] 특히 염색체 이상이 있는 경우는 평생 장애를 갖게 되고, 대부분 다발성 기형을 동반하므로 더욱 심각한 문제입니다"라고 기술하고 있다.[12] 그리고 이 내용의 작성자 및 감수자로는 '보건복지부/대한의학회/대한산부인과학회'가 명시되어 있다. 국가권력과 결합된 의료권력의 이러한 공식적인 입장 속에는 "신체적, 정신적, 경제적 부담으로 (인한) 고통"과 "심각한 문제"에 어떻게 대처해야 하는지에 대한 지시적인 방향성이 함축되어 있다. 그리고 그 대처법(즉 선별적 낙태)은 법의 내부와 외부의 구분이 무의미해지는 비식별역에서 아마 지금 이 순간에도 실행되고 있을 것이다.

---

11) 김나경, 「태아의 장애를 이유로 하는 임신중절: 사회학적 구조와 형법정책」, 『형사법연구』 제19권 제1호, 2007, 129쪽.
12) 국가건강정보포털 웹사이트(http://health.cdc.go.kr/health/HealthInfoArea/HealthInfo/View.do?idx=3350) 참조.

신자유주의의적 통치성과 우생주의

푸코는 1976년에 생명권력/생명정치 개념을 제시한 후 1978~1979년의 콜레주 드 프랑스 강의 『생명정치의 탄생』*Naissance de la biopolitique*에서 신자유주의적 통치성의 성격과 그러한 통치가 초래하는 주체 형성의 양태에 대해 선구적인 분석을 수행한 바 있다. 1970년대 후반에 노자타협과 사회통합을 기조로 하는 복지국가적 통치가 위기에 빠진 후, 영국의 대처리즘과 미국의 레이거노믹스를 시작으로 1980년대에 신자유주의가 전면화되었다는 것은 주지의 사실이다. 이 신자유주의는 흔히 자유방임에 기초한 고전적 자유주의로의 회귀나 그것의 현대적 응용으로 이해되어 왔다. 그러나 푸코는 『생명정치의 탄생』에서 현대 신자유주의 근원이 되는 두 종류의 신자유주의를 다루면서, 고전적 자유주의와는 전혀 다른 신자유주의의 성격을 분석해 낸다.

푸코가 다루고 있는 첫 번째 신자유주의는 전후 1948년부터 1962년에 이르는 시기 독일의 질서자유주의ordoliberalism다. 질서자유주의 그룹의 대표적인 인물로는 프라이부르크 학파의 발터 오이켄Walter Eucken과 프란츠 뵘Franz Böhm을 들 수 있으며, 빌헬름 뢰프케Wilhelm Röpke와 프리드리히 폰 하이에크Friedrich von Hayek 또한 이들에게 지대한 영향을 주었다. 고전적 자유주의에서 시장이란 기본적으로 '교환'의 장소이지만, 오이켄을 비롯한 질서자유주의자들에게 시장이란 '경쟁'의 장소다. 여기서 중요한 것은 그런 경쟁이 자연 발생적으로 존재하는 현상(즉 자연적 소여)이 아니라, 오히려 적극적으로 생산되어야만 하는 것으로 파악된다는 점이다.[13] 하이에크에 따르면 신자유주의란 "모든 개인의 활동을 상호 조정하고" "사회를 조직화하는 원리"로 서의 경쟁을 창출해 내는 것이기에 "눈앞에 존재하는 것을 그저 방임"하지 않는다.[14] 즉 '자유방임'을 추구하지 않으며 "경쟁이 유익하게 작동하려면, 세심하게 배려된 법적 틀을 필요로 한다는 사실"을 "오히려 강조"한다.[15] 그리고 뢰프케는 좀 더 명확히 "시장의 자유에는 능동적이고 극도로 용의주도한 정책이 필요하다"고 이야기한다.[16] 즉, 신자유주의란 시장과 사회 전반에 인위적인 경쟁을 구축하기 위하여 법과 제도를 통해 개입하는 '적극적 자유주의'이자 '개입적 자유주의'이며, "사회 따위는 없다"There is no such thing as society는 관점하에서 사회적이고 공적인 것을 해체한 후 시장 질서와 경쟁의 원리를 일상의 수준으로까지 확산시킴으로써 사회를 통치하려는 통치 기법이다.

　푸코가 다룬 또 하나의 신자유주의는 1960~1970년대 걸친 이른바 제2세대 시카고학파, 특히 인적자본의 문제를 다뤘던 시어도어 슐츠Theodore W. Shultz와 게리 베커Gary Becker의 이론이다. 인적자본 이론에서 노동이란 생산을 위해 기업에 일정 시간만 판매되는 노동력 상품이라기보다는, 오히려 노동자가 지닌 적성 및 재능으로서의 '능력자본'이다. 그리고 임금이란 능력자본에 할당된 소득이다. 따라서 노동자는 각자의 능력자본을 소유하고 그러한 자본을 투자해서 임금이라

---

13) 미셸 푸코, 『생명관리정치의 탄생』, 오트르망 옮김, 난장, 2012, 183~187쪽.
14) 사토 요시유키, 『신자유주의와 권력: 자기-경영적 주체의 탄생과 소수자-되기』, 김상운 옮김, 후마니타스, 2014, 38쪽.
15) 프리드리히 A. 하이에크, 『노예의 길: 사회주의 계획경제의 진실』, 김이석 옮김, 나남출판, 2006, 78쪽.
16) 푸코, 『생명관리정치의 탄생』, 197쪽.

는 형태의 소득을 창출하는 존재, 즉 "자기 자신의[에 대한] 기업가"인 일종의 1인 기업으로 간주된다.[17] 능력자본으로서의 인적자본은 선천적 요소와 후천적 요소로 구성되는데, 전자는 다시 유전적인 것과 비유전적인 것으로 구분될 수 있으며, 후자는 부모의 교육적 투자에 의해 후천적으로 획득된다. 그리고 여기서 '투자'란 단순히 아이의 교육에 돈을 지출하는 것과 같은 순수하게 경제적인 의미의 투자를 넘어, 부모가 자녀와 함께 시간을 보내고 애정을 쏟는 것 같은 비경제적 행위까지를 포괄한다.[18] 이렇듯 신자유주의는 사회체제의 가장 기본적인 단위인 가족과 더불어 개인까지도 각자 투자, 생산, 비용을 관리하는 하나의 기업으로 파악한다.

이처럼 사회 전체를 '경쟁'과 '기업'이라는 키워드에 따라 재편해 온 현대의 신자유주의적 통치 체제는 종신고용 관행의 철폐, 능력별 급여의 도입, 노동시장의 유연화, 사회복지 축소에 따른 사회보장의 개인화 등과 같은 정책을 일관되게 추진하여 무한경쟁의 환경을 조성해 왔다. 또한 그러한 경쟁에 적응하지 못하는 주체들은 마치 시장에서 기업이 도산되며 퇴출되듯 가차 없이 사회 바깥으로 내쳐지게, 즉 "죽게 내버려"지게 된다. 그리고 이런 통치 메커니즘은 단지 근대적 규율권력에 의해 통제되는 것을 넘어서는 새로운 주체, 즉 시장의 원리와 욕망을 내면화한 채 자발적으로 자기 자신에게 투자하고 자기의 위험을 관리하는 '자기-경영적 주체'를 만들어 낸다. 자기개발서의

---

17) 앞의 책, 316~319쪽.
18) 앞의 책, 322~326쪽.

적극적인 탐독, 소위 스펙을 쌓기 위한 시간 쪼개기 형태의 자기 투자, 외모 경쟁력 강화를 위한 성형수술 및 피트니스 —— 즉 인위적 적합화 —— 의 대중화, 조기 교육과 사교육 투자의 지속적인 증대는 개인과 가족 단위에서 실행되는 자기-경영적 주체의 모습을 잘 보여 준다.

그렇다면 이러한 신자유주의적 통치 환경과 우생주의는 과연 어떤 상관성을 지니고 있는 것일까? 앞서 살펴본 인적자본의 요소에서 직접적으로 나타나듯, 유전적·선천적 결함을 지닌 장애인은 출발선에서부터 능력자본이 취약한 존재로 간주된다. 그리고 후천적인 교육 투자가 이루어진다 해도 능력자본이 회복되고 무한경쟁의 환경에서 살아남을 수 있는 가능성이 낮은 존재로 이 사회에 남겨질 수밖에 없다. 특히 지식 기반 사회라고 불리며 비물질적 노동의 중요성이 증대된 오늘날의 사회에서 지적장애인이나 자폐성장애인 같은 발달장애인은 더욱 그러하다. 그렇다면 다른 거창한 이유가 아니더라도 이 사회에서 배제되지 않고 살아남도록 하기 위해, 남들보다 더 우수하고 결함이 없는 아이를 갖고 싶은 우생주의적 욕망은 사회 구성원들 사이에서 점차 확대될 수밖에 없을 것이다. 그리고 이처럼 우생주의적 욕망이 현대를 살아가는 자기-경영적 주체들에게 내면화될 때, 신자유주의적 권력은 굳이 강압적 정책을 사용하지 않고도 시장에서 판매되는 유전학적 서비스와 생명공학 상품을 통해 우생주의적 시스템을 작동시킬 수 있게 된다.

산전 검사 및 선별적 낙태와 같은 네거티브 우생학적 서비스만이 아니다. 체외수정과 착상 전 유전자 진단 기술은 '맞춤아기'의 탄생을 이미 가능하게 했고, 그 기술은 지금과 같은 치료의 목적이나 성별의 선택을 넘어선 포지티브 우생학적 서비스로 상품화될 가능성을 충분히 지니고 있다. 1978년에 영국에서 최초의 시험관 아기 루이즈 브라운을 탄생시켰던 저명한 발생학자 로버트 에드워즈 교수는 유럽 인간 생식 및 발생학회의 1999년도 연례총회에서 "머지않아 유전병이라는 무거운 짐을 짊어진 아이를 낳는 것은 부모의 죄가 될 것이다. 우리는 우리 아이들의 질을 고려해야만 하는 세계에 진입하고 있다"라고 선언한 바 있다.[19] 그리고 루이즈 브라운의 출생을 성공시킨 연구팀의 일원이었던 미국의 인공수정 전문의 제프리 스타인버그Jeffrey Steinberg 박사는 2008년 12월 자신이 운영하는 임산연구소The Fertility Institutes의 홈페이지에 '눈 색깔, 머리 색깔, 암에 걸릴 가능성을 선택할 수 있는 서비스를 제공하겠다'는 내용의 광고를 개제하여 많은 이들의 주목을 받고 논란을 불러일으키기도 했다.[20] 만일 이와 같은 형태의 포지티브 우생학적 서비스가 시장에서 판매된다면, 그리고 현재와 같은 무한경쟁 및 배제의 질서가 유지되고 강화된다면, 일정한 자금력을 지닌 부모들은 자식을 위해 기꺼이 '투자'를 감행하려 할 것이다. 독일의 위르겐 하버마스Jürgen Habermas가 착상 전 유전자 진단 기술의 우생학적 위험성을 강하게 지적하며 철학적 비판을 수행했던 것이 결코 노철학자의 과민 반응은 아닌 것이다.[21]

　　같은 맥락에서 스티븐 룩스의 다음과 같은 통찰은 현대의 유전학

19) 본서 26쪽.
20) 정원식, 「"머리카락·눈 색깔 선택만 하세요"」, 『위클리 경향』 818호, 2009. 3. 31.
21) 위르겐 하버마스, 『인간이라는 자연의 미래: 자유주의적 우생학 비판』, 장은주 옮김, 나남출판, 2003.

적 서비스를 정당화하는 소위 '자율적 선택'이라는 수사가 지닌 어떤 근본적인 난점과 허구성을 드러내며, 동시에 우생학적 시스템에서 벗어나기 위한 우리의 실천 또한 매우 근본적인 수준에서 이루어질 수밖에 없음을 성찰하도록 이끈다.

> A는 B가 원치 않는 것을 하게 만듦으로써 B에 대해 권력을 행사할 수도 있지만, A는 또한 B가 원하는 것 그 자체를 형성해 내고, 거기에 영향을 미치고, 그렇게 하도록 스스로 결정하게 만듦으로써 B에 대해 권력을 행사할 수도 있다. 다른 사람이나 타자들이 가져주길 원하는 바로 그 욕망을 그들이 실제로 갖도록 만드는 것, 그것이 바로 최고의 권력 행사가 아니겠는가?[22]

저항의 두 가지 차원: 주체화와 저항권

우생주의적 실천이 과거에는 국가의 강압적인 정책을 통해 이루어졌다면, 앞서 설명했듯 현대 사회에서는 우생주의적 욕망을 내면화한 개인들의 자발적 선택이라는 형식을 통해 이루어진다. 이와 같은 상황을 지칭하기 위해 등장한 것이 바로 '개별적 우생학'individual eugenics이나 '자발적 우생학'voluntary eugenics 같은 개념[23]이다. 미국의 흑인 사회학

---

22) 본서 301쪽.

23) 염운옥, 『생명에도 계급이 있는가: 유전자 정치와 영국의 우생학』, 책세상, 2009, 12쪽.

자 트로이 더스터가 비판적 입장을 견지하며 '뒷문으로 이루어지는 우생학'이라고 불렀던 것, 그리고 철학자 필립 키처가 긍정적 관점에서 사용하는 '소비자 우생학'이라는 용어 역시 뉘앙스와 시각은 조금씩 다르지만 모두 같은 맥락 내에 있다고 할 수 있다.[24]

그리고 그러한 우생주의적 욕망의 내면화 과정에는 무엇보다도 무한경쟁의 체제에서 도태된 주체들을 '사회적 배제'의 영역으로 밀어내 "죽게 내버려"지도록 만드는 현실이 존재한다. 스페인 출신의 사회학자 마누엘 카스텔Manuel Castells은 사회적 배제를 "특정한 개인들과 그룹들이 어떤 주어진 환경에서 제도와 가치에 의해 고안된 사회 표준 내의 자율적인 생계를 이어갈 수 있는 위치로의 접근을 제도적으로 금지당하는 과정"이라고 정의한다.[25] 장애 대중을 포함한 한국 사회의 빈곤 계층에서 끊임없이 발생하고 있는 자살 ─ 즉 죽음의 자발적 선택 ─ 을 우리가 사회적 타살이라고 부를 수 있는 것은 그것이 최소한의 인간다운 삶을 "제도적으로 금지"당한 결과이기 때문일 것이다. 그렇다면 현대 사회의 우생주의에 대한 저항은 서로 연동되어 있는 다음의 두 가지 차원에서 모색될 수 있을 것 같다.

첫째, 주체의 측면에서는 신자유주의적 통치 권력과 우생주의적 욕망에 대한 예속화assujettissement에서 벗어난 주체화subjectivation의 가능성을 발견하고 확장하려는 시도가 있을 수 있다. '예속화'가 기존 체제의 통치 원리에 따라 자기 관리를 실행하는 순응적·복종적 주체의

---

25) 마누엘 카스텔, 『밀레니엄의 종언』, 이종삼·박행웅 옮김, 한울아카데미, 2003, 97쪽.

형성이라면, '수체화'란 그런 통치 원리에 의거하지 않는 이탈적·저항적 주체의 형성, 즉 '자기 자신에 의한 자기 형성'이라고 할 수 있다. 기존 체제의 질서와 이데올로기는 다양한 장치를 통해 예속된 주체를 생산해 내지만, 우리가 직관적·경험적으로 확인할 수 있듯 그러한 과정이 '모든' 구성원을 대상으로 '완전무결'하게 이루어지는 것은 아니다. 예컨대 시설 체제는 시설의 규율과 권력에 순응하는 주체들을 생산해 낼 수 있기에 유지되지만, 그로부터 이탈하고자 하는 탈시설의 욕망을 지닌 주체들이 생성되는 것을 완벽히 막아 낼 수는 없다. 즉 예속화에는 양적이고 질적인 측면 모두에서 언제나 일정한 공백이 존재한다.

푸코는 『성의 역사 1: 앎의 의지』에서 "권력이 있는 곳, 거기에는 저항이 있다"고, 저항은 권력관계의 "축소[배제]할 수 없는" "또 다른 항"으로서 그러한 권력관계 속에 기입되어 있다고 말한다.[26] 또한 발리바르는 '죽은 노동'으로서의 자본이 '산 노동'을 끊임없이 필요로 하는 것과 마찬가지로 이데올로기적 국가장치들은 "대중의 종교적, 도덕적, 법률적 또는 예술적 상상으로부터, 인민적 의식/무의식으로부터 도출하는, 항상적으로 쇄신되는 에너지"를 끊임없이 필요로 한다고, 그렇기 때문에 "착취가 잠재적 모순을 내포하는 것과 마찬가지로 이데올로기적 지배도 잠재적 모순을 내포한다"고 이야기한다.[27] 그렇다면 순응적·복종적 주체의 형성은 단 한 번의 과정을 통해 완결되는 것

---

26) 미셸 푸코, 『성의 역사 1: 앎의 의지』, 이규현 옮김, 나남출판, 2004, 115~116쪽; 사토 요시유키, 『권력과 저항: 푸코, 들뢰즈, 데리다, 알튀세르』, 김상운 옮김, 난장, 2012, 57~58쪽.
27) 에티엔 발리바르, 「비동시대성: 정치와 이데올로기」, 『알튀세르와 마르크스주의의 전화』, 윤소영 옮김, 이론, 1993, 187쪽.

이 아니라 지속적인 반복의 과정을 통해 성공을 거두는 어떤 것이라고 할 수 있으며,[28] 이 반복적인 갱신과 재생산의 과정에서 일정한 균열이 발생할 수 있는 가능성은 상존한다.

예속화가 단 한 번의 과정을 통해 완결되지 않는다는 것은 주체화 또한 어떤 지속적인 과정으로서 존재한다는 사실에 상응한다. 그러니까 어떤 개인이 한 번 이탈적·저항적 주체가 되었다는 사실이 그가 영원히 그런 주체로 존재할 것임을 보장하지는 않는 것처럼, 역으로 어떤 개인이 한 번 순응적·복종적 주체가 되었다는 사실이 그가 영원히 그런 주체로 남을 것임을 보장하지도 않는 것이다. 즉 예속화와 주체화는 길항의 힘을 주고받는 끊임없는 운동의 과정으로 존재한다고 할 수 있다. 물론 한쪽의 경향이 우세해질 때 그것은 양의 되먹임positive feedback을 발생시키면서 상대적인 안정화에 도달할 수 있지만, 그것이 반대편의 운동을 완전히 분쇄하고 정지시킬 수는 없다. 따라서 지금과 다른 주체로 변태할 수 있는 계기와 조건을 자기 자신의 수준에서, 자기 자신과 타자들 간의 만남의 과정에서, 그리고 사회적 제도/배치arrangement의 차원에서 형성하기 위한 실천을 끊임없이 모색하고 개발해야 한다.

둘째, 사회구조적 측면에서는 저항권의 발동을 통해 사회적 배제의 메커니즘을 약화시키고 해체하려는 시도가 있을 수 있다. 아감벤의 생명권력 이론에서 주권자란 카를 슈미트Carl Schmitt의 정의를 따라 "예

---

28) 조금 다른 맥락이기는 하지만 루이 알튀세르의 호명 테제와 주디스 버틀러의 수행성 이론에 근거하여 이러한 예속화의 반복성을 논하는 글로는 사토 요시유키, 「복종화/주체화는 한 번뿐인가?」, 『신자유주의와 권력』, 181~201쪽을 참조하라.

외상태에 관해 결정하는 자"로서 규정되는데, 이와 같은 주권자는 법의 외부와 내부에 동시에 위치하는 역설적인 존재라고 할 수 있다. 즉, 주권자는 법질서의 효력을 정지시키는 권력을 행사한다는 점에서 법의 외부에 위치하지만, 동시에 그 권력을 법을 통해 정당화하면서 법의 내부에 자리 잡게 된다. 그리고 주권자의 이런 위치는, 법에서 배제되어 있지만 바로 그 배제의 형식을 통해 법에 포획되어 있는 호모 사케르의 위치와 정확히 상응한다.

예컨대 계엄과 같은 예외상태를 선포할 수 있는 주권 권력은 헌법의 효력과 국민의 기본권을 정지시킨다는 의미에서 법의 외부에 있지만, 많은 경우 그것은 법률에 의해서만 선포될 수 있다고 규정되며 소위 '특별법'의 형태로 실행된다. 이에 대응하는 인민들의 저항권 역시 기존의 헌법을 취소하고 새롭게 제정할 수 있는 제헌권력으로까지 소급된다는 의미에서 헌법의 외부에 있지만, 그 저항권이 헌법 내에 규정되어 있다는 점에서는 법의 외부와 내부를 가로지른다.

그렇다면 이런 대칭성은 예외상태에서 벌거벗은 생명으로 격하된 (혹은 그러한 격하의 가능성에 항상적으로 노출된) 호모 사케르가 정치적 생명/삶으로서의 존재론적 의미를 회복하는 것은 저항권의 발동을 통해서만 가능함을 시사한다고 할 수 있다. 우생주의적 욕망을 강화하는 신자유주의적 배제 사회에서 우리에게 요청되는 것은 '무조건적인 삶의 권리'다. 그것은 기본소득[29]을 통해서 이루어질 수도 있고, 공공

---

29) 기본소득(basic income)이란 재산이나 소득의 많고 적음, 노동 여부나 노동 의사와 상관없이, 미성년자를 포함한 모든 사회 구성원들에게 인간다운 삶을 영위할 수 있는 기본 생활비를 현금으로 지급하는 것을 말한다. 일례로 스위스에서는 2013년 10월에 기본소득 도입을

시민노동 체제[30)]의 구축을 통해서 이루어질 수도 있으며, 또 다른 어떤 방향에서 이루어질 수도 있다. 그러나 그 구체적인 방식이 무엇이든 간에, 무조건적인 삶의 권리는 인민에게 주어진 최종심급에서의 권리, 즉 저항권이 활성화될 때에만 실현될 수 있을 것이다.

위한 국민발의안이 13만 명의 서명을 받아 연방의회에 제출되었고, 2016년 6월에 국민투표가 이루어졌으나 부결된 바 있다. 이 안은 정부가 모든 성인에게 월 2500스위스프랑(약 300만 원), 아동·청소년에게는 650스위스프랑(약 78만 원)의 기본소득을 지급한다는 내용을 담고 있었다. 이뿐만 아니라 핀란드, 네덜란드, 프랑스, 영국 등에서도 기본소득 도입을 위한 검토와 실험이 진행되고 있으며, 영국의 사회혁신 싱크탱크인 네스타(Nesta)는 '2016년 우리의 삶을 변화시킬 10가지 트렌드' 가운데 하나로 기본소득을 꼽기도 했다.

30) 공공시민노동 체제에 대한 자세한 설명은 『장애학의 도전』, 9장을 보라.

참고문헌

1. 저자 참고문헌

Abberley. P. (1987) "The Concept of Oppression and the Development of a Social Theory of Disability", *Disability, Handicap and Society* 2(1). pp. 5~21.

Adams, M. B. (1990) *The Wellborn Science: Eugenics in Germany, France, Brazil and Russia*, New York: Oxford University Press.

Allen, G. (1983) "The Misuse of Biological Hierarchies: The American Eugenics Movement, 1900–1940", *History and Philosophy of the Life Sciences* 5(2), pp. 105~128.

Alper, J. S. and Beckwith, J. (1994) "Genetic Fatalism and Social Policy: The Implications of Behavior Genetics Research", *Yale Journal of Biology and Medicine* 66, pp. 511~524.

American Society of Human Genetics(Human Genome Committee) (1991) Untitled[Letter] 254, 5039, pp. 1710~1712.

Andersen, B. and Arnason, E. (1999) "Iceland's Database is Ethically Questionable", *British Medical Journal* 318, p. 1565.

Anon. (1999) "WHO Steps Closer to Its Responsibilities", *Nature* 398, p. 175.

_____. (2001) "Trust Me I'm a Health Minister", www.kablenet.com, 13 March.

Appleyard, B. (1999) *Brave New Worlds: Staying Human in the Genetic Future,*

London: HarperCollins.

Asch, A. and Geller, G. (1996) "Feminism, Bioethics, and Genetics", in S. M. Wolf (ed.), *Feminism and Bioethics: Beyond Reproduction*, New York: Oxford University Press.

Bailey, R. (1996) "Prenatal Testing and the Prevention of Impairment: A Woman's Right to Choose?", in J. Morris (ed.), *Encounters with Strangers: Feminism and disability*, London: Women's Press.

Barker, D. (1989) "The Biology of Stupidity: Genetics, Eugenics and Mental Deficiency in the Interwar Years", *British Journal for the History of Science* 22, pp. 347~375.

Bateson, P. and Martin, P. (1999) *Design for a Life*, London: Jonathan Cape.

Beck-Gernsteim, E. (1990) "Changing Duties of Parents: From Education to Bio-Engineering?", *International Social Science Journal* 42, pp. 451~463.

Berger, A. (1999) "Private Company Wins Rights to Icelandic Gene Database", *British Medical Journal* 318, p. 11.

BMA (1992) *Our Genetic Future: The Science and Ethics of Genetic Technology*, Milton Keynes: Open University Press.

Bobrow, M. and Thomas, S. (2001) "Patents in a Genetic Age", *Nature* 407, pp. 763~764.

British Society for Human Genetics (1999) "Co-Ordinated Arrangements for Genetic Testing for Rare Disorders". See http://www.bham.ac.uk/BSHG/raredis.htm.

Britton, J. and Knox, A. J. (1991) "Screening for Cystic Fibrosis", *The Lancet* 388, p. 1524.

Broberg, G. and Roll-Hansen, N. (eds) (1996) *Eugenics and the Welfare State: Sterilization Policy in Denmark, Sweden, Norway and Finland*, East Lansing, MI: Michigan State University Press.

Broberg, G. and Tydén, M. (1996) "Eugenics in Sweden: Efficient Care", in G. Broberg and N. Roll-Hansen (eds), *Eugenics and the Welfare State: Sterilization Policy in Denmark, Sweden, Norway and Finland*, East Lansing, MI: Michigan State University Press.

Buchanan, A., Brock, D., Daniels, N. and Wikler, D. (2000) *From Chance to Choice: Genetics and Justice*, Cambridge: Cambridge University Press.

Burleigh, M. (1994) *Death and Deliverance: 'Euthanasia' in Germany 1900-1945*, Cambridge: Cambridge University Press.

_____. (1997) *Ethics and Extermination: Reflections on Nazi Genocide*, Cambridge: Cambridge University Press.

Caplan, A. L. (1994) "Handle with Care: Race, Class and Genetics", in T. F. Murphy and M. A. Lappé (eds), *Justice and the Human Genome Project*, Berkeley: University of California Press.

Caplan, A. L., McGee, G. and Magnus, D. (1999) "What is Immoral about Eugenics?", *British Medical Journal* 319, p. 1284.

Chadwick, R. (1999) "The Icelandic Database: Do Modern Times Need Modern Sagas?", *British Medical Journal* 319, pp. 441~444.

Clarke, A. (1991) "Is Non-Directive Genetic Counselling Possible?", *The Lancet* 338, pp. 998~1000.

_____. (ed.) (1994) *Genetic Counselling: Practice and Principles*, London: Routledge.

Clarke, A. and Flinter, F. (1996) "The Genetic Testing of Children: A Clinical Perspective", in T. Marteau and M. Richards (eds), *The Troubled Helix: Social and Psychological Implications of the New Genetics*, Cambridge: Cambridge University Press.

Clayton. E. W. (1999) "What Should Be the Role of Public Health in Newborn Screening and Prenatal Diagnosis?", *American Journal of Preventive Medicine* 16(2), pp. 111~115.

Clinical Genetics Society Working Party (1994) *The Genetic Testing of Children* (chair Dr Angus Clarke), Cardiff, March. Can be accessed at http://www.bshg.org.uk/Official%20Docs/testchil.htm.

Concar, D. (2001a) "The DNA Police", *New Scientist*, no. 2289, 5 May, pp. 10~12.

_____. (2001b) "What's in a Fingerprint?", *New Scientist*, no. 2289, 5 May, p. 9.

Condit. C. M. (1999) "How the Public Understands Genetics: Non-Deterministic and Non-Discriminatory Interpretations of the 'Blue-Print' Metaphor", *Public Understanding of Science* 8, pp. 169~180.

Conrad, P. (1999) "Uses of Expertise: Sources, Quotes and Voice in the Reporting of Genetics in the News", *Public Understanding of Science* 8, pp.

285~302.

Cook-Deegan, R. (1994) *The Gene Wars: Science, Politics and the Human Genome*, New York: W. W. Norton.

Cowan, R.S. (1994) "Women's Role in the History of Amniocentesis and Chorionic Villi Sampling", in K. Rothberg and E. Thomson (eds), *Women and Prenatal Testing Facing the Challenges of Genetic Technology*, Columbus, OH: Ohio State University Press.

Cranor, C. F. (ed.) (1994) *Are Genes Us? The Social Consequences of the New Genetics*, New Brunswick, NJ: Rutgers University Press.

Cravens H. (1978) *The Triumph of Evolution: American Scientists and the Hereditary-Evolutionary Controversy, 1900–1941*, Philadelphia: University of Pennsylvania Press.

Crow, L. (1996) "Including All of Our Lives: Renewing the Social Model of Disability", in J. Morris (ed.), *Encounters with Strangers: Feminism and Disability*, London: Women's Press.

Curtis, J. R., Burke, W., Kassner, A. W. and Aitken, M. L. (1997) "Absence of Health Insurance is Associated with Decreased Life Expectancy in Patients with Cystic Fibrosis", *American Journal of Respiratory and Critical Care Medicine* 155(6), pp. 1921~1924.

Davis, B. D. (ed.) (1992) *The Genetic Revolution: Scientific Prospects and Human Perceptions*, Baltimore, MD: Johns Hopkins Press.

Davis, D. (2001) *Genetic Dilemmas: Reproductive Technology, Parental Choices, and Children's Futures*, New York: Routledge.

Davison, A., Barns, I. and Schibeci, R. (1997) "Problematic Publics: A Critical Review of Surveys of Public Attitudes to Biotechnology", *Science, Technology and Human Values* 22(3), pp. 317~348.

Davison, C. (1996) "Predictive Genetics: The Cultural Implications of Supplying Probable Futures", in T. Marteau and M. Richards (eds), *The Troubled Helix: Social and Psychological Implications of the New Human Genetics*, Cambridge: Cambridge University Press.

Dawkins, R. (1976) *The Selfish Gene*, London: Oxford University Press. [『이기적 유전자』, 홍영남·이상임 옮김, 을유문화사, 2010.]

Degener, T. (1990) "Female Self-Determination Between Feminist Claims and

'Voluntary' Eugenics, Between 'Rights' and Ethics", *Journal of International Feminist Analysis* 3(2), 87~99.

DeGrandpre, R. (2000) *Ritalin Nation: Rapid-Fire Culture and the Transformation of Human Consciousness*, New York: Norton.

Dobson. R. (2000) "Gene Therapy Saves Immune Deficient Babies in France", *British Medical Journal* 320, p. 1225.

Drouard, A. (1998) "On Eugenicism in Scandinavia", *Population* 53(3), pp. 633~642.

Duster, T. (1990) *Backdoor to Eugenics*, New York: Routledge.

Duster, T. and Beeson, D. (2001) *Pathways and Barriers to Genetic Testing and Screening: Molecular Genetics Meets the 'High-Risk Family'*, Final Report, Institute for the Study of Social Change, University of California Berkeley, available at https://web.ornl.gov/sci/techresources/Human_Genome/publicat/miscpubs/duster.shtml.

Dworkin, R. (1993) *Life's Dominion*, Oxford: Oxford University Press. [『생명의 지배영역』, 박경신 · 김지미 옮김, 로도스, 2014.]

Edelson P. (forthcoming) "Lessons from the History of Genetic Ccreening in the US: Policy Past, Present, and Future", in P. Boyle and K. Nolan (eds), *Setting Priorities for Genetic Services*, Washington, DC: Georgetown University Press.

Emery, A. (1968) "Genetics in Medicine", University of Edinburgh Inaugural Lecture, no. 35.

Farrall, L. (1970) "The Origins and Growth of the English Eugenics Movement 1865-1925", PhD thesis, University of Indiana.

Farrant, W. (1985) "Who's for Amniocentesis?", in H. Homans (ed.), *The Sexual Politics of Reproduction*, London: Gower.

Fraser, S. (ed.) (1995) "Introduction", *The Bell Curve Wars: Race, Intelligence and the Future of America*, New York: Basic Books.

Friedlander, H. (1995) *The Origins of Nazi Genocide: From Euthanasia to the Final Solution*, Chapel Hill and London: University of North Carolina Press.

Fujimura, J. (1988) "The Molecular Bandwagon in Cancer Research: Where Social Worlds Meet", *Social Problems* 35, pp. 261~283.

Gallagher, H. (1995) *By Trust Betrayed: Patients, Physicians and the License to*

Kill in the Third Reich, New York: Vandamere Press.

Gieryn, T. F. and Figert, A. E. (1986) "Scientists Protect Their Cognitive Authority: The Status Degradation Ceremony of Sir Cyril Burt", in G. Bohme and N. Stehr (eds), *The Knowledge Society*, Dordrecht: D. Reidel.

Gillis, J. (2000a) "Celera to Offer Data on Disease", *Washington Post* 26 September, p. E03.

_____. (2000b) "Gene Research Success Spurs Profit Debate", Washington Post Online, 30 December, pp. A01~7.

Glannon, W. (1998) "Genes, Embryos and Future People", *Bioethics* 12(3), pp. 187~211.

Glover, J. (1984) *What Sort of People Should There Be?*, Harmondsworth: Penguin.

_____. (1999) "Eugenics and Human Rights", in J. Burley (ed.), *The Genetic Revolution and Human Rights*, Oxford: Oxford University Press.

Goodhue, S. (1913) "Do You Choose Your Children?", *Cosmopolitan* 55.

Gould, S. J. (1981) *The Mismeasure of Man*, New York: W. W. Norton. [『인간에 대한 오해』, 김동광 옮김, 사회평론, 2003.]

Graham, L. R. (1977) "Science and Values: The Eugenic Movement in Germany and Russia in the 1920s", *American Historical Review* 82, pp. 1133~1164.

_____. (1981) *Eugenics: Weimar Germany and Soviet Russia – Between Science and Values*, New York: Columbia University Press.

Green, J. (1994) "Serum Screening for Down's Syndrome: The Experience of Obstetricians in England and Wales", *British Medical Journal* 309, pp. 769~772.

_____. (1995) "Obstetricians' Views on Prenatal Diagnosis and Termination of Pregnancy: 1980 Compared with 1993", *British Journal of Obstetrics and Gynaecology* 102, pp. 228~232.

Green, J. and Statham, H. (1996) "Psychosocial Aspects of Prenatal Screening and Diagnosis", in T. Marteau and M. Richards (eds), *The Troubled Helix: Social and Psychological Implications of the New Human Genetics*, Cambridge: Cambridge University Press.

Gudding, G. (1996) "The Phenotype/Genotype Distinction and the Disappearance of the Body", *Journal of the History of Ideas*, pp. 525~545.

Hallowell, N. (1999) "Doing the Right Thing: Genetic Risk and Responsibility", in P. Conrad and J. Gabe (eds), *Sociological Perspectives on the New Genetics*, Oxford: Blackwell.

Hamer, D. and Copeland, P. (1994) *The Science of Desire: The Search for the Gay Gene and the Biology of Behavior*, New York: Simon and Schuster.

Handler, P. (ed.) (1970) *Biology and the Future of Man*, New York: Oxford University Press.

Hansen, B. S. (1996) "Something Rotten in the State of Denmark: Eugenics and the Ascent of the Welfare State", in G. Broberg and N. Roll-Hansen (eds) *Eugenics and the Welfare State: Sterilization policy in Denmark, Sweden, Norway and Finland*, East Lansing, MI: Michigan State University Press.

Harper. P. and Clarke, A. (1997) *Genetics, Society and Clinical Practice*, Oxford: BIOS Scientific Publishers.

Harris, J. (1998) *Clones, Genes and Immortality: Ethics and the Genetic Revolution*, Oxford: Oxford University Press.

Hawkins, M. (1997) *Social Darwinism 1860–1945*, Cambridge: Cambridge University Press.

Henderson, L. and Kitzinger, J. (1999) "The Human Drama of Genetics: 'Hard' and 'Soft' Media Representations of Inherited Breast Cancer", in P. Conrad and J. Gabe (eds), *Sociological Perspectives on the New Genetics*, Oxford: Blackwell.

Herrstein, R. and Murray, C. (1994) *The Bell Curve: Intelligence and Class Structure in American life*, New York: Free Press.

Hietala, M. (1996) "From Race Hygiene to Sterilization: The Eugenics Movement in Finland", in G. Broberg and N. Roll-Hansen (eds), *Eugenics and the Welfare State: Sterilization Policy in Denmark, Sweden, Norway and Finland*, East Lansing, MI: Michigan State University Press.

House of Commons Science and Technology Committee (1995) *Human Genetics: The Science and Its Consequences*, London: HMSO.

Howard, T. and Rifkin, J. (1977) *Who Shall Play God?*, New York: Dell.

Hubbard, R. (1997) "Abortion and Disability: Who Should and Who Should Not Inhabit the World?", in L. Davis (ed.), *The Disability Studies Reader*, New York: Routledge.

Hubbard, R. and Wald, E. (1993) *Exploding the Gene Myth: How Genetic Information is Produced and Manipulated by Scientists, Physicians, Employers, Insurance Companies, Educators and Law Enforcers*, Boston: Beacon Press.

Jonsen, A. R. (1998) *The Birth of Bioethics*, New York and Oxford: Oxford University Press.

Kallianes, V. and Rubenfeld, P. (1997) "Disabled Women and Reproductive Rights", *Disability and Society* 12(2), pp. 203~221.

Kaplan, J. M. (2000) *The Limits and Lies of Human Genetic Research: Dangers for Social Policy*, London: Routledge.

Kavka, G. (1994) "Upside Risks: Social Consequences of Beneficial Biotechnology", in C. F. Cranor (eds), *Are Genes Us? The Social Consequences of the New Genetics*, New Brunswick, NJ: Rutgers University Press.

Kaye, H. (1997) *The Social Meaning of Modern Biology: From Social Darwinism to Sociobiology*, New Brunswick, NJ: Transaction. [『현대 생물학의 사회적 의미』, 생물학의 역사와 철학 연구모임 옮김, 뿌리와이파리, 2008.]

Kerr, A. and Cunningham-Burley, S. (2000) "On Ambivalence and Risk: Reflexive Modernity and the New Human Genetics", *Sociology* 34(2), pp. 283~304.

Kerr, A., Cunningham-Burley, S. and Amos, A. (1996) "The New Genetics and Health: Exploring Lay Conceptions", paper presented at BSA Medical Sociology Conference.

_____. (1997) "The New Genetics: Professionals' Discursive Boundaries", *Sociological Review* 45(2), pp. 279–303.

_____. (1998a) "The New Human Genetics and Health: Mobilising Lay Expertise", *Public Understanding of Science* 7(1), pp. 41~60.

_____. (1998b) "Drawing the Line: An Analysis of Lay People's Discussions about the New Human Genetics", *Public Understanding of Science* 7(2), pp. 113~133.

_____. (1998c) "Eugenics and the New Human Genetics in Britain: Examining Contemporary Professionals' Accounts", *Science, Technology and Human Values* 23(2), pp. 175~198.

Kevles, D. J. (1994) "Eugenics and the Human Genome Project: Is the Past Prologue?", in T. F. Murphy and M. A. Lappé (eds), *Justice and the Human Genome Project*, Los Angeles: University of California Press.

_____. (1995) *In the Name of Eugenics*, Cambridge, MA: Harvard University Press.

Kitcher, P. (1996) *The Lives to Come: The Genetic Revolution and Human Possibilities*, New York: Simon and Schuster.

Knoppers, B. M. (1999) "Who Should Have Access to Genetic Information?", in J. Burley (ed.), *The Genetic Revolution and Human Rights*, Oxford: Oxford University Press.

Krimsky, S. (1982) *Genetic Alchemy: The Social History of the Recombinant DNA Controversy*, Cambridge, MA: MIT Press.

Lehrman, S. (n.d.) "DNA and Behavior: Is Fate in Our Genes?", The DNA Profiles, www.dnaprofiles.org/about/pgm/topic.html.

Lenaghan, J. (1998) *Brave New NHS? The Impact of the New Genetics on the Health Service*, London: Institute for Public Policy Research.

Levine, J. and Suzuki, D. (1993) *The Secret of Life: Redesigning the Living World*, Boston, MA: W. H. Freeman.

Lewis, A. (1934) "German Eugenics Legislation", *Eugenics Review* 26(3), pp. 183~191.

Lewontin, R. C. (1991) *Biology as ideology: The Doctrine of DNA*, Harmondsworth: Penguin.

Limoges, C. (1994) "Errare Humanum Est: Do Genetic Errors Have a Future?", in C. F. Cranor (ed.), *Are Genes Us? The Social Consequences of the New Genetics*, New Brunswick, NJ: Rutgers University Press.

Lind, M. (1999) "Brave New Right", in S. Fraser (ed.), *The Bell Curve Wars: Race, Intelligence and the Future of America*, New York: Basic Books.

Lippman, A. (1992a) "Prenatal Genetic Testing and Genetic Screening: Constructing Needs and Reinforcing Inequalities", *American Journal of Law and Medicine* 17, pp. 15~50.

_____. (1992b) "Led (Astray) by Genetic Maps: The Cartography of the Human Genome and Health Care", *Social Science and Medicine* 35(12), pp. 1469~1476.

Lippman, A. and Wilfond, B.S. (1992) "'Twice-Told Tales': Stories about Genetic Disorders", *American Journal of Human Genetics* 51, pp. 936~937.

Lloyd, E. (1994) "Normality and Variation: The Human Genome Project and the Ideal Human Type", in C. F. Cranor (ed.), *Are Genes Us? The Social Consequences of the New Genetics*, New Brunswick, NJ: Rutgers University Press.

Lowe, R. A. (1979) "Eugenicists, Doctors, and the Quest for National Efficiency: An Educational Crusade, 1900 – 1939", *History of Education* 8(4), pp. 293~306.

Lukes, S. (1974) *Power: A Radical View*, London: Macmillan. [『3차원적 권력론』, 서규환 옮김, 나남출판, 1992.]

Macdonald, V. (1997) "Abort Babies with Gay Genes Says Nobel Winner", *Electronic Telegraph* 632, 16 February.

McGuffin, P., Riley, B. and Plomin, R. (2001) "Towards Behavioural Genomics", *Science* 291(5507), pp. 1232~1249.

MacKenzie, D. (1976) "Eugenics in Britain", *Social Studies of Science* 6, pp. 499~532.

_____. (1990) *Inventing Accuracy: A Historical Sociology of Nuclear Missile Guidance*, Cambridge, MA: MIT Press.

McKusick, V. (1970) "Human Genetics", *Annals of Genetics* 4, p. 27.

McLaren, A. (1990) *Our Own Master Race: Eugenics in Canada, 1885–1945*, Toronto: McClelland and Stewart.

Maclean, A. (1993) *The Elimination of Morality: Reflections on Utilitarianism and Bioethics*, London: Routledge.

Maier, H. (1936) "On Practical Experiences of Sterilization in Switzerland", *Eugenics Review* 26(1), pp. 19~25.

Malakoff, D. and Service, R. F. (2001) "Genomania Meets the Bottom Line", *Science* 291(5507), pp. 1193~1203.

Marteau, T. and Anionwu, E. (1996) "Evaluating Carrier Testing: Objectives and Outcomes", in T. Marteau and M. Richards (eds), *The Troubled Helix: Social and Psychological Implications of the New Human Genetics*, Cambridge: Cambridge University Press.

Marteau, T. and Croyle, R. (1998) "Psychological Responses to Genetic Testing",

British Medical Journal 316(7132), pp. 693~698.

Marteau, T. and Drake, H. (1995) "Attributions for Disability: The Influence of Genetic Screening", *Social Science and Medicine* 40, pp. 1127~1132.

Marteau, T. and Richards, M. (eds) (1996) *The Troubled Helix: Social and Psychological Implications of the New Human Genetics*, Cambridge: Cambridge University Press.

Marteau, T., Drake, H. and Bobrow, M. (1994) "Counselling Following Diagnosis of a Fetal Abnormality: The Differing Approaches of Obstetricians, Clinical Geneticists, and Genetic Nurses", *Journal of Medical Genetics* 31, pp. 864~867.

Marteau, T. M., Johnston, M., Plenicar, M., Shaw, R. W. and Slack J. (1988) "Development of a Self-Administered Questionnaire to Measure Women's Knowledge of Prenatal Screening and Diagnostic Tests", *Journal of Psychosomatic Research* 32, pp. 403~408.

Marteau, T. M., Plenicar, M. and Kidd, J. (1993) "Obstetricians Presenting Amniocentesis to Pregnant Women: Practice Observed", *Journal of Reproductive and Infant Psychology* 11, pp. 5~82.

Martin, G. and Hoehn, H. (1974) "Genetics and Human Disease", *Human Pathology* 5(4), pp. 387~405.

Martin, P. (1999) "Genes as Drugs: The Social Shaping of Gene Therapy and the Reconstruction of Genetic Disease", in P. Conrad and J. Gabe (eds), *Sociological Perspectives on the New Genetics*, Oxford: Blackwell.

Mazumdar, P. (1992) *Eugenics, Human Genetics and Human Failings: The Eugenics Society, Its Sources and Its Critics in Britain*, London: Routledge.

Medical Research Council (2000) Memorandum to House of Lords Committee on Science and Technology, 6 November. Available at www.parliament. the-stationery-office.co.uk/pa/(d199900/(dselect/(dscter115/115we32.htm.

Michie, S. and Marteau, T. M. (1996) "Genetic Counselling: Some Issues of Theory and Practice", in T. Marteau and M. Richards (eds), *The Troubled Helix: Social and Psychological Implications of the New Human Genetics*, Cambridge: Cambridge University Press.

Michie, S., Bron, F., Bobrow, M. and Marteau, T. M. (1997) "Nondirectiveness in Genetic Counselling: An Empirical Study", *American Journal of Human*

Genetics 60, pp. 40~47.

Miller, G. (2001) *The Mating Mind*, London: Vintage. [『연애』, 김명주 옮김, 동녘 사이언스, 2009.]

Morris, J. (1991) *Pride Against Prejudice*, London: Women's Press.

Mulkay, M. (1997) *The Embryo Research Debate: Science and the Politics of Reproduction*, Cambridge: Cambridge University Press.

Müller Hill, B. (1987) "Genetics after Auschwitz", *Holocaust and Genocide Studies* 2, pp. 3~20.

Murphy. T. E. (1994) "The Genome Project and the Meaning of Difference", in T. F. Murphy and M. A. Lappé (eds), *Justice and the Human Genome Project*, Los Angeles: University of California Press.

Murphy, T. F. and Lappé, M. A. (eds) (1994) *Justice and the Human Genome Project*, Los Angeles: University of California Press.

Murray, C. (2000) "Genetics of the Right", *Prospect*, April, pp. 28~31.

Myrdal, A. (1968) *Nation and Family: The Swedish Experiment in Democratic Family and Population Policy*, Cambridge, MA: MIT Press.

Nelkin. D. and Andrews, L. (1999) "DNA Identification and Surveillance Creep", in P. Conrad and J. Gabe (eds), *Sociological Perspectives on the New Genetics*, Oxford: Blackwell.

Nelkin, D. and Lindee, M. S. (1995) *The DNA Mystique: The Gene as a Cultural Icon*, New York: W. H. Freeman.

Novas, C. and Rose, N. (2000) "Genetic Risk and the Birth of the Somatic Individual", *Economy and Society* 29(4), pp. 485~513.

Nuffield Council on Bioethics (1993) *Genetic Screening: Ethical Issues*, London: Nuffield Council on Bioethics.

Oliver, M. (1990) *The Politics of Disablement*, Basingstoke: Macmillan.

Owen, M. and Cardno, A. (1999) "Psychiatric Genetics: Progress, Problems and Potential", *The Lancet* 354(Supplement 1), 24 July, pp. 11~17.

Parens, E. and Asch, A. (eds) (2000) *Prenatal Testing and Disability Rights*, Washington, DC: Georgetown University Press.

Paul, D. (1992) "Eugenic Anxieties, Social Realities and Political Choices", *Social Research* 59(3), pp. 663~683.

_____. (1998a) *Controlling Human Heredity: 1865 to the Present*, New York:

Humanity Books.

_____. (1998b) *The Politics of Heredity: Essays on Eugenics, Biomedicine and the Nature-Nurture Debate*, New York: SUNY.

Peel, R. (1998) *Essays in the History of Eugenics*, London: Galton Institute.

Pernick, M. S. (1997) "Defining the Defective: Eugenics, Aesthetics, and Mass Culture in Early-Twentieth-Century America", in D. T. Mitchell and S. L. Snyder (eds), *The Body and Physical Difference: Discourses of Disability*, Ann Arbor, MI: University of Michigan Press.

Petersen, A. (1999) "Counselling the Genetically 'At risk': Peotics and Politics of 'non-directiveness'", *Health Risk and Society* 1(3), pp. 253~266.

Peterson, A. and Lupton, D. (1996) *The New Public Health: Health and Self in the Age of Risk*, London: Sage.

Pfeiffer, D. (1994) "Eugenics and Disability Discrimination", *Disability and Society* 9(4), pp. 481~499.

Pinker, S. (1998) *How the Mind Works*, London: Allen Lane. [『마음은 어떻게 작동하는가』, 김한영 옮김, 동녘사이언스, 2007.]

Pokorski, R. J. (1994) "Use of Genetic Information by Private Insurers", in T. F. Murphy and M. A. Lappé (eds), *Justice and the Human Genome Project*, Los Angeles: University of California Press.

Porter, M. and Macintyre, S. (1984) "What is, Must be Best: A Research Note on Conservative or Deferential Responses to Antenatal Care Provision", *Social Science and Medicine* 19(11), pp. 1197~1200.

Potts, M. and Fido, R. (1991) *A Fit Person to Be Removed: Personal Accounts of Life in a Mental Deficiency Institution*, Plymouth: Northcote House.

Prichard, D. G. (1963) *Education and the Handicapped 1760-1960*, London: Routledge and Kegan Paul.

Rapp, R. (2000) *Testing Women, Testing the Fetus: The Social Impact of Amniocentesis in America*, New York: Routledge.

Reiss, M. J. and Straughan, R. (1996) *Improving Nature? The Science and Ethics of Genetic Engineering*, Cambridge: Cambridge University Press.

Resta, R. G. (1997) "Eugenics and Nondirectiveness in Genetic Counselling", *Journal of Genetic Counselling* 6(2), pp. 255~258, quoted in Petersen, A. (1999) "Counselling the Genetically 'At-Risk': A Critique of 'Non-

Directiveness'", *Health Risk and Society* 1(3), pp. 253~266.

Richards, M. P. M. (1998) "Annotation: Genetic Research, Family Life and Clinical Practice", *Journal of Child Psychology and Psychiatry* 39(3), pp. 291~306.

Richardson, K. (2000) *The Making of Intelligence*, London: Phoenix Press.

Ridley, M. (1994) *The Red Queen,* Harmondsworth: Penguin. [『붉은 여왕』, 김윤택 옮김, 김영사, 2006.]

_____. (1996) *The Origins of Virtue*, London: Viking. [『이타적 유전자』, 신좌섭 옮김, 사이언스북스, 2001.]

Rock, P. J. (1996) "Eugenics and Euthanasia: A Cause for Concern for Disabled People, Particularly Disabled Women", *Disability and Society* 11(1), pp. 121~128.

Rogers, L. (1999) "Having Disabled Babies Will Be 'Sin', Says Scientist", *Sunday Times*, 4 July.

_____. (2000) "Winston Patents Technique for 'Designer Sperm'", *Sunday Times*, 12 October.

Roll-Hansen, N. (1989a) "Eugenic Sterilization: A Preliminary Comparison of the Scandinavian Experience to That of Germany", *Genome* 31, pp. 890~895.

_____. (1989b) "Geneticists and the Eugenics Movement in Scandinavia", *British Journal for the History of Science* 22, pp. 335~346.

Rose, G. (1985) "Sick Individuals and Sick Populations", *International Journal of Epidemiology* 14, pp. 32~38.

Rose, H. and Rose, S. (eds) (2000) *Alas Poor Darwin*, London: Cape.

Rose, N. (2000) "The Biology of Culpability: Pathological Identity and Crime Control in a Biological Culture", *Theoretical Criminology* 4(1), pp. 5~34.

Rosen. M., Clark, G. and Kivitz, M. (eds) (1996) *The History of Mental Retardation*, Baltimore: University Park Press.

Rosenberg, C. E. (1997) *No Other Gods: On Science and American Social Thought*, Baltimore, MD: Johns Hopkins University Press.

Rothman, B. K. (1988) *The Tentative Pregnancy: Amniocentesis and the Sexual Politics of Motherhood*, London: Pandora.

_____. (1998) *Genetic Maps and Human Imaginations: The Limits of Science in Understanding Who We Are*, New York: W. W. Norton.

Rothstein, M. (1997) *Genetic Secrets*, New Haven, CT: Yale University Press.

Ryan, A. (1999) "Eugenics and Genetic Manipulation", in J. Burley (ed.), *The Genetic Revolution and Human Rights*, Oxford: Oxford University Press.

Sarkar, S. (1998) *Genetics and Reductionism*, Cambridge: Cambridge University Press.

Schneider, W. H. (1990) *Quality and Quantity: The Quest for Biological Regeneration in Twentieth-Century France*, Cambridge: Cambridge University Press.

Schneider, W. S. (1995) "Blood Group Research Between the Wars", *Yearbook of Physical Anthropology* 38, pp. 87~114.

Searle, G. (1976) *Eugenics and Politics in Britain*, Leyden: Noordhoff International.

_____. (1979) "Eugenics and Politics in Britain in the 1930s", *Annals of Science* 36(2), pp. 159~169.

Searle, J. (1997) *The Mystery of Consciousness*, London: Granta.

Shakespeare, T. (1995) "Back to the Future? New Genetics and Disabled People", *Critical Social Policy* 44(5), pp. 22~35.

_____. (1999) "Losing the Plot? Medical and Activist Discourses of Contemporary Genetics and Disability", *Sociology of Health and Illness* 21(5), pp. 669~688.

_____. (2000) "Arguing about Disability and Genetics", *Interaction*, pp. 11~14.

Shiloh, S. (1996) "Decision-Making in the Context of Genetic Risk", in T. Marteau and M. Richards (eds), *The Troubled Helix: Social and Psychological Implications of the New Human Genetics*, Cambridge: Cambridge University Press.

Silver, L. M. (1998) *Remaking Eden: Cloning and Beyond in a Brave New World*, London: Weidenfeld & Nicolson.

Sinason, V. (1992) *Mental Handicap and the Human Condition: New Approaches from the Tavistock*, London: Free Association Books.

Skuse, D. et al. (1997) "Evidence from Turner's Syndrome of an Imprinted X-Linked Locus Affecting Cognitive Function". *Nature* 387, pp. 705~708

Smaglik, P. (2000) "Tissue Donors Use Their Influence in Deal Over Gene Patent Terms", *Nature* 407, 19 October, p. 821.

Soloway, R. (1997) "The Galton Lecture: 'Marie Stopes, Eugenics and the Birth Control Movement'", in R. Peel (ed.), *Marie Stopes and the English Birth Control Movement*, London: Galton Institute.

Stacey, M. (1996) "The New Genetics: A Feminist View", in T. Marteau and M. Richards (eds), *The Troubled Helix: Social and psychological Implications of the New Human Genetics*, Cambridge: Cambridge University Press.

Stockdale, A. (1999) "Waiting for the Cure: Mapping the Social Relations of Human Gene Therapy Research", in P. Conrad and J. Gabe (eds), *Sociological Perspectives on the New Genetics*, Oxford: Blackwell.

Stone, E. (1996) "A Law to Protect, A Law to Prevent: Contextualising Disability Legislation in China", *Disability and Society* 11(4), pp. 469~484.

Sutton, H. E. (1967) "Human Genetics", *Annals of Genetics* 1, pp. 1~27.

Suzuki, D. and Knudtson, P. (1989) *Genethics: The Ethics of Engineering Life*, London: Unwin Hyman.

Suzuki, Z. (1975) "Geneticists and the Eugenics Movement in Japan", *Japanese Studies in the History of Science* 14, pp. 157~164.

Taylor, J. S. (1998) "Images of Contradiction: Obstetrical Ultrasound in American Culture", in S. Franklin and H. Raponém (eds), *Reproducing Reproduction: Kinship, Power and Technological Innovation*, Philadelphia: University of Pennsylvania Press.

Thomson, M. (1998) *The Problem of Mental Deficiency: Eugenics, Democracy and Social Policy in Britain, c.1870-1959*, Oxford: Clarendon Press.

Toy, M.-A. (2000) "Doctors Endorse Dwarf Abortion", *Sydney Morning Herald*, 4 July.

Trombley, S. (1988) *The Right to Reproduce: A History of Coercive Sterilization*, London: Weidenfeld and Nicolson.

Van Dijck, J. (1995) *Manufacturing Babies and Public Consent: Debating the New Reproductive Technologies*, Basingstoke: Macmillan.

_____. (1998) *Imagenation: Popular Images of Genetics*, London: Macmillan.

Vanier, J. (1999) *Becoming Human*, London: Darton, Longman and Todd. [『인간되기』, 제병영 옮김, 다른우리, 2010.]

Wailoo, K. (1999) *Drawing Blood*, Baltimore, MD: Johns Hopkins University Press.

Wald, N. J. et al. (1992) "Antenatal Maternal Screening for Down's Syndrome: Results of a Demonstration Project", *British Medical Journal* 305, pp. 391~394.

Watson, J. D. (1970) *The Double Helix: A Personal Account of the Discovery of the Structure of DNA*, London: Penguin. [『이중나선』, 최돈찬 옮김, 궁리, 2006.]

_____. (1997) "Genes and Politics", *Journal of Molecular Medicine* 75, pp. 624~636.

Watt, D. (1998) "Lionel Penrose. F.R.S(1898-1972) and Eugenics", *Notes and Records of the Royal Society of London* 52(1), pp. 137~151.

Weir, R. T., Lawrence, S. C. and Fales. E. (1994) *Genes and Human Self-Knowledge*, Iowa City: University of Iowa Press.

Wertz, D. (1999) "Eugenics is Alive and Well: A Survey of Genetics Professionals around the World", *Science in Context* 11(3~4), pp. 493~510.

Wertz, D. and Fletcher, J. C. (1989) *Ethics and Human Genentics: A Cross-Cultural Perspective*, New York: Springer-Verlag

Wexler, N. (1970) "Genetic "Russian Roulette": The Experience of Being "At Risk" for Huntington's Disease", in S. Kessler (ed.), *Genetic Counselling: Psychological Dimensions*, New York: Academic Press.

Wilkie, T. (1994) *Perilous Knowledge*, London: Faber and Faber.

Wilson, E. O. (1975) *Sociobiology: The New Synthesis*, Cambridge, MA: Harvard University Press.

_____. (1978) *On Human Nature*, Cambridge, MA: Harvard University Press.

Wolf, C. R., Smith, G. and Smith, R. L. (2000) "Pharmacogenetics", *British Medical Journal* 320, pp. 987~990.

Wright, R. (1996) *The Moral Animal*, London: Abacus. [『도덕적 동물』, 박영준 옮김, 사이언스북스, 2003.]

Wright, S. (1986) "Recombinant DNA Technology and Its Social Transformation, 1972 – 1982", *OSIRIS*, 2nd Series, 2, pp. 303~360.

Wynne, B. (1995) "The Public Understanding of Science", in S. Jasanoff, G. Markel, J. Petersen and T. Pinch (eds), *Handbook of Science and Technology*

Studies, London: Sage.

2. 옮긴이 참고문헌

김경림, 『이 아이들이 정말 ADHD일까』, 민들레, 2018.

김나경, 「태아의 장애를 이유로 하는 임심중절: 사회학적 구조와 형법정책」, 『형사법연구』 제19권 제1호, 2007.

김도현, 「생명권력과 우생주의, 그리고 장애인의 생명권」, 『한국장애학』 1호, 한국장애학회, 2016.

김호연, 『우생학, 유전자 정치의 역사: 영국, 미국, 독일을 중심으로』, 아침이슬, 2009, 273쪽.

_____. 『장애학의 도전: 변방의 자리에서 다른 세계를 상상하다』, 오월의봄, 2019.

노엄 촘스키 · 에드워드 S. 허먼, 『여론조작』, 정경옥 옮김, 에코리브르, 2006.

데이비드 B. 스테인, 『ADHD는 병이 아니다』, 윤나연 옮김, 전나무숲, 2019.

도나 리브, 「생명정치와 벌거벗은 생명: 손상을 지닌 몸은 호모 사케르의 현대적 예인가?」, 크리스트야나 크리스티안센 외 엮음, 『철학, 장애를 논하다』, 김도현 옮김, 그린비, 2020.

러디어드 키플링, 『바로 그 이야기들』, 최인자 옮김, 문학세계사, 2001.

마누엘 카스텔, 『밀레니엄의 종언』, 이종삼 · 박행웅 옮김, 한울아카데미, 2003.

미셸 푸코, 『"사회를 보호해야 한다"』, 박정자 옮김, 동문선, 1998.

_____. 『생명관리정치의 탄생』, 오트르망 옮김, 난장, 2012.

_____. 『성의 역사 1: 앎의 의지』, 이규현 옮김, 나남출판, 2004.

사토 요시유키, 『신자유주의와 권력: 자기-경영적 주체의 탄생과 소수자-되기』, 김상운 옮김, 후마니타스, 2014.

시어도어 존 카진스키, 『산업사회와 그 미래』, 조병준 옮김, 박영률출판사, 2006.

아돌프 히틀러, 『나의 투쟁』, 황성모 옮김, 동서문화사, 2014.

에티엔 발리바르, 「비동시대성: 정치와 이데올로기」, 『알튀세르와 마르크스주의의 전화』, 윤소영 옮김, 이론, 1993.

염운옥, 『생명에도 계급이 있는가: 유전자 정치와 영국의 우생학』, 책세상, 2009.

위르겐 하버마스, 『인간이라는 자연의 미래: 자유주의적 우생학 비판』, 장은주 옮김, 나남출판, 2003.

정원식, 「"머리카락 · 눈 색깔 선택만 하세요"」, 『위클리 경향』 818호, 2009. 3. 31.

정정훈, 『인권과 인민들』, 그린비, 2014.

조르조 아감벤, 『예외상태』, 김항 옮김, 새물결, 2009.

_____. 『호모 사케르: 주권 권력과 벌거벗은 생명』, 박진우 옮김, 새물결, 2008.

카우시크 순데르 라잔, 『생명자본: 게놈 이후 생명의 구성』, 안수진 옮김, 그린비, 2012.

프리드리히 A. 하이에크, 『노예의 길: 사회주의 계획경제의 진실』, 김이석 옮김, 나 남출판, 2006.

Gerdtz, J. (2006) "Disability and Euthanasia: The Case of Helen Keller and the Bollinger Baby", *Life and Learning*, 16(15), pp. 495~496.

Nielsen, K. (2004) *The Radical Lives of Helen Keller*, New York: New York University Press, p. 37.

Rose, S. (2017) *No Right to Be Idle: The Invention of Disability, 1840s–1930s*, UNC Press Books.

찾아보기

롤-한센, 닐스(Nils Roll-Hansen) 120, 128~129, 136~138, 146~147

롬브로소, 체사레(Cesare Lombroso) 364

뢰프케, 빌헬름(Wilhelm Röpke) 438~439

루비스, 엘즈 폰(Else von Löwis) 108

룩스, 스티븐(Stephen Lukes) 301, 442

룬드보리, 헤르만(Herman Lundborg) 125~126, 130

뤼드베리, 빅토르(Victor Rydberg) 125

르원틴, 리처드(Richard C. Lewontin) 181, 186

리들리, 맷(Matt Ridley) 274~275

리모주, 카미유(Camille Limoges) 419

리처드슨, 켄(Ken Richardson) 268

리탈린(Ritalin) 268, 366

리프먼, 애비(Abby Lippman) 5, 241, 254, 352

리프킨, 제레미(Jeremy Rifkin) 194

린든, 헤르베르트(Dr. Herbert Linden) 83, 85

린디, 메리 수전(Mary Susan Lindee) 243~244, 261, 278

【ㅁ】

마르토, 테레사(Theresa M. Marteau) 226, 297, 303, 332

마이어, 에른스트(Ernst Mayr) 169

마줌다, 폴린(Pauline Mazumdar) 56, 151, 153~154

마틴, 조지(George Martin) 172

마틴, 폴(Paul Martin) 168, 195~198, 252, 261~262, 264~265

막스 플랑크 연구소 8, 101, 117

말라코프, 데이비드(David Malakoff) 212

망막아세포종(retinoblastoma) 202

맞춤아기(designer baby) 329, 412, 414, 425, 441

매켄지, 도널드(Donald MacKenzie) 40, 52, 424

맥쿠식, 빅터(Victor A. McKusick) 172

맬서스, 토머스(Thomas Malthus) 432

「(맹·농아동) 초등교육법」(The Elementary Education [Blind and Deaf Children] Act) 58

머레이, 찰스(Charles Murray) 235, 260

멀러, 허먼(Hermann J. Muller) 159, 168~169, 249, 373

멀케이, 마이클(Michael Mulkay) 198~199, 252

메리토크라시(meritocracy) 47

메이저, 존(John Major) 383

멘델, 그레고르(Gregor Mendel) 39, 41, 262, 308, 315

멘델주의(Mendelianism) 40, 42, 131, 155, 159

멜처, 에발트(Ewald Meltzer) 72

멩겔레, 요제프(Joseph Mengele) 102

모건, 토머스(Thomas Hunt Morgan) 130, 155, 159

모노, 자크(Jacques Monod) 163

모어, 오토(Otto Mohr) 129~130

「모자보건법」 331, 405, 435~436

뫼엔, 욘 알프레드(Jon Alfred Mjöen) 128~129, 136~137

뮈르달, 군나르(Gunnar Myrdal) 126

뮈르달, 알바(Alva Myrdal) 126

미국우생학회(American Eugenics Society) 48, 50, 52, 189

미국유전학회(American Genetics Association) 42, 155

미국육종가협회(American Breeders Association) 155

Blacker) 157
비네검사(Binet test) 42
비들, 조지(George W. Beadle) 160
BRCA 215~216, 255, 308
비손, 다이앤(Diane Beeson) 349
비오틴분해효소결핍증(biotinidase deficiency) 229
빅 사이언스(big science) 246
빈딩, 카를(Karl Binding) 71~72
빈 백(bean bag) 273~274
빈슬레브, 알프레드(Alfred Bindslev) 145
빌링어, 베르너(Werner Villinger) 117
빔머, 아우구스트(August Wimmer) 131, 133, 136
빙에, 외이빈(Øivind Winge) 131

【ㅅ】

사회생물학회(Society for the Study of Social Biology) 189
'살 가치가 없는 생명' 75, 86, 94, 111, 432~433, 435
샤프, 해리(Dr. Harry Sharp) 61
생명권력(biopower) 429~433, 438, 446
생물측정학(biometry) 40, 42
생식계열(germ-line) 168, 190, 196~197, 222, 239, 374, 382, 390, 392
생어, 마거릿(Margaret Sanger) 8, 49
생어센터(Sanger Centre) 390
생어연구소(Sanger Laboratory) 163
서비스, 로버트(Robert F. Service) 212
선천성갑상선기능저하증(congenital hypothyroidism) 229
선천성부신과형성(congenital adrenal hyperplasia) 229
설스턴, 존(Sir John Sulston) 390

세계보건기구 369, 378
세계의사협회(World Medical Association) 394
셀레라 지노믹스(Celera Genomics Inc.) 209~212, 216~217, 390
셰르츠, 구스타프(Gustav Scherz) 145
손목터널증후군(carpal tunnel syndrome) 348
솔로웨이, 리처드(Richard Soloway) 48
쇼, 조지 버나드(George Bernard Shaw) 8, 46~47
쇼클리, 윌리엄(William B. Shockley) 169, 183
슈나이더, 카를(Carl Schneider) 101
슈타이너, 루돌프(Rudolf Steiner) 336
슐츠, 시어도어(Theodore W. Shultz) 439
스웨덴인종위생학회(Swedish Society for Racial Hygiene) 125
스지발스키, 바츨라프(Waclaw Szybalski) 168
스콜닉, 마크(Mark Skolnick) 201
스타인버그, 데버라(Deborah Steinberg) 316
스타인버그, 제프리(Jeffrey Steinberg) 442
스타인케, 칼 크리스티안(Karl Kristian Steincke) 132~134
스턴, 커트(Curt Stern) 165
스테이섬, 헬렌(Helen Statham) 305
스테이시, 메그(Meg Stacey) 418
스텝토, 패트릭(Patrick C. Steptoe) 198
스톤, 엠마(Emma Stone) 406~408
스톱스, 마리(Marie Stopes) 47~49
스펜서, 허버트(Herbert Spencer) 61, 243
시더스-시나이메디컬센터(Cedars-Sinai Medical Center) 392, 473
시드, 리처드(Dr. Richard Seed) 224~225
시뮬라크르(simulacre) 401

288~290, 320, 352

클레이턴, 엘런 라이트(Ellen Wright Clayton) 229

클리프트, 몽고메리(Montgomery Clift) 80

키에프병리학연구소(Kiev Pathological Institute) 95

키처, 필립(Philip Kitcher) 30, 444
  '소비자 우생학' 30, 444

키친저, 제니(Jenny Kitzinger) 255~257

킨즐러, 케네스(Kenneth W. Kinzler) 215

【ㅌ】

타이로신혈증(tyrosinemia) 229

탄력섬유성위황색종(pseudoxanthoma elasticum, PXE) 218

탈리도마이드(Thalidomide) 322

터너증후군(Turner's syndrome) 162, 269~270

테이-삭스병(Tay-Sachs disease) 166, 175~176, 214, 231, 325

테이텀, 에드워드(Edward L. Tatum) 160, 168

토머스, 샌디(Sandy Thomas) 218

톰센, 올루프(Oluf Thomsen) 131

톰슨, 매슈(Mathew Thomson) 38, 43~44, 56~58, 155, 176

투비, 존(John Tooby) 272, 274

튀덴, 마티아스(Mattias Tydén) 120, 124~126, 141~144, 146, 148~149

트롬블리, 스티븐(Stephen Trombley) 57, 61, 177, 179

특별 처치 14f13 95~96

T-4 83~85, 87~89, 94~96, 99, 103, 105~106, 108~109, 111~114

티요, 요-힌(Joe-Hin Tijo) 161

【ㅍ】

파란트, 웬디(Wendy Farrant) 298, 302

파슨스, 탤컷(Talcott Parsons) 353

파이거트, 앤(Anne E. Figert) 185

파이도, 리베카(Rebecca Fido) 60

파이퍼, 데이비드(David Pfeiffer) 178, 237

파킨슨병(Parkinson's disease) 223, 346

판데이크, 요세(José Van Dijck) 245~248, 250~251, 281

판뮬러, 헤르만(Dr. Hermann Pfannmüller) 89

패럴, 린지(Lyndsay A. Farrall) 43, 45

퍼날드, 월터(Walter Fernald) 130

퍼닉, 마틴(Martin S. Pernick) 51

퍼디, 진(Jean M. Purdy) 198

페닐케톤뇨증(phenylketonuria, PKU) 154, 161, 166, 170, 173~174, 228, 230, 298, 320

페더리, 하리(Harry Federley) 127, 129, 139

페트렌, 알프레드(Alfred Petrén) 141~142

펙, 제임스(James Peck) 217

펜로즈, 라이어널(Lionel Penrose) 56, 153~154, 156~157, 162

포지티브 우생학(positive eugenics) 29, 52, 69, 249, 442

포츠, 매기(Maggie Potts) 60

포코르스키, 로버트(Robert J. Pokorski) 342

폴, 다이앤(Diane B. Paul) 5, 22, 29, 42, 47, 49, 53, 61, 158, 162~165, 171~174, 186

폴링, 라이너스(Linus Pauling) 160~161, 169, 248

푸코, 미셸(Michel Foucault) 429~430, 432~433, 438~439, 445

프랭클린, 로절린드(Rosalind Franklin) 248

프로테오믹스(proteomics) 385

프리들랜더, 헨리(Henry Friedlander) 67~68, 79, 81, 85, 89~90, 92, 94, 96~97,

장애와 유전자 정치: 우생학에서 인간게놈프로젝트까지

초판1쇄 펴냄 2021년 3월 5일

지은이 앤 커·톰 셰익스피어
삽화 수지 바티
옮긴이 김도현
펴낸이 유재건
펴낸곳 그린비
주소 서울시 마포구 와우산로 180, 4층
대표전화 02-702-2717 | **팩스** 02-703-0272
홈페이지 www.greenbee.co.kr
원고투고 및 문의 editor@greenbee.co.kr

주간 임유진 | **편집** 홍민기, 신효섭, 구세주 | **디자인** 권희원 | **마케팅** 유하나
물류유통 유재영, 한동훈 | **경영관리** 유수진

學問思辨行 독자의 학문사변행을 돕는 든든한 책

그린비 철학, 예술, 고전, 인문교양 브랜드
엑스북스 책읽기, 글쓰기에 대한 거의 모든 것
곰세마리 책으로 통하는 세대공감, 가족이 함께 읽는 책